WAL★MART
SUPERCENTER
FOOD CENTER
WE SELL FOR LESS
PHARMACY
VISION CENTER

普通高等教育"十一五"国家级规划教材

21世纪市场营销专业系列教材

零售学

（第二版）

RETAILING

陈己寰/主编

暨南大学出版社
JINAN UNIVERSITY PRESS
中国·广州

图书在版编目（CIP）数据

零售学/陈己寰主编．—2版．—广州：暨南大学出版社，2008.4（2013.2重印）
（21世纪市场营销专业系列教材）
ISBN 978-7-81079-983-6

Ⅰ.零…　Ⅱ.陈…　Ⅲ.零售商业—商业经营—高等学校—教材　Ⅳ.F713.32

中国版本图书馆CIP数据核字(2008)第030279号

出版发行：暨南大学出版社

地　址：中国广州暨南大学
电　话：总编室（8620）85221601
营销部（8620）85225284　85228291　85228292（邮购）
传　真：（8620）85221583（办公室）　85223774（营销部）
邮　编：510630
网　址：http：//www.jnupress.com　http：//press.jnu.edu.cn

排　版：暨南大学出版社照排中心
印　刷：广州市怡升印刷有限公司

开　本：787mm×1092mm　1/16
印　张：17
字　数：429千
版　次：2004年3月第1版　2008年4月第2版
印　次：2013年2月第9次
印　数：33001—38000册

定　价：29.80元

21 世纪市场营销专业系列教材

编写委员会顾问

何永祺：中国市场学会顾问（原副会长）；中国高等院校市场学研究会顾问（原会长）；暨南大学管理学院教授

傅汉章：中国广告协会学术委员会副主任；广东省广告协会学术委员会主任；中南地区市场学会顾问；暨南大学管理学院教授

张永安：暨南大学原副校长、教授；中国企业管理协会常务理事；广东省商业经济学会副会长

陈己寰：广东省商业经济学会理事；广东省供销合作经济学会理事；暨南大学管理学院教授

编写委员会主任

蔡新春

编写委员会委员（按姓氏笔画排列）

杨建华　吴德亮　张传忠　陈　思　屈　援　胡矗明　梁彦明　程　飙　蔡新春　潘平子

总 序

美国营销学大师菲利普·科特勒教授在其名著《营销管理》新千年版，即第十版中指出，由于技术变革步伐的加快，今天大部分视为当然的普通产品在40年前大都尚未存在。现在呈现在读者面前的这一套“21世纪市场营销专业系列教材”，其中所含的所有书目，显然今天已被视为我们的社科出版物或高等院校本科市场营销专业必读必用的当然系列读物或教材。但是，这一系列的读物或教材，正如科特勒所指出的那样，在我国内地40年前并不存在，有的分册甚至在10年前并不存在。谈至此处，有必要溯流徂源，作一简短回顾。

刚才所说的这套系列教材及其相关书目在我国内地40年前并不存在，当然这只是一种大略的说法，并不十分缜密。众所周知，20世纪新中国成立前的三四十年代，我国一些高等院校已开设《市场学》课程及编写了个别《市场学》教材。至于较完整的市场学教材系列则是没有的，当时的《市场学》教材与今天的《营销学》，在内容及结构上也有霄壤之殊。不过不管怎样，今天的《营销学》与以前的《市场学》，如先秦《列子》“先之所用，今或弃之；今之所弃，后或用之”所说的性质相似，严格来说，不能认为40年前我国内地没有《营销学》。不过新中国成立后，由于我国当时经济体制的更张及某些偏颇的意识形态作祟，遂将《市场学》与资本主义画等号，从全国高校教学计划的课程设置中剔除出去，一晃就是29年。

1978年秋，党中央、国务院决定暨南大学复办对外招生，并对毕业生的方针从“来去自由”改为全部回境外居住地就业。这样对原适应我国计划经济体系及体制的商业经济专业教学计划，首先是课程设置必须进行较大的调整，以适应主要来自资本主义市场经济地区或国家的外招生毕业后就业的需要。因此，在1978年制定的暨南大学商业经济专业教学计划中，首先列出开设《市场学》以取代原来的《商业经济》课程。另外，同时增设了《广告学》及《商业心理学》这两门同样一段时期以来被视为散布资本主义“毒素”的课程。当时作出这一决策的根据，除考虑暨南大学对外招生的独特性外，还考虑到不久的将来，这种变革也将成为我国社会经济发展的普遍要求。因为那时正处在中共十一届三中全会前夕，种种迹象表明，我国传统计划经济体制的束缚有所松动，改革开放的纤云已在四卷，预期商品和市场的培育问题必将成为我国经济工作的主线，必须改弦更张，重新引进适应我国商品、市场发展要求的上述课程，以取代显然即将或已经不适应新形势发展的某些课程。从1979年开始，暨南大学商学系在校内外相继开出了这些课程，一开出便受到在校学生及业务部门培训人员的广泛欢迎。

但事物的发展并非总是一帆风顺的，正如一位外国诗人所说：“任何一项真正的改革都要经受雄狮与蠢驴的挑战。”① 1980年3月在秦皇岛召开的中国第一届商品流通理论讨论会

---

① 阿·吉特曼．一个诗人的格言．刘家信主编．新编人生格言大全．长春：吉林人民出版社，1998. 94

上，我们的一些好友和同行便对暨大以《市场学》取代《商业经济》的做法表示不理解和疑虑，认为《市场学》并无多大理论，也不符合中国国情，绝不能代替《商业经济》。这些意见不能认为不是善意的，因为经过几十年不断建设、不断完善的《中国商业经济学》，是总结了我国广大工商企业职工几十年来创造性的丰富实践经验，并在此基础上升华成一整套系统而科学的商品流通理论的。而且那时我国的经济活动及体制，仍然笼罩在计划经济的浓雾之下，《市场学》确仍无多大用武之地。不过那时十一届三中全会已开过，已明确提出改革开放的方针，市场的作用已受到重视，预示了我国整个经济生活和方针政策即将大变，如果在培养新时期工商管理人员的教学中，仍固守《商业经济》的固有内容，更遑论外招生毕业后就业的境外环境，势必会如“引旧法以治近世，是执旧方以医变症，药既不对，病必加危”，① 培养不出能适应新经济形势环境，具有现代科学技术知识的有用人才。当然，当时我们在采取这一课程改革步骤时，并不是对原《商业经济》学科采取历史虚无主义态度，全盘否定，而是遵循“古可因者则从古，古可革者则从今”② 的原则，将《商业经济》中许多有用的内容融合进新引进的《市场学》教材中，使这些“舶来品”较好地结合我国实际，适应我国国情。正因如此，这些新课程很快扎下了根，并初步开花结果，修习这些课程的毕业生，普遍受到社会用人单位的欢迎，不少兄弟院校也先后开设了这些课程，其效果也同样令人瞩目。

但“树欲息而风不宁”，直至1985年夏中国高等财经院校、综合大学市场学教学研究会（现中国高等院校市场学研究会的前身）在昆明召开第一届第一次年会时，会上还有同仁反映，在当时一些地方掀起的“反资本主义回潮”风波中，某省已有人拟在当地有影响的刊物上撰文批判《市场学》的引进是典型的“资本主义回潮现象”。面对这种“拉大旗作虎皮”的吓人架势，暨大的同仁与全体市场学界的同道，坚信所走的变革之路是正确的，从而师直为壮，盛食厉兵，勇迎挑战，那场“反击资本主义回潮”的阴风也不战而散。借此也进一步加速了我国市场学教学队伍的成长及市场学在我国的普及与市场学教材建设的完善和提高。

在这一波浪滔天的大潮中，我们虽不敢以独立潮头的弄潮儿自居，但毕竟对这一大潮的形成起过相当的推波助澜的作用，这就令我们另具一种与这一大潮同呼吸，共命运，不敢懈怠，殚精竭虑，不断呵护、推动这一新学科系列课程建设前进、成长的使命感。

进入20世纪80年代后期，我国改革开放已历经一个10年段，我国市场化的程度已明显提高，尤其是进入90年代，党的十四次全国代表大会明确提出我国经济体制改革的目标是建设社会主义市场经济体制后，我国的社会经济形势变化迅猛，商品、市场有了长足发展，企业以消费者为中心的市场取向更加明确，从市场学及其系列课程的发展来看，也应行随事迁，从启蒙、普及阶段走向提高阶段。因此，在20世纪80年代末到90年代初这一时期，一直从事这些课程创建、开拓的暨大商学系全体教学工作者，纷纷不失时机地对早期编写的启蒙性教材和专著，结合多年的教学实践，尤其是结合广大工商企业及其人员丰富的市场营销实践经验，进行了修订或重写，并进一步将课程分细，增写了多本相关的系列教材，有的还进行了两次以上的修订。经过这样一段较长时间的日锻月炼，暨大的市场营销学专业系列课程建设也日臻完善，既包含了市场营销专业及工商管理专业本科生必须修习、掌握的各主要相关专业课程教材，在教材的内容上又尽量反映了当时国内外市场营销理论和实践的新成果及当

---

① 康有为语．转引自郭锐等编选．历代名句精选．济南：山东人民出版社，1999.46

② （明）泾野子．转引自郭锐等编选．历代名句精选．济南：山东人民出版社，1999.46

时的最新科技水平。

古往今来，无时不变，无事不变，进入新千年以来，我国及整个世界的科技、经济及社会文化环境都进入了一个高速发展的新阶段。IT 产业、互联网、电子商务等在“日转千阶”式地发展，这都要求、促使市场营销学的学科建设不能一食求永饱、一劳求永逸，必须永无休息、与时俱进。于是，在已进入 21 世纪将近 3 年，在审视此前为适应世纪之交形势要求而编写的市场营销系列教材及专著的基础上，暨大商学系长期从事这些课程教学及建设的同仁，再次集中主要力量和精力，重新编写了这一适应新千年的形势要求，反映了当代先进科技及市场营销要求水平的全新“市场营销专业系列教材”。

其“全新”主要体现在以下两方面：

一是双重换代：在知识内容及编写体例上都有重大更新。其知识内容的更新，不仅在于完全扬弃了我国重新引进《市场学》学科启蒙及普及阶段第一代市场营销学教材中残留的计划经济旧内容及反映当时市场刚发育，国人在市场营销实践及经验积累甚少的情况下低水平的营销策略思想和技术手段，还在于重新审视、扬弃了在 20 世纪末本系列教材作者们所撰写的世纪之交系列教材及著述中，由于当时的国内外科技水平及经济理论、市场发育阶段性所限而反映出来的与 21 世纪市场经济大发展、科技更迅猛发展不合拍的滞后营销理论、营销理念及营销技术，而置换了反映 21 世纪开元以来新经济形势、新经济理论、新科技发展水平及其走势的全新内容。其编写体例的更新，主要围绕贯彻素质、知识、能力三位一体的教育原则，重塑教材的赋型机制。各门专著、教材都一改过去一泻千里式的平铺直叙、单纯说教的格式，在结构、栏目设置和写作风格上均有所突破，大量运用图表、案例、专栏等形式，强化了学生的素质、知识、操作与创新能力的训练。

二是有革有化：毋庸讳言，无论是在我国重新引进《市场学》系列课程的初期，抑或直到目前我国市场营销学学科建设日臻成熟、学科体系已较为完善的情况下，我国市场学界在编写相关专著或教材时，都大量借鉴、参照了国外先行的相关学术著作或教材。这一套“21 世纪市场营销专业系列教材”同样也是这样。但绝不是简单的照搬或改头换面的剽掇，而是遵循我国先贤早已推崇的“道有因循，有革有化”① 的科学方法，首先参阅大量发达国家最具代表性、最新版的相关教材、专著和科研文献，充分借鉴其中最具代表性和普遍适用性的市场营销学新理论、新技术，同时十分重视总结我国丰富的营销实践和经验，将其提升到理论高度，并与借鉴外来理论、技术相融合，成为博采中外所长、入之愈深、其见愈奇的一套新系列教材。

可以预见，这一系列教材对广大经济工作者及我国高校经济管理类专业本科学生掌握当代最先进的市场营销理论和技术知识将有很大的参考价值和裨益。当然，本系列教材的作者们也深谙“始则终，终则始，若环之无端也”② 的哲理，今后仍将不断对此系列教材的内容加以扩充和更新，使其更趋完善，更能紧跟形势的发展。

何永祺
2003 年 6 月于暨南园

---

① 扬雄语．郭锐等编选．历代名句精选．济南：山东人民出版社，1999. 48

② 荀子·王制．中国古代格言大全·续集．重庆：重庆出版社，1989. 568

第二版前言

《零售学》一书主要介绍零售领域的基础理论知识、基本技能及该学科发展变化动态。力图为读者提供一个了解、掌握和研究零售学的一般理论及其零售商务活动的基本框架。

商业，亦称“贸易”，产生于奴隶社会初期，它的产生，形成了人类社会的第三次大分工，并创造了一个不从事生产而“专门对商品交换起中介作用”（《马克思恩格斯全集》第25卷第363页）的商人。中国有商店的历史悠久。公元前16至11世纪曾有一个以“商”命名的朝代。而后，已经有人研究为商之道和国家管理市场的法规，春秋末年，孔子的弟子端木赐（子贡）“臆则屡中”即市场预测必准，他还“好废举，与时运货贵”。后来越国大夫范蠡又叫陶朱公，在世界上最早创建了“农业循环论”和“论其有余不足，则知贵贱。贵上极则反贱，贱下极则反贵”的价格随供求而波动的理论，并据此提出了“贵出如粪土，贱取如珠宝”、“旱则资舟，水则资车“的经营策略和价格策略。由于“陶朱”和“端木”二位是中国古代商业理论的创造者，而被我国历代商人供奉为行业的祖师。尽管封建社会“重农抑商”，商业只能在夹缝中挣扎而缓慢成长，但在中国历史上也曾有李世民统治下的唐帝国（618—907年）实施不歧视商业的王朝，并为商业发展提供了许多条件，商业盛况闻名于世。当时世界出名的商业城市，一半以上集中在唐帝国，被誉为中国商业的第一个繁荣期；宋朝张择端画的《清明上河图》，那茶楼酒肆、旅邸商铺，那喧嚣人马、穿梭车轿，构成一幅繁荣的商业情景图；辽金元朝为中国商业特权王朝；明代及清代造就了地方特色商业，出现了著名的晋、徽、秦、洞庭（山）、鲁、龙游（浙西）、江西、宁波、广东、福建等商帮，清代末期部分商人的资本通过多种形式向产业资本转化。1850年鸦片战争后，沦为半殖民地半封建商业，这时的一些中小零售商店开始向专业商店发展，同时在中国出现了大型零售商店。如在广州，1907年的光商公司，首创分柜销售。1910年的真光公司。1914年的先施公司，由于它经营商品范围很广，号称“环球百货”。1918年的大新公司（即后来的南方大厦）在西提开业……在上海，1917年先施公司店开业。1918年永安公司开业。先施和永安公司各建五层商场大楼，商场面积各达一万平方米以上，装修富丽堂皇，经营20多个商品部，这不仅在民族商业中是创举，就连当时上海几家颇具规模的洋商大公司也望尘莫及。此外，四川的宝元通公司也于1920年开业。天津的中原大厦于1928年元旦开业等。在中国，20世纪30年代末百货零售商业已形成“星罗棋布，批零密织”的商业网……1949年新生的共和国，零售商业备受重视，尤其是1978年改革开放以来，中国特色社会主义促进了零售业的蓬勃发展，时至今日，在社会主义市场经济中，以高新技术为支撑、以智商和商情相结合的中国零售业已今非昔比，“商务者，国家之元气也；通商者，疏畅其血脉也”[①]。当然，中国零售企业在面临前所未有发展机遇的同时，也伴随

---

① 郑观应．盛世危言．上海：上海人民出版社，1982

着与外资零售企业既竞争又相互借鉴、融合的新局面。应该说，有竞争才有发展。我们纵观中国零售业发展的历史，可以断言，中国乃是中国本土零售企业的天下，主宰中国零售市场的必然是中国商人和消费者，因此，在中国应该特别需要“零售学”为之服务。

当然，就“零售学”而言，中国无疑是一个正在崛起的国家。近几年，有翻译国外零售学的著作、教材，如《零售学精要》、《零售学》等，使读者不出国门就可以接触并学到西方的理论和经验；有本国学者、企业管理人士编著的零售学方面的著作、教材，如《零售学》、《零售管理》、《零售操作实务》、《零售企业经营管理》、《现代零售精要》等；有更多的学者和业界人士就国内的零售企业和外资零售企业经营管理与实践等诸方面从不同的角度进行了探索性或开创性的研究。毋庸置疑，理论的繁荣，有助于中西理论的融合，在推动我国零售学教材建设的同时，也促进了一批批教学、实践队伍的成长，尤其不可忽视的是，零售理论、知识的普及必将全面提升我国零售企业经营管理水平。

同时应该看到，21 世纪的今天，全球经济一体化的特征日趋明显。零售业的经营运作、管理方式和手段也逐步从手工、半手工转向电子信息网络技术运用。由于经济发展的不平衡和人们消费的差异，消费的层次化、多样化和个性化，仍然为零售业的发展提供了广阔的市场，既造就了多种业态共存，又有可能催生新的业态。零售业前景看好。

《零售学》第一版问世后，得到了读者的认同和偏爱，编著者也深受鼓舞。2008 年伊始，编著者在认真听取读者和评论家的反馈意见和建议的基础上，倾力对本书进行了修订和完善。呈现在读者面前的《零售学》第二版，应该说既保留了第一版的精华和风格，又努力地站在时代的潮头，展示她特有魅力所在——“新”。

第一，增添新内容。紧跟我国零售业发展的步伐，全书各章节都不同程度地补充了新内容。如在第 2 章，加强了对直销这一营销方式的介绍，利于读者分清正当的直销与非正当的直销（即非法传销）的区别，认清形形色色的非法传销，规范直销市场；又如在第 15 章，阐明店铺和无店铺销售的一般理论和技能，重点讨论销售的共性业务与技能。销售这一章非常重要，应该说本书前面 14 章讨论的内容都是为第 15 章的“销售”内容服务的。作为零售商均希望在单位时间内销售更多的商品。正如马克思所说的，从 W-G（把商品卖出去取得货币）是惊险的一跳。跳过去商品实现了价值，也实现了盈利。

第二，“补充阅读”内容新。全书 15 章所设置的“补充阅读”栏目内共有 75 个知识点，其中更新了 66 个，均选自全国贸易经济类核心期刊近期的内容。这些知识点内容，有的可以深化书中的相关理论、知识；有的可以补充书中的相关理论、知识；有的则是就书中相关理论、知识、技能提出新思路、新探索。信息量大，知识面广，观点独特，言之有理，特奉献给读者参考。

第三，信息新。全书立足于我国零售业发展，引用了 2007 年我国 GDP 城镇居民人均可支配收入、农村居民纯收入的数据；还引用了 2006 年我国零售企业百强排序；在第 6 章中应用零售策略理论对我国服装零售市场的市场细分和零售方式作了探索性的分析；第 8 章商店选址中，在分析城市中央商业区时，引用了有关资料列出世界若干大城市商业用地 2005 年、2006 年每平方米的价格等。书中着力引用新信息，目的在于让读者把握零售企业的基本态势，谋求新的发展。

正如清末著名学者郑观应所说的：“商务极博，商理极深，商情极幻，商心极密”，“况商业至今日而愈繁，商术至今日而愈巧”。本《零售学》只能就其主要方面进行讨论，在弄懂零售基础理论、知识的同时，强化实例、案例分析，提高动脑、动手能力。让读者的注意力和视野，从书本引向社会，融入企业，体验理论指导实践，学了就能用、会用的乐趣。教学做统一，贴近社会，贴近实践，贴近读者，定能铸造出既晓理又有较高技能的应用型人才。

最后，借此机会衷心感谢一直以来关心和支持《零售学》的读者和学者，感谢为《零售学》修订提供信息、意见及建议的朋友们，还要感谢暨南大学出版社的领导、编审人员和家人！

编　者

2008 年 3 月

前　言

21世纪初的中国随着社会主义市场经济体制的逐步建立，商品流通已从产品分配模式转向产品分销模式，流通企业特别是零售企业在市场营销体系中先导行业的作用日益凸现。然而，由于缺乏零售理论知识的指导，许多企业不能适应市场环境的新变化，纷纷出现经营萎缩、效益下降，甚至停业、破产等现象。因而，中国的零售业怎样才能走出困境或误区已成为大家所关注的问题。本书的出版，希望能为中国零售业的发展作出微薄的贡献，并填补大学教材的空白。

本书力求充分反映近几年来国内外零售理论的最新研究成果，包括零售战略、策略、方式和方法的新经验、新发展，因而，本书有如下特色：①零售理论体系比较完整，涵盖了零售学的理论精华；②突出商店管理，通过营造富有吸引力的环境和提供优质的顾客服务来建立竞争优势；③重视顾客服务，既有理论描述，更有一些零售商成功经验的介绍；④创业指向，书中提供一些信息帮助对创业有兴趣的人们建立自己的企业并进行有效的管理；⑤全面性、系统性与可操作性的统一，书中除对零售基本理论进行阐述之外，还提供了国内外大量零售商活动的案例、补充阅读等，这必将激发读者的学习、研究兴趣和增强应用的信心。

本书适于用作高校市场营销、工商管理、经济贸易等专业教材，也可作为MBA及相关领域或从业人员的参考。

本书共15章，参加编写的有暨南大学管理学院商学系的陈已寰（第1、5章）、李毅彩（第2、12章）、许利华（第3章）、谢爱丽（第4、14章）、黄金平（第6、13章）、罗辉杰（第7章）、张乐（第8章）、高定基（第9章）、汪利群（第10章）、周广华（第11章）、李振宁（第15章）。由陈已寰主编并总纂。

本书在编写过程中，参考了国内外大量文献，并得到暨南大学出版社及有关人士的大力支持，在此一并致谢！

由于我们的水平和涉猎的零售学典籍及涉足的零售活动范围有限，虽力求尽责，但仍会有不当之处，希望读者不吝赐教。

编　者

2003年8月于暨南花园

目　录

总序 / 1
第二版前言 / 1
前言 / 1

第 1 章　零售导论

1.1　零售与零售商活动 / 2
　1.1.1　零售与零售活动特点 / 2
　1.1.2　零售商与零售商职能 / 3
　1.1.3　零售商活动 / 7
1.2　零售职业与零售业的作用 / 9
　1.2.1　零售职业 / 9
　1.2.2　零售业与核心要素 / 12
　1.2.3　零售业的作用 / 20
1.3　零售业态理论概述与零售业发展 / 20
　1.3.1　零售业态理论概述 / 20
　1.3.2　零售业发展趋势 / 22
1.4　案例分析　沃尔玛公司是如何创建的 / 23
本章小结 / 24
关键术语和概念 / 24
练习题 / 24
补充阅读 / 24

第 2 章　零售业态

2.1　零售公司类型 / 25
　2.1.1　按所有制分类 / 25
　2.1.2　按店铺零售战略组合分类 / 27
　2.1.3　服务零售分类 / 28
　2.1.4　无店铺零售和新型零售形式 / 29
2.2　零售业态类型与特点 / 31
　2.2.1　零售业态类型 / 31
　2.2.2　各零售业态的概念及特点 / 31

2.3　零售业态变革 / 33
2.3.1　零售商的竞争环境 / 33
2.3.2　零售业态变革的条件 / 36
2.4　案例分析　7－11 便利店成功的典范 / 38
麦德龙的业态定位/39
本章小结 / 39
关键术语和概念 / 39
练习题 / 39
补充阅读 / 40

第 3 章　零售环境

3.1　零售顾客 / 42
3.1.1　人口变化与零售 / 42
3.1.2　消费者价值取向的变化 / 44
3.1.3　零售商的反应 / 45
3.2　影响零售环境的其他因素 / 47
3.2.1　社会、文化环境 / 47
3.2.2　政治、法律环境 / 49
3.2.3　竞争因素 / 50
3.3　案例分析　上海华联商厦——会员卡营销 / 50
上海东方商厦利用服务品牌建立供应商关系 / 51
本章小结 / 52
关键术语和概念 / 52
练习题 / 52
补充阅读 / 53

第 4 章　顾客购买行为

4.1　顾客购买决策类型 / 56
4.1.1　复杂决策 / 56
4.1.2　品牌忠诚决策 / 57
4.1.3　有限决策和惯性购买 / 58
4.2　购买决策过程 / 59
4.2.1　确认需求 / 59
4.2.2　收集信息 / 59
4.2.3　对商品进行评估 / 61
4.2.4　选择商品 / 62
4.2.5　购买商品 / 62
4.2.6　购后评估 / 62
4.3　影响顾客购买决策的因素 / 63
4.3.1　顾客的个性 / 63

4.3.2 顾客的自我概念 / 63
4.3.3 顾客的生活方式 / 64
4.3.4 文化价值观与顾客购买行为 / 64
4.3.5 社会群体与顾客购买行为 / 65
4.3.6 家庭与顾客购买行为 / 66
4.4 案例分析 女性消费市场的研究 / 68
本章小结 / 69
关键术语和概念 / 69
练习题 / 69
补充阅读 / 69

第5章 零售战略

5.1 零售战略制定程序 / 73
5.2 宗旨与目标 / 74
5.2.1 宗旨 / 74
5.2.2 目标 / 75
5.3 战略选择 / 77
5.3.1 选择经营商品和服务的类别 / 77
5.3.2 消费者特点和需要 / 78
5.3.3 零售战略制定 / 81
5.4 战术与控制 / 84
5.4.1 战术 / 84
5.4.2 控制 / 85
5.5 案例分析 沃尔玛的小镇战略 / 86
彭尼选址战略：从小城镇到与环境变化保持一致 / 86
本章小结 / 87
关键术语和概念 / 87
练习题 / 87
补充阅读 / 87

第6章 零售策略

6.1 零售目标与零售策略 / 88
6.1.1 零售目标和使命 / 88
6.1.2 何谓零售策略 / 89
6.2 零售策略要素 / 90
6.2.1 目标市场和竞争对手 / 90
6.2.2 竞争优势与零售方式 / 91
6.2.3 成长优势与成长策略方式 / 92
6.3 策略性计划过程 / 93
6.3.1 实施环境审计 / 93

6.3.2 确定战略性机遇 / 95
6.3.3 评估战略性机遇 / 95
6.3.4 制定特定的目标并分配资源 / 95
6.3.5 形成一种贯彻策略的零售活动组合 / 95
6.3.6 评估业绩并作出调整 / 95
6.4 案例分析 两家咖啡商的零售策略 / 96
本章小结 / 96
关键术语和概念 / 97
练习题 / 97
补充阅读 / 97

第7章 零售组织与信息系统

7.1 零售企业的任务与组织结构 / 99
7.1.1 零售企业的任务 / 100
7.1.2 零售企业的组织结构 / 100
7.2 组织结构设计与发展 / 103
7.2.1 组织结构设计 / 103
7.2.2 采购人员与销售人员的关系 / 104
7.2.3 组织结构模式的发展 / 105
7.3 零售分销与信息系统 / 106
7.3.1 零售分销 / 106
7.3.2 信息系统 / 109
7.4 案例分析 7-11便利店的分销管理 / 112
沃尔玛的信息系统/113
本章小结 / 113
关键术语和概念 / 114
练习题 / 114
补充阅读 / 114

第8章 商店选址

8.1 零售店商圈 / 117
8.1.1 商圈及其意义 / 117
8.1.2 商圈构成、形态与顾客来源 / 117
8.1.3 商圈调查内容与制约因素 / 119
8.2 零售店店址位置类型 / 121
8.2.1 零售店选址的重要性 / 121
8.2.2 零售店位置的类型 / 122
8.3 零售店店址选择 / 123
8.3.1 零售店所在地区位置选择 / 123
8.3.2 零售店所在区域位置选择 / 126

8.3.3 零售店店址的地点选择 / 128
8.4 案例分析 史蒂法妮·威尔逊的精品店 / 130
本章小结 / 131
关键术语和概念 / 131
练习题 / 132
补充阅读 / 132

第9章 商品管理与采购

9.1 商品分类与组合 / 133
9.1.1 零售商品分类与结构 / 133
9.1.2 零售商品的组合 / 137
9.2 商品存货管理 / 139
9.2.1 存货估价 / 139
9.2.2 单位控制系统 / 140
9.2.3 销售额预测 / 142
9.2.4 存货周转率与订货 / 142
9.3 商品采购 / 144
9.3.1 组织商品采购过程 / 144
9.3.2 商品采购原则与方式 / 146
9.3.3 供应商种类 / 148
9.3.4 与供应商面谈的指导方针 / 149
9.3.5 商品采购合同 / 151
9.4 案例分析 延期交货 / 153
伊藤洋华堂的单品管理/154
本章小结 / 154
关键术语和概念 / 155
练习题 / 155
补充阅读 / 156

第10章 定价

10.1 定价策略 / 158
10.1.1 两种定价策略 / 158
10.1.2 产品生命周期与价格策略 / 159
10.2 定价方法 / 161
10.2.1 成本取向方法 / 161
10.2.2 初始零售价格的调整 / 162
10.2.3 需求取向方法 / 164
10.3 辅助定价行为 / 165
10.3.1 优惠券 / 165
10.3.2 退款 / 166

10.3.3 招徕定价 / 166
10.3.4 捆绑定价和多单位定价 / 166
10.3.5 底价 / 166
10.3.6 奇数定价 / 167
10.4 零售定价中的法律问题 / 167
10.4.1 价格歧视 / 167
10.4.2 维持转售价格 / 168
10.4.3 横向限价 / 168
10.4.4 掠夺性价格 / 169
10.4.5 比价 / 169
10.5 案例分析 家乐福的价格策略 / 170
本章小结 / 172
关键术语和概念 / 172
练习题 / 172
补充阅读 / 173

第11章 零售促销活动组合

11.1 与顾客交流的方式 / 174
11.1.1 支付费用的公共交流方式 / 175
11.1.2 支付费用的个人交流方式 / 175
11.1.3 不支付费用的公共交流方式 / 176
11.1.4 不支付费用的个人交流方式 / 176
11.1.5 交流方式的长处和不足 / 176
11.2 零售商和供应商在交流计划方面的不同 / 177
11.2.1 交流目标的时间跨度不同 / 177
11.2.2 沟通目标不同 / 177
11.2.3 面对公众的范围不同 / 177
11.2.4 提供商品的广泛性不同 / 178
11.3 设计零售交流计划 / 178
11.3.1 设定目标 / 178
11.3.2 决定促销预算 / 179
11.3.3 分配促销预算 / 181
11.3.4 评估促销计划（广告促销）/ 181
11.4 案例分析 购买渠道与信息渠道效用——节能灯个案调查/ 183
本章小结 / 187
关键术语和概念 / 187
练习题 / 187
补充阅读/187

第12章 商店管理

12.1 商店管理者的职责 / 188
12.1.1 零售店的任务 / 188

12.1.2 管理者面临的挑战 / 189
12.1.3 商店管理者的职责 / 189
12.2 管理员工程序 / 189
12.2.1 招聘与选择员工 / 190
12.2.2 培训员工 / 191
12.2.3 激励商店员工 / 192
12.2.4 员工考核 / 193
12.2.5 酬劳和奖励员工 / 193
12.3 防止商品损失 / 195
12.3.1 防止假扮顾客偷窃行为 / 195
12.3.2 防止员工偷窃 / 196
12.3.3 其他 / 198
12.4 案例分析 迟到的受训者 / 198
本章小结 / 199
关键术语和概念 / 199
练习题 / 199
补充阅读 / 199

第 13 章 店面设计

13.1 店面布局 / 200
13.1.1 商店布局的重要性 / 200
13.1.2 店面布局的类型 / 201
13.1.3 展示区域的类型 / 202
13.1.4 陈列架 / 202
13.1.5 给残疾人士提供方便 / 203
13.2 店面布局空间创造 / 203
13.2.1 店面布局空间设计 / 203
13.2.2 店面布局空间分割与创造 / 204
13.3 商品展示技术与氛围 / 206
13.3.1 商品展示技术 / 206
13.3.2 氛围 / 208
13.3.3 绿化 / 210
13.3.4 色彩 / 210
13.3.5 光影 / 211
13.3.6 音响 / 212
13.4 案例分析 广州南方大厦商场的分割 / 213
本章小结 / 214
关键术语和概念 / 214
练习题 / 215
补充阅读 / 215

第 14 章　顾客服务

14.1　顾客服务及质量评价 / 217
14.1.1　顾客服务的重要性 / 217
14.1.2　顾客服务的性质 / 217
14.1.3　服务的标准化和个性化 / 218
14.1.4　服务质量的评价 / 218
14.1.5　期望的作用 / 218
14.2　顾客满意度的测量 / 219
14.2.1　顾客满意度测量的意义 / 219
14.2.2　如何搜集顾客满意度数据 / 219
14.2.3　衡量顾客满意度的工具 / 221
14.2.4　顾客满意度的报告 / 221
14.3　零售店改进顾客服务的措施 / 222
14.3.1　认识差距：了解顾客需要 / 222
14.3.2　标准差距：制定服务标准 / 223
14.3.3　传递差距：适应或超越服务标准 / 224
14.3.4　沟通差距：真实承诺 / 225
14.4　案例分析　零售王国沃尔玛的顾客服务 / 226
本章小结 / 227
关键术语和概念 / 228
练习题 / 228
补充阅读 / 228

第 15 章　销　售

15.1　销售人员 / 231
15.1.1　销售人员的地位与作用 / 231
15.1.2　合格销售人员的选择 / 231
15.1.3　销售培训 / 233
15.1.4　销售人员绩效考评 / 233
15.1.5　确定销售人员需求数量 / 235
15.2　销售过程 / 237
15.2.1　接待顾客 / 238
15.2.2　确认顾客的需要 / 239
15.2.3　介绍商品 / 239
15.2.4　解答顾客疑问 / 239
15.2.5　完成销售 / 240
15.2.6　建立售后关系 / 241
15.3　与顾客建立良好关系 / 241
15.3.1　加强与顾客沟通 / 241
15.3.2　真诚关心和处理顾客抱怨 / 243
15.3.3　建立以顾客为中心的营销模式 / 244

15.4　案例分析　麦当劳：用方便创造财富 / 246
本章小结 / 247
关键术语和概念/248
练习题 / 248
补充阅读 / 248

参考文献 / 249

第 1 章　零售导论

⊙本章学习要点

1. 什么是零售？零售范围有多大？
2. 零售商有哪些主要活动？怎样才能成功？
3. 零售业核心要素内容有哪些？
4. 零售业态理论主要有哪些原理？
5. 你对零售业的未来是如何看待的？

⊙本章学习内容

1. 零售与零售商活动。
2. 零售职业与零售业的作用。
3. 零售理论概述与零售业发展。

⊙案例分析
⊙本章小结
⊙关键术语和概念
⊙练习题
⊙补充阅读

零售是一个经济活动领域。零售业亦是我们所处社会经济中最重要的产业之一。随着生产力的发展、科学技术的进步和人们生活水平的提高，零售业中的零售企业面对不断变化的消费需求和日益加剧的竞争，正经历着引人注目的变革。

本章从理解零售的概念出发，着重研究与零售密切相关的理论，为本书后续内容提供理论依据。

1.1 零售与零售商活动

1.1.1 零售与零售活动特点

1. 零售的概念和要点

(1) 零售的概念

零售（retailing）是指将商品和服务直接销售给最终消费者，从而实现商品和服务的价值的一种商业活动。研究零售的概念是理解零售学理论知识及其技能的基础。

零售与现代人关系非常密切，已成为人们生活中的一个组成部分，很难想象有谁不是顾客。谁都需要从零售中取得商品和服务，但作为顾客，却并不完全了解零售的经理们为顾客提供商品和服务所作的思考、决策、策略和技能方面的经验和教训。在当今白热化的市场竞争和迅速变化的零售环境中求生存、谋发展而作出的决策自然是极具挑战性的，因为抓住机遇，成功决策就会赢得顾客而获得巨额的资金回报。因此，要努力获知更多的零售知识，以增加在商业活动中能够运用的经营管理技能。

(2) 零售的概念具有以下要点

①零售是对最终消费者的活动。零售活动较之于生产制造商和批发商的活动有不同的对象。生产制造商和批发商活动的对象主要是生产者和转售者，他们购买商品的目的是生产加工和再出售，而零售是向最终消费者出售商品，最终消费者购买商品的目的是自己消费。

②零售向最终消费者不仅出售有形的商品，同时也出售服务。零售伴随着商品的出售还提供劳务，如送货等。到一家五星级酒店与到一家小饭店就餐甚至宴请宾客，其服务虽然有很大的差别，但它们都属于用于出售的服务。

③最终消费者是指购买商品或服务的具体消费者，包括个人及社会集团。社会集团所购买的一些公共消费品，在我国，占社会零售商品总额的10%左右。

④零售是商品流通的最后一个环节，商品一旦出售就表明商品离开了流通领域进入了消费领域。零售学从一定意义上说是研究商品如何才能以最短的时间、最低的成本去满足消费者不断变化的需求，使商品以最快的速度自流通领域进入消费领域的一门科学。

2. 零售活动特点

(1) 零售活动范围

人们通常认为零售只是在商店中出售有形的商品，其实也包括出售服务。这里的服务，可能是随着出售有形的商品而发生的，如送货、修理保证等；也可能是酒店提供住、食、玩或医院的医生为病人进行的诊治；或购买者购买的就是服务，如保险、飞机运输等。

并非所有的零售都是在商店中进行的，换句话说，没有商店，或不在商店里也能出售商品和服务。无店铺零售的例子很多，如邮购、目录销售、自动售货柜、有线电视上的家庭购物网等。

零售亦不仅由零售商进行，当制造商、进出口商和批发商将商品和服务出售给最终消费者时，也起着零售商的作用，执行着零售商的职能。一般地说，在当今生产力水平不断提高的条件下，市场经济为企业提供了广阔的经营舞台。各企业有其基本职能，亦有其非基本职能，然而，从事某些零售业务活动，但又不是其基本职能的企业，不能认为是零售商。

（2）零售活动特点

与制造活动和批发活动比较，零售活动有如下特点：

①交易次数多，但平均每笔交易金额少。由于零售主要面对的是数量众多的个人消费者，他们在一定时间内交易次数比较多，但每次的需求量少，平均每笔交易金额有限。因而，零售商品要批量购进，零散售出。而制造商和批发商的活动则是批量购进，批量售出。零售活动的这一特点，要求零售商对进货和每一笔交易的费用——采购、仓储、运输、送货、包装等，都要进行严格的控制。

②零售多为当面挑选的现货交易。消费者通过到商店现场选购，能够一次性完成交易。而制造商和批发商的活动多为看样订货，期货交易。零售活动的这一特点，要求零售商必须重视和做好市场需求预测，购进适销对路的，最好是畅销的商品，否则会造成商品积压。

③零售交易中，消费者多表现为较强的随机性，即消费者逛商店时，有的无购买目的，有的事先计划购买的商品只占一定比例。在很多情况下是即兴购买。这就要求零售商要重视店面布局、商品部门划分、商品陈列、橱窗、模特广告、商场灯光、商场音乐环境气氛等的设计。而制造商和批发商的交易活动则严格按计划交易商品。

④零售商提供的商品种类具有一定的广度，品种具有一定的深度。当今的市场需求变化快，消费者的需求呈多样化、个性化和层次化，因此，面对这一特点，零售商为满足变化中消费者的不同需求，经营的商品种类既要有综合性，同时，畅销的商品品种又要多。即零售商应视市场的供求变化，提供的商品种类具有一定的广度，品种具有一定的深度。而制造商和批发商多为专业化的生产者和经营者，一般只向用户提供单一的或数量有限的商品种类或品种。

⑤零售活动不仅可以在店铺内进行，亦能以无店铺进行。如登门推销、自动售货机销售、电话或电视直销、邮售、网上营销等。这一特点，零售商可以利用现代营销手段降低成本，适应各种需求。而制造商的生产活动必须有厂房、设备等，批发商必须有仓储设施、商品样品室等。

1.1.2 零售商与零售商职能

1. 零售商

①零售商是指从事零售活动，将商品和服务出售给最终消费者使用的一种商业企业，因而，又称零售商业企业。

②零售商的地位。零售商处于连接制造商、批发商和消费者的分销渠道中的最终业务环节。

在现代社会经济活动中，产品从生产领域经过流通领域向消费领域转移的过程中，除零售商外亦有其他行业的企业从事或兼营零售业务，如有部分制造商自建分销渠道，设立零售店，或者通过登门推销、邮售等方式将生产出来的产品，直接出售给最终消费者，供其使用，并从中了解市场需求及反应，以便改进生产和销售。批发商从制造商那里批购商品，其中亦有以自营零售的方式，将商品直接出售给最终消费者的。如图 1－1 所示。

表 1－1、1－2 列出 2006 年全球 500 强的商业服务业企业排行榜的 31 家。其中美国的沃尔玛自 2001 年进入世界企业 500 强的第 1 名以来，一直稳居全球 500 强的第 1 名，它向世人表明零售企业能做大做强，在社会再生产过程中零售成了先导行业。大名鼎鼎的壳牌也已不再把自己定位于制造商，而实行战略转向并成为五大零售商品牌。与此同时，中国主要零售企业也制定了高速增长的计划，显示了中国经济增长的巨大潜力，展示了中国零售业未来发

展的广阔空间。据中国商业联合会、中华全国商业信息中心对全国大型零售企业2006年度商品销售情况统计调查，2006年中国零售企业百强排名前30名，如表1-3所示。

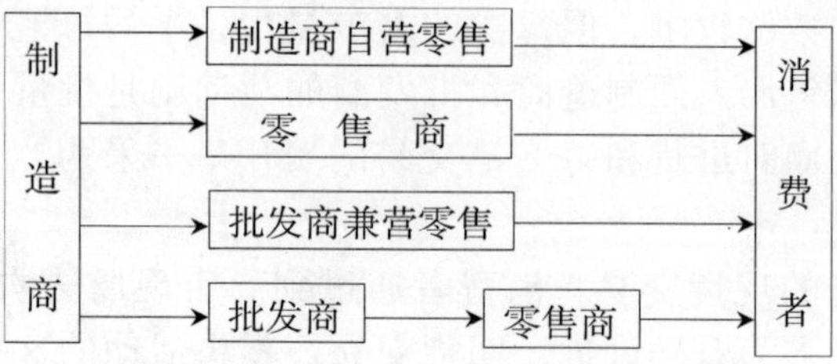

图1-1　零售商在分销渠道中的地位

2007年7月，美国《财富》杂志公布了2006年度“全球500强”排行榜，其中商业服务业企业分类排名如下：

表1-1　综合商业 GENERAL MERCHANDISERS（9家）

排名	公司名称			“500强”排行	2006年营业额		利润额	
					百万美元	比上年增长（%）	百万美元	比上年增长（%）
1	沃尔玛	Wal-Mart Stores	美国	1	351 139.0	11.2	11 284.0	0.5
2	塔盖特	Target	美国	96	59 490.0	13.1	2 787.0	15.7
3	西尔斯控股	Sears Holdings	美国	114	53 012.0	7.9	1 490.0	73.7
4	枫锡鄂·尤里斯	Fonciere Euris	法国	204	32 237.0	10.0	95.4	351.4
5	梅西	Macy's	美国	227	28 711.0	23.0	995.0	-29.2
6	春天	PPR	法国	296	23 191.6	5.1	859.8	29.2
7	J.C.彭尼	J.C. Penney	美国	352	19 903.0	4.9	1 153.0	6.0
8	玛莎	Marks & Spencer	英国	458	16 267.5	13.6	1 248.1	33.8
9	科尔斯	Kohl's	美国	487	15 544.2	16.0	1 108.7	31.7

资料来源：上海《国际商业技术》2007年第5期

表1-2　食品杂货业 FOOD AND DRUG STORES（22家）

排名	公司名称			“500强”排行	2006年营业额		利润额	
					百万美元	比上年增长（%）	百万美元	比上年增长（%）
1	家乐福	Carrefour	法国	32	99 014.7	4.8	2 846.2	59.5
2	特易购	Tesco	英国	55	79 978.8	12.4	3 544.9	25.7
3	麦德龙	Metro	德国	62	75 131.0	3.2	1 324.9	100.8
4	克罗格	Kroger	美国	80	66 111.2	9.2	1 114.9	16.4
5	皇家阿霍德	Royal Ahold	荷兰	104	56 944.9	0.9	1 127.9	582.5
6	沃格林	Walgreen	美国	129	47 409.0	12.3	1 750.6	12.3
7	Seven & I控股	Seven & I Holdings	日本	134	45 635.2	31.4	1 140.7	45.6

（续上表）

排名	公司名称			“500 强”排行	2006 年营业额		利润额	
					百万美元	比上年增长（%）	百万美元	比上年增长（%）
8	欧尚集团	Groupe Auchan	法国	141	43 900.3	4.3	936.0	-21.9
9	CVS 公司	CVS	美国	142	43 813.8	18.4	1 368.9	11.8
10	永旺	AEON	日本	152	41 249.1	4.5	492.9	91.2
11	萨夫维	Safeway	美国	155	40 185.0	4.6	870.6	55.2
12	超值	Supervalu	美国	167	37 406.0	88.3	452.0	119.2
13	森百瑞	J. Sainsbury	英国	200	32 438.1	13.2	614.7	438.4
14	乔治威斯顿	George Weston	澳大利亚	234	28 350.4	9.3	106.6	-81.5
15	乌尔奥斯	Woolworths	加拿大	235	28 275.5	17.6	758.0	27.5
16	科勒斯梅尔	Coles Myer	澳大利亚	241	27 516.0	0.4	869.3	86.8
17	德尔海兹	Delhaize Group	比利时	276	24 481.8	5.7	441.5	-2.6
18	摩利森超市	William Morrison Supermarkets	英国	298	23 125.3	5.4	459.5	—
19	大众超市	Publix Super Markets	美国	326	21 819.7	5.2	1 097.2	10.9
20	联合博姿	Alliance Boots	英国	328	21 754.0	142.6	731.9	10.4
21	瑞特爱特	Rite Aid	美国	418	17 507.7	1.4	26.8	-97.9
22	米格罗斯	Migros	瑞士	451	16 466.4	0.7	601.4	7.2

资料来源：上海《国际商业技术》2007 年第 5 期

表 1-3　2006 年中国零售企业前 100 强排序中前 30 名情况

序号	企业名称	业态	销售总额		2006 年
			千元	同比（±%）	门店数
1	国美电器集团	家电专业店	86 930 000	74.42	820
2	百联集团有限公司	百货店/超市/便利店	77 094 570	8.15	6 280
3	苏宁电器集团	家电专业店	60 952 370	53.46	520
4	华润万家有限公司	百货店/超市/便利店	37 853 443	25.59	2 250
5	大连大商集团有限公司	百货店/超市/便利店	36 135 900	19.98	182
6	家乐福（中国）管理咨询服务有限公司	超市	24 800 000	52.7	95
7	物美控股集团有限公司	超市/便利店	23 118 690	21.22	728
8	北京华联集团投资控股有限公司	百货店/超市	21 200 000	1.92	76
9	农工商超市（集团）有限公司	超市/便利店	19 626 000	11.84	1 857
10	上海大润发有限公司	超市	19 587 200	24.76	68

（续上表）

序号	企业名称	业态	销售总额		2006年
			千元	同比（±%）	门店数
11	重庆商社（集团）有限公司	百货店/超市/便利店	18 088 550	20.15	219
12	江苏五星电器有限公司	家电专业店	17 801 310	21.83	229
13	沃尔玛（中国）投资有限公司	超市/会员店	15 031 810	30	71
14	新一佳超市有限公司	超市	14 254 900	20.79	99
15	好又多商业发展集团公司	超市	14 000 000	6.06	101
16	易初莲花（中国）连锁超市有限公司	超市	13 500 000	34.19	75
17	合肥百货大楼集团股份有限公司	百货店/超市/便利店	12 250 000	16.67	74
18	江苏文峰大世界连锁发展有限公司	超市/会员店/专业	12 004 697	20.03	764
19	宏图三胞高科技术股份有限公司	电脑专业店	10 300 000	53.73	105
20	利群集团股份有限公司	百货店/超市/便利店	10 142 963	23.26	746
21	山东省商业集团总公司	百货店/便利/专业	10 030 000	36.46	66
22	武汉中百集团股份有限公司	百货店/超市/便利	9 480 110	18.6	501
23	锦江麦德龙现购自运有限公司	超市	9 367 330	24.13	33
24	上海康诚仓储有限公司	超市	9 300 000	17.42	47
25	北京市大中电器有限公司	家电专业店	8 700 000	12	97
26	武汉武商集团股份有限公司	百货店/超市/专业	8 392 917	3.97	39
27	家世界连锁商业集团有限公司	超市	8 344 510	-1.47	87
28	北京王府井百货（集团）股份有限公司	百货店	8 333 966	28.59	16
29	安徽省徽商集团有限公司	百货店/超市	8 145 990	31	1 488
30	新合作商贸连锁有限公司	超市/便利店	7 982 030	157.48	21 210

资料来源：中华全国商业信息中心

2. 零售商职能

零售商处于社会再生产过程中交换环节的终端，承担着组织商品销售，将商品从流通领域转入到消费领域的使命。为完成这一使命，零售商既要不断满足不同消费者的不同需求，还要调节生产与消费在时间、空间、数量、质量、花色品种和信息沟通等方面的矛盾。因此，零售商的基本职能为组织商品销售，具体体现为如下职能。

（1）组织商品职能

消费者为了生存和发展，需要衣、食、住、行、用、玩等多方面的商品，由于时间、空间、数量、质量、花色品种和信息沟通等原因，消费者个人不可能自己寻找制造商，购买自己所需的商品。作为制造商又是一个大群体，每一制造商只能生产其中较少的产品品种，而且数量较多，其产品也不可能一次性地全部售给某一消费者，较多情况下，只能批量销售给批发商或其他供应商，尽快回笼垫支的资本并且盈利。在这种状态下，必然存在产销之间的矛盾。为解决这一矛盾，零售商必须行使组织商品职能，首先代替消费者垫支资金，从制造商、批发商甚至其他供应商那里大量购进商品，并按照消费者的需求分类、组合，使消费者不仅能方便购买，而且能在零售店里得到需求的满足。

零售商组织商品职能，使生产的产品能尽快最终转为消费，从而实现生产的目的。生产越是发展，它对零售业的依赖也就越大。

（2）储存商品及承担风险职能

零售商的采购是批量购进，零散销售。为此，零售商为了满足消费者随时购买商品的需要，必须储备一定数量的各种商品。但是商品在储存期间会伴随着各种风险，如数量过多或过少的积压与脱销、商品的自然损耗、自然灾害、商品被窃以及商品的时尚更新和技术废弃等。这些风险的损失皆由零售商承担。

（3）服务职能

顾客是上帝。零售商必须服务于消费者。第一，要准确及时地掌握市场供求趋势，组织适销对路的商品，扩大花色品种，保证商品质量，使消费者能及时地、充分地选购商品。这是服务职能的物质基础，否则，即使其他服务项目都做得很到位，但消费者想买的商品买不到，那么，所提供的其他服务也就毫无意义了。第二，要正确贯彻商品销售政策，不断研究、改进商品的销售方式、方法，以良好的经营作风、文明言行，保持与消费者之间的良好关系。第三，要加强与消费者沟通，信息共享，零售商处于商品流通的最终环节，能够较快地获得生产与消费的信息。可以通过媒体、商店销售人员等手段及时地将商品有关信息传递给消费者，平等沟通，解决认知上的矛盾，激发购买欲，让顾客明明白白地消费。第四，提供良好的购物环境，零售商通过对商品的艺术陈列、店堂的布局、装饰和悠扬音乐、灯光照明、绿色花草等创造出具有魅力的购物环境，陶冶消费者的情趣，同时，为消费者提供休闲娱乐和歇息的去处，带来美的享受。第五，提供与商品销售直接相关的服务，如包装、免费送货、电话预约、经营礼品、停车场、临时保管物品、为儿童提供游乐场、照看婴儿、提供休息椅等，真正把消费者视为宾客。周到的服务才能给消费者留下良好的印象，使消费者成为回头客，并带来新的顾客。

（4）诚信职能

零售商的商品和服务销售要面对众多的消费者，接受消费者的最终评价。在一定意义上说，市场经济条件下的经营要靠诚实、讲信用才有竞争的优势。靠坑、蒙、拐、骗的手段去经营注定会失败，只有诚实经营才能取信于消费者，如商品质量信得过、价格合理，即“童叟无欺”。另外，采用信用销售商品的方式，如赊销、分期付款等，对消费者可起到融资的作用，不需要每次购物时都得支付现金，即使可支配收入有限，也可以购物，用预期的收入来购买现在需要的耐用消费品。诚信是零售商求生存谋发展的具体职能，对消费者要讲诚信，对制造商、批发商也要讲诚信。这样消费者、制造商与批发商对零售商才有信心，零售商才会有好的形象。

1.1.3 零售商活动

零售商活动是指零售商的商业性活动，即将商品和服务出售给消费者，进而使商品和服务的价值得到实现的商业活动。这一活动内容丰富，主要表现在五个方面：

1. **提供商品的组合**

为满足消费者需求商品的多样性、交易规模小与交易频率高的特点，百货商店、超市和仓储会员场等零售商都必须为消费者提供2万种以上的商品，并对货位布局、品牌、规格、花色和价格等进行组合，以方便消费者购买，使消费者在同一商场中有充分的选购余地。

零售商在提供商品组合的同时，实行专业化经营。如超市提供食品、保健、美容品和服装以及家居用品的商品组合。当然，也有一些专卖商店一般只给消费者提供一种商品组合，如制造并出售假发、彩妆化妆品等。大多数消费者对各零售商所提供的商品组合都比较熟悉，知道买不同种类、品种的商品该去什么地方、什么商店。

2. **分装、整理商品**

制造商在向零售商发运所采购的商品时，为降低运输成本，总是将整箱、整盒或整包的商品运交给零售商，然而消费者每一次购买的数量少，零售商只能零散售出。为适应消费者需求及购买的特点，零售商必须对整箱、整盒和整包的商品拆开、分装、整理，如自行车等商品还要安装后才能出售。

3. **仓储保管商品**

零售商从制造商那里是批量购进商品，但在商场上的商品只能零散销售，因为消费者只有在需要消费之前才购买，并且习惯零星购买，对供求平衡或供大于求的商品，消费者不愿多买，以免积压资金。为了保证消费者在需要时能买到商品，零售商一般都要存储一定数量的商品。仓储商品数量多少才合适，既不会脱销，又不至于积压或造成损耗，这要视市场供求状况而定。

4. **提供服务**

零售商对消费者具有服务职能。提供服务是零售商组织商品销售过程中不可或缺的活动，尤其是在当前生产力发展水平上，由于商品的同质化，所以在市场竞争中商品的品种和质量的优势日益弱化，零售商之间及相关行业的业务竞争优势多反映在提供服务活动上，因此，零售商在商品销售过程中要特别重视向消费者提供优质服务。零售商中的百货商店以良好的购物环境、商品质量高和科学的商品经营等服务而著称；专营店、专卖店以商品专营或专卖的品牌、商品经营的深度和一对一沟通等服务为特色；购物中心、仓储式商店，满足消费者的一站式购买的需求等。此外，零售商还为消费者购买和使用商品提供方便，如营造良好的购物环境、设商场和货位指示图、商品陈列、试穿试用、无理由退货、销售人员向消费者提供有关商品的信息及负责回答问题；有的零售商还为消费者提供信用等服务。提供优质服务已成为零售商在竞争中的锐器，谁在服务活动上被消费者认可，并成为一种品牌优势，那么，谁就赢得了消费者，就有可能盈利。

5. **商品销售**

零售商从事一切活动都是围绕着商品销售这个中心进行的。零售商不是商品的制造者，它所购进的商品也不是为自己使用，零售商买进商品是为了再卖出，显然，商品销售是零售商所有活动中最为关键性的活动；前面列出零售商为消费者提供商品组合、分装整理商品、仓储保管商品和提供服务等都是商品销售的基础性活动，商品销售不出去，前四项活动毫无意义。因此，零售商从采购商品开始就必须考虑到该商品是否能较快地销售出去、是否盈利。

零售商只有通过向消费者提供商品组合、分装整理商品、仓储保管商品，向消费者提供服务和商品销售等活动，才能被市场认可，才能得到顾客认同和接受。这时，零售商为卖而买，顺利地实现了买是为了再卖的良性循环，其商品和服务也实现了价值和使用价值。

1.2 零售职业与零售业的作用

1.2.1 零售职业

零售职业是指零售业中提供的管理职位的机会，又称管理机会。

零售活动是市场营销活动的一部分。零售商处在连接制造商和消费者的分销渠道中的最终业务环节，它从事着许多传统的商业活动。零售商组织商品销售，一般都要从金融机构筹集资金，购买商品和服务，开发和设立会计和管理信息系统来控制企业营运活动，管理仓储商品和分销系统，以及设计与开发自有品牌商品，并从事各种营销活动，如市场调查与预测、广告、橱窗设计、商品陈列、促销、销售管理等。零售商要从事如此繁多的商业活动，从而为具有这方面技能和兴趣的人才提供了众多的管理机会。因此，零售商业企业需要吸纳在金融、会计、人力资源管理、行政、计算机系统和市场营销等方面有发展意向的专门人才。

在零售业寻求职业，主要有两种可能：一是创办自己的零售企业；二是受雇于零售企业。应该说，这两种职业的选择在某人的同一时间里是只能择其一，但从长远去考察，这两种选择并不相互排斥，因为许多人在受雇过程中取得经验后，会再开办自己的商店，当然，也有人因种种原因在自己创办的零售企业倒闭后，再受雇于零售企业。这些在市场经济环境下都是正常的现象。下面就这两种职业选择的属性分别进行考察。

1. 创办自己的零售企业

创办零售企业的市场准入条件较低，为那些想创办自己的零售企业的人提供了机遇。所以，在现今社会经济生活中，自己开办一家零售企业的现象已十分普遍。在美国80%以上的零售店属于私资经营企业，当代许多零售巨头都是从经营独资商店开始的，如沃尔玛、培尼、麦富、凯马特、威克斯、西尔斯、马狮、家乐福、大荣。在我国，统计显示有176万个私营企业，其中有不少是遍布城乡的零售店。

创办自己的零售企业具有若干有利条件。投资不多，在美国，几千美元就够了，在我国3万元也可创业了；经营的商品和服务能适应特定顾客群体的需要，业主行使决策权、指挥权和监督权，权力集中，实行统一领导；经营灵活，适应需求的变化快等。但也存在一些不利的条件：资金有限，难于发展；经费不足，不能做广告，也无力运用计算机技术；人力资源缺乏，多沿用传统管理；业主工作时间长。

创办自己的零售企业应避弊趋利、转换观念，运用现代营销理论，在选址、经营商品种类、品种及服务上下工夫，向消费者提供方便，争取市场谋发展。零售实例1－1中的Joe Dudley，及零售实例1－2、1－3都创立了极其成功的零售企业。

零售实例1－1　　*成功意味着帮助他人获得成功*

作为家里11个孩子中的一员，Joe Dudley是在南卡罗来纳州一座小镇上的三间农舍中长大的。他在一年级就被人断言因精神迟钝而难有前途，可他最终成了一家头发护理用品和化妆品公司的所有者和奠基人。这家公司位于南卡罗来纳州的Greesboro，资产达几百万美元。

Dudley产品公司是美国东南部最大的有色人种所有的商业企业之一。Dudley是从挨家挨户推销Fuler Brush公司的产品开始涉足零售业的，当时他还只是南卡罗来纳州A & T的一名学生。自1967年他和他妻子开始创办他们自有的护发产品生产线以来，Dudley产品公司就采用直销方式将其产品分销至全美国的顾客和美容院。

Dudley实现了他在40岁生日时赚到100万美元的个人目标。从纳时起，他一直将很大一部分精力投入到帮助别人达成其目标上。Dudley产品公司制定了一个高中生辅导计划，被纳入计划的学生们每两个月与Dudley公司的董事们见一次面，以了解他们成功的经验，Dudley及其公司荣膺南卡罗来纳州政府教育奖，这一称号是前总统布什命名1 000个著名人物的事例之一。Dudley及其公司于1955年获得了Horatto Alger奖，该奖项用于表彰：证明只要诚实、勤奋工作并有决心，就能战胜一切困难。

资料来源：Company documents

零售实例1-2 **李杰的“杰芳园艺店”**

随着新年的临近，作为“花城”的广州又酝酿着一轮新的花市和园艺投资热潮。而以5 000元起家、在天河北龙口西路的“杰芳园艺店”经营了四年，生意红红火火。

旺区经营有市场

店主李杰今年才27岁，是齐齐哈尔人，最初来广州时做水果生意不尽如人意，最后还是选择了自己的专业——开园艺店。在选址上，他认为天河北，虽然是新区，但要旺起来挡都挡不住。当时的新楼入住率还不到20%，他在菜市有个8平方米的小档口，但他每月起码都会卖出几百盆花树。

李杰认为，园艺欣赏同一定的文化素养有关系，天河北附近有政府机关的小区，还有不少的高级写字楼，消费层次也都较高，容易接受一盆花200~300元的价位。随着天河区的进一步开发，店里最多时每月可销售6 000多盆，回头客和熟客也不断增多。

租摆生意成重头戏

目前，李杰的店渐渐转移到以租摆生意为主。他认为，园艺行业中，除了春节前后和较少的几个节庆算得上销售旺季，一年中有八九个月都是淡季，容易造成资金的周转不灵。于是，在一些熟客的介绍和建议下，以大型写字楼和住宅小区为经营对象的租摆业务占了他至少七成的生意。

现代公司大多把绿化作为树立企业形象的一项重要工作。李杰算了一笔账：一盆观赏植物要两三百元，但未经专业打理能存活4个月；而租摆一盆花树每月大概花30元，起码可保持七八个月的鲜活生机，能时刻保持良好的公司形象，这样一来租摆自然划算得多。

租摆业务带给李杰的店最大的收益就是模糊了淡季的概念，有了稳定的客源和收入。如今，他们共有20多家的固定客户，每月可租出200多盆植物。

售后服务是关键

李杰说，经营园艺业的纯利润率大概为20%~50%，但他认为应在自己能够承受的范围内尽量放低利润。因为园艺店主要是熟客生意，良好的口碑和人际关系很重要，所以最好是薄利多销和加强售后服务。

因此，他经常免费对顾客购买的货品进行托管和上门指导，这为他的店在周围日益增多的园艺店中能够立于不败之地奠定了坚实的基础。

资料来源：胡巧娟：《租摆服务创造全年旺季》，广州日报2002-12-07

讨论：李杰的创业对你有何启示？可吸取哪些经验？

零售实例 1－3　　　　　　李先生：合租铺位本小利大

并无太多城府心机的平民老板李先生在两三年的香蜡售卖中，与太太白手起家，勤奋创业，终于有了平稳的生意。

夫妻店做情调生意

李先生是土生土长的广州市本地人，他说他作为生意人根本就没有特别精明的商业头脑，做起香蜡生意也是在屡经创业坎坷后，不得已而为之的事情。

李先生的蜡烛摊位正是一个稳健踏实的小生意，每月进货仅仅 2～3 千元，月利润为 6 千元左右，去掉与人合租摊位的 3 千元月租，纯收入一般在 2～3 千元，这对于几乎是万元起家的投资人来说，当真是条“好出路”。

几年之前，李先生是做早餐的，他曾主观认定：只要地点选择恰当，做早餐就一定可以赚钱。但事与愿违，每日起早摸黑地张罗，却由于无优势可言而利润无多。他意识到一定要改行，做别人没想到的生意才行。

在进行了大半年的市场调研之后，他们发现广州市的香蜡市场远没有达到饱和，而且属于高利润行业，平均利润可以达到 100%～200%，而香蜡这种产品是学生们的最爱之一，也是白领“小资”们玩情调的常备之物，加之投资少、技术含量低，平时又不需要付出太大的体力劳动，比起开早餐店省力多了，非常适合李先生开家夫妻店。

明智选择生产商

发现这一商机后，李先生选定了青岛的一家厂作为主要的进货来源，成批进货可以保证成本控制在销售价位的 35%。而就近也联系到了一些广东的香蜡生产散点，将他们的招牌产品都纳入自己的经营范围，这些产品进价更加便宜，一般为销售价位的 20%。

而摊位租赁却是一波三折。

后来，李先生发现状元坊里靠街的一家卖个性宠物的摊位打出了希望找合租者的公告牌，而他也不需要太大的地方，便将 5 000 元的租金按 2∶3 分摊。

李先生的香蜡摊位终于开起来了，现在他每日只工作 8～9 个小时，生活轻松愉悦，每月又有 3 000 多元的稳定收入，比起原来辛苦开早餐店有天壤之别。

资料来源：石青、刘维国：《合租铺位本小利大》，广州日报 2002－11－09

讨论：你对李先生的创业与择业有何评价？可吸取哪些经验？

2. 受雇于零售企业

在零售业寻求职业除创办自己的零售企业外，还可以受雇于零售企业，成为受雇职工。零售企业职工的工作职位众多，包括投资分析、商店店址选择、广告、公共关系、销售预测、业态选择、市场选择、公司计划、战略制定、仓储商品管理、人力资源管理、会计、审计、顾客服务、商店设计与布局、商品采购、商品销售等工作。

当然，以上职位的工作，只存在于一定规模的零售企业，一般来说，大中型的零售企业均可找到这类职位。

但每家大中型的零售企业在经营管理方面除有共性之外还有其个性，因此，各大中型零售企业都制定了高级管理人员训练计划，为新进入公司的人员，包括刚从大学毕业的学生提供了良好的学习机会，其内容包括本职工作方面：公司的一般情况、规章制度、业务流程、经营经验和晋升的途径；非本职工作方面：学会如何评估各个买主、分析计算机的各种报告及信息、预测市场供求趋势和执行商店政策、战略情况等。训练时间为一个月以上。

初期训练完毕后，雇员即被指派到企业的各个部门在经理的指导下工作。职位晋升的途径在各零售企业依其宗旨而定。零售实例 1－4 为 Dell Hernandez 在零售企业管理业务中成长。

零售实例 1－4　　在零售公司管理业务中成长

Dell Hernandez 1983 年毕业于 Santa Clara 大学，获营销学士学位，之后他就职于 Mall 公司。Hernandez 最初的工作是在橡树岭 Mall 商店的儿童和婴儿服装部任部门经理。大学毕业后的一个月，他负责管理年销售额为 300 万美元的一个部门。任职期间，他与采购人员打交道使他们确信该部门拥有顾客所需要的商品。他开发并实施了导购计划，他主管着 20 位销售人员。

10 个月后，Hernandez 升任为采购助理，分管位于旧金山的分公司，个别销售点的货物采买。18 个月后，他又升任为橡树岭 Mall 商店的集团销售经理。他管理着 3 个部门的 100 多名销售人员，其年销售总额达 1 500 万美元。

1986 年 12 月，也就是他大学毕业刚三年多，Hernandez 再次升职，他成为业务主办（buyer），负责为总共 25 家 Macy-California 商店采购每年所销售的 1 200 万美元的高级家用电器和电视用品。他负责选购商品、与卖主谈判、为商品定价并对商店中的布局提出指导意见。

Macy 公司的家用电器部的独特的商品组合要求有一个较大规模的市场进行营销。为了给这个特别项目增色，Hernandez 跑遍了玩具市场、体育用品商店和礼品店。1989 年 6 月，他在一家东海岸（East Coast）商店看到了一些跳舞花（dancing flowers），就决定为这一新型而廉价的小商品做出购买意向。他与制造商签了大量的订单，并在 Macy 商店设计了一块由 50～60朵跳舞花装饰的100 平方英尺（1 平方英尺≈0. 092 9 平方米）的“花园”。

Hernandez 对跳舞花存货、销售、促销投资是有风险的，却是有收益的。Macy 商店是在西部海岸商店中第一家经销跳舞花的。早期的意向和重大投资决策使之在 1989 年达到了 50 000件的销售量。

1993 年 Hernandez 又获升迁，管理位于 Palm Desert 的 Bullock 商店（这是联邦百货商店的分部），他管理的商店年销售额达 3 000 万美元，拥有 200 名职员。

正是由于 Hernandez 在担当部门经理、采购助理、集团销售经理、业务主办和商店经理时的业绩，他在 1995 年时的年薪是他在 1983 年大学毕业刚工作时的 6 倍多。

资料来源：Personal communication。

讨论：Dell Hernandez 的成功给大学生就业有何启示？你作何评价？

1. 2. 2　零售业与核心要素

1. 零售业

社会经济中的零售业，无论其经营规模的大小，他们的成功主要在于对零售业的了解程度。换句话说，要办好一家零售企业，是否了解本行业是非常重要的。因此，本书的内容就是围绕构成零售业的基本要素展开研究的。

（1）零售业发展的规律性

零售业的发展与一个国家以及整个世界的社会经济状况密切相关。在生产力迅速发展、科学技术日益进步和人们的生活质量不断提高的条件下，必然刺激零售业的发展并推动零售业变革。当我们考察世界各国的零售业发展时，不难发现，在市场竞争规律的作用下，近百年来，各国零售业的发展、变革具有一定的规律性。

①零售业的发展必须同社会经济的发展相适应。

以美国零售业发展的历史及其背景为例。在 19 世纪 60 年代百货商店兴起以前，美国零售业的主要形式是独立零售企业，即个人业主自营商店。这一零售形式正是与当时社会化生产十分落后、人们的居住相对分散和交通不便利的社会经济状况相适应的。到了 19 世纪 60 年代，随着美国工业生产的初步社会化，工业人口比较集中的城市迅速形成并发展，传统的自营小商店已不能适应社会经济发展的需要。而以经营广、价廉、方便、快捷、舒适为特征的百货商店（公司）则适应了社会经济发展的需要。20 世纪 30 年代，由于美国经济的大萧条，消费者对价格非常敏感。零售商有可能从处境困难的制造商那里获得较低价格的货源，能用低廉的租金租到旺市地段的大型建筑以及私人汽车的普及等社会经济背景，超市开始兴起。“二战”后，各国致力于经济建设，现代化大生产也要求零售企业大批量销售商品，这时连锁店应运而生，它能够大批量低价格进货，也能够大批量低价格销售，使消费者得到实惠。20 世纪末，社会经济的良好发展，科技日新月异，加上人们工作节奏的加快，购物中心、仓储会员店等的一站式购物，以及网上购物等零售业态也得以发展。

②在充分的市场竞争条件下，价格竞争成为零售业竞争优势所在。

由于生产力发展的不平衡，或社会经济受到不确定性因素的影响，出现了收入预期不明朗的市场环境，使零售业的竞争逐渐从商品种类、品种的竞争转为品牌、价格的竞争。如何才能取得价格竞争的优势？零售业的革新者们为办好零售企业、得到更多的利润，纷纷通过技术革新和制造商的支持等途径来降低流通费用。这种现象的显露始于 20 世纪 30 年代。真正形成一种规律性的发展是在 20 世纪 60 年代，折扣百货店——一种以低价大量进货，便宜售出，以经营生活日用品系列综合商品为特点的零售企业——在美国进入了迅速发展期。据统计，1960 年底，全美折扣商店 1 329 家，到 1962 年底，已发展到 2 363 家，每店平均营业面积近 500 平方米，年均营业收入近 300 万美元。凯玛特是折扣商店的代表，1963 年底，凯玛特的连锁店已达 50 家，5 年后扩展到 250 家，平均每店营业面积约 1 万平方米，总营业额达 8 亿美元。21 世纪初坐上了全球 500 强企业第一把交椅的沃尔玛，也是从经营折扣百货商店进入市场的，且在现有的 4 000 家店铺中的一半仍是折扣百货商店。可见，折扣百货店至今仍有生命力。除折扣百货店外，在一般的百货商店内亦有设立折扣货位、商场的。如在日本，20 世纪 90 年代中期，设在大阪市梅田区的阪神百货店二楼有“无印良品”销售区，出售服装、生活用品、厨房用品、床上用品、饮料、食品等商品；每种商品均标明产地、厂家、电话号码、成分、含量、储存保管方法、使用方法、价格，食品、饮料还标明有效期等，质量有保证；价格比同品质商品便宜 20% ~30%。这些折扣商品与其他商品比较就是没品牌，但由于价格实惠，生意兴隆，销量可观。实践证明，百货商店、通信用品店、折扣商店、连锁商店、超市等零售企业都是以追求低价销售的专门技术与武器而出现的。

③方便快捷的服务是零售业竞争中又一制胜法宝。

众所周知，设在城乡商业街、居民住宅区附近的便利店，一般经营人们日常生活必需品且品种有限，价格并不便宜，营业面积不大，但由于营业时间长，有的甚至全日 24 小时营业，节假日也照常营业，能满足顾客不同时间购买的要求，加上服务的个性化，它仍是人们不可或缺的零售业态，并且有发展的空间。此外，百货商店、专卖店和专业店等零售企业尽管其出售的商品价格较高，但它们由于开设在交通方便的地理位置上，又能向顾客提供良好的购物环境及一对一的多种周到服务，给顾客提供了许多方便，受到顾客的欢迎而得到发展。显然，当今零售业竞争，在同一价格水平的零售企业之间，竞争的主要优势表现为方便、快捷的优质服务。表 1－4 为美国零售业的主要经营形态一览表。

表 1－4　美国零售业的主要经营形态一览表

零售业态	经营商品	服务方式	毛利率	设店位置
百货商店	广泛而齐全的商品	为顾客提供一系列服务	高毛利	城市繁华的闹市区和郊区购物中心
杂货店	花色品种有限的食品和日常用品，250～1 000 种	自我服务	12%～13%	靠近居民
单项和有限商品店	一条或几条相关产品线的商品，花色品种全	提供多种服务	高毛利	中心或非中心商业区
专业店	独特商品或某一产品线的某一种商品，花色品种齐全	提供多种服务	高毛利，高的可达 100%～200%	城市繁华的闹市区和郊区购物中心
廉价商店	低价的日用品，品种繁多	租金低，设备简陋，自我服务	12%～18%	店址在租金低的区域
方便食品店	流通量高的食品和日用商品，2 000～3 000 种	自我服务，营业时间长，地点便利	高毛利	住宅区或街头巷尾、车站、码头
超市	食品及较丰富的一般性日常用品，1 万种左右	自我服务，计算机化管理	15%左右	中小型商业区，居民区
仓储店	范围广泛的食品和百货，2～5 万种	自我服务，仓库经营方式	13%～14%	商业中心，城市周边地区

④零售业的多种业态共存并相互融合。

一个国家由于生产力发展水平不平衡，社会经济差距必然存在，与此相关的供与求状况便有不同，表现为商品丰富程度、人们的生活质量、生活需求数量、购买消费方式等方面的差异性。为满足这些不同层次、各具特色的社会需求，零售业的多种业态就应运而生，且至今各种零售业态都受到其目标市场顾客群的认可和支持而生存和发展，出现了多种零售业态并存、大中小型零售企业同时发展、综合与专业经营兼顾的零售网点。

与此同时，随着生产力的发展、消费需求的不断变化和零售企业各种业态之间竞争的加剧，各零售企业之间也相互借鉴，吸纳对方某些有竞争力的优势，出现了一种相互融合的趋向。如百货商店增加了出售廉（降）价商品的货位、商场，百货商店还随着城建工程人口向郊外迁移的实际，在新区、城郊结合部建立分店，形成连锁百货商店。同样，也出现了连锁方便店、连锁超市、连锁专卖店等。

（2）零售业的特点

零售业在各国社会经济发展不同的水平下，其特点会有所不同。

①美国零售业特点。美国是世界上零售业最发达的国家，在美国零售业呈现如下特点。

第一，零售业集中控制在少数的大零售公司手里。据资料显示，1998 年，美国 100 家大零售公司销售额为 8 610 亿美元，占全国零售总额 20 466 亿美元（不含机动车零售）的 42%，如果包含机动车零售，则占 32%。20 世纪 80 年代末以来，美国零售业的集中度加快，见表 1－5。1987—1994 年，商店总数从 42 200 家增加到 74 400 家，年均递增 8.4%；而从 1994 年开始，商店的数量跌落到 1996 年的 69 600 家，每年下降 3.3%，见表 1－6。这种情况说明，规模大、效率高、管理更好的大型零售企业在市场竞争中不断取代规模小、效率不高、效益差的竞争对手。

表 1－5　1986—1996 年分行业前三位零售商市场份额变化情况一览表

行业类型（首三位最大公司）	销售额（亿美元）		占行业份额（%）	
	1986 年	1996 年	1986 年	1996 年
折扣百货（沃尔玛、凯玛特、目标）	350	1 290	61	85
传统百货	180	330	39	59
玩具（首位 Tops ‘R’ Us）	25	70	42	54
消费类电子产品（Best Buy，Circuit City，Comp USA）	40	190	15	34
药店（Rite－Aid，JC Penney，Walgreen's）	90	300	18	33
家庭服装	30	130	16	31
建筑装饰材料（家庭仓库、劳威斯、佩莱斯·卡威斯）	60	320	11	31
女装	55	72	21	25
成年男装和男童装	13	14	15	14
超市/食品杂货（Kroger，Safeway，Albertson's）	500	540	18	14
家具	13	30	5	8

资料来源：美国商务部统计局

表 1－6　美国零售业集中度加快

	1987 年	1994 年	年均递增	1994 年	1996 年	年均减递
商店数	42 200 家	74 400 家	8.4%	74 400 家	69 600 家	3.3%

第二，综合超市、折扣百货、综合服装、家居中心和家电专门店成为各行业占主导地位的业态。

以食品杂货业的主要业态——超市为例，见表 1－7。

其店铺数占全部食品杂货店的 9.6%，销售额则占食品杂货零售总额的 71.5%。在超市中，传统超市、仓储式超市的店铺数和市场份额均下降，而超级（大型）商场和食品药品综合店的市场份额急剧上升。可以说，超市大型化和综合化已成为食品杂货业中超市业态的主导性业态和处在上升阶段的业态。便利店店铺数量增加，但市场份额略降，表示其单店经营规模向更加小型化发展。

表 1－7　食品杂货店分类市场份额变化

食品杂货店类型	百分比			
	店铺数量		销售额	
	1990 年	1996 年	1990 年	1996 年
总计	100.0	100.0	100.0	100.0
A：食品杂货店	67.7	66.2	94.5	94.6
A－1 超市	9.9	9.6	70.6	71.5
A－11 传统超市	5.7	3.2	24.6	16.3
A－12 超级商场	2.2	3.6	23.8	30.0
A－13 仓储式商场	1.3	1.0	9.0	5.7
A－14 食品药品综合店	0.5	1.6	9.4	14.5
A－15 大型仓储式商场	0.2	0.2	3.4	3.6
A－16 超大型自动商场	(Z)	0.1	0.4	1.3
A－2 便利店	19.1	25.5	10.0	9.2
A－3 小型超市	38.6	31.1	13.9	14.0
B：食品专门店	32.3	33.8	5.5	5.4

资料来源：美国商务部统计局

又以美国的综合商品零售行业为例，百货店的销售额占综合商品零售行业的 80%，见表 1－8。而在百货店业态中又以折扣百货店占据主导地位，见图 1－2。

美国的综合商品零售行业包括百货业、杂货业和其他综合商品三大类。1997 年，综合商品行业销售 3 315 亿美元，其中百货店销售 2 660 亿美元，占全部综合商品行业市场份额的 80%，杂货店和其他综合商品店则分别占 3% 和 17%，见表 1－8。在百货业业态中，折扣百货店占据主导地位，其占百货业态的市场份额由 1992 年的 54% 上升到 1997 年的 64%，增加了 10 个百分点，同期传统百货店的市场份额下降较大，从 27% 下降到 21%；全国连锁百货店的市场份额也有所下降，从 19% 降为 16%。近年的趋势是经营综合商品的商店趋向规模扩大，沃尔玛超级中心使得昨天的综合商品店变成侏儒。高级百货店努力提供给顾客那种常常与折扣店相联系的价值商品，而折扣百货店在许多领域提高商品档次，结果是两者的区别趋向模糊。见图 1－2。

表 1－8　1997 年美国综合商品零售行业

	行业总销售额（3 315 亿美元）	占行业总销售额的百分比
其中：百货店	2 653 亿美元	80%
杂货店	99 亿美元	3%
综合商店	563 亿美元	17%

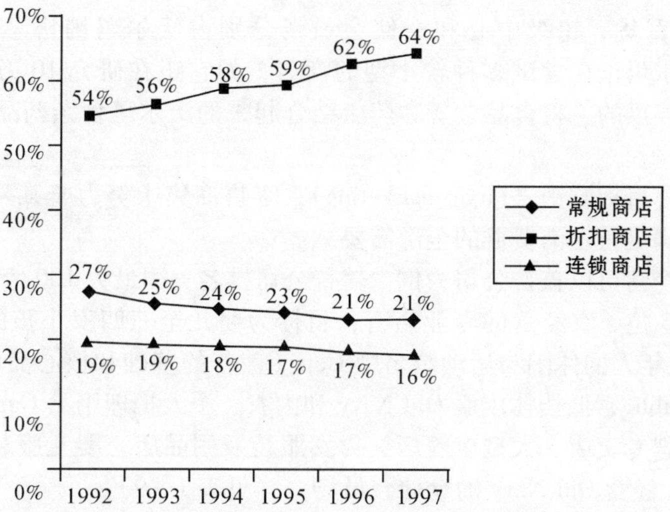

图 1－2　1992—1997 年各类百货店销售市场份额

资料来源：美国商务部统计局

第三，连锁经营是零售业占绝对优势的经营组织形式。

自从 1895 年世界上第一家连锁店“大西洋与太平洋茶号”在美国纽约建立以来，经过 100 多年的发展，连锁经营已成为美国零售商业市场组织的主要形式，渗透到零售、餐饮、服务各个领域。据美国商务部统计，美国在 19 个大的行业门类中都已实现连锁化。美国的连锁经营已占社会零售总额的 60% 以上。美国著名的营销学专家威菲利普·科特勒在 20 世纪 90 年代预言：“在进入 21 世纪之后，只有那些建立起充分有效的全球商业网络的公司才能在商战中获胜。”也就是说，本世纪的竞争是连锁网络组织之间的竞争，而不是单体公司之间的竞争。现在美国所有大型零售商都是连锁经营。1998 年美国最大零售商前 100 家全部为连锁经营，共开设 111 800 家零售店，平均每家均拥有 1 100 多家店铺，最多的开设店铺 7 030 家，最少的开设 33 家；平均每家店铺年销售额为 770 万美元。在餐饮业，美国前 100 名餐饮连锁店共有 16 万多家店铺，平均每家 1 600 多家店铺。1997 年麦当劳拥有 2. 3 万家餐厅，年营业额为 450 亿美元；应用范围广，方式多样。连锁经营涉及百货店、便利店、超市、邮购、仓储店、专业店等几乎所有主要零售业态。连锁经营的方式除直营外，还有自由、特许等多种形式。

第四，多业态经营或专业化多品种经营成为零售业主流方向。

多业态经营又称组合零售（portfolio retailing），是指一个零售企业经营多种零售业态，每一种业态适合不同目标市场特定的需要。这种发展战略目前为许多美国重要的零售商所采用。一些专家认为组合零售商可以获得适应性经营的竞争优势，这种适应性在未来的零售业竞争中十分重要。

多业态经营可以沃尔玛为例。1998 年，排名美国最大零售商 100 名之首的沃尔玛的销售额超过前 2 ~ 5 名西尔斯、凯马特、代顿和 J. C. 彭尼四家公司销售额的总和，占最大 100 家零售商的总销售额 8 613 亿美元的 16%。沃尔玛最初只有折扣商店单一业态，随着折扣商店在美国的饱和以及沃尔玛规模的扩大，沃尔玛进入仓储式山姆会员店、大型超级购物中心（Supercenter），后者后来成为沃尔玛的增长引擎，并使沃尔玛成为美国最大的食品杂货零售商。1997 年，折扣百货、超级中心和仓储会员场分别占沃尔玛销售总额的 49%、22% 和 17%。近几年，沃尔玛正在尝试多种较小型的商店，如它正在研究 10 万平方英尺的超级中心，以及 4 万平方英尺的、将食品杂货和药店结合起来的沃尔玛食杂药品快车店，1988 年开办"邻里店"。

专业化经营又称目标营销（target marketing），零售商集中努力于某一选定消费群，在特定的市场部分尽力满足特定消费群的全部需要。

专业化多品种经营可以盖普公司为例。盖普公司排名美国最大 100 家零售商第 28 位、最大 100 家专门店第 5 位，其经营的专业店有：目标为婴儿至三四岁小孩的 BabyGap，十多岁儿童的 Gapkids，成年人的休闲与运动装名牌 Gap（盖普的基础和核心品牌），高档男女时装品牌的 Banana Republic，低档休闲服 Old Navy 和内衣、个人护理用品 Gap Body。采用的零售业态形式有混合品牌专卖店、大型旗舰店、男女服装及用品店、婴儿服装及用品店、品牌专柜（在免税店内）、经营 Old Navy 的仓储会员场（详见表 1-9）。

总的来说，多数大型零售商采取多业态经营，1998 年《财富》杂志所统计的全球 500 强中的 41 家零售企业，有 36 家选择多业态经营模式。

表 1-9　盖普公司专业店情况一览表

品牌	店铺数（家）	美国以外店铺数（家）
Gap	1 023	136
Gapkids BabyGap	573	105
Banana Republic	259	9
Old Navy	288	
总数	2 143	250

资料来源：盖普公司年报 1998-02-28

②中国零售业特点。中国零售业 20 世纪末以来发展迅速，新的业态不断涌现。中国零售业已成为一个高度竞争的行业，其特点：一是零售网点数量的持续增长。1997 年全国商业零售网点数近 1 500 万个，1998 年为 1 660 万个，1999 年达到 1 780 万个，以每年差不多 10% 的速度递增。二是单体企业规模的不断扩大和连锁经营形式的迅速发展。1991 年全国只有两家销售额超过 10 亿元的商店，而到 1999 年全国已有 20 家之多，仅上海市就出现了几家超过 20 亿元的特大型商店，2007 年国美、百联、苏宁等企业年销售额迫近 1 000 亿元。三是行业平均经营利润率缓慢回升。1991—1995 年全国零售业平均利润率为 15%，1997 年已下降至 5% 左右，亏损面超过 25%，根据中华全国商业信息中心统计，2000 年 273 家大型商场实现商品销售总额 1 293.9 亿元，比 1999 年增长 19%，实现商品零售总额 1 072.8 亿元，比 1999 年增长 13.6%，但同期实现利润总额却比 1999 年下降 9.9%，直到 2002 年后才跌止而利润慢慢回升。四是商店倒闭现象已从小商店发展到较大规模的商店。和其他大多数行业一样，目前零售业不仅遭受竞争对手的竞争，还面临着管理不善和由于市场竞争而形成的进入威胁和替代威胁。

2. 核心要素

零售商要取得成功，主要取决于他们对零售业的了解程度，这其中包括了零售商所处的企业内、外的要素。一般来说，在一个大环境下，有了共识后，成功的零售商必须了解顾客需要什么，什么时候要，需要多少，然后要在适当的时间、适当的地点以适当的价格和适当的数量出售适当的商品和服务。成功的零售商必须是一个有实力的竞争者，因为只是简单地满足顾客的需求并不一定能实现长远的高业绩，还要密切关注和确保老顾客不致流失。最后，零售商还要下工夫去研究和了解新顾客的需求、竞争对手和技术。这就是零售业核心三要素：竞争、环境、顾客。

（1）竞争

竞争是零售业的第一核心要素。这里的竞争首先是指零售商之间的竞争。一家零售商的最初竞争对手就是那些与之具有同样经营业态的企业，如甲百货商店与其他百货商店之间的竞争，A仓储会员店与其他仓储会员店之间的竞争等。这种存在于同样经营业态的零售商之间的竞争，被称为同一零售经营业态内部的竞争。

其次是抢夺式竞争。市场经济是一种由市场配置资源的经济，就某一方面讲，它又是一种唯利是图的经济，哪个行业利润丰厚、回报快，就能把投资吸引过去。零售商保持某经营业态特征的同时，为吸引更多的顾客，采用提供种类更多的商品的经营策略。如在百货商店、超市、仓储会员店增加图书商品经营，药店增加服装、食品和体育、健身用品经营。这里，商品的销售不再主要与经营业态有关，称为抢夺式竞争。

最后，还有不同业态的零售商之间的竞争。消费者需求的多样化、层次化和个性化吸引了零售商的目光，因此，日益加剧的不同经营业态零售商之间展开了争夺顾客的行动，扩大某些商品销售去适应目标市场顾客群体的需要。如折扣百货商店、仓储会员店和百货商店之间的竞争，这种类型的竞争也使零售商更难于辨别和监控竞争的类型。

但是，当我们考察零售商之间的竞争时，不能忽视其强度与商店地址有关。因为顾客在购买商品时，首先选择方便前往的商店，这里商店地址与顾客的邻近程度对于竞争对手而言是一个关键的因素。如果某地有A、B两间同样规模的百货商店，顾客距A店和B店的路程，分别为5分钟和25分钟，在一般情况下，顾客会多去A店光顾。

研究零售商的不同类型及他们之间的竞争的不同方式和程度，对于零售企业如何去面对竞争、制定成功的零售战略和策略至关重要。本书的第5、6章将对此作重点研究。

（2）环境

零售业的第二个核心要素是环境。这里的环境含义广泛。零售商所面临的是一个变化中的极具挑战性的商业环境：各国政治、经济、文化、科技水平、法律、道德、习惯、风俗不同，行业的业态结构、发展趋势等，顾客需求变化快等，都需要零售商及时作出反应，以便更有效地满足顾客的需求。

环境要素是零售商获得成功，必须时刻关注的问题，本书第3章将重点加以讨论。

（3）顾客

顾客是零售业的第三个核心要素。顾客对零售是否认可和支持，是办好零售企业的关键。因此，要对顾客的购物原因、动机、选择购物商店的决策方式以及如何服务好顾客进行研究，使他高兴而来，满意而去甚至再来购物。本书将在第4、8、14章作深入研究。

1.2.3 零售业的作用

零售业在近年来是中国发展变化最快且最具活力的行业。零售业从事的经营活动离千百万消费者又如此之近，以至于几乎每个人都能感受到中国零售业的发展。发达国家最现代化的零售经营形态先后都在中国登陆，今天，中国的消费者已可不出国门就在宽敞、明亮、管理现代化的零售店里享受购物的方便与乐趣了。因此，人们有理由认为，零售业是一国经济发展的晴雨表，是国民经济流通领域产业中的重要行业。

20 世纪末，我国提出了“大市场、大流通、大商业”的观念，拓宽了流通渠道，对我国工农业生产、商业起到了很大的促进作用。

零售业通过向最终消费者销售商品，使商品进入了消费领域，实现了商品价值，并促使了社会再生产过程顺畅。据商务部 2006 年下半年国内市场供求状况调查结果显示，在 600 种主要消费品中，供求基本平衡的商品仅有 170 种，而供过于求的商品则多达 430 种，占 73%，供求矛盾突出，有效需求不足，将有可能影响社会再生产的顺利进行。因此，零售业在创造需求上能发挥独特的作用。

零售业与人们生活息息相关。它在满足人们生活需要、吸纳就业、稳定社会等方面都有明显的作用。

零售业完成的社会商品零售总额反映了国民经济发展的动态，为国家宏观调控提供了依据。

零售业通过零售活动展示了一个地区或一个国家的政治、经济和文化的状况。零售业提供的商品丰富程度和购销过程中的礼仪、语言、市场秩序等，都生动地展示了生产力水平、人们的文化素养和道德水准以及市场管理水平等状况。

1.3 零售业态理论概述与零售业发展

1.3.1 零售业态理论概述

零售商要获得成功和发展，必须加强对相关理论的研究，以指导零售活动，把握零售业的发展路向。

零售活动在中国始于 3 000 多年前的商朝，但零售业的形成并受到重视却在 150 多年前，得到迅速发展是在近 20 年。在此期间，西方和我国理论界对零售活动规律的认识不断深化，提出了一些关于业态的理论。我们有必要对它进行讨论。

1. 零售轮转

哈佛商学院零售学权威马尔克姆·麦克奈尔（Malcolm Mcnain）教授提出零售的“轮转”（Wheel & Retailing）理论，如图 1－3 所示。他认为，零售业的零售商之变革有着一个周期性的，像车轮似的发展规律。新的零售商进入市场时都采用“低成本、低价格、低毛利”的经营策略，当他取得成功时，必然引起很多零售商的效法。结果引起了这些零售商之间的竞争，这样促使他改善设施、营造良好的购物环境、提供更多的服务去吸引顾客。由于加大了投入，引起了成本上升，所以他的经营转化为高成本、高价格、高毛利的零售商，在竞争中转入不利地位。与此同时，又有零售商革新者组织低成本、低价格、低毛利的经营进入市场，启动了零售轮子的转动。该原理强调“低价”策略进入市场而获得成功，原来的革新者被另一革新者所代替，并以美国近百年来的零售业的发展作为佐证。

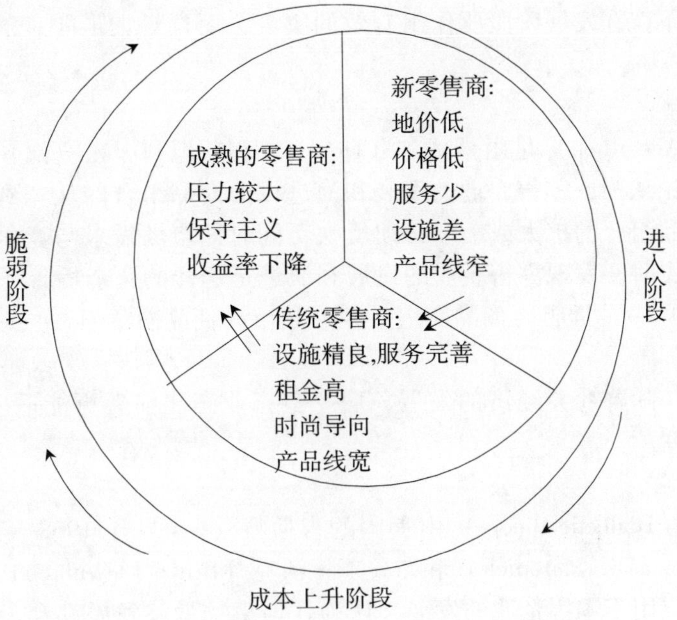

图 1-3　零售轮转理论示意图

但在美国零售商业发展过程也有另一种情况，就是从自动售货机问世以后，在市内建设百货商店与在市郊区建立商业中心，并非都是按照“轮转”发展的，因为从 1919 年到 1947 年的近 30 年期间，在这些方面的必要毛利几乎没有发生变化。因此，对这种理论假说，一方面可以承认它是有说服力的；另一方面，这种假说还有缺陷。

2. 商品攀升

与零售轮转集中于商品品质、价位和顾客服务方面的变化不同，商品攀升原理说明零售商增加其商品组合宽度的规律。当零售商增加相互不关联的或与公司原业务范围无关的商品和服务时，即发生了商品攀升。该原理认为，零售商采用扩大销售规模，增加卖得快和毛利高的商品和服务，减少季节性影响；零售商迎合顾客冲动的一次性购买，在原商品销售可能下降时，增加商品组合的宽度，以稳定老顾客创造新顾客。如药店、杂货店、书店、花店都受到超市商品攀升的影响。在美国超市总销售额约 11% 来自食品以外的一般商品，如保健美容、药品、杂志、鲜花和季节性商品。于是，前述专业零售商也被迫增加了无关联商品的经营，如玩具、礼品、贺卡、电池、相机等，以弥补因超市扩大经营招致的损失。这又被其他零售商效法炮制。

商品攀升是零售商之间竞争的结果，反过来更加剧了竞争。后果有：一是使各种零售业态之间经营范围的界限变得模糊；二是零售商销售不熟悉的商品和服务，缺乏专业知识，增加了不成功的风险；三是制造商因为商品销售分散到更多的零售商而增加了分销成本。

3. 零售生命周期

零售生命周期（retail life cycle）理论是由美国的戴维森（Davidson）等人提出的该理论认为，零售企业像它们所销售的商品和服务一样，也存在明显可变的生命周期阶段：创新、发展、成熟和衰退。该理论还对各个阶段零售市场的特点作了描述，并从零售商的角度提出相应的策略——投资增长和风险、中心业务管理、管理控制技术的运用和最佳的管理方法等，同时，建议经理们不仅在发展阶段要作出有效的决策，而且对它走向衰落时，也应主动放弃以寻求新零售组织。

4. **手风琴理论**

手风琴理论（Accordion）是由豪威尔（Howen）和斯坦利·霍兰德（Stanlev C. Hollanden）提出的，该理论认为，零售企业的发展和演进可由商品组合的从宽到窄、再从窄到宽的变化来解释，而商品组合的扩大或缩窄必须反映不同时期市场需求与竞争格局的变化。我们考察零售业发展历史时，发现零售企业的发展和演进是这样的：杂货店（商品宽组合）→专业店（商品窄组合）→百货店（商品宽组合）→超市（商品次窄组合）→商业街、大型购物中心（商品宽组合）。

这一理论说明，随着社会经济的发展，后一零售业态比前者更能适应需求变化，同时，这又促使前者作出变革。

5. **辩证发展理论**

辩证发展理论（Dialectic theory）由美国的吉斯特（Gist）于1968年提出后，得到托马斯·马罗尼克（Thomas J. Maronick）和布鲁斯·沃克（Bruce J. Walken）的支持。该理论把黑格尔的辩证学说应用于零售企业的发展，认为任何事物最终发展都会走向自己的反面，即否定之否定。对零售企业来说，就是指两种截然不同的零售业态因竞争的需要而相互混合为一的新形态，如图1-4所示。如专业店与百货店是相互对立的两种业态，前者以商品组合窄而深为特色，后者则以商品组合宽而广为特色。随着现代大型百货公司经营商品品种越来越多，且在价格、定位上拉开档次，使得经营商品品种与百货公司重合的中小型专业店难于生存，于是出现了“门类杀手”——既有专业店的专又有百货店的广的特色的所谓“一站式”购物（商业）广场。有的还融合了仓储的经营方式。因而融合了各种业态精髓的新业态获得了最快的发展。这已由实践证明是有意义的。

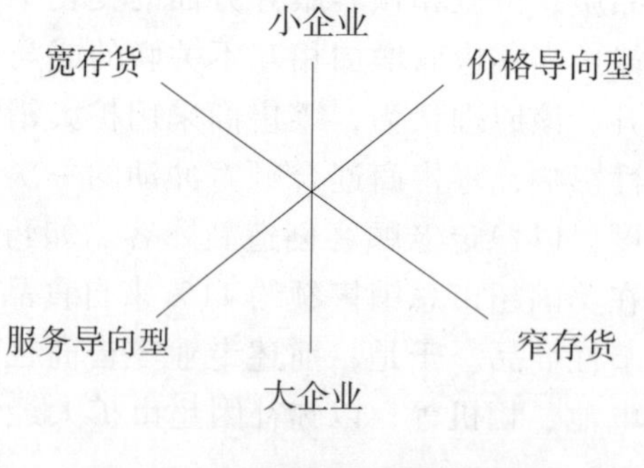

图1-4　辩证发展理论示意图

从上面的分析可以看出，这五种理论各有侧重地解释了单体零售企业的业态演化规律性，并没有对零售企业的业态群体作出解释。事实上，原有的业态至今一个也没有被淘汰，只是随着社会经济的发展而不断有新的业态产生。因此，在肯定这些理论的积极意义的同时，应该看到它的局限性。

1.3.2　零售业发展趋势

市场经济发达国家的实践表明，零售业的发展是社会经济包括零售商本身各种因素综合作用的结果。今后，零售业的发展有如下走向。

1. 零售业全球化

各国致力于经济和科技发展，生产力水平不断提高，全球经济一体化的特征日趋明显，市场经济已是大势所趋，市场准入的障碍在减少，为各国零售企业的相互进入与合作提供了条件。

在零售业全球化趋势下，中国零售商要积极学习国外先进的经营管理经验，加大自我创新力度；要创名牌企业，树企业形象，坚持特色经营；加强市场调查研究，把企业做强做大。

2. 零售业信息化

现代信息技术在零售业的广泛应用，已使零售业从过去的单体店发展为规模经营程度或组织化程度高的连锁集团公司。零售业的管理方式和手段也从过去的传统手工管理转向运用信息网络技术管理，进而出现了 B to B 与 B to C 等的交易。

在零售业信息化方面，中国零售企业差距较大，计算机的普及率有待提高，采购技术、物流技术、管理技术要提高科技含量，构筑 21 世纪参与国际竞争的技术基础。

3. 零售业态继续向多样化格局发展

社会经济发展的不平衡，导致了人们经济收入的不平衡，加上人们消费习惯各异，消费的个性化、感性化、层次化和多样化的特点，使零售企业面对的市场广阔，能在选定的目标市场上形成特色经营。从而形成多种零售业态共存，既相互竞争又相互补充、共同发展的格局。虽然各种零售业态中的企业也有结业、倒闭的，但其业态依然存在着发展着。

1.4 案例分析

沃尔玛公司是如何创建的

沃尔玛公司是山姆·沃尔顿（Sam Walton）创建的。沃尔顿曾在密苏里大学主攻经济学，并于 1940 年毕业。他原打算去卖保险，但是对 J. C. Penney 公司的一次访谈使他对零售发生了兴趣。他成了 Des Moines 商店的一名管理人员，每月薪金 85 美元。1942 年他进入了军队。

沃尔顿在军队上攒了一笔钱。第二次世界大战结束后，他在阿肯色州的新港买下了 Ben Franklin 杂货店的特许经销权。1950 年，因为房东拒绝与他续签租约，沃尔顿只好又搬回阿肯色州的奔特维尔（Bentonville）——这里现在是沃尔玛公司的总部——并开了几家商店。到 1962 年，他已经开了 15 个商店（主要是经营 Ben Franklin 的特许经销权）。

20 世纪 60 年代，现代折扣店的创始者们在美国东北部开创了他们的事业。沃尔顿考察他们的商店并研究了他们的商业技能。他开始坚信，折扣会使零售业发生革命。1962 年，他在阿肯色州的 Rogers 开设了第一家沃尔玛折扣商店。如今，这家老字号已在全美 50 个州和全球 5 个国家拥有 1 800 家折扣商店和 200 家仓储会员店。

沃尔玛公司最初曾打算以折扣价向小社团提供品牌商品。沃尔顿认为他成功的关键在于人——他的顾客和他的职员们。他说，我们的目标一直就是要成为同行业中最好的。我们认为，为了成为最好的，你就必须创造出良好的环境并把你的会员的兴趣摆在第一位。一旦我们真这么做了，那么我们的会员们将会不断地推动我们的企业走向成功。

山姆·沃尔顿于 1992 年去世，但他的精神和思想一直是沃尔玛公司的动力。沃尔玛公司以每年超过100万美元的销售额成为世界最大的零售商。

资料来源：David Harch, "Sam Walton: Master Change Agent," *Executive Excellence*, June 1992, p. 19; and Bill Saporito, "What Sam Walton Taught America," *Fortune*, May 4, 1992, pp. 104 ~ 105

【本章小结】

零售是社会经济活动的重要组成部分，在中国，零售业已从计划经济时期的末端行业，一跃成为市场经济条件下的先导行业。有学者认为中国已到了零售为王的阶段。本章就零售的一些基本理论进行了讨论，并对零售的地位和作用作了描述和评价，还对零售业的未来发展进行了探讨。为本书的后续内容提供了理论依据和思路。

【关键术语和概念】

零售　零售商　零售商职能　零售职业　零售轮转　商品攀升　零售生命周期　手风琴理论　辩证发展理论

【练习题】

1. 何谓零售？零售范围如何理解？
2. 试从你身边的实例中描述并总结成功零售商的经验。
3. 零售业核心要素内容有哪些？为什么？
4. 你对零售理论有何评价？为什么？
5. 运用零售理论中的某一理论去解释或论证零售业中最近的某些变化。
6. 你对零售业的未来有何看法？为什么？

【补充阅读】

1. 吴敬琏．中国流通业缺陷与出路．商业时代，2003（3）
2. 孙薇．流通理论研究的回顾与分析．商业经济与管理，2005（5）
3. 赵萍．国外零售组织演进假说及其局限性分析．经济理论与经济管理，2006（1）
4. 汪旭晖．零售专业技能的跨国转移与零售本土化问题研究．商业经济与管理，2007（6）
5. 张仲芳．国际零售业发展趋势及我国零售业发展的对策．商业研究，2007（7）

第2章 零售业态

⊙本章学习要点

1. 介绍零售机构的各种分类方法。
2. 不同零售业态的类型及特点。
3. 零售业态变革的一般环境、条件及特殊环境、条件。

⊙本章学习内容

1. 零售公司类型。
2. 零售业态类型与特点。
3. 零售业态变革。

⊙案例分析

⊙本章小结

⊙关键术语和概念

⊙练习题

⊙补充阅读

零售业属于竞争非常激烈的行业，每家零售公司都力图通过比竞争对手更有效的经营去满足目标顾客需要而在竞争中生存下来，且走向成功。本章介绍了零售企业的业态划分、业态特点及其变革，旨在指导我国的零售业态竞争走向健康有序的发展轨道。

2.1 零售公司类型

2.1.1 按所有制分类

零售商之间的一个重要区别即在于其所有权，即投资所有权。零售所有权的最主要的形式有：拥有单个商店的独立公司，法人连锁公司，获特许经销权的公司。

(1) 拥有单个商店的独立公司

独立零售商只拥有一个零售单元。独立零售商数量多，一般与其容易进入市场有关。各种小型零售公司，资金投入少，没有或仅有较简单的许可规定，因此开办非常容易。在美国所有的零售商中，有超过90%的零售商拥有和经营一家单独的商店。当然，零售行业的容易进入也带来了大量的竞争，这无疑成为零售行业经营失败率高的基本原因。独立商店具有各种优势和劣势。优势包括经营灵活、资金投入低、商品专业化、能直接控制战略、形象独特、能统一指挥、独立自主。而其典型的劣势是议价能力有限、不能形成规模经济、属劳动密集型行业、利用媒体少、过分依赖业主、用于规划的时间和资源不足。

当拥有单个商店的独立零售商能够使其提供的价格与顾客的需要相适应时，法人连锁公司便借助于其更大的规模，在商品和广告方面通过更有效的谈判来争取到更低的价格。此外，法人连锁公司还拥有一个广阔的管理基础，拥有那些擅长特定零售活动的人。具有典型意义的是，拥有单个商店的独立零售商还不得不依赖其业务经理的能力，并借此来作出全方位的经营决策。

（2）法人连锁公司

一个零售连锁店（retail chain）是由共同所有权下的多种多样的零售单元组成的。它通常在作出界定和贯彻其战略方面的决策时具有某种程度的集权。零售连锁商店的规模范围可以从一家拥有两个商铺的药店到拥有超过1 000家铺面的公司。连锁零售商具有多种竞争优势，如议价能力、能发挥批量采购和多店经营的效率、管理计算机化、能利用多种媒体、有自己的管理理念和长期规划等。然而，大型的零售连锁店确实非常具有官僚主义习气，烦琐的规则和手续压抑了管理者的创造力。连锁店一般要求属下所有的商店都经营同一种商品和服务，因此，会造成各个商店所能提供的商品或服务有可能与本地市场的需求不相适应。

许多零售连锁店都是大型的法人公司或是持股公司的分公司。因此，这些法人公司常常通过购并零售连锁店来得到发展。许多法人公司允许其下的各个连锁店进行独立经营。其他一些充分整合的法人公司则要求连锁店完全归于法人公司，包括改变其原来的名称。

大型的零售连锁商店能以比以前适合于本地零售商的价格低得多的价钱提供一种对商品的更广泛的选择，还从当地社区中雇用大量的员工。由于规模经济和一种有效的分销体系，法人连锁企业可以用较低的价位出售商品。这就迫使那些参与竞争的本地零售商退出了商业区域，同时也改变了社区组织结构。但是那些由本地零售商所提供的不同于法人连锁店的商品和服务却仍然兴旺。

（3）获特许经销权的公司

特许经销权（franchising）是指在特许权给予者和获得者之间所达成的合同中规定的一种一致约定。它允许特许权获得者去经营一个拥有由特许权给予者所开发和支持的名称和形式的批发零售店。在一个特许经销权的合同中，特许权获得者支付一年的费用加上对所有经销货物的信誉保证金，以便获得在一个特定的地点经营一家商店的权利。特许权获得者同样愿意在符合由特许权给予者所规定手续的条件下经营一家批发商店。特许权给予者在选址和建设商店方面，在推动产品和服务的销售方面，在训练管理人员方面以及广告方面提供支持。为维护特许经销权的声誉，特许权给予者同样要确保所有的批发商店都能提供同等质量的服务和产品。连锁公司有三种形式：正规连锁、自由（加盟）连锁、特许经营。

零售特许经营主要有三种类型：

第一，制造商—零售商：通过特许协议，制造商赋予独立商人销售商品及相关服务（视情况而定）的权利。

第二，批发商—零售商：

①自愿特许：批发商组织特许系统并授予单个零售商特许权。

②合作特许：一组零售商建立特许系统，共享批发组织的所有权和经营权。

第三，服务提供者—零售商：服务公司授权单个零售商向消费者提供特定的服务。

特许经销权所有形式，试图将业主自主管理企业所拥有的极大积极性的优势，与使用于连锁商店经营活动中的集中化决策的有效性结合起来。特许权获得者被激发着去开发新的产品和体系以及积极宣传特许经销权，因为他们从所有销售额中均获得了一份信誉保证金。广告、产品开发以及系统扩展均由特许权给予者进行有效的运作，而其成本则由全体特许权获得者分担。

2.1.2 按店铺零售战略组合分类

本节内容将以表格的形式，从零售类型、店址、商品、价格、购物环境与服务和促销等方面对零售公司战略组合类型进行区分，如表2－1所示。

表2－1 以店铺为基础的零售战略组合

零售类型	店址	商品	价格	购物环境与服务	促销
食品为主的					
便利店	居民住宅区	中等适度的商品组合宽度和有限的商品组合深度；商品品质中等	高于平均价	中等	适度
传统超市	居民住宅区	商品组合宽且深；品质中等；包括全国性品牌、自有品牌和无品牌	竞争性价格	中等	大量运用报纸广告、传单、优惠券；自主服务
食品超商店	社区购物中心或孤立位置	超市的全部商品加上美容保健品和一般商品	竞争性价格	中等	大量运用报纸广告、传单、优惠券；自主服务
联合商店	社区购物中心或孤立位置	超市的全部商品加上药店或超级商店经营品种，再加上一般商品；品质中等	竞争性价格	中等	大量运用报纸广告、传单、优惠券；自主服务
有限品种商店	居民住宅区	经营品种有限，很少有生鲜品和全国品牌商品	很低	一般	很少或没有
仓储会员店	非商业区，通常在旧厂区	中等适度的商品组合宽度，深度亦有限；突出全国品牌；按折扣价购买	很低	一般	很少或没有

（续上表）

一般商品					
专业店	商业区或购物中心	商品组合很窄，同时亦很深；商品档次从平均水平到高档品	竞争性价格到高于平均价	很好	大量运用商品展示；密集的销售人员
传统百货公司	商业区、购物中心或孤立店	商品组合又宽又深；品质从中档到高档	平均价到高于平均价	极好	大量运用广告和商业目录；直接邮寄；人员推销
折扣百货店	商业区、购物中心或孤立店	商品组合又宽又深；品质从中档到高档	竞争性价格	中等	大量运用报纸、价格导向；适度利用销售人员
杂货店	商业区、购物中心或孤立店	商品组合深度、广度较好；商品档次从低于平均水平到平均水平	平均	一般	大量利用报纸、自助服务
优惠价连锁店	商业区、购物中心或孤立店	商品组合宽度中等，但深度很有限；中档到高档品；连续性差	低	一般	利用报纸；品牌没有广告宣传；推销人员有限
工厂门市部	偏僻位置或在折价店购物中心	商品组合宽度中等，但深度很有限；中档到高档品；连续性差	非常低	较差	很少，自助服务
会员俱乐部	孤立店或厂区二流店	商品组合广度中等，深度有限；连续性差	很低	较差	很少；一些直邮；销售人员有限
跳蚤市场	孤立位置，比赛用跑道或停车场	商品组合极宽泛，但深度有限；各种质量；连续性差	很低	较差	有限，自助服务

2.1.3 服务零售分类

服务是相对于有形商品而言的，随着零售业中商品攀升的扩展，消费者对服务的兴趣增加，我们必须了解涉及服务和与商品结合的服务的战略组合之间的差距。

服务零售是指公司或个人通过提供服务与最终消费者之间的一种交易，但该交易中消费者并未购买或获取有形产品的所有权，而是获得了服务的享受权。

一些零售商仅仅从事服务零售或商品零售，而另一些零售商既提供商品又提供服务（如音像商店既销售影带也出租影带）。现在后一种形式增长最快。我们将服务零售分为三类：租赁商品服务，即消费者在一定时期租赁并使用商品；自有商品服务，即消费者自有的商品被修理、改善或维护；非商品服务，即向消费者提供无形的个人服务，消费者体验服务而不是拥有他们。

租赁商品服务如便利店的录音带出租，以及相关商业店铺出租自行车、汽车、照相机，酒店出租客房等。在这类服务业中，消费者为在一段时间内租赁某种有形商品付费，消费者拥有该产品的使用权，但对其并无所有权，当租赁期满时，商品必须还给经营者；自有商品服务包括修表、汽车维修、擦洗车辆、洗衣，修剪草坪以清除杂草和对家电进行检修，以保证其正常运行等。在这类服务中，零售商提供服务，但从不涉及商品。非商品服务类零售提供个人服务，依据自己或员工花费的时间收费，亦不涉及有形商品。如证券经纪人、教师、旅行社、房地产经纪人、个人教练员，以及企业管理咨询、商账追收、家政、月嫂、育婴、带路等。在每种情况下，卖方均是在一段时间里提供个人的经验或技能。

服务零售与商品零售有很大的差异，所以我们在制定服务商品的零售战略时必须考虑二者的区别和联系。如对那些以产品为基础的零售商，服务能带来与经营同类商品的竞争者不同的优势；服务标准不精确，因此服务无法大量生产；服务商品的创造和消费具有不可分割性；服务无法储藏致使一些服务是稀缺的；服务的实施过程因顾客和服务提供者的不同而不同；租赁性公司必须一次性投资购买设施，然后一点一点地赚回来；服务连锁公司经营虽好，但服务业的公司集中度至今较低；服务也必须促销，可获性并不担保经营就能成功。

一些服务性单位（如公共图书馆）在本质上是非营利的。还有一点值得注意，有些服务虽一般不被看作是零售（如医疗、牙医、法律和教育服务），但当它们涉及与最终消费者交易时，也应属于零售。

应当指出，哪儿的经济、文化越发达，哪儿的服务零售就越发达。虽然目前我国对服务零售的关注度还很有限，但随着我国社会经济的发展，服务零售将有更大的发展空间。

2.1.4 无店铺零售和新型零售形式

根据国内外零售业发展的情况来看，目前零售商的商品销售类型，一般分为店铺零售和无店铺零售两种。店铺零售又分为传统零售形式和新型零售形式。下面我们着重探讨无店铺零售和几种新型零售形式。这些新型零售形式正在影响着目前店铺零售的战略选择。当零售商使用不依赖于店铺的零售战略组合来接触消费者，完成交易的目的时，我们说它们正在从事无店铺零售，有直复营销、直接销售及自动售货机三种形式。新型零售形式包含大量新技术，这些新技术几乎不使用于长期以来形成的传统零售形式，包括使用万维网、视频小亭和视频商品目录等。这些经营形式有时作为店铺销售的一部分，有时又不是。

1. 无店铺零售的三种形式

（1）直复营销（Direct Marketing）

直复营销是零售的一种形式，即通过非人员媒介（如直接邮寄、传统电视或有线电视广播、杂志、报纸或计算机）将商品或服务展示给顾客，然后顾客通过邮寄或电话方式订购（通常是免费电话），有时也通过计算机。它是一种互动式零售系统，借助多种广告媒体，达成可测量的回应或交易，且不受地域限制。

直复营销包括以下形式：各种商品目录、邮件、电视、电子、杂志、报纸、电话号码簿或其他广告；通过计算机进行的交易；通过邮件、电话、计算机刺激顾客订购的非人员接触方式等。

由于直复营销商需主动与顾客联系，建立并保持一个综合全面的顾客数据库就至关重要了。所以消费者数据库是直复营销成功的关键。数据库零售是一种收集、储存、使用与顾客相关的信息的方法，这些信息一般包括顾客的姓名、地址、背景资料、购物兴趣、购买行为（包括购买量、频率、时间等）。由于这些因素，直复营销有许多战略经营优势：可减少大量成本，如创建成本相当低、存货减少、不需要优越的店址、不必遵循正规的店铺营业时间、不需销售人员等；可以提供更低的价格；给顾客提供方便的购物途径；消费者无须考虑清早或深夜购物的安全问题；通过邮寄可深入到每一个消费者细分市场；可以在不增加分店的情况下补充其常规业务。所以，直复营销有着广阔的范围及长远的潜力。

（2）直接销售（Direct Selling）

直接销售简称直销，包括在消费者家里，或其他非商店地点，如办公室，与消费者接触，或是由零售商主动通过电话征求订货的方式。化妆品、珠宝、维生素、家庭用具和服务（如地毯清洁）、真空吸尘器、奶制品、杂志、报纸等属于有时以这种方式销售的产品。直接销售战略组合重点强调购物的方便和人员接触。总体而言，直接销售的收入额增长相对较慢。

直接销售又分为单层销售和多层销售。多层销售又称传销，是一种依靠既是消费者，又是销售者的广大会员，以销结网，以网促销，以亲朋好友众口相传的方式传播产品信息，销售产品的活动。传销产生于20世纪40年代的美国，90年代初传入我国。传销是直销的一种方式，但它被国内一些不法企业和个人所利用，变成了非法传销，给人们和社会带来了灾难和不安定。因此，我国政府自1997年1月起陆续颁布了有关《办法》、《通知》给予打击，2005年12月1日起实施《直销管理条例》规范直销活动，明确规定直销企业和直销员等必须遵守本条例。

（3）自动售货机（Vending machines）

自动售货机是用硬币或磁卡操作的一种销售商品（如饮料）和提供服务（如机场的寿险销售）的零售形式。它不需要销售人员，且可以昼夜销售，售货机可以放在任何对消费者方便的地点，如商店里或商店外、汽车旅馆的走廊里、火车站或街道拐角处。自动售货机一般不会出售价格很高的商品，因此，每次交易只需要投入一定量的硬币。此外，经营者还必须处理以下问题，如盗窃、抢劫、货售空、售价高于普通水平，以及许多消费者头脑中的思维定式："售货机只出售满足便利的商品。"

2. 新型零售形式

①互联网是一种全球信息高速公路，表现为独立、相互合作的真正网络系统。万维网是在互联网上获得信息的一种路径，人们正把个人计算机转为互动多媒体中心。从零售商的角度看，网络可以有一种或多种作用，从提高公司形象到获取销售额等，选择的目标取决于其目的和关注的焦点。万维网对零售商而言有以下几点积极作用：拥有一个网址的代价并不昂贵；潜在市场巨大、分散，却相对容易获得；网上销售可以让人们随时访问网址。

②视频小亭是一种在电视屏幕上展示产品和其他信息的独立、互动式的计算机终端。它通常使用一种触摸式屏幕以便让人们作出选择，大多数还是用于消费者订货、完成交易及安排送货，是一种很有趣的、轻松的购物方式。

③视频商品目录是通过个人计算机屏幕观看的，写在一张CD－ROM光盘上的商品目录，消费者观看后打电话向零售商订购货物。

2.2　零售业态类型与特点

近几年，零售业态成为中国商业领域广泛使用的词汇，对零售业态问题的研究也取得了一定的进展。但是，从整体上看，还是简单的、局部的。随着中国综合性零售革命的爆发，世界上所有的零售业态几乎都在中国出现了。因此，对零售业态进行全面而系统的研究，具有重要的理论意义和现实意义。

2.2.1　零售业态类型

根据我国2004年颁布的《零售业态分类》标准，将零售业态明确划分为17种。所谓零售业态是指零售企业为满足不同的消费需求而形成的不同的经营形态。零售业态的分类主要依据零售业的选址、规模、目标顾客、商品结构、店堂设施、经营方式、服务功能等确定。零售业态有食杂店、折扣店、百货店、超市、大型超市、便利店、仓储会员店、专业店、专卖店、购物中心、家居建材店、厂家直销中心、电视购物、邮购、网上商店、自动售货亭、电话购物等17种。《零售业态分类》还对这17种业态规定了相应的条件。

2.2.2　各零售业态的概念及特点

目前，我国有17种零售业态，在此仅介绍其中的8种。

1. 百货店

百货店是指在一个大建筑物内，根据不同商品部门设销售区，开展进货、管理、运营，满足顾客对时尚商品多样化选择需求的零售业态。其特点是：

①选址在城市繁华区、交通要道。

②商店规模大，营业面积在5 000平方米以上。

③商品结构以经营男装、女装、儿童服装、钟表、化妆品、皮鞋、箱包、家电、家庭用品为主，种类齐全、少批量、高毛利。

④商店设施豪华，店堂典雅、明快。

⑤采取柜台销售与自选（开架）销售相结合的方式。

⑥采取定价销售，可以退货。

⑦服务功能齐全，注重本公司品牌开发。

2. 超市

超市是指采取自选销售方式，以销售食品、副食品和生活用品为主，满足顾客每日生活需求的零售业态。其特点是：

①选址在居民区、交通要道、商业区。

②以居民为主要销售对象，10分钟左右可到达。

③商店营业面积在1 000平方米左右。

④商品构成以购买频率高的商品为主。

⑤采取自选销售方式，出入口分设，结算由设在出口处的收银机统一进行。

⑥营业时间每天不低于11小时。

⑦有一定面积的停车场地。

3. 大型超市

大型超市是指采取自选销售方式，以销售大众化实用品为主，满足顾客一次性购买需求的零售业态。其特点是：

①选址在城乡结合部、住宅区、交通要道。

②商店营业面积为 2 500 平方米以上。

③商品构成以衣、食、用品为主兼营其他，品种齐全，重视本公司的商品结构调整。

④采取自选销售方式。

⑤设与商店营业面积相适应的停车场。

4. 便利店（方便店）

便利店是满足顾客便利性需求为主要目的的零售业态。其特点是：

①选址在居民住宅区、主干线公路边，以及车站、医院、娱乐场所、机关、团体、公司所在地。

②商店营业面积在 100 平方米左右，营业面积利用率高。

③居民徒步购物 5 ~7 分钟可到达，80% 的顾客有明确的购买目的。

④商品结构以速成食品、饮料、小百货为主，有即时消费性、小容量、应急性等特点。

⑤营业时间长，一般在 10 小时以上，甚至 24 小时，终年无休日。

⑥以开架自选货为主，结算在收银机处统一进行。

5. 专业店

专业店是指经营某一大类商品为主，并有具备丰富专业知识的销售人员和适当的售后服务，满足消费者对某一大类商品的选择需求的零售业态。其特点是：

①选址多样化，多数店设在繁华商业区、商店街或百货店、购物中心内。

②营业面积根据主营商品特点而定。

③商品结构体现专业性、深度性，品种丰富，选择余地大，主营商品占经营商品的 90%。

④经营的商品、品牌具有自己的特色。

⑤采取定价销售和开架面售。

⑥从业人员需具备丰富的专业知识。

6. 专卖店

专卖店是指专门经营或经授权经营制造商品牌，适应消费者对品牌选择需求和中间商品牌的零售业态。其特点是：

①选址在繁华商业区、商业街或百货店、购物中心内。

②营业面积根据经营商品的特点而定。

③商品结构以著名品牌、大众品牌为主。

④销售体现量小、质优、高毛利。

⑤商店的陈列、照明、包装、广告讲究。

⑥采取定价销售和开架面售。

⑦注重品牌名声，从业人员必须具备丰富的专业知识，并提供专业性服务。

7. 购物中心

购物中心是指公司拥有并有计划地开发、管理运营的各类零售业态、服务设施的集合体。其特点是：

①由发起者有计划地开设、布局，统一规划，店铺独立经营。

②选址多在中心商业区或城乡结合部的交通要道旁。

③内部结构由百货店或超市作为核心店，与各类专业店、专卖店、快餐店、娱乐场等组合构成。

④设施豪华，店堂典雅、宽敞明亮，实行卖场租赁制。

⑤核心店的面积一般不超过购物中心面积的80%。

⑥服务功能齐全，集购物、餐饮、娱乐、休闲于一体。

⑦建筑面积在10万平方米以上，并根据销售面积设相应规模的停车场。

8. 仓储会员店

仓储会员店是指以经营生活资料为主，储销一体、低价销售、提供有限服务的零售业态（其中有的采取会员制形式，只为会员服务）。其特点是：

①选址在城乡结合部的交通要道。

②商店营业面积大，一般为10 000平方米左右。

③目标顾客以中小零售商、餐饮店、集团购买和有交通工具的消费者为主。

④商品结构主要以食品（有一部分生鲜食品）、家庭用品、体育用品、服装衣料、文具、家用电器、汽车用品、室内用品等为主。

⑤店堂设施简朴、实用。

⑥采取仓储式陈列。

⑦开展自选式销售。

⑧设有较大规模的停车场。

2.3 零售业态变革

2.3.1 零售商的竞争环境

今天的零售商所面临的是一种具有特殊挑战的市场。市场由人口、购买力、购买动机这三个要素构成，而影响或决定以上市场要素的因素又是多种多样的。零售商的竞争环境又分为一般的竞争环境和产业的竞争环境，如政治法律制度、社会经济发展、社会文化等为一般的竞争环境因素。这些因素与产业环境相互依赖、相互作用，使市场呈现出变幻莫测的态势。零售商面对这样的市场、这样的企业经营环境，必须作出积极的反应，因为环境是企业生存和发展的土壤和条件。下面我们着重讨论产业环境。

1. 我国零售业的产业环境

我国的零售业是一种典型的零散型产业，又可称为原子型产业。绝大多数零售企业分散经营、各自为政、多以单店采购和进货为主，我国的零售企业没有哪一个能占据显著的市场份额，更没有哪一个能对整个产业的发展产生重大的影响。

（1）进入壁垒较低

我国商业类上市公司的平均净资产规模相对汽车及配件、钢铁、能源等行业的上市公司要小得多，在各行业中处于中下水平。因此，对于投资者来说，即使选择进入大型零售百货业，其资本壁垒也是较低的。除资本壁垒外，进入零售业除对管理经验略有要求外，再无其他如专利权、自然资源以及特殊的人力资源等限制。而对一些杂货店、“夫妻店”来说，进入零售业的资本壁垒已经低到微乎其微。

（2）服务半径小

零售企业为顾客提供的是零售商品服务，零售服务的一大特点即为批量小、价值低。因此，无论是对于提供服务的零售商来说，还是对接受服务的客户来说，由于交通运输成本的存在，使得商家和顾客都不可能在自己的有效距离之外提供或接受服务。这就决定了零售商提供服务只能在各自的有效半径之内，限制了零售企业的客户数量，也限制了企业规模的扩大。

（3）产品非标准化，市场需求多样化

目前，我国零售业的主要业态为百货业，从百货业经营的商品来看，大部分商品如服装、首饰、化妆品等都不易标准化，市场需求难掌握、波动大。在目前我国零售企业低下的管理水平下，庞大的经营规模意味着庞大的销售和管理费用，这就限制了我国零售商的形成规模优势。同时，由于地区间的经济发展水平、消费趋势差异同发达国家相比也较大，地区间的产品需求更显多样化，这又进一步限制了零售商在地区间乃至全国范围内的扩张。

（4）退出壁垒较高

如果存在着较高的退出壁垒，则行业里收入与支出相平衡甚至亏损的企业会趋向于维持。正如我国其他行业一样，我国的零售企业退出壁垒除了市场因素外，制度因素是高退出壁垒的主要组成部分。在中国的市场环境下，国有商企对内部管理者和员工存在一种隐含承诺——终生就业，因此，员工重新就业的成本可能高得使企业无法承受；还有在企业退出问题上，中央与地方、部门与部门的利益冲突加大了协调成本，使得实际决策困难重重。

（5）区域分割，部门分割现象严重

我国的国有零售企业一般隶属于各省、市、县的政府部门或国有资产管理部门，长期以来区域分割现象严重，地方保护主义盛行。具体到某一省、市、县，零售企业的行政隶属关系就更加复杂。以北京市为例，零售企业有的由区委、商委主管，有的属供销社、粮食局管辖。加之我国本来就缺乏企业间收购兼并的市场机制，导致了改革开放三十年的今天，我国也难以出现世界级的零售商。

由上可以看出，正是我国零售业的低进入壁垒、高退出壁垒、条块分割严重、无规模经济特征以及零售商品的非标准化等原因造成了目前产业结构的零散化，其经营零散度高达90%以上。零售业的市场集中度远远低于成熟市场经济国家。在欧洲，市场集中度较低的法国也达到了42%，而我国零售业1998年市场集中度只有1.3%。我国零售业的低市场集中度决定了零售企业间的竞争将是众多中小企业间的激烈的、白热化的竞争。

2. 零售业的竞争环境

低市场集中度的零散型产业结构决定了现有零售企业之间的激烈竞争状况。在决定产业竞争状况的五种力量中（进入威胁、替代威胁、买方讨价能力、卖方讨价能力、现有企业间的竞争），对零售业影响较大的主要有进入威胁、替代威胁和现有企业间的竞争。

（1）潜在进入者的威胁

如前所述，对于零售企业来说，其潜在进入者的壁垒较低。因为现有公司既不存在规模经济阻碍潜在进入者，对最低进入资金也无较高要求。对于国内投资者来说，在具备了一定的资金和有经验的管理人员后，可以较容易地进入，这无疑将加剧目前国内零售企业间的竞争。而对国内零售企业威胁最大的潜在进入者则是来自世界排名前位的欧美零售商。欧美零售商具有强烈的进入中国零售市场的欲望和优势：①欧美零售市场经过多年的竞争发展，目前已趋向饱和，中国市场作为目前世界上最具发展潜力的市场对于欧美零售商来说极具吸引力。②欧美零售商的经营业态竞争优势明显。目前欧美零售商的主要经营业态为仓储会员店、大卖场。首先，国际统一采购和仓储式经营、先进的配送管理保证了其经营产品的低成本、低价格；其次，在欧美仓储会员店中，除了标准化的日用商品、冷冻食品外，其经营的生鲜食品正是国内零售商的弱项（目前这一市场正被农贸市场所占领）。以家乐福为例，短短几年家乐福已在中国15个城市开办了23家连锁店。欧美零售商具有强烈的市场进入欲望，随着中国加入WTO，政策性壁垒已消失，这潜在的进入者就会成为现实的进入者。

（2）替代服务和业态多样化

对于零售企业来说，其替代服务主要表现为业态的更新。零售业发展至今已经历了百货业、超市、便利店、仓储会员店等经营业态。每一种业态都是适应当时社会经济发展水平而产生的，在当时的环境下具有竞争优势。但随着客观经济环境和产业结构自身的演变，不同时期又会有不同的主流业态。对百货业来说，超市的出现分流了大量的消费需求，使其对标准型、功能型的产品丧失了优势。同样，便利店、仓储会员店的出现也占领了百货业、超市的市场份额。网络的出现已经大大降低并将随着其他生产业进一步降低厂商与厂商、厂商与消费者的交易费用，催生出新的业态——网上商店。可以说，每一种新业态的出现都将加剧已有零售企业之间的竞争。但在我国目前的机制下，由于丧失优势业态的零售企业的退出速度远远慢于新兴业态零售企业的进入速度，导致我国零售业的服务结构性过剩。

（3）现有竞争对手的威胁

零售业的低进入壁垒、高退出壁垒决定了零售业是一个竞争高度激烈的行业。众多势均力敌的大中型零售企业的竞争决定了零售业较低的利润率水平。我国部分地区的大中型零售商密集度已经饱和。并且这些零售商的经营布局、经营商品种类、档次甚至服务水平都极其相似，竞争手段只能是“几败俱伤”的价格战。大量对利润率预期较低的小零售商使行业的收益水平进一步恶化。

（4）来自购买者（顾客）的威胁

消费者对零售业的竞争压力，主要表现在要求服务周到、价廉物美上。随着消费者自身素质的提高，消费能力上升，自我保护意识提高，对零售业的要求也越来越高。顾客对零售业的威胁主要表现在：

①顾客的集中度低。大多数工业产品用户少而集中，其购买数量较大，对企业施加的压力较大。而零售业的顾客多而分散，从单一购买行为和购买数量看，对零售企业施加的压力较小。但是，由于零售业的重复购买行为较普遍，因此，从整体购买行为和数量看，分散的最终消费者对零售业的压力仍然是很大的。

②顾客从本行业购买商品的标准化程度高。随着商品的同质化趋势发展，零售业的产品差异性很小，如百货商店、超市经营的商品几乎大同小异，尤其是买方市场情况下，各个零售企业都可以从生产者和批发商那里得到同样的商品，而零售业的服务又易被学习和推广。

③转变费用小。转变费用是顾客购买行为从一家企业转向另一家企业所需支付的费用。转变费用大，顾客对商品的挑选余地就小，施加的压力也小。零售业由于其经营的实体产品在正常市场状态中完全可以从厂商和批发商那里购得，因而，各个零售商经营的商品雷同现象比较明显，这就使得顾客可以就同一种商品进行各方面的比较、挑选，转变费用很小，对零售业的压力也就很大。

④顾客掌握的信息多。顾客对商品的质量、价格、售后服务等方面了解的信息越多，其选择余地越大，对零售业形成的竞争压力也就越大。随着传媒的发达，以及各厂商为推销商品不遗余力地开展广告宣传和促销活动，使得消费者获得和掌握信息的渠道越来越广。

⑤消费者价值取向的变化导致消费支出的流向变化。随着社会经济发展和改革的深化，人们对未来充满不确定性，即期支出减少，而增大对教育费用、医疗费用等支出储备，这显

然减少了对日用消费品的支出，对零售业形成巨大的压力。

(5) 供应者的讨价还价能力

零售业与其他供应者之间的关系，既有合作的一面，也有竞争的一面。供应商的讨价还价能力决定了其对零售商的压力大小。

目前，我国的零售业受到进入壁垒宽松的影响，以及零售业区域性的限制，表现出明显的分散性和数量的扩张性，各企业市场占有率低。而供货商，特别是名牌产品的制造商逐步规模化经营，企业数量明显减少，有些产品颇具垄断性，市场占有率高。在这种情况下，供应商的讨价还价能力显然高于零售商。

五种竞争力量共同决定行业竞争的强度和获利空间。

我国零售业的发展尚处于幼稚时期，落后是显而易见的。因此，我国政府开放零售市场的指导思想是希望通过渐进、有序、高质量的外资引进，促进国内零售业的发展，但是这种对民族零售业的保护是有限度的，随着我国加入 WTO，外资零售企业更大规模的进入，必将引发对国内零售业更加剧烈的冲击。

我国零售商必须对快速变化的环境作出反应，向国外先进的零售企业学习，进一步扩大现代信息技术在零售领域的推广和应用，如加快扫描技术、电子订货系统、管理信息系统以及仓库管理信息系统、卫星定位系统、电子数据交换系统、企业资源计划系统等。通过电子信息技术的标准化、系统化的广泛应用，加快我国零售业从劳动密集型向资本技术密集型、科技含量高的现代产业转变。

2.3.2 零售业态变革的条件

零售业态的演化，除了受业态自身因素变化影响之外，还受到外部因素变化的影响。

1. 零售业态变革与更替的一般条件

研究表明，零售业态的每次变革都不是无缘无故发生的，相反，都有着自己特定的环境和条件。从大的方面说，工业革命和信息革命引发了业态变革的两次高潮；从小的方面说，业态变革源于三个条件：顾客拉动、生产推动和竞争启动。

(1) 顾客拉动

业态店与业种店的重要区别之一，就是前者以满足消费者需求为核心。因此，顾客需求的变化，必然带来业态的变化与更替。19 世纪后期休闲女性阶层产生，满足她们休闲需要的百货商店随之出现；“二战”后，职业女性增加，用于购物的时间大大减少，满足她们购物需要的超市便红火起来。可见，要想使一个业态成功，必须对顾客的需求变化作出正向反应。在市场经济的条件下，任何一个商店创办者都是以获利为目的，获利的基础是顾客购买，而顾客购买的前提是商店供应他们需要的商品。当顾客需求变动较小时，可在原有业态基础上进行调整；当顾客需求变动较大时，就会拉动新的业态产生。

(2) 生产推动

生产对业态变革的推动力量来自两个方面：一是间接推动，任何一次生产力的大革命都会带来消费需求的变化，从而引起业态的变化。如工薪女士的增加与信息革命带来更多办公工作机会有关。同时，生产力的变化也改变了人们的购物行为，如没有家庭小轿车的普及，就不会有仓储会员店、大型超市等地处郊区的业态发展。二是直接推动，任何一次生产力的大革命都会带来分销手段的进步，从而推动业态的革命。例如，电脑网络的发展，使零售业管理突破了时间上的限制；交通运输的进步，使商品流转没有了空间上的障碍。这为小型店铺业态类型，通过连锁化实现规模效益提供了保证，从而推动了便利店、超市等业态的发展。

（3）竞争启动

业态的调整与更替，除了受需求和供给变化的影响外，还受业态竞争的影响。在买方市场的条件下，旧有零售业态之间的竞争会越来越激烈化。这一方面会使传统经营者，为取得竞争优势设法进行业态调整与革新；另一方面，也会使新的零售业投资者放弃选择旧有业态，尝试新的、有前景的业态。两种力量合一，就会启动全社会的业态更新。例如，近几年，中国大型超市的发展，既有传统百货商店的业态转型，也有新型投资者的加盟。

总之，零售业态变革的三个条件是相互依存、相互影响的，一个条件的较大变化，必然引起另外两个条件的变化。这些外部条件的综合变化，通过业态内部因素的中心组合，使零售业态革命爆发。

2. 主要零售业态生存的特殊条件

前面我们讨论了零售业态变革与更新的一般条件，一般条件是适合所有零售业态变化的。实际上，每一种业态的产生和发展，有着自己的特殊条件。研究每一种零售业态生存的特殊条件，对业态的选择将具有重要意义。在此仅对四种零售业态生存的特殊条件作些分析。

（1）百货商店生存的条件

百货商店生存的条件，用一句话来概括，就是城市化。一方面，工业革命造就了工厂集中的城市，使商品丰富起来，为百货商店产生提供了可能性；另一方面，城市化不仅使分散的购买力集中于城市，而且造就了城市居民中的享乐阶层，为大规模百货商店的产生提供了必要性。因此，城市化是百货商店最基本的生存条件。当然，具体到某一家百货商店能否在城市里生存，还要取决于该城市的竞争状况等因素。

（2）超市生存的条件

超市是与信息生产力相适应的，其真正发展是在“二战”后的新生活开始和信息革命爆发时期。世界超市发展的历史表明，超市生存的条件是：人均国民收入 1 000 美元以上，电冰箱普及率在 50% 以上，千人拥有小汽车 100 辆以上，生产和包装达到标准化，电脑技术得到一定范围的应用。中国一些较为发达的城市，基本具备了超市发展的条件，广大农村还与上述条件有不小的差距。

（3）便利店生存的条件

便利店于 20 世纪 40 年代在美国产生，60 ~ 70 年代发展起来，主要流行于美洲、日本及中国台湾等国家和地区。台湾地区人均国民收入 3 000 美元时，便利店才崛起；人均国民收入在 5 000 ~ 6 000 美元时，便利店才快速发展。因此，一般认为便利店生存的基本条件是：人均国民收入在 3 000 美元以上，城市夜生活丰富并成为人们消费的一种习惯，“购物是家务，休闲是享受”意识成为一种流行，电脑技术得到广泛应用。因此，中国南方一些较为发达的城市，开始具备发展便利店的条件，而其他绝大多数地区还不具备上述条件，切忌盲目地发展。

（4）仓储会员店生存的条件

仓储会员店于 20 世纪 60 年代在欧洲产生，70 ~ 80 年代才在欧美发展起来。从发达国家和地区仓储会员店的发展情况看，人均国民收入在 10 000 美元左右时，仓储会员店产生并发展。因此，仓储会员店生存的条件是：城市郊区化和卫星化，轿车进入家庭，中小店铺较为发达。有人认为，仓储会员店提供极为廉价的商品，因此，适合经济发展水平较低的地区。这是一种误解，仓储会员店不是为穷人提供廉价物品，而是为有车的、一周购物一次的有钱人提供廉价的商品，或是为有车的小商人提供批发服务。显然，我国仓储会员店有盲目性发展的倾向。

实际上，每一种零售业态都有自己独特的生存和发展条件，在西方火暴的业态，并不一定适合今天的中国；在中国南方经济发达地区成功的业态，在北方一些地区就有可能失败。因此，零售业态的调整和选择，不能凭感觉，而应以其生存和发展的条件为依据。

2.4 案例分析

案例 2-1　　　　7-11 便利店成功的典范

日本“7-11”公司是1973年11月由日本大零售企业集团伊藤洋华堂设立的。该公司受美国便利店特许经营的启示，探索适合日本人消费生活习惯的便利店。在母公司伊藤洋华堂的支持下，该公司当年与经营世界最大的“7-11”便利店连锁集团的美国南陆公司，签订了在日本开展地区特许经营的合同。1974年5月，在东京都江东区开设了该公司的特许一号店——丰洲店。当年共有15家加盟便利店开业，经营额为7亿日元。一年后，加盟店发展到69家，经营额为48亿日元。1975年6月，在福岛县郡山市的虎丸店开始了24小时营业。1982年10月，该公司开始引入POS（时点销售管理）系统，并开始使用EOS订货。1991年开始进入国际标准通信网（ISDN），使经营全面走向现代化数据管理。

“7-11”除了经营日用必需品外，还协助加盟店所在地区收纳电费、煤气费、人生保险费、广播接收费、水费、日本快速通信费、日本国际通信费以及国际标准通信费等。1991年，日本“7-11”公司应美国南陆公司的要求，在对该公司进行资本参与的同时，实现了经营方面的参与，现已成为该母公司的控股公司。今天，“7-11”公司的经营技术、经营系统已得到日本及世界的公认。在销售额、毛利率、总资本周转率、自有资金比率、单位面积销售额、人均销售额等诸多经营指标中，“7-11”公司都居于便利店公司的首位，而销售管理费用率、设备费用率、库存、工资占费用比例却低于便利店平均水平。到1998年年底，在日本国内的加盟店已发展到近7 000家，成为零售业最有竞争实力的连锁企业集团。

在发展加盟店的过程中，“7-11”对商店的建设、管理有严格的要求，最主要的是遵循四项原则，即必需品齐全、实行鲜度管理、店内保持清洁明快、亲切周到的服务。“7-11”公司同参加共同经营的厂家和批发商密切协作，在充分协商和争得同意的基础上，将地区集中建店和信息网络作为基础，创造出独自的系统，即根据从各中心收集的数据和经营信息，努力予以指导和援助。另外，提供联机接受订货系统和自动分货系统，协助中心实现系统化。

“7-11”无疑是便利店特许经营的成功典范，其成功一方面有赖于完善的特许体系，另一方面也得益于高效的物流体制。如果要做中小型超市或便利店，不建立配送中心是比较难做的。因为这种连锁一般数目较多，动辄以几十家上百家计，面积也较小，没有充足的储货空间。因此，一方面不可能让供应商疲于奔命地到处去送小批货物，另一方面为保证店内不缺断货，必须建立配送中心。供应商直接送货到配送中心，由中心向各分店出货。所以，“7-11”这样的店基本上配送中心每天跑一遍各个分店，通常在夜里顾客较少的时候送货接货。一方面无塞车之虞，一方面接货不耽误收银。配送中心的方式意味着续订货工作由分店店员也即营运部进行。在大型的未建配送中心的超市中，续订货有的由营运部做，有的由采购部续订人员做。无论如何，续订货的技巧值得花大力气培训，一个良好的、有丰富经验的续订人员很擅长在降低库存压力和避免缺断货这一对矛盾中间找到平衡。缺断货是零售业之心腹大患，也是一个很难完全解决的痼疾。货源的因素、订货的因素、送货的因素等等，不一而足。提前订货、集中订货（对一个供应商而言）都是说易行难的不变要旨。当然，新进品种、淘汰品种的权力必须由采购部统一把握。

【问题讨论】

1. 成为“7－11”便利店的受许人而不是开一家独立的商店，有何利弊？
2. 开列一张核对单，列出评估“7－11”便利店特许经营机会时应该考虑的因素。
3. “7－11”便利店之所以成功的最主要的原则及配套系统是什么？

案例2－2　　**麦德龙的业态定位**

德国麦德龙于1996年10月在上海开设中国第一家C & G即现付自运制仓储式会员制商场。从进货环节来看，商品由供货商送货上门，之后麦德龙以现金结算货款，结算时间一般在1～2月，由于麦德龙所购货物数量庞大，供货商愿意给予优惠，因此，麦德龙的货物进价一般都低于出厂价；从销售环节来看，商品摆放在5米高的货架上，由顾客自由选购，货款以现金支付，商品由顾客自行运输，商场免费提供近四百个停车位。麦德龙在中国市场C & G的业态定位引领了国内批发市场营销趋势，也填补了我国传统批发业忽略的中小型零售商的需求空白，同时C & G业态定位强调“有限顾客”和“有限利润”，主要瞄准集团消费者和中小商店批量购买者，从而具有自己鲜明的目标市场。这样的业态定位使得麦德龙竞争避开竞争“锋芒”，在中国市场上与其他零售巨头展开错位竞争，在保证自己适度利润的同时，保证目标顾客的利润。一方面利用现有资源，最大限度地降低运营成本，获得规模经济效应；另一方面化解经营风险和生存危机，最终赢得一大批稳定客户。

【本章小结】

在人口统计方面，由于政治、经济、社会文化和技术方面的迅速变化，顾客购买商品或服务的价值取向发生了很大的变化。为了应对这种变化趋势，各种各样适应不同顾客需求的零售机构或零售业态纷纷诞生。每一种零售业态的诞生都遵循了一定的规律，且有自己独特的生存条件，切忌盲目地发展。

【关键术语和概念】

零售业态　所有权　店铺零售战略　特许经营　服务零售　无店铺销售　零售业态类型　业态变革

【练习题】

1. 本章讨论的各种所有权形式有哪些特点？
2. 一个零售商可以归入多种所有权形式吗？举两个例子说明。
3. 比较便利店、超市、大型超市和仓储会员店的战略组合。它们都还存在发展机会吗？

说明理由。

4. 比较专业店、传统百货公司和折扣百货店的战略组合。

5. 如果一家经营商品的零售商决定增加出租业务，它必须牢记哪些要素？

6. 优惠价连锁店在未来若想成功必须做些什么？

【补充阅读】

1. 夏春玉等. 零售业态适应性评价及影响因素判定. 财贸经济，2007（10）

2. 葛建华. 业态创新改变市场竞争格局. 财贸经济，2006（4）

3. 陈已寰. 购物中心热与市场环境的判断. 商业经济文荟，2004（2）

4. 肖怡. 特许经营中的信任、承诺与风险. 经济管理，2006（19）

5. 钱正. 传统店铺营销模式创新思路. 商业时代，2007（9）

第3章　零售环境

⊙本章学习要点

1. 近年来零售顾客出现了哪些新的变化?
2. 零售顾客的这些新变化是如何影响零售环境的?
3. 零售商面对零售顾客的变化作出了哪些反应?
4. 影响零售环境的其他因素有哪些?

⊙本章学习内容

1. 零售顾客。
2. 影响零售环境的其他因素。
3. 零售商面对变化中的环境应作何反应。

⊙案例分析
⊙本章小结
⊙关键术语和概念
⊙练习题
⊙补充阅读

今天的零售商所面临的是一个极具挑战性的零售市场。这个市场主要由人口、购买力和购买动机等要素构成，这些要素是经常变化的，同时受政治、文化、法律、竞争等环境因素的影响，零售市场呈现出变幻莫测的态势。零售商如果不能适应变幻的环境，及时地调整策略，就会被市场所淘汰。美国零售业巨人凯玛特因经营管理不善于2002年1月22日宣布破产就是一个很好的例子。因此，认真地分析零售商所处的环境，并积极地探索应对环境变化之策是十分必要的。

本章主要描述了近年来消费者在人口统计和价值取向方面发生的一些重要变化，以及这些变化是如何影响零售商品和服务的需求的，零售商是如何对这些变化因素作出反应的。另外，本章还指出了影响零售市场的其他环境因素，如社会因素、政治因素、法律因素和竞争因素，以及这些环境因素是如何影响零售市场的。通过本章的学习，可以更好地了解影响零售市场的各种环境因素，以便更好地在零售市场上竞争，发挥竞争优势。

3.1 零售顾客

彼得·杜拉克指出，企业的首要任务就是“创造顾客”。顾客需求是不断变化的，同时今天的顾客面对如此众多的产品和品牌、价格和零售商选择，他们将如何进行选择，零售企业如何适应变化的消费者需求并使消费者满意，成为现代零售企业成功的关键。本节主要通过对变化着的零售顾客的分析，提出零售企业的应对之策。

3.1.1 人口变化与零售

零售市场是由具有购买兴趣同时又具有购买能力的人组成的。因此，不仅人口的数量直接决定零售市场的潜在容量，而且人口的一系列性质因素如性别、年龄结构、地理分布、教育程度、职业、出生率、死亡率、人口密度、流动性等对零售市场需求的特点也产生了深刻的影响。

人口统计方面的变化对零售商意味着什么呢？消费者可支配收入的增加为零售业的发展提供了更多的机遇；人口的增长意味着零售市场的扩大；人口年龄结构的变化意味着零售商要按照各种类型的顾客的特殊需求来采购商品、设计店面以及培训雇员；家庭规模的缩小，意味着零售商在商品采购、商品陈列上需要不断地调整策略；人口的大量流动对零售商提出了新的要求；人口受教育程度的提高意味着消费者在消费购物的时候更加理性……下面将主要讨论人口统计方面的重大变化，以及这些变化对零售的影响。

（1）可支配收入

2007 年我国 GDP 为 246 619 亿元，城镇居民人均可支配收入为 13 786 元，农村居民人均纯收入为 4 140 元。随着社会生产力的发展，消费者收入的不断提高，消费者将拥有更多的可自由支配的收入——纳税和购买必需品后剩余的钱，这意味着零售业发展的空间更加大了。收入最高的群体人数虽然不多，但是具有强大的购买力；而广大的中等收入或低收入群体的个体购买力虽然有限，却能构成比较大的市场。这时候，零售商就需要选择是进入低收入、中等收入市场，为他们提供物美价廉的产品，还是进入高收入市场，满足那些高收入阶层消费者的需求。不管进入哪个市场，只要零售商明确自身的定位并对其目标顾客采取相应的零售策略，就一定会取得成功。美国零售业巨头沃尔玛商店以低价、折扣的方式取得了骄人的成绩，成为 2001 年至今世界 500 强的第一位就是一个很好的例子。

（2）人口增长

世界人口正呈现出“爆炸性”的增长。1991 年世界人口为 54 亿，并以每年增长 1.7% 的速度在增加。[①] 虽然我国政府已经加大了人口控制的力度，并且取得了很大的成就，我国人口增长的速度明显放慢，但是我国仍然是一个人口大国。2004 年末我国总人口为 12.9 亿。

无节制的人口增长必将导致食品供应的短缺、主要矿产的耗竭、人口过度拥挤、污染和生活质量的全面恶化。但是，人口增长也意味着人类需求的增长。如果人们有足够的购买力

---

① Much of the statistical data in this chapter is drawn from the Word Almanac and Book of Facts, 1997, and the Statistical Abstract of the United States, 1997 (Washington, D.: U.S. Bureau of the Census, 1998)

的话，人口增长就意味着市场的扩大。现在，一些大型跨国公司纷纷看好中国的潜在市场，纷纷在我国投资设厂。这对于零售企业的发展是一个很好的机遇。

（3）人口年龄结构的变化

随着现代医学的发展和人们自我保健意识的增强，人口出生率的降低，人口平均寿命的延长和老年人的增多，使许多国家包括我国在内，人口出现老龄化的趋势。

与其他年龄群体相比，老年消费者更易于抱怨，需要特别关注的是，他们更易于在购物前花费时间去浏览并且不喜欢变化。另外，65 岁以上的年龄群体是增长最快的年龄阶层。他们有时间和金钱去购物、去消费。在过去，银发阶层对于消费是非常保守的。他们总想把一些东西传给他们的孩子。但是这种态度现在已经改变了，老年人似乎与子女在同一个步调购买商品和服务。旅行、第二处住宅、豪华汽车、电子设备、投资、家庭装修、服装以及礼品成为老年人经常的购买方向。[①]

人口老龄化促进了银发市场的发展，同时也对零售商提出了新的要求。一些零售商为成熟的顾客制定了特定的计划。国外的一些商店在一些特定的购物时间都会开展一些“只限年长者购买狂欢”的活动，这些活动只对年长的市民开放，并且提供礼品选择建议、免费的礼品包装、邮递服务以及其他一些特殊的服务。

从另一个方面来看，我国人口出生率降低了，儿童数量开始减少，但是儿童市场仍然是一个值得零售商重视的市场。由于计划生育工作的开展，现在基本上一个家庭只有一个小孩。据玩具营销人员观察：中国的孩子从来也没有像现在这样被宠爱并弄得全家一片忙乱。中国的孩子成了“小皇帝”，他们从糖果到电脑应有尽有[②]。6 个大人——父母、祖父母、外公外婆，加上叔叔、婶婶围着一个小孩团团转，这种趋势使外国零售商纷纷进入中国儿童市场，并且针对儿童的特点设计相应的零售策略。

（4）家庭规模的缩小

人口统计方面的另一个比较显著的变化就是家庭规模的缩小。“传统的家庭”被认为是由丈夫、妻子和孩子（有时包括祖父母）组成。但是这种传统的家庭模式受到了冲击，现在的家庭还包括了独身生活、带一个异性或同性的成年人生活在一起、单亲家庭、丁克家庭，空巢。这些家庭模式较之传统的家庭模式规模明显缩小，加之传统家庭中小孩数量的减少也使传统家庭模式本身的规模缩小。这些家庭群体都有自己的需求和购买习惯。例如，独身、分居、丧偶、离婚者群体需要较小的公寓，便宜和小型的器具、家具和设备，小包装食品。[③]消费者家庭规模的缩小意味着消费者购买模式的改变，这就意味着零售商要改变传统的销售方式，以适应消费者家庭规模缩小的变化。

（5）人口流动

人口流动的流动范围、总量以及流动频率都发生了很大的变化。传统的人口流动主要表现为农村向城市地区，然后再向郊区转移，但是现在这种人口流动已经超越了国家界限，表现出国际化的趋势。各地的人口都有各自不同的商品和服务偏好，但是由于这种人口的大量流动，各地人口长期的共同生活、工作，人口地区之间的差异正在逐步缩小，表现出更多的

---

① 迈克尔·利维，巴顿 A. 韦茨. 零售学精要. 北京：机械工业出版社，2001. 31

② Philip Kotler. *Marketing Management*: *Analysis*, *Planning*, *Implementation*, *and Control*（Ninth Edition）. Prentice – hall, Inc. 1997, p. 141

③ Philip Kotler. *Marketing Management*: *Analysis*, *Planning*, *Implementation*, *and Control*（Ninth Edition）. Prentice – hall, Inc. 1997, p. 143

趋同性，这就为更多的零售企业的跨国、跨地区经营提供了机遇。现在，在中国的零售店可以随处可见不少国外的品牌，国外的生活方式也逐渐被国人所接受和效仿。

（6）人口受教育程度

与过去相比，如今有更多的成年人接受了一定程度的高等教育。在美国，年龄在25岁以上的成年人至少有1/5上了4年大学。年轻人中受过大学教育的男女人数基本相等。在我国，随着9年义务教育的普及，以及大学教育的逐步扩大招生范围，我国人口受教育程度也较以往有了很大的提高，受到大学教育、研究生以上教育的人口数量在人口中占了很大的比重。随着人们受教育程度的提高，消费者在消费购物的时候就会更加理性，并对传统的零售形式提出新的要求。

3.1.2 消费者价值取向的变化

随着人口、购买力和购买动机的变化，再加上其他环境因素作用的结果，消费者的价值取向也随之不断地变化。现代消费者变得越来越理性，他们在消费购物的同时表现出个性化的消费倾向，现代消费者出现了家中购物的趋势，消费者的社会意识也不断增强……下面详细讨论消费者价值取向方面的变化。

（1）理性的消费者

由于消费者教育水平的不断提高，消费者在消费购物的时候更加理性。新时代的消费者和传统消费者相比，更有知识、更具世界性，他们对全国和世界范围的口味、风格、商品和服务的走向有了更多的了解，从而也更为精明。而且标新立异的行为将更被广为接受，因为受教育多使人们变得更为自信，购物者减少了对一致性的追求，转为接受各种个性的选择。自信的购物者很少依靠品牌和标签，情愿更相信经验。不过，受教育更高的消费者也坚持要得到有关商品和服务的更详尽的信息。

结果，“由于今天的消费者是受过良好教育的怀疑论者，他们也更善于看穿空洞的担保。消费者将显示对商品和服务质量的强烈需要。零售商必须做的一件事就是以一位秘密购物者的身份，走进他自己的商店，亲身体验一下。他的商店真的提供了顾客服务吗？商店使购物充满了趣味吗？作为一位购物者，你将在收款机前排3~5分钟的队，或许你会被迫在商店中央问道：‘真的有人想要我的钱吗？’零售商必须问他们自己：是否愿意在自己的商店购物？”①

（2）个性化的消费者

现代的消费者更加关注自身价值的实现以及个性化的消费需求，消费者行为变得更为个性化，很难参照特定的社会群体来确定。美国人正为他们自己拼合一种“组合式生活方式”，选择那些能最好地表现他们发展的独一无二意识的商品和服务。新时代的消费者可能先走进一家连锁店购买价格不菲的短袜和T恤；再走进廉价药品杂货店购买洗发水和牙膏；然后去超市购买商店品牌的面包和点心。最后，他也许会走进一家小型专卖店，在那儿选购一尊昂贵的手工制作的水晶小塑像来增加他或她的收藏品。②

---

① New Executive Info System Keeps Calgary Competitive. Chain Store Age（March 1996），p. 40

② 31 Trends Shaping the Future of American Business. *The Public Pulse*, vol. 2（Number 1，1998），p. 1；and Michael J. McDermott Retailing. Adweek（September 11，1989），p124. See also Peter F. Drucker，“Retailing in a Post－Capitalist Society，” *Store*（August 1993）p. RB1 ~ RB4

由于现代生活节奏的加快，消费者个人意识的觉醒，消费者更加关注购物中的乐趣。购物活动本身的娱乐性吸引着这些追求生活质量的现代消费者，因此，良好的购物环境是消费者选择零售商的一个重要因素。这就要求零售商为这些消费者提供更高水平的服务和更多的可选择商品以及更多的休闲娱乐设施，这就是现代大型购物中心兴起的重要原因之一。

（3）家中购物

家中购物在西方国家比较普遍，在我国这种新型的购物方式也越来越受到人们的关注。家中购物者的购物通常是自主决定的、非必要的，订购方便、不必跑路的是其购物决定的重要的参考因素。在其寻求交易的过程中，以方便为取向的顾客经常会牺牲那些通过购买销售中的商品得到的赠券或是生产者所给予的折扣的方式而带来的可以感受到的安全感。一些特别的促销方式预计在将来甚至会变得更加盛行。

当人们不外出去寻求交易时，今天的顾客正逐渐转向待在其舒适、安全、熟悉的家中度过其珍贵的闲暇时间。这种称之为作茧现象的出现是由于对传统价值观念的回归；在以后的生活中家里会有孩子；个人的时间意识。作茧对于摄像机、家用电脑、立体声音响系统、保安系统、应答式对讲机以及其他在家中使用的产品来说，意味着巨大的市场。饭店和超市正在提供上门送货和为讲究美食者提供半成品食物的服务。

顾客在购买一件产品时首先考虑的是该产品而不是该产品产自哪个国家。至少，在服装业中，许多人相信一件服装的实用性、外观、样式、颜色、造型、尺寸、质量、品牌，特别是成本，这些要比该服装产自何处，对消费者来说显得更为重要。

（4）社会意识的增强

现代消费者的社会意识明显加强。他们比传统的消费者更加关注零售商的道德、社会责任感，并且以此作为选择零售商的重要依据。因此，零售商在与各种利益相关者（顾客、普通大众、员工、供应商、竞争者及其他）打交道的时候，零售商的行为应受到道德和社会责任的双重约束。此外，由于社会和媒体对企业行为的关注度提高了，人们的期望值也很高，道德上的错误很可能导致反面宣传、法律诉讼、失去顾客，以及公司员工缺乏自尊心。

大多数零售商都知道负责任的社会行为不会不引起消费者的注意。对那些战略管理能力不那么强的企业，尽管这些活动可能不会刺激消费者更多地惠顾，但能吸引消费者的参与，或者引导消费者将自己与企业看作一个整体。做好事也可能获得直接的利益。例如，零售商将多余的存货捐赠给照顾病人、穷人和幼儿的慈善团体，就可以获得税收减免。

3.1.3 零售商的反应

零售商所面临的零售顾客的变化影响着零售环境的性质，具有进取性的企业懂得必须随着零售机构的变革调整自己的战略，自满是不明智的。现在这些零售商们正在对那些根本性的顾客变化作出反应。近年来，零售商们已经掌握了新的有效缩减成本的技术，这就使其能够提供更好的顾客所需的商品和服务。

1. 与顾客的沟通

由于消费者的需求是千变万化的，如上所述，消费者的消费需求和价值取向都发生了很大的变化，零售商如果不加强和顾客的沟通，就会忽略消费者消费需求的变化，最终被消费者所抛弃。因此，零售商和顾客之间的沟通是十分必要的。零售商与顾客之间的沟通不仅表现在销售货物时，及时了解消费者的消费需求，向顾客提供良好的商品和服务，而且表现在建立和保持良好的形象。

商店的物理特征、氛围和周围的环境强烈地影响着顾客对零售商的印象。沿街店面的影响也不应忽视，因为它是顾客第一眼看到的部分。在商店内部，布局和陈列、墙壁和地板的颜色、灯光、气味、音乐及销售人员的亲和力也影响着商店的形象。

顾客服务和社区关系为零售商营造一种值得称道的形象。顾客服务包括停车、礼品包装、自由退货政策、高峰期延长营业时间、逐月付款的累积购物法、换货、信用、电话和邮购。社区关系可以通过参与居民活动、向慈善组织捐赠等手段得到改善。

沃尔玛要求员工真正关心顾客，实现无条件退货，悉心听取顾客的意见。如他们提出了著名的“为顾客节省每一分钱”的口号，要求雇员“为顾客露出8颗牙”，并且在顾客走进距离10英尺时，要向顾客点头、微笑、致意等。为了使员工真正全心全意按企业的要求为顾客服务，沃尔玛不仅为员工提供各种福利、持续的培训，而且还为正式员工提供股票，激励员工参与管理。

2. 明确的市场定位

因为市场上的顾客人数太多，而他们的购买要求又各不相同，零售商不可能为零售市场的全体顾客提供服务。因此，为了能够发挥优势，在市场竞争中取胜，零售商必须对现有的市场进行细分，并且选择自己的目标市场，进行定位以区别于竞争对手。从以上描述的零售顾客的各种变化可以看出，不同的零售顾客具有不同的特征和需求，就是同一种类型的顾客在不同的时期，也会表现出不同的消费需求，因此，零售商必须认真分析自己的目标顾客的特征和需求，并制定出有效的战略以服务于这些市场。

3. 以先进的技术为平台更好地满足消费者的需求

为了适应消费需求的变化，更好地服务于消费者，一些成功的零售商都积极采用先进的信息技术，获得消费者信息，为消费者服务。

零售商的一个重要的技术革新就是建立快速反应存货管理系统（quick-response management system，QR），这是通过零售商和供货商的合作努力以减少获得商品的订货时间间隔。它降低了存货投入，改进了顾客服务，而且减少了商品分销成本。这种快速反应存货管理系统能够将商店中所搜集起来的消费资料通过计算机联网传递给购货商、商品分销中心，然后传递给供货商，最后供货商就迅速地依次装运、补足商品。

另一个技术革新是卫星通讯网络。为了保持零售企业总部与各个分店的通讯联系，建立由总部到分店的卫星通讯网络。购物者可以向商店管理人员描述需要的商品，销售人员就可以经由卫星来参加培训和产品知识研讨会。这种商品管理层同连锁店办公室之间举行的面对面的会议可以解决问题并回答从商品到职员方面的相关疑问。

沃尔玛与主要的供应商建立了良好的关系，分享信息并提供建议。其电子数据交换系统（EDI）连接3 600个供应商，用来进行订货、销售预测、计划、库存、送货管理，还用它开具收据和结算。供应商的产品若在货架上不能很快地销售，沃尔玛就会很快将该产品撤离货架，这给生产商以巨大的压力。另外，沃尔玛配货中心过去是一个储运中心，现在则成为零库存的配货码头，供应商按时将特定数量的产品送到该中心，现场打包后直接由沃尔玛的送货车送到特定的连锁店，这样就缩短了商品周转时间，减少了库存损耗。沃尔玛最早引入信息系统，并舍得花钱投入。即使现在，它在信息系统上的花费仍占其销售收入的1.5%，而行业平均是1.3%，加之其销售收入要比别人高一倍以上，因此，它在信息系统上的优势是明显的。1972年，沃尔玛引入EDI；1983年引入POS；1983年，为了更好地进行总部配送中心和各分点之间的信息交流，沃尔玛发射了商用通信卫星；1990年始，沃尔玛就允许供应商可以直接与其销售终端的计算机相连，以方便其随时了解自己产品的销售库存及在各分店的表现。所有这些都较同行领先了一步。1987—1993年，沃尔玛共为此投资7亿美元。

4. 多业态经营

以价值为导向的顾客将会不断地寻求有实力的零售商、仓储会员店以及折扣零售商。这样，为了满足消费者消费需求的各种变化，就有必要不断地探寻新型的业态，以更好地服务于某一类型的零售顾客。一些大型的零售商，甚至同时开展许多业态进行经营，以满足不同类型的零售顾客的需要。如今的零售市场已经完全打破了以往单一业态一统天下的局面，出现了百货商店、超市、便利店、大型超市、仓储会员店等多种业态“百家争鸣”的局面。

5. 绿色营销

一些精明的零售商认识到消费者逐步加强了对环境的关注，纷纷开展环境保护的活动。绿色营销就是由零售商及其卖主发起的向顾客提供有利于环境的商品的一个具有战略意义的活动。在美国沃尔玛公司以提供更多的、对环境无害的产品的方式向其供货商提出了挑战。例如，为了减少浪费，沃尔玛公司要求宝洁公司不要用盒子来包装像Sure牌除臭剂一类的商品。对环境有益的产品通过有标签的货架和有标记的店铺来进行促销。沃尔玛公司在其月度广告宣传单中同样增加了“绿色”资料，并且还有着范围广泛的废物回收计划。为了减少因圣诞节而遭砍伐但随后即被废弃的树木的数量，宜家公司在顾客交付10美元的押金后，以10美元的价格出租活的圣诞树。①

3.2 影响零售环境的其他因素

零售环境是众多因素共同作用的结果，除了零售顾客的变化以及消费者价值取向的变化影响零售环境外，社会、文化环境，政治、法律环境以及竞争环境都对零售环境有很大的影响。本节将主要讨论这些环境因素对零售环境的影响。

3.2.1 社会、文化环境

人们赖以成长和生活的社会形成了人们的基本信仰、价值观念和生活准则。这些社会文化环境因素会形成零售顾客的一种固有的生活方式。了解了消费者的这种生活方式，有利于零售商针对自己的目标顾客的生活方式制定相应的零售策略。

由于零售企业在各地开展零售活动，必然会涉及不同的文化背景和生活方式。文化，是一个社会的民族特性、风俗、习惯、价值观念、道德观念、教育水平、语言、社会结构等因素的总称。文化影响人的消费观念和消费行为，由此影响零售企业的经营成果。只有深刻认识不同文化的内容和实质，全面了解企业在经营中所处的文化环境，才能真正把握企业行为与文化环境的内在联系，在更深层次上掌握企业行为的规律性。

---

① 迈克尔·利维，巴顿A. 韦茨. 零售学精要. 北京：机械工业出版社，2001. 36

1. **核心文化价值观念**

价值观念是指人们对于客观事物的评价标准。同样的事物在不同的社会或不同的人群中有不同的评价标准，进而对人的消费方式、购买行为产生很大影响。某一社会里的人所持有的许多核心信仰与价值观念，常常是很持久的。这种核心的信仰和价值观念可以被继承，并且不会轻易地被其他价值观念所代替。核心价值观念常常是划分不同零售分市场的一个重要的参考因素。

不同社会或不同人群的价值观念是不同的。在美国和其他一些工业国家，成功与胜利的标志是获取更多的财富，竞争、利润是其商业活动的宗旨，但在佛教、印度教盛行的社会，无忧无虑的境界是他们所倡导的宗旨，在生产和消费中人们所持的态度是节制的。①

对于速溶咖啡，在美国很受欢迎，因为美国的生活节奏很快，美国人时间观念强，节省时间的产品就会比较受欢迎；但在英国则不然，英国人不太看重时间，而更注重其他方面的价值，因此，英国人不欢迎速溶咖啡，并把能否煮一杯味道好的咖啡看作是自身修养高低的标志。

2. **亚文化**

亚文化是相对于一个社会的主流文化或者核心价值观来说的。每一个社会都包括亚文化，由有着共同的价值观念体系所产生的共同生活经验或生活环境的人类群体所构成。主教派教会会员、十来岁的人、放荡安琪儿，都代表各种不同的亚文化，他们各有共同的信仰、爱好和行为。根据各亚文化团体所表现出来的不同需求和不同消费行为，零售商可以选定这些亚文化团体作为他们的目标市场。

零售商有时会从亚文化目标群体中取得意外的收获。例如，营销者常常喜欢青少年，因为他们代表了社会上的时尚、音乐、娱乐、创意和态度上的趋势。营销者还知道，只要他们能吸引青少年，这些人在以后很多年都会成为他们的顾客。②

3. **教育水平**

社会教育水平的高低与消费结构、购买行为有着密切的联系。一般来说，受教育程度高的消费者对于产品的鉴别能力和接受能力较强，购买时的理性程度也较高，容易接受文字宣传的影响。

如果零售商的目标顾客的教育水平很低，那么他们对产品的选择和购买的理性程度也较低。教育水平的差别对零售企业经营的影响表现在：一方面，受教育水平的高低影响人们的消费行为。一般来说，教育水平低的国家适合那些操作实用、保养和维修都很简单的机器设备的推销；而教育水平高的国家一般需求那些性能比较复杂、精密、质量高和个性特色比较强的商品的消费。另一个方面，教育水平影响企业国际化经营的策略。例如，在制定促销策略时，如果一个国家的文化水平低，文盲率高，做广告最好不要用文字，而采用当场示范的促销形式。

4. **宗教信仰**

世界上有三大宗教：基督教、佛教、伊斯兰教。宗教信仰直接影响人们的生活习惯和风

---

① Philip Kotler. *Marketing Management: Analysis, Planning, Implementation, and Control.* (Ninth Edition). Prentice - hall, Inc. 1997. p. 154

② Philip Kotler. *Marketing Management: Analysis, Planning, Implementation, and Control.* (Ninth Edition). Prentice - hall, Inc. 1997. p. 154

俗习惯。不同的宗教信仰者有不同的信念、文化倾向和戒律，从而影响人们认识事物的方式、行为准则和价值观念，影响着人们的消费习惯和消费行为，因而影响市场消费结构。

宗教习惯对零售企业经营的影响主要表现在，首先，宗教的节假日是推销商品的黄金季节。宗教的节假日在各国之间相差很大，不仅基督教与伊斯兰教不同，而且基督教在不同的国家也有差别。在中东国家，朝圣季节是消费品生意最好的季节，因为当地人都习惯于前往麦加参拜时购买家庭用品、衣服等。基督教的圣诞节，更是商品的需求旺季。其次，宗教的禁忌影响人们的消费行为。如印度教忌牛肉，穆斯林教忌猪肉，佛教吃斋。

3.2.2 政治、法律环境

零售企业的零售决策在很大程度上受政治和法律环境变化的影响。政治与法律环境是由法律、政府机构和在社会上对各种组织及个人有影响和制约的压力集团构成的。这种政治、法律环境有可能阻碍零售企业的发展，也可能为零售企业的发展提供机会。以下将主要讨论政治、法律因素对零售环境的影响。

(1) 政治环境

政治环境主要包括各种社会性质、各国的政治体制、政府的各项基本政策、政权的稳定性等方面。这些因素的变化，对零售企业的经营活动的影响是巨大的，有可能为零售企业提供机会，也可能造成零售企业经营的风险和损失。

(2) 社会形态和政治体制

社会形态和政治体制影响国家战略和经济管理模式，从而影响企业的经营活动。对社会形态和政治制度的了解，主要是明确该国的政治气候是否允许企业自由发展。

(3) 政治风险

政治风险是指由于各种政治因素可能给该企业经营带来的损失。

政治风险主要来自两个方面：一方面，从国家内部来看，主要有是国家政策的改变、政权发生变更、社会政治动荡、内部武装叛乱或外部武装冲突、国外政治军事介入等，其中以国家政策的改变影响最为常见，一国政策一旦制定就具有强制性，企业必须遵照政策的规定办事，否则就会受到相应的制裁；另一方面，如果从事国际化经营的企业经营行为超越了一定的界限，或产品销售动摇了当地主要集团的利益，或不自觉地伤害了东道国民族和政府的尊严等，外国经营者就会陷入政治干预的风险之中。政治风险给企业国际化经营造成了一定的市场风险或威胁，但企业对于政治风险并不是无能为力的。目前，许多跨国企业，运用各种分析技术，研究和预测国际政治环境趋势。借助于政治环境和政治风险的预测，企业就可以确定外国市场的开拓方向。

(4) 法律环境

为了保护公司不受不公平的竞争，保护消费者利益不受不正当商业行为的损害，保护社会利益不受失去约束的商业行为的损害，政府通常制定相应的对企业进行管理的法规。

这些年来，立法对企业的影响一直在不断增加。欧盟成员国建立了新的法律框架，包括竞争行为、产品标准、产品责任、社会交易等。俄罗斯和东欧其他国家也在加快立法，以推动和规范开放的市场经济。美国有许多法律，涉及竞争、产品安全和责任、公平交易与信用实施、包装和标签等等。有些国家的消费者法规比美国更为严厉。挪威禁止某些促销形式，如交易印花、竞赛、赠券，认为这是不适当或“不公平”的推销产品的手段。泰国要求食品商销售国家品牌，以在市场上降低该品牌的价格，并让低收入的消费者能在货架上发现经济实惠的品牌。在印度，食品公司在推出和市场上已有产品相似的品牌时需要专门审批，如另一种可乐饮料或大米品牌。①

商业立法所提出的一个中心议题是：遵守这些法规所付出的代价是否超过实施这些法规所带来的效益？执法人运用法律，并非任何时候都是公正的。他们常常显得过分热心和缺少定见。这些机构主要由律师和经济学家们主持，他们常常缺乏企业及其营销活动如何运作和工作的实际知识。他们可能会损害许多有合法地位的企业的利益，可能会妨碍新的投资和对市场的进入，曾有人批评，严格的反托拉斯法案阻碍了美国公司的国际竞争力。尽管每一个新法律可能在立法上是有道理的，但从总体效益来说，却可能挫伤其主动性和积极性，使其经济增长减缓。

当零售企业开展跨国经营的时候，就会受到国际法律环境的制约。国际法律环境是非常复杂的，不同国家具有不同性质和内容的法律。目前，国际上还没有一种公认的统一的法律，也没有统一认可的执法机关，迄今为止所形成的有关国际经济事务的法律，只是各国自行接受其约束的规定和原则的总和。这就给零售企业跨国经营带来了困难，强调对当地市场的了解显然是十分必要的。

3.2.3 竞争因素

竞争是商品经济的基本特性，只要存在着商品生产和商品交换，就必然存在着竞争。企业在市场进行经营活动的过程中，不可避免地会遇到竞争者或竞争对手的挑战。在零售市场上，不仅存在着同一业态零售商之间的竞争，而且存在着不同业态零售商之间的竞争、潜在竞争者的竞争、零售商和零售顾客之间的竞争、零售商和供应商之间的竞争……另外，随着顾客需求的转移和新的零售形式和技术的出现，以及国际化趋势的逐步加强，零售业竞争已经超越了国界，零售市场的竞争就更加激烈了。

美国竞争战略学家迈克尔·波特认为，一个行业内存在着五种基本的力量，即行业内现有的竞争者、潜在进入者、替代品的生产者、购买者和供应者。在零售企业中，这五种基本力量表现为同一业态零售商之间的竞争、不同业态零售商之间的竞争、潜在竞争者的威胁、买方讨价还价能力的威胁和供应商讨价还价能力加强的威胁。

关于上述五种基本力量在零售企业间生成的竞争环境，已在上一章作了介绍，在此不重复。

3.3 案例分析

案例 3－1　　**上海华联商厦——会员卡营销**

无论你购买一双袜子还是一台彩电，商店都将免费送货上门，这是上海华联商厦向持有"会员卡"的顾客推出的服务新招。在折扣卡、贵宾卡比比皆是的今天，华联商厦此次限额推出的"上海华联商厦会员卡"却另有一功能：会员在商厦购物，无论蓝牌、黄牌标价，均

---

① Philip Kotler. *Marketing Management: Analysis, Planning, Implementation, and Control* (Ninth Edition). Prentice－hall, Inc. 1997. p. 149

可按成交价享受一定的折扣率，并根据消费的金额自动累计积分。在享受各种优惠的同时，会员更有服务优先权，例如，可以通过电话订购商厦的各种商品，不论大小，市区内全部免费送货上门；对电视机、音响等商品，免费进行调试；实行免费礼品包扎、免费预订机票等各种服务；会员生日还能收到商厦的祝福贺卡及小礼物等。华联商厦管理层称，会员卡的发放并不针对哪个特殊的消费阶层，具有一定行为能力和消费能力的本市居民都可申请加入。会员卡重点突出服务功能，是商厦的一块“实验田”。它将变过去与消费者之间简单的买卖关系为双向沟通关系，吸引、培育、建立稳定的顾客群体，树立商厦亲切、真诚、方便、周到的服务形象。华联商厦还不定期向持卡会员提供商厦的商品信息和市场动态等各种资料，倾听会员对商厦经营管理的意见和建议，并不断开发其他服务功能，使“无微不至、无处不在”的新型商业服务深入消费者家庭。

【问题讨论】

1. 评估上海华联商厦的会员卡营销策略。

2. 试分析上海华联商厦采取会员卡营销策略的动因。

案例 3－2

上海淮海路上的益民商厦，设立了“消费者假日俱乐部”，每周六向其成员举办商品知识讲座，内容有电脑、黄金珠宝、皮革等商品的性能、使用和保养，受到消费者的欢迎。该商厦还设立了“老顾客联谊会”，设立老顾客档案，经常为他们寄发商品信息资料，过节时请来聚会，并听取他们的意见。

上海市百七店，每年举办一至两次“顾客代表大会”。顾客代表，由市百七店周围的企事业、学校、街道、居委会等团体经过推荐的方式产生。顾客代表为了参加好会议，挨家挨户听取居民意见。在顾客代表大会上，市百七店向代表介绍了工作情况和今后的工作目标。顾客代表对一些问题提出了见解。

【问题讨论】

1. 从以上案例中可以看到零售顾客发生了哪些新的变化？

2. 试比较益民商厦和百七店在零售顾客发生变化的时候所采取的应对策略的相同和不同之处。

3. 试评估两家零售企业所采取的零售策略。

案例 3－3　　上海东方商厦利用服务品牌建立供应商关系

上海东方商厦，对所经营的皮具包装、服装、床上用品、皮鞋、儿童用品等数百种商品在意大利注册了自由品牌“EALLO”（依利欧，中文“一流”的谐音）。商业自由品牌，在上海市场上并非新鲜事，如万象集团的“恒源祥”、开开集团的“开开”等，大都是从传统的“前店后厂”发展起来的，即有内部生产和供应关系。而没有内部生产和供应关系的东方商厦，走了一条服务品牌运作的新路——注册品牌，选样设计，委托加工，监控质量，也就是利用服务品牌来建立外部的生产和供应关系。他们从讲究品质、款式经典的中高档皮具、男装入手，选取商场中最畅销的款式品种，直接到生产这些品牌的厂家下订单，定牌生产“依利欧”牌商品。由于市场信息摸得准，品质与名牌难分伯仲，而价格比名牌便宜40%。从没做过广告的“依利欧”定牌商品在3个月内竟卖得断档。“依利欧”的成功，不仅使东方商厦的无形资产增值，更重要的是使东方商厦建立和发展了外部供应商关系。

【问题讨论】

1. 试分析东方商厦是如何建立和供应商的关系的。

2. 试评价这种方法的优劣之处。

【本章小结】

今天的零售商所面临的零售环境是极其复杂的，因此，必须对零售环境进行认真的分析。

人口统计方面发生了很大的变化：消费者可支配收入的增加，人口的增长，人口年龄结构的变化，家庭规模的缩小，人口的大量流动，人口受教育程度的提高……这些变化对零售产生了很大的影响。

随着人口、购买力和购买动机的变化，再加上其他环境因素作用的结果，消费者的价值取向也随之不断地变化。现代消费者变得越来越理性，他们在消费购物的同时表现出个性化的消费倾向，现代消费者出现了家中购物的趋势，消费者的社会意识也不断增强。

面对零售市场的这些变化，精明的零售商作出了积极的反应，比如加强与顾客的沟通，以先进的技术为平台更好地满足消费者的需求、实行多业态经营、开展绿色营销。

零售环境还受到社会和文化因素的影响。核心文化价值观念、亚文化、教育水平、宗教信仰都影响着人们的生活方式。

另外，政治和法律环境因素也影响着零售环境。这些政治、法律环境因素包括社会形态、政治体制、政治风险及法律环境。

零售环境中一个很重要的因素就是竞争。竞争是商品经济的基本特性，在零售市场上，同一业态零售商之间的竞争、不同业态零售商之间的竞争、潜在竞争者的竞争、零售商和零售顾客之间的竞争、零售商和供应商之间的竞争都构成了零售市场的竞争环境。

【关键术语和概念】

零售环境　人口变化　人口流动　消费者价值取向变化　家中购物　多业态经营　先进的技术平台　社会、文化环境　政治、法律环境　竞争因素

【练习题】

1. 为什么人口统计方面的变化会影响零售环境？

2. 你怎样理解“零售顾客价值取向的变化既能给零售企业带来机遇，又能给零售企业带来挑战”？

3. 结合身边的实例说明当前零售商对零售顾客变化所作出的反应有哪些可取之处和不足。

4. 影响零售环境的因素，除了本章所提到的各种因素外，还有哪些因素？

5. 竞争因素将如何影响零售环境？

6. 如果你是一个国际知名的大零售商的管理者，你准备如何对零售环境作出反应？

【补充阅读】

1. 纪宝成等．对我国产业安全若干问题的看法．经济理论与经济管理，2006（9）
2. 晏维龙．中国城市化对流通业发展影响的实证研究．财贸经济，2006（3）
3. 麻伟亮．浅析世界高、中、低收入国家经济差距．商业时代，2007（5）
4. 张金萍．动态环境下零售企业竞争态势分析．商业研究，2007（6）
5. 张蕙．京沪穗零售业发展比较研究．商业时代，2007（24）

第4章 顾客购买行为

⊙本章学习要点

1. 顾客行为的发展趋势。
2. 顾客购买决策的类型。
3. 复杂决策的过程。
4. 低度参与决策的营销对策。
5. 影响消费者购买行为的各种因素。

⊙本章学习内容

1. 顾客购买决策的类型。
2. 顾客购买决策的过程。
3. 影响顾客购买决策的因素。

⊙案例分析
⊙本章小结
⊙关键术语和概念
⊙练习题
⊙补充阅读

零售界的从业人员逐渐认识到，能否有效地满足顾客的需求直接影响自身的利润，而对影响消费者行为的因素理解得越深，也就越能开发出有效的营销策略和提供合适的商品满足消费者的需求。市场营销的哲学理念从以商品为中心转向以消费者为中心，也促使研究零售的专家学者对顾客行为的关注和研究增多。

1. 顾客和顾客行为

狭义的顾客，是指购买、使用各种消费品或服务的个人与住户（household）。广义的顾客是指购买、使用各种商品与服务的个人或组织。

在现实生活中，同一消费品或服务的购买决策者、购买者、使用者可能是同一个人，也可能是不同的人。比如，大多数成人个人用品，很可能是由使用者自己决策和购买的，而大多数儿童用品的使用者、购买者与决策者则很有可能是分离的。

顾客行为是指顾客为获取、使用、处置消费物品或服务所采取的各种行动，包括先于且决定这些行动的决策过程。随着对顾客行为研究的深化，人们越来越深刻地意识到，顾客行为是一个整体，是一个过程，获取或者购买只是这一过程的一个阶段。因此，研究顾客行为既应调查、了解顾客在获取商品、服务之前的评价与选择活动，也应重视在商品获取后对商品的使用、处置等活动。只有这样，对顾客行为的理解才会趋于完整。

影响顾客行为的个体与心理因素是：需要与动机、知觉、学习与记忆、态度、个性、自我概念与生活方式。这些因素不仅影响和在某种程度上决定顾客的决策行为，而且它们对外部环境与营销刺激的影响起着放大或抑制作用。

影响顾客行为的环境因素主要有文化、社会阶层、社会群体、家庭等。

2. 顾客行为的发展趋势

在美国，20 世纪 80 年代的严重经济衰退使得消费者对价格更为敏感，消费者意识到经济增长并不是没有限度的，未来的购买力也会受到限制，因此，他们看待所选择的物品是从价格方面来考虑的，即强调物有所值。一次性尿布在试销过程中定价为 10 美分一块，预计销售 4 亿块。但试销的结果只及预计销量的一半，很不理想。后经过进一步分析发现，在整个试销过程中，没有把价格这一环节与顾客连接起来。虽然顾客很欢迎这种商品，但 10 美分一块太贵了，很多家庭只有带孩子旅游或参加宴会的时候才舍得使用。公司通过成本分析，找到了节约单位商品成本的途径，后将售价由每块 10 美分降到 6 美分，商品再度投放市场时，需求量剧增。

强调价值使大多数消费者成为“交叉采购者”。就是说，“在七匹狼买套装的人去沃尔玛买袜子，吃高档冰淇淋的人使用普通的纸巾”。正是因为在同一类商品中，消费者既考虑高价位商品的价值，也考虑低价位商品的价值，所以这种矛盾才更加明显。对价值的更为注重使得像沃尔玛这样的大型廉价商店在全世界迅速地开办起来，EDLP（every day low price）的策略迎合了消费者的需求。

3. 消费行为日趋成熟

消费者变得更加自信和内行，因为有更多的信息来源和更多的选择机会。有线电视频道的增加使在电视节目中通过家庭购物频道、商业信息节目（接近一般节目长度的广告）提供的信息增多，同时广告栏目的扩展也提供了更多的商品信息。家用电脑的普及以及交互技术的进步使得在电脑空间中可以获得更多的商品信息。随着消费者教育水平的提高，这些信息来源都可能加以利用。营销人员可能会向消费者提供更多的选择机会，保证向消费者提供比目前更为丰富的商品信息。营销人员也会考虑在未来使用更多的传媒手段向消费者进行宣传，同时，在与消费者联系时也会有更多的选择（家庭购物、电话购物、电子售货亭、网上购物等）。消费者更加成熟老到、接触到更多的信息以及更加强调价值，这些使得消费者希望获得更符合自己需要的商品。今天的消费者正以更低的价格寻找更多的选择机会。他们由于要参加各种不同的运动而穿不同的运动鞋，他们在一天中的不同时间要吃不同的点心，他们根据不同的场合穿不同的衣服，而且连汽车也要具有指定的一整套功能和配件。

4.1 顾客购买决策类型

顾客在购买商品时，会因商品价格、购买频率的不同，而使投入购买的程度不同，购买一辆轿车和一只牙膏是两个不同的过程。西方学者根据购买者在购买过程中的决策程度和参与购买活动的程度将购买决策分为四种类型：复杂决策、有限决策、品牌忠诚、惯性购买。

对于不同的人来说，同一商品的购买可能属于复杂决策，也可能属于有限决策，比如在中国购买空调属于复杂决策，购买时会反复地比较不同品牌的性能价格比，而在美国空调只是被视为能够制冷的日常生活用品，他们不会投入很多的时间来选购，这是由于经济发展水平的差别造成的。参与购买程度和决策更多地依赖于消费者对商品的态度，而不是商品本身的特性，注重物品营养的消费者，对于选购的牛奶会仔细挑选比较，而有的消费者就不会太过关注。

惯性购买决策即消费者始终购买同一品牌的商品，这并不说明消费者对其品牌忠诚，而是商品布置，消费者会因时间和精力的原因不去考虑也没必要选择替代品，比如食盐、铅笔等等。下面对顾客购买决策的四种类型分别进行讨论。

4.1.1 复杂决策

当顾客初次选购价格昂贵、购买次数较少的、冒风险的和高度自我表现的商品时，则属于高度介入购买。由于对这些商品的性能缺乏了解，为慎重起见，他们往往需要广泛地收集有关信息，并经过认真的学习评估，产生对这一商品的信念，形成对品牌的态度，然后慎重地作出购买决策。所谓复杂（扩张）型决策，是指消费者在选购商品时采用全过程决策。

复杂决策有两个前提条件：一是大量的信息以及处理信息的时间；二是消费者对购买该商品的高度参与。

1. 复杂决策的参与条件

消费者选购商品时的参与程度是一个从高到低的连续集合，受到各种因素的影响，总结起来有以下几种情况：

①商品对消费者的重要程度。商品与消费者的自我形象相关性很强，比如成功人士选购轿车；该商品的象征意义与消费者的个性相关性很强，比如购买运动鞋的年轻人，耐克运动鞋就代表着一种力量和勇敢。商品的价格在消费者的支出中占的比例较大，因其价格昂贵而使消费者投入很多时间和精力来决策和购买。

②购买该商品，消费者承担的风险比较大。比如购买人寿保险、购买房屋。

③商品被赋予了情感上的意义。由于消费者对商品关注的不仅仅是其功能性利益，更多的是其情感利益，因此会投入更多的时间来挑选，比如为恋人购买围巾，为朋友购买生日礼物。

④商品符合某一社会群体的价值标准。比如开奔驰轿车象征着上层社会地位，派克钢笔一度只是老板这个阶层用的笔。

2. 复杂决策的信息处理条件

①消费者要有关于商品和品牌的大量信息。如果有沟通渠道的限制而使消费者无法接触各种品牌商品的信息，仅仅在一个有限的商品类目里作选择，就会影响消费者的决策过程。

②信息处理的时间和精力。复杂的决策要求消费者要有进行信息搜寻和处理的足够时间，

如果消费者必须在一个很短的时间内作出决定，那就没有复杂决策的时间。比如，在炎热的夏天，家里的电冰箱坏了，为了保持物品的新鲜，消费者肯定要在一个很短的时间内作出购买冰箱的决策。

3. **复杂决策中对商场的选择**

我们研究了消费者对商品的选购，接下来我们要研究其对商场的选择。购物的便利性要求，常常影响了消费者对商品的购买，比如，消费者通常都是先到距离自己近的商场去，到大家都认为比较好的商场、到自己习惯购买商品的地方去。购物商场的选择，影响了消费者可选购商品的种类和品牌。

消费者选择商场的决策过程与选择品牌过程相类似。在此先来考察一下某个商学院学生购买笔记本电脑的过程。他必须作出的第一个决策是，到哪一个商场去考察，以便收集各种可选品牌的信息。在产生商场选择的需求中有两个组成要素：第一个是购买需求（认识到需要购买一台电脑），第二个是寻购需求（需要在不同商场中搜寻可选品牌）。寻购需求可能十分复杂。有些消费者认为寻购过程耗时，而且并不是十分有趣；而有的消费者并不讨厌讨价还价，喜欢与售货员交流。

需求产生会建立起一种商场的优先顺序，消费者在选择商场时会遵循这一顺序。假定我们考察的这位学生是一个珍惜时间并且不喜欢逛商场的消费者，在购买和寻购需求的基础上，他会寻找位置便利并且拥有丰富知识的售货员和具有价格优势的商场。对他来讲，信息搜寻包括向朋友咨询哪家商场信誉可靠，搜寻包含价格及商品型号信息的商场广告。

在上述基础上，消费者对商场进行评估，并且从中选择一些商场进行亲自考察。在这一过程中，他对每一商场进行评估。与他的需求（知识丰富和热心助人的售货员、良好的服务、有竞争优势的价格）越近的商场，越有可能成为他购买电脑的最终地方。因此，选择商场依赖于消费者对商场的印象与他的购买及寻购需求的联系程度。比如说消费者最后决定购买东芝电脑。在作出品牌选择之后，他会根据价格、服务和方便性选择适当的商场。在购后评价阶段，他将同时评价品牌和商场。这两者是紧密相连的，对品牌的满意将导致对商场的满意。然而，购后评价的一些特定部分只和商场有关，例如，对品牌满意的汽车购买者却可能对经销商提供的服务不满。

在上面的例子中，我们的消费者首先进行了品牌选择，然后才进行商场选择。但是我们也不能否认有的消费者会先进行商场选择，然后作出购买计算机品牌的决策。当商场的忠诚度高，品牌忠诚度低，消费者没有强烈地要求购买某一品牌时，消费者就会先选择商场，然后在商场中制定品牌决策。

4.1.2 品牌忠诚决策

品牌忠诚是指消费者对某一品牌的满意态度会导致其对该品牌长期一贯地购买。

对品牌忠诚的研究，占统治地位的主要有两种理论。第一种是行为理论，即工具性条件反射理论，该理论认为对一个品牌长期一贯地购买是品牌忠诚的一种迹象。假定消费者的反复购买行为反映出了强化或很强的刺激——反射联系。第二种是认知理论，它是建立在认知理论的基础上的品牌忠诚理论。有些学者认为，单独行为本身是不能反映品牌忠诚的。忠诚是对某一品牌的信赖，仅仅靠测度连续性行为不能反映强化或忠诚。例如，某一家庭对某一特定品牌的购买可能是由于该品牌在市场上价格最低。价格略微上升就可能引起这一家庭转向另一个品牌。在这种情况下，连续性购买不能反映强化或忠诚。因为刺激（商品）与回报的联系并不紧密。要想区分出真正的忠诚，需要把行为性测度与态度性测度结合起来。

1. **品牌忠诚的行为理论**

近来，数据收集技术的发展进一步刺激了认知学派测度品牌忠诚的发展。通过商场内部扫描器自动记录购买已经成为现实，这就使得管理人员可以迅速获取人们行为的信息。故而，营销人员们对扫描器产生的行为数据倍加青睐；相反，对通过调查获得的态度性和感知性数据不再重视。

2. **品牌忠诚的认知理论**

当忠诚同时包含态度和行为时，测度品牌忠诚的行为理论的局限性就可以克服。现在流行的观点是，真正的忠诚除反复购买外，消费者对该品牌还必须持有一种满意赞成的态度。消费者连续购买相同品牌不一定是因为对这一品牌忠诚，还可能是由于不容易获得其他品牌及此品牌提供了长期的系列价格处理，或消费者想要使决策最小化。Day 把这些情况称为虚假忠诚（spurious loyalty），因为它们不能反映信赖。

3. **商场忠诚**

消费者对商场的忠诚就如他们对品牌的忠诚一样，而且商场忠诚经常比品牌忠诚还要强烈。某个年轻的律师可能非常虔诚地只在某个特定的百货商场内购物，因为该商场与他的自我形象相吻合就如高级轿车紧连年轻有为的成就感一样。假如他的自我形象与他对这家商场的印象紧密相连，那么他对这家商场的忠诚很可能比对任何商品的忠诚更强烈。

与品牌忠诚一样，商场忠诚也可反映为惯性。年轻的律师只在某一特定的百货商店购物的原因，可能不在于对这一商场强烈的信赖，而是由于他时间有限，去这一商场购买服装及其他附属品比较方便而已。

4. **商场忠诚消费者**

我们指出品牌忠诚消费者也倾向于商场忠诚。消费者希望减少选择品牌所耗费的时间和精力的同时，也竭力使选择商场时所耗费的时间和精力最小化。这是对上述观点一种可能的解释。另一种可能的解释是，在同一商场内购物增加了对该商场经营品牌的忠诚。研究也发现，商场忠诚消费者在购物中觉察到有更多的风险。商场忠诚消费者的低收入和低教育程度，可能会提高购物行为中的风险意识。这些顾客的保守特性表明，商场忠诚可能是一种减少在不熟悉商场中购物风险的方式。减少商场选择风险的一个明显策略是只在一个或几个选择的商场中购物。

5. **品牌忠诚的运用**

知名品牌经常在享誉全国，而且经常做广告，索要的价格也更高。许多消费者被这些商品的名牌声誉所吸引，并且在这一印象基础上建立起强烈的品牌忠诚。蒙眼品尝测试表明，许多消费者并不能分辨出百事可乐和可口可乐或美乐和百威的差别。但是，一旦告诉他们这些商品的品牌，他们就会表现出很强的偏好。

4.1.3　有限决策和惯性购买

有限决策，是指消费者采用购买决策的全过程而又不在每一步上花费太多时间。

惯性（又称常规）购买，是指消费者出于习惯进行购买并跳过一些购买步骤。

在参与度低的购买和决策类型中包括有限决策和惯性购买。

1. **低度参与的消费者行为特征**

①消费者是信息的消极接收者；②消费者随机学习；③购买后评估；④消费者寻求可接

受的而不是最佳的满意水平；⑤该类商品与消费者的生活方式或个性无关；⑥相关群体对消费者的决策机会没有影响。

2. 针对低度参与商品的营销策略

广告：持续时间短，重复率高；针对某一特性诉求；重视视觉和非信息成分的利用。

价格：低度参与购买商品的消费者对价格的敏感性更高，因此，降低价格或赠送优惠券可以影响消费者的购买行为。

商场内刺激：低度参与购买的商品的购买决定大多是在商场内作出的，因此，商场内的商品陈列、价格处理、宣传等非常重要。

为了改变消费者对某种商品的参与度的行为，可以通过以下策略引导消费者参与行为发生改变。①把该商品与高度参与性的问题联系在一起；②把商品和高参与度的广告相联系；③把商品与高度参与的个人境况相联系；④导入一种重要的商品特性。

4.2 购买决策过程

每个顾客在购买某一商品时，均会有一个决策过程，只是因所购商品类型、购买者类型的不同而使购买决策过程有所区别，但典型的购买决策过程一般包括以下几个步骤：

4.2.1 确认需求

确认需求是顾客购买决策过程的起点。当顾客在现实生活中感觉到或意识到实际与其企求之间有一定差距，并产生了要解决这一问题的要求时，就产生了采取行动的动机，购买的决策便开始了。顾客的这种需求的产生，既可以是人体内机能的感受所引发的，如因饥饿而引发购买食品，因口渴而引发购买饮料，又可以是由外部条件刺激所诱生的，如看见电视中的西服广告而打算给自己买一套、路过水果店看到新鲜的水果而决定购买等。当然，有时候顾客的某种需求可能是内外原因同时作用的结果。

需求层次。马斯洛认为人有五个层次的需求，从低到高分别是：生理需求，比如食物、水、房屋；安全需求，比如稳定、安全；社会需求，比如情感、友谊；自尊需求，比如成功、名誉；自我实现的需求，比如事业、社会地位。同时，他认为人只有在首先满足了低层次的需求后才能追求高层次的需求满足。

零售人员可以通过零售活动组合来影响消费者的选择。通过散发着香味的食物引起消费者的生理需求，通过强调商品的安全性和保险性刺激消费者的安全需求，通过诉求商品的情感来满足消费者的社会需求，如金帝巧克力是爱情的象征，通过诉求商品的高贵形象来满足消费者的自我实现需求，比如奔驰轿车。

4.2.2 收集信息

当顾客产生了购买动机之后，便会开始进行与购买动机相关联的活动。如果他所欲购买的物品就在附近，他便会实施购买活动，从而满足需求。但是，当所需购买的物品不易买到，或者说需求不能马上得到满足时，他便会把这种需求存入记忆中，并注意收集与需求相关和密切联系的信息，以便进行决策。

1. 决定信息搜寻的因素

①消费者参与程度的高低。与消费者自我形象有关的或者有情感利益和象征价值的商品，

消费者对信息的收集就越积极。

②缺乏商品知识和购买经验。

③可见的风险高。

④充足的时间。

2. 顾客信息的来源

①个人信息。从与家人、亲友、邻居、同事和专家等个人交往中获得个人信息。

②商业信息。这是顾客获取信息的主要来源，其中包括广告、推销人员的介绍、商品包装 、店内展示、促销、商品说明书等提供的商业信息。这一信息源是企业可以控制的。

③公共信息。顾客从电视、广播、报纸杂志等大众传播媒体所获得的公共信息。

④经验信息。顾客从亲自接触、使用商品的过程中得到的经验信息。

上述四种信息来源中，商业信息最为重要。从顾客角度看，商业信息不仅具有通知的作用，而且一般来说具有针对性、可靠性，个人和经验来源只能起验证作用；而对企业来说，商业信息是可以控制的，顾客可以通过商业信息的渠道了解本企业的商品，进而购买本企业的商品。

研究表明，商品对消费者来说越重要，消费者收集信息的积极性和广泛性就越大。如图4－1所示：

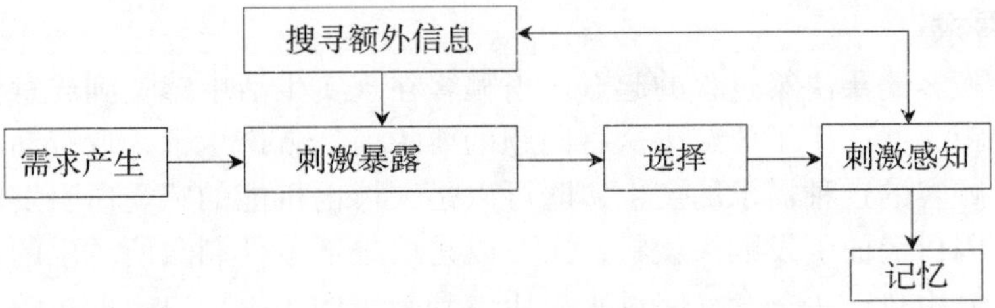

图4－1

3. 刺激暴露

一旦某一需求得到确认，消费者就非常可能搜寻和处理与这一需求相关的信息。消费者对刺激物的暴露经常是有选择性的。人们总是倾向于选择那些支持自己观点、增强自尊心及与自己生活模式相同的人做朋友。他们经常搜寻那些证明自己购买行为是正确的商业广告。他们也不时地把那些与自己需求或利益相违背的信息排除在外。新近的汽车购买者可能会故意不理作出同样选择的某个朋友的消极经验，或牵强附会地为刚买汽车的不良业绩进行辩护。因此，刺激暴露是一个有选择的过程，为需求所引导用来增强对现存品牌的态度和感知，也用以搜寻其他额外的信息。

4. 刺激感知

感知是指消费者用来对刺激物进行选择、组织及解释以便清楚刺激含义的过程。符合下述条件的刺激更容易被感知：与消费者的经验相一致，与消费者对某一品牌的当前信息相一致，不十分复杂，与当前需求相关。很明显，消费者对刺激的感知与对刺激的暴露一样，是有选择性的。强化消费者信念和经验的广告更可能被注意和记忆。同样，消费者也更有可能驱散或再解释与某一品牌的经验和当前信念相抵触的广告，通过有选择的感知刺激，消费者试图达到一种心理平衡的状态，换句话说，就是一种没有冲突和避开矛盾信息的状态。

5. 记忆

保留的信息都存储在消费者的记忆中，而这种记忆是由过去的信息和经验所组成。信息一旦被存储在记忆中，在将来使用时就可以被回忆起来。

6. 搜寻额外信息

消费者可能没有足够的信息用以作出适当的决策。在这样的情况下，消费者将会搜寻额外的信息：觉得信息不充分，从各种媒体获得的信息相互矛盾。研究表明，消费者一般不会致力于广泛地搜寻信息。

4.2.3 对商品进行评估

当顾客从不同的渠道获取到有关的商品信息后，便对可供选择的品牌进行分析和比较，并对各种品牌的商品作出评价。

顾客对收集到的信息中各种商品的评价主要从以下几个方面进行：

1. 分析商品属性

商品属性即商品能够满足顾客需要的特性。顾客一般将某一种商品看成是一系列属性的集合，他们非常关心一些熟知的商品的属性。照相机：照片清晰度、速度、体积大小、价格。牙膏：洁齿、防治牙病、香型。计算机：储存能力、图像显示能力、软件的适用性。轮胎：安全性、胎面弹性、行驶质量。手表：准确性、式样、耐用性。这些都是顾客感兴趣的商品属性，但顾客不一定对商品的所有属性都视为同等重要。市场营销人员应分析本企业商品应具备哪些属性，以及不同类型的顾客分别对哪些属性感兴趣，以便进行市场细分，对不同需求的顾客提供具有不同属性的商品，既满足顾客的需求，又最大限度地减少因生产不必要的属性所造成的资金、劳动力和时间的耗费。

2. 建立属性等级

建立属性等级即顾客对商品有关属性所赋予的不同的重要性权数。在非特色属性中，有些可能被顾客遗忘，而一旦被提及，顾客就会认识到它的重要性。市场营销人员应更多地关心属性权重，而不是属性特色。

3. 确定品牌信念

顾客会根据各品牌的属性及各属性的参数，建立起对各个品牌的不同信念，比如确认哪种品牌在哪一属性上占优势，哪一属性相对较差。

4. 形成“理想商品”

顾客的需求只有通过购买才能得以满足，而他们所期望的从商品中得到的满足，是随商品每一种属性的不同而变化的，这种满足程度与商品属性的关系，可用效用函数描述。效用函数，即描述顾客所期望的商品满足感随商品属性的不同而有所变化的函数关系。它与品牌信念的联系是，品牌信念指顾客对某品牌的某一属性已达到何种水平的评价，而效用函数则表明顾客要求该属性达到何种水平他才会接受。每一顾客对不同商品属性的满足程度不同，形成不同的效用函数。比如，某一顾客对购买一台摄像机的满足，会随着功能的齐全、图像的清晰、操作的方便等而得以实现，但也会因价格的上升而使满足感减少。把效用的各最高点连接起来，便成为顾客最理想的摄像机效用函数。

4.2.4 选择商品

顾客从众多可供选择的品牌中，通过一定的评价方法，对各种品牌进行评价，从而形成对它们的态度和对某种品牌的偏好。在这一评价过程中，大多数的顾客总是将实际商品与自己的理想商品进行比较。也就是说，偏好和购买意图并不总是导致实际购买，二者对购买行为有直接影响，表明了一种特别具有典型意义的最终购买行为。

4.2.5 购买商品

在对100名声称年内要购买A牌家用电器的顾客进行追踪研究以后发现，只有44名实际购买了该种商品，而真正购买A牌家用电器的顾客只有30名。因此，只让顾客对某一品牌产生好感和购买意向是不够的，真正将购买意向转为购买行动，其间还会受到两个方面的影响。

1. 他人的态度

顾客的购买意图，会因他人的态度而增强或减弱。他人态度对消费意图影响力的强度，取决于他人态度的强弱及他与顾客的关系。一般说来，他人的态度越强，他与顾客的关系越密切，其影响就越大。例如，丈夫想买一大屏幕的彩色电视机，而妻子坚决反对，丈夫就极有可能改变或放弃购买意图。

2. 意外的情况

顾客购买意向的形成，总是与预期收入、预期价格和期望从商品中得到的好处等因素密切相关。但是当他欲采取购买行动时，发生了一些意外的情况，诸如因失业而减少收入，因商品涨价而无力购买，或者有其他更需要购买的东西等等，这一切都会使他改变或放弃原有的购买意图。

4.2.6 购后评估

顾客购买商品后，通过自己的使用和他人的评价，会对自己购买的商品产生某种程度的满意或不满意。购买者对其购买活动的满意感（S）是其商品期望（E）和该商品可觉察性能（P）的函数，即 $S=f(E, P)$。若 $E=P$，则顾客会满意；若 $E>P$，则顾客不满意；若 $E<P$，则顾客会非常满意。顾客根据自己从卖主、朋友以及其他来源所获得的信息来形成商品期望。如果卖主夸大其商品的优点，顾客将会感受到不能证实的期望。这种不能证实的期望会导致顾客的不满意感。E 与 P 之间的差距越大，顾客的不满意感也就越强烈。当他们感到十分不满意时，肯定不会再买这种商品，甚至有可能退货 、劝阻他人购买这种商品。所以，卖主应使其商品真正体现出其可觉察性能，以便使购买者感到满意。事实上，那些有保留地宣传其商品优点的企业，反倒使顾客产生了高于期望的满意感，并树立起良好的商品形象和企业形象。顾客对其购买的商品是否满意，将影响到以后的购买行为。如果对商品满意，则在下一次购买中可能继续采购该商品，并向其他人宣传该商品的优点。如果对商品不满意，则会尽量减少不和谐感，因为人的机制存在着一种在自己的意见、知识和价值观之间建立协调性、一致性或和谐性的驱使力。具有不和谐感的顾客可以通过放弃或退货来减少不和谐，也可以通过寻求证实商品价值比其价格高的有关信息来减少不和谐感。零售人员应采取有效措施尽量减少购买者买后不满意的程度，并通过加强售后服务、保持与顾客联系，使他们从积极方面认识商品的特性等方式，以增加顾客的满意感。

4.3 影响顾客购买决策的因素

4.3.1 顾客的个性

个性是在个体生理素质的基础上，经由外界环境的作用逐步形成的特征。个性的形成既受遗传和生理因素的影响，又与后天的社会环境尤其是童年时的经验具有直接关系。

1. 运用个性预测购买者行为

大多数个性研究是为了预测顾客的行为。心理学和其他行为科学关于个性研究的丰富文献促使营销研究者认定，个性特征应当有助于预测品牌或店铺偏好等购买活动。在20世纪50年代，美国学者伊万斯（Evans）试图用个性预测顾客是拥有“福特”车还是“雪佛兰”车。他将一种标准的个性测量表分发给“福特”和“雪佛兰”车的拥有者，然后对收集到的数据用判别分析法进行分析。结果发现，在63%的情形下，个性特征能够准确地预测实际的汽车所有者。由于在随机情况下这一预测的准确率也将达到50%，所以个性对行为的预测力并非很大。伊万斯由此得出结论，个性在预测汽车品牌的选择上价值较小。

2. 品牌个性

品牌个性是品牌形象的一部分，它是指商品或品牌特性的传播以及在此基础上顾客对这些特性的感知。现在，越来越多的研究人员开始摒弃那种认为个性特征对顾客决策行为的影响放之四海而皆准的假设；相反，认为具体的品牌具有激发顾客一致性反应的作用。

对品牌可以从三个方面考察。一是品牌的物理或实体属性，如颜色、价格、构成成分等；二是品牌的功能属性，如“活力28”洗衣粉具有去污渍、少泡沫等特点；三是品牌的个性，即顾客对品牌是新潮还是老气，是沉闷还是富有活力，是激进还是保守等方面的评价和感受。品牌的个性无疑具有一定的主观性，然而它一旦形成就会与其他刺激因素共同作用于信息处理过程，使顾客得出这一品牌适合于我或不适合于我的印象。品牌个性不仅使其与其他品牌相区别，而且它还具有激发情绪和情感，为顾客提供无形利益之功效。缘于此，品牌个性还会引发生理上的反应，而这种反应是可以通过某些客观的方法予以量度的。

4.3.2 顾客的自我概念

自我概念是个体对自身的一切知觉、了解和感受的总和。每个人都会逐步形成关于自身的看法，如是丑是美、是胖是瘦、是能力一般还是能力出众等等。自我概念回答的是“我是谁”和“我是什么样的人”一类问题，它是个体自身体验和外部环境综合作用的结果。一般认为，顾客将选择那些与自我概念相一致的商品与服务，避免选择与自我概念相抵触的商品和服务。

顾客不是只有一种自我概念，而是拥有多种类型的自我概念。①实际的自我概念，是指顾客实际上如何看待自己。②理想的自我概念，是指顾客希望如何看待自己。③社会的自我概念是指顾客感到别人是如何看待自己。④理想的社会自我概念，是指顾客希望别人如何看待自己。⑤期待的自我。顾客期待在将来如何看待自己，它是介于实际的自我与理想的自我之间的一种形式。由于期待的自我折射出个体改变“自我”的现实机会，对营销者来说，它也许较理想的自我和现实的自我更有价值。

自我概念与商品的象征性密切相关。

在很多情况下，顾客购买商品不仅仅是为了获得商品所提供的功能效用，还要获得商品所代表的象征价值。购买“劳斯莱斯”、“宝马”，对购买者来说，显然不是购买一种单纯的交通工具。从某种意义上，顾客是什么样的人是由其使用的商品来界定的。如果丧失了某些关键拥有物，那么，他或她就成为不同于现在的个体。

一般来说，成为象征物的商品应具有三个方面的特征。第一，应具有使用可见性。也就是说，它们的购买、使用和处置能够很容易被人看到。第二，应具有变动性。由于资源禀赋的差异，某些顾客有能力购买，而另一些顾客则无力购买。如果每人都可拥有一辆“奔驰”车，那么这一商品的象征价值就丧失殆尽了。第三，应具有拟人化性质，能在某种程度上体现一般使用者的典型形象。像汽车、珠宝等商品均具有上述特征，因此，它们很自然地被人们作为传递自我概念的象征物。

4.3.3　顾客的生活方式

生活方式就是人如何生活。它是个体在成长过程中，在与社会诸因素交互作用下表现出来的活动、兴趣和态度模式。

生活方式很大程度上受个性的影响。一个具有保守、拘谨性格的顾客，其生活方式不大可能太多地包含诸如登山、跳伞、丛林探险之类的活动。生活方式体现的是人们如何生活、如何消费、如何消磨时间等外显行为，而个性则侧重从内部来描述个体，它更多地反映个体思维、情感和知觉特征。可以说，两者是从不同的层面来刻画个体。区分个性和生活方式在营销上具有重要的意义。一些研究人员认为，在市场细分过程中过早地以个性区分市场，会使目标市场过于狭窄。因此，他们建议，营销者应先根据生活方式细分市场，然后再分析每一细分市场内顾客在个性上的差异。如此，可使营销者识别出具有相似生活方式特征的大量顾客（如何确定顾客的生活方式，本书第80页再作分析）。

4.3.4　文化价值观与顾客购买行为

关于文化的有关内容，在第3章已有介绍，在此不重复。只是在顾客行为研究中，由于研究者主要关心文化对顾客行为的影响，所以将文化定义为经过学习获得的、用以指导顾客行为的信念、价值观和习惯的总和。因此，对一定社会各种文化因素的了解将有助于零售商提高顾客对其商品的接受程度。

如地理环境上的差异也会导致人们在消费习俗和消费特点上的不同。长期形成的地域习惯，一般比较稳定。自然地理环境不仅决定着一个地区的产业和贸易发展格局，而且间接影响着一个地区顾客的生活方式、生活水平、购买力的大小和消费结构，从而在不同的地域可能形成不同的商业文化。

价值观是关于理想的最终状态和行为方式的持久信念。它代表着一个社会或群体对理想的最终状态和行为方式的某种共同看法。因此，文化价值观为社会成员提供了关于什么是重要的、什么是正确的，以及人们应追求一个什么样的最终状态的共同信念。它是人们用于指导其行为、态度和判断的标准，而人们对于特定事物的态度一般也是反映和支持他的价值观的。

在自己与他人关系上的价值观：人们在自己与他人的关系上，在相对强调个人利益和自我满足，还是相对强调社会利益和满足他人方面，会表现出不同的价值取向。

在个人与集体关系上的价值观：不同的社会文化在对待个人与集体关系上会有不同的价

值取向。有的社会强调的是团队协作和集体行动，并且往往把成功的荣誉和奖励归于集体而不是个人；相反，有的社会强调的是个人成就和个人价值，荣誉和奖励常常被授予个人而不是集体。

在成人与孩子关系上的价值观：家庭活动在多大程度上是围绕孩子的需要而不是成人的需要，孩子在家庭决策中扮演什么角色，以及孩子在决策中扮演的角色哪些与自己有关，从对这些问题的分析可以发现一个社会在成人与孩子关系上的价值取向。

在青、老年人关系上的价值观：不同的社会文化，在对待青年人与老年人的价值取向上也可能存在差异。有的社会，荣誉、地位、重要的社会职务都是属于老年人的；另一些社会，则可能是属于青年人的。

在男士与女士关系上的价值观：在具有不同文化的社会，男士与女士的社会地位可能存在很大差异。在我国，男女的社会地位是平等的，都有机会担任重要的社会职务；在重要的家庭购买中，通常是由夫妻共同作出决定。但在有些国家，今天可能仍然存在严重的性别歧视，女士在社会和家庭中没有重要地位。

在竞争与协作关系上的价值观：不同的社会文化对于竞争与协作的态度会有所不同。在有的文化价值观中，人们崇尚竞争，信奉“优胜劣汰”的自然法则；在另一些文化价值观中，人们则倾向于通过协作而取得成功。这方面的价值观往往能从不同的文化对比较广告的反应中表现出来。例如，墨西哥和西班牙都禁止做比较广告，我国也是如此。但在美国，比较广告却是被容许的。

浪漫主义的价值观：在不同的社会文化背景下，人们可能会具有不同的浪漫主义性格。在许多文化中，浪漫爱情是文学作品中的普遍主题。然而，在另一些社会文化中，婚姻由父母包办，青年人没有恋爱、择偶的自由。美国有一种品牌叫做“Listerine”的商品，在泰国做广告时，最开始是以相爱的男女青年作为画面背景，结果失败了。公司将广告画面改为两个女孩在一起谈论“Listerine”后，销售业绩则马上得到了改善。

4.3.5 社会群体与顾客购买行为

群体或社会群体是指通过一定的社会关系结合起来进行共同活动而产生相互作用的集体。群体规模可以比较大，如几十人组成的班集体；也可以比较小，如经常一起上街购物的两位邻居。群体人员之间一般有较经常的接触和互动，从而能够相互影响。

社会成员构成一个群体，应具备以下基本特征：①群体成员需以一定纽带联系起来。如以血缘为纽带组成氏族和家庭，以地缘为纽带组成邻里群体，以业缘为纽带组成职业群体。②成员之间有共同目标和持续的相互交往。公共汽车里的乘客、电影院里的观众不能称为群体，因为他们是偶然和临时性地聚集在一起，缺乏持续的相互交往。③群体成员有共同的群体意识和规范。

1. 参照群体及其类型

参照群体实际上是个体在形成其购买或消费决策时，用以作为参照、比较的群体。如同从行为科学里借用的其他概念一样，参照群体的含义也在随着时代的变化而变化。参照群体具有规范和比较两大功能。前一功能在于建立一定的行为标准并使个体遵从这一标准，比如受父母的影响，子女在食品的营养标准、如何穿着打扮、到哪些地方购物等方面形成了某些观念和态度。个体在这些方面所受的影响对行为具有规范作用。后一功能，即比较功能，是指个体把参照群体作为评价自己或别人的比较标准和出发点。如个体在布置、装修自己的住宅时，可能以邻居或仰慕的某位熟人的家居布置作为参照和仿效对象。

2. 参照群体的影响方式

人们总希望自己富有个性和与众不同，然而群体的影响又无处不在。不管是否承认，每个人都有与各种群体保持一致的倾向。看一看班上的同学，你会惊奇地发现，除了男女性别及其在穿着上的差异外，大部分人衣着十分相似。事实上，如果一个同学穿着正规的衣服来上课，大家通常会问他是不是要去应聘工作，因为人们认为这是他穿着正式的原因。请注意，作为个体，我们并未将这种行为视为从众。尽管我们时常要有意识地决定是否遵从群体，通常情况下，我们是无意识地和群体保持一致的。

3. 参照群体概念在营销中的运用

(1) *名人效应*

名人或公众人物如影视明星、歌星、体育明星，作为参照群体对公众尤其是对崇拜他们的受众具有巨大的影响力和感召力。对很多人来说，名人代表了一种理想化的生活模式。正因为如此，企业花巨额费用聘请名人来促销其商品。研究发现，用名人作支持的广告较不用名人的广告评价更正面和积极，这一点在青少年群体上体现得更为明显。

(2) *专家效应*

专家是指在某一专业领域受过专门训练，具有专门知识、经验和特长的人。医生、律师、营养学家等均是各自领域的专家。专家所具有的丰富知识和经验，使其在介绍、推荐商品与服务时较一般人更具权威性，从而产生专家所特有的公信力和影响力。当然，在运用专家效应时，一方面应注意法律的限制，如有的国家不允许医生为药品做证词广告；另一方面，应避免公众对专家的公正性、客观性产生质疑。

(3) *“普通人”效应*

运用满意顾客的证词证言来宣传企业的商品，是广告中常用的方法之一。由于出现在荧屏上或画面上的证人或代言人是和潜在顾客一样的普通顾客，因此，会使受众感到亲近，从而使广告诉求更容易引起共鸣。像宝洁公司、北京大宝化妆品公司都曾运用过“普通人”证词广告，应当说效果还是不错的。还有一些公司在电视广告中展示普通顾客或普通家庭如何用广告中的商品解决其遇到的问题，如何从商品的消费中获得乐趣等等。由于这类广告贴近顾客，反映了顾客的现实生活，因此，它们可能更容易获得认可。

(4) *经理型代言人*

自20世纪70年代以来，越来越多的企业在广告中用公司总裁或总经理做代言人。例如，克莱斯勒汽车公司的老总李·艾柯卡（Lee Iacocca）在广告中对顾客极尽劝说，获得很大成功。同样，像雷明顿（Remington）公司的老总维克多·凯恩（Victor Kiam）、马休特（Marriott）连锁旅店的老总比尔·马休特均在广告中促销其商品。我国广西三金药业集团公司，在其生产的桂林西瓜霜上使用公司总经理和商品发明人邹节明的名字和图像，也是这种经理型代言人的运用。

4.3.6 家庭与顾客购买行为

家庭是指以婚姻关系、血缘关系和收养关系为纽带而结成有共同生活活动的社会基本单位。正常的家庭至少由两人组成，一个人不能成为完整意义上的家庭。

一个典型家庭，从单身汉逐渐演进为结婚，有子女，直到退休独居的全过程。这一过程的各个阶段其需求和收入等都有变化，因而对购买决策的影响也不相同。美国有研究认为，在家庭生命周期的各个阶段，购买决策过程的运用各不一样，现分述于下。

1. 单身阶段

年轻的单身者在美国约占总人口的10%。他们要么在大学读书，要么刚跨出校门开始工作。随着结婚年龄的推迟，这一群体的数量正在增加。虽然收入不高，但由于没有其他方面的负担，所以他们通常拥有较多的可自由支配收入。收入的大部分用于支付房租、购买个人护理用品、基本的家用器具和用于交通、度假等方面。这一群体比较关心时尚，崇尚娱乐和休闲。

2. 新婚阶段

这一阶段始于新婚夫妇正式组建家庭，止于他们的第一个孩子出生。为了形成共同的生活方式，双方均需要作很多调整。一方面，共同的决策和分担家庭责任，对新婚夫妇是一种全新的体验；另一方面还会遇到很多以前未曾遇到和从未考虑过的问题，如购买家庭保险、进行家庭储蓄等等。他们是剧院门票、昂贵服装、高档家具、餐馆饮食、奢侈度假等商品和服务的重要市场，因此对零售商颇有吸引力。

3. 满巢阶段

满巢Ⅰ。这一阶段通常是指由年幼（6岁以下）小孩和年轻夫妇组成的家庭。第一个孩子的出生常常会给家庭生活方式和消费方式带来很多变化。在西方，夫妻中的一方通常是女方会停止工作，在家照看孩子，因此家庭收入会减少。然而，孩子的出生确实带来很多新的需要，从而使家庭负担有所增加。家庭需要购买婴儿食品、婴儿服装、玩具等很多与小孩有关的商品。同时，在度假、用餐和家居布置等方面均要考虑小孩的需要。

满巢Ⅱ。这一阶段，最小的孩子已超过6岁，多在小学或中学念书。因为孩子不用大人在家里照看，夫妻中原来专门在家看护孩子的一方也已重新工作，这样，家庭经济状况得到改善。

满巢Ⅲ。它通常是指年纪较大的夫妇和他们仍有两个及两个以上未完全独立的孩子所组成的家庭。这一阶段，小孩中有的已经工作，家庭财务压力相对减轻。由于户主及其配偶双双工作，加上孩子也不时能给一些小的补贴，所以家庭经济状况明显改善。通常，处于这一阶段的家庭会更新一些大件商品，购买一些更新潮的家具，还会花很多钱用于接受牙医服务、在外用餐等方面。

4. 空巢阶段

空巢阶段始于小孩不再依赖父母，也不与父母同住，这一阶段延续的时间也比较长。很多父母还在工作，可以做他们以前想做但由于孩子的牵累而无法做的一些事情，如继续接受教育、培养新的嗜好、夫妻单独出外旅游等等。人生的这一阶段，也许是经济上和时间上最宽裕的时期。夫妻不仅可以频繁地外出度假，而且还会买一些高档的物品。

在空巢的后期，户主到了退休年龄，经济收入随之减少。由于大多数人是在身体很好的情况下退休，而且退休后可用的时间特别多，所以不少人开始追求新的爱好和兴趣，如出外旅游、参加老年人俱乐部等等。

5. 解体阶段

当夫妻中的一方过世，家庭进入解体阶段。如果在世的一方身体尚好，有工作或有足够的储蓄，并有朋友和亲戚的支持和关照，家庭生活的调整就比较容易。由于收入来源减少，此时在世的一方，过上了一种更加节俭的生活方式。而且，这样的家庭会有一些特殊的需要，如更多的社会关爱和照看。

戴维斯（H. Davis）等人在比利时作的一个研究识别了家庭购买决策的四种方式：①妻

子主导型。在决定购买什么的问题上，妻子起主导作用。②丈夫主导型。在决定购买什么的问题上，丈夫起主导作用。③自主型。对于不太重要的购买，可由丈夫或妻子独立作出决定。④联合型。丈夫和妻子共同作出购买决策。该研究发现，人寿保险的购买通常属丈夫主导型决策；度假、孩子上学、购买和装修住宅则多由夫妻共同作出决定；服饰、清洁用品、厨房用具和食品的购买基本上是妻子做主，而像饮料、花园用品等商品的购买一般由夫妻各自做主作决定。该研究还发现，越是进入购买决策的后期，家庭成员越倾向于联合作决定。换言之，家庭成员在具体商品购买上确有分工，某个家庭成员可能负责收集信息和进行评价、比较，而最终的选择则尽可能由大家一起作出。

4.4 案例分析

女性消费市场的研究

长期以来，企业较多地重视青年女性消费市场的开发，近年来也开始关注老年女性消费市场，而对中年（40 ~ 59 岁）女性消费市场，却没有给予应有的重视，造成这种状况的主要原因，是我们还没有完全掌握中年女性的消费特点。在目前认真研究并探索中年女性消费行为的特点和规律，有着重要的意义。

当代的中年女性，大部分经历了国民经济的三年困难时期，特殊的经历，以及在家庭生活中的重要地位，塑造了她们与众不同的性格，形成了鲜明的价值观和审美观，进而在消费行为上表现出强烈的特性。

①采购领域的广泛性。倍加珍惜今天改革开放的大好时光，更加注意教育儿女，毫不吝啬在子女身上花钱，尤其是智力投资；她们理解和支持丈夫在事业上取得成功和发展，舍得花钱包装丈夫，添置男性日常生活用品；她们对父母、公婆关心、孝敬。中年女性较其他年龄段的女性来说，其消费领域要广泛得多。

②消费角色的多重性。在家庭生活用品的消费中，在一般情况下她们既是消费行为的决策者、执行者、影响者，同时又是使用者。

③消费需求的实惠性。中年女性一般上有老下有小，担负着家庭主妇的责任，操办和安排着全家衣食住行的全部开销。她们讲实惠。下表是某高校对不同年龄段的妇女购买皮鞋时对有关因素注重顺序所做的调查，它清楚地表明了中年女性消费讲究实惠性的特点。

不同年龄段女性消费群体对皮鞋要素的注重顺序

消费群体	注重顺序			
20 岁以下	耐穿	美观	舒适	价格
21 ~ 39 岁	美观	舒适	耐穿	价格
40 ~ 50 岁	舒适	耐穿	美观	价格

④消费行为的合理性。中年女性有比较成熟的特点，在购物时，她们常常按照自己的习惯和爱好行动，一般不拘泥于过去的传统，而是顺应潮流，但又不完全受潮流的支配。就对时尚商品的追求来说，中年女性表现出以下三个方面的个性：

第一，流行色彩。对服饰、家具、鞋帽等商品，她们的消费需求总的倾向是赏心悦目，追求与众不同。

第二，新颖款式。对妇女专用品，要求造型新颖、别致大方。

第三，合理搭配。她们不像青年女性那样追求时髦、超前消费，而是寻求一种整体效果，通过合理搭配，达到体现自我个性的目的。

⑤选择商品的精确性。中年女性在家庭购物时，严格遵循少花钱、多办事的原则，货比三家、耐心细致。愿到超市、自选商场，一次性完成多种商品的采购，节省时间。

【本章小结】

这一章主要向大家介绍了消费者的行为模式、决策过程及影响顾客购买决策的主要因素：

① 据消费者决策的程度和购买的参与程度，我们把顾客购买决策模式分为四种：复杂决策、有限决策、忠诚购买、习惯购买。

② 费者的完整的购买过程包括需求的产生、信息的收集、信息的处理、评估品牌、购买、购后评价。

③ 响顾客购买决策的因素包括个性、自我概念、生活方式、文化、社会阶层、社会群体、家庭。

【关键术语和概念】

顾客购买决策　复杂决策　品牌忠诚　低度参与　参照群体　顾客　顾客行为　复杂决策　品牌忠诚　个性　自我概念　参照群体　社会群体

【练习题】

1. 请你用身边的或亲历的事例说明购买决策的三种类型的应用。

2. 某一经常进行降价处理和发行优惠券的品牌经理认为，反复购买该品牌的消费者就是忠诚的购买者。这种观点可能会导致的营销误区是定价还是商场内部促销？

3. 在什么条件下广告人员应该利用发言人作为参考者，或作为专家？为什么？

4. 为什么家庭购买决策中孩子的影响提高了？

【补充阅读】

1. 短文：

论消费行为与市场营销

一般而言，市场营销管理遵循着两个最基本的依据：一是消费需要实际，二是市场营销理论。然而，如果对此加以认真检视，就不难发现已有的认识和知识都显示出某种局限性和狭隘性，需要深化和拓展。为此，要掌握和运用消费者行为理论这门新学科、新学问，全面、深刻地研究消费者及其行为，并以此指导市场营销。

“消费者行为”不同于“消费”，它具有更深厚的内容和特点。

消费者行为是个人在评估、获取、使用和处置产品和服务时所作出的决策过程以及由此而产生的有形活动。为了更好地加深对这一范畴的理解，我们把它与“消费”作一比较分析。

第一，从时间推进序列看，消费者行为是一系列阶段的前后继起，而消费只是其中的一个阶段。

消费和消费者行为都是一个动态范畴，是过程。消费是消费主体为满足需要而使用的商品和服务。在货币化经济条件下，人们要满足自己的需要，就必须有市场交易行为发生，即到市场上购买商品和服务。因而，我们可以说，消费是“使用”和“购买”。

而消费者行为的“过程”的含义比这要宽泛得多。如消费者要满足自己的需要，首先遇到的一个问题是，他的需要是怎样产生的？受到哪些因素的影响？即消费者先有认知需要，之后他就要为满足需要去收集相关信息，并在此基础上作出购买决策——购买什么、何时购买、购买多少、到哪里购买、用什么方式购买等。决策过程付诸实施后，商品随消费者退出了流通领域，进入消费使用过程。但问题并未终结，消费者在使用过程中，会对自己的购买决策和商品质量等进行评价，分析其中的得失，形成满意或不满意的结果。为此可以总结出，一个完整的消费者行为要经历这样几个阶段：问题认知—信息收集与评估—购买决策—购买后评价。从中可以看出，通常所说的消费只是其中的两个环节。而且，即使是消费中的“购买”，也与消费者行为中的“购买”不同。前者是指流通过程中的G-W，强调的是货币与商品的互换；而后者主要指心理决策过程，强调的是消费者的精神过程。

第二，从横截面所涵盖的内容看，消费者行为由许多外显行为和内隐行为构成，而消费只是外显行为中的部分内容。

消费侧重的是看得见的活动，是身体的动作。如消费者为满足需要而准备消费品、享受消费品。稍广一点，还包括选择、购买等活动。总之，消费是一种外显行为。

内隐行为主要有两个方面，即消费者的决策过程及影响决策过程的个人特征内部要素。后者又包括需要、动机、个性、态度和学习。需要是人体或情感上的一种渴求和欠缺状态。动机是推动人们行动的动力源，使得人们知道自己需要的是什么，并为满足需要所做出的行动提供理由。个性是导致人与人差异的特质，人们满足需要的方式因此而不同。态度是人们对产品和行为等的基本定向，强烈地影响着人们的行为和反应，它还受到营销人员劝说宣传的影响。学习不仅指消费者记住产品的品牌，还包括学习判断产品优劣的标准、选择购买的地点、增强解决问题的能力、改变行为模式和形成偏好等。

第三，从对消费者的设定来看，消费者行为的分析把消费者当成“复合人”来研究，而消费的分析把消费者当成“经济人”。

把人当成“经济人”是建立在消费完全是收入的函数和满足程度最大化基础上的。它强调的是，人对消费客体（产品和服务）的利用。关心的是消费品的“人化”，即通过使用消费品使人的体力得到恢复和发展，使智力得到提升。同时，社会组织特别是企业也是完全地以满足人们物质性的、功能性的需要为导向，去生产和销售产品和服务的。这是从经济学角度来研究消费者的。

如果把人（即消费者）当成“复合人”来研究，情况就复杂得多。首先，消费者的需要体系会更加庞杂，除了物质性的、功能性的需要外，还有社会的、心理的和生态的需要。其次，消费者的行为受到的影响因素会更加多样，如收入、文化、亚文化、心理、社会阶层、群体、家庭、人际关系等。最后，运用的研究手段和学科也会更加多样。这至少包括关于产品的生产、交换和消费的经济学；研究个人精神过程的心理学；研究个人怎样影响群体及被群体影响的社会心理学和研究人类与文化关系的文化人类学等。

第四，从所提出的背景看，消费者行为是人类行为的一个组成部分，而消费是社会再生产的一个环节。

消费是作为社会再生产的内在环节而提出来的。

而消费者行为是在人类行为这个大背景下提出来的，是与市场相联系的人类行为。作为一般人类行为反映到消费领域，其主要特点有：

①追求自身利益最大化。消费者利用尽可能少的花费购买尽可能多的消费品，最大限度地满足自己的需要。

②偏好和能力的多样性。人们的偏好是多样的，消费能力也是参差不齐的。

③有限理性。西蒙把它描述为"有达到理性的意识，但又是有限的"。人们在消费活动中总是力争做到有理性，但由于环境因素和自身能力的制约，他们不可能知道关于未来活动的全部备选方案，不可能将所有的价值考虑到统一的、单一的综合性效用函数中，也无力计算出所有备选方案的实施后果。

④机会主义倾向。它是指人们借助不正当手段谋取自我利益的行为倾向，如对未来消费的低估和冲动购买等。

【问题讨论】

你是如何理解消费者行为与市场营销关系的？理由是什么？

2. 卢丽等．炫耀性消费的营销理论．经济管理，2006（15）

3. 王晓玉．消费者考虑集构成——基于中国消费者的实证研究．经济管理，2006（19）

4. 刘超等．中国老年消费者购物决策风格的实证研究．商业经济与管理，2007（2）

5. 白玉等．我国女装市场消费者行为特征研究．商业时代，2007（8）

第 5 章　零售战略

⊙本章学习要点

1. 什么是零售战略？零售企业为何要制定零售战略？
2. 制定零售战略有哪些程序？
3. 零售战略选择分为哪几个步骤？每个步骤有哪些内容？
4. 零售战略的基本内容包括哪两个方面？
5. 零售战略与战术决策是什么关系？
6. 控制对零售战略为何是重要的？

⊙本章学习内容

1. 零售战略制定程序。
2. 零售宗旨与目标。
3. 零售战略选择。
4. 战术与控制。

⊙案例分析

⊙本章小结

⊙关键术语和概念

⊙练习题

⊙补充阅读

在现代的市场经济环境下，零售企业要生存、发展，关键之一就是要重视和切实制定战略。

零售战略（retail strategy）是指导零售企业进行经营活动的总体计划和行动纲领。它将零售企业在战略期间的经营宗旨、目标、重点的具体活动及控制机制扼要地提出来，描绘出一个未来的蓝图。

零售战略具有显著的特点。首先，它使零售商必须认真研究其所处的经济环境、立法环境和竞争环境。其次，它表明本零售企业与竞争对手相比具有的竞争优势，对目标消费者群具有的吸引力。再次，它能使零售企业的全部经营活动协调地进行。最后，制定战略可预见并避免风险。

重要的是要认识到零售战略的提出思路、战略的制定与实施的整体性，以及其中的相关要素是相互依存的。因此，第1至4章对零售理论及零售企业必须适应的外部环境的考察，为零售战略的制定提供了依据。本章将重点讨论如何制定与实施一项全面而又重点突出的零售战略。

5.1 零售战略制定程序

零售战略是确定零售企业在今后若干年内采用的总方针。那么，零售战略是怎样制定的呢？要回答这个问题，应先了解零售战略制定的程序，如图5－1所示。

制定零售战略，首先要确定零售企业的宗旨与任务。其次，在此基础上确定目标。再次，对实现目标的可能性进行分析并提出战略。第四，从战略目标出发，提出对近期具体活动的计划。第五，战略实施过程中的控制。下面，将对制定零售战略的各程序作深入的讨论。

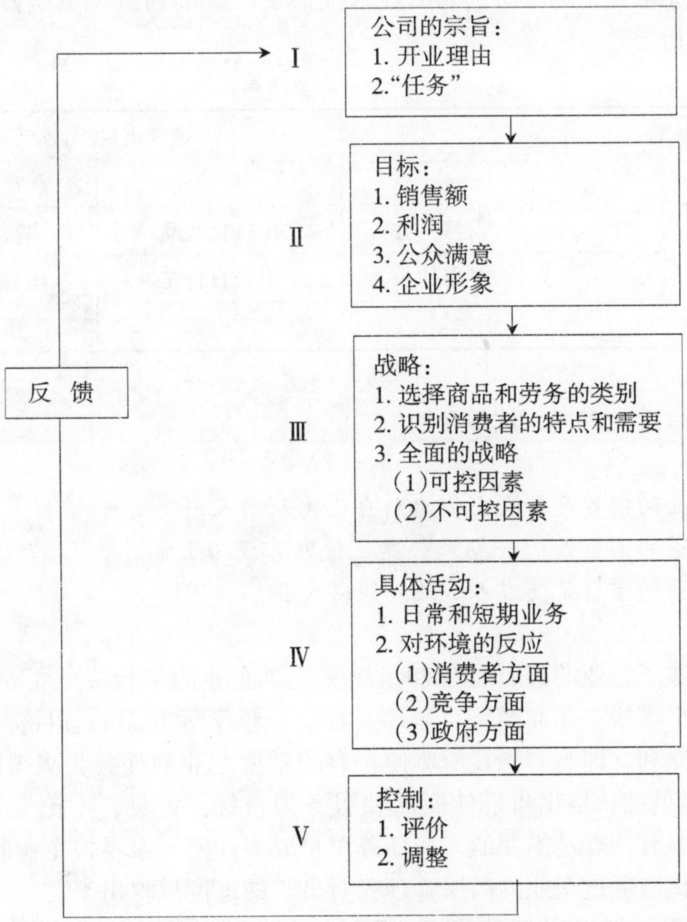

图5－1 零售战略的制定程序

5.2　宗旨与目标

5.2.1　宗旨

宗旨在这里指零售公司行为的指南，它阐明零售公司存在的目的。宗旨说明，企业经营什么，打算经营什么，顾客是谁，顾客需要什么。显然，宗旨的确定，就成为零售公司战略的基础。

因此，所谓宗旨，就是零售公司对某类业务和在市场上保持某种地位所承担的长期义务。

零售公司宗旨的形成受五个方面因素的影响：一是公司的历史，公司在历史中最显著的特色；二是管理者和所有者现行偏好，以及他们个人的目标和观念；三是公司所处环境的变化，提供了什么机遇或什么威胁；四是公司的资源；五是拥有的特殊能力或竞争优势。可以看出，零售公司宗旨的正确形成不能想当然地草率行事，需要认真对待，作深入分析。

零售公司宗旨一经确定，就要作出准确的表述，要说明所要服务的顾客是谁？满足顾客什么需要？使用什么方式？但这里要注意，对满足顾客需要的表述要用市场导向来表述，而不能用产品导向来表述，如表 5－1 所示。因为产品是有生命周期的，而用市场导向来描述，则表明顾客需求的无限性，为零售公司的经营提供了广阔的前景，更重要的是为零售战略提供了长远的希望和指导。

表 5－1　企业宗旨

商店	顾客	顾客需要	
		产品导向	市场导向
化妆品店	女性	出售化妆品	出售美的希望
自行车店	成年男性	出售自行车	出售交通工具
电影院	中青年	演电影	出售娱乐

关于零售企业宗旨的表述，试举几例。

某服装零售企业的宗旨是使女士们感到自己美丽动人。
某百货零售企业的宗旨是“一站式”购买使顾客成为上帝。
某图书零售企业的宗旨是使成人和儿童获得文化。

企业的宗旨反映了企业的经营哲学和组织文化。企业的宗旨决定了企业的“任务”。企业的任务体现了一个零售企业在经济、心理、社会、哲学等方面的总目标。在实践上，有的零售企业的任务为赢利，即为多赚钱所驱使；有的零售企业的任务为赢得顾客，信奉“顾客是上帝”，即以尽量低的价格出售最佳商品和服务为目标。可见，不论一家公司在确定任务时采用什么标准，但有一点是不变的，即任务总是成为任何一家零售企业的决策者的驱动力。与此同时，组织文化也通过企业的高层管理者对员工的态度反映出来。

零售企业确定宗旨是制定战略的基础。但在变动的内外环境下，仍需要不断地检查和调整。

5.2.2 目标

零售企业的宗旨是市场导向的描述，比较笼统，难以把握。因此，需要将企业宗旨这一总的指导方针转换为具体的目标。

零售企业的目标是根据企业的宗旨制定出来的。目标是什么呢？目标（objectives）是一家零售企业在长期和短期希望达到的经营目的。

零售企业一般关心的目标是多项的，例如：销售额，包括销售额的增长量、稳定性、市场份额等；利润，包括利润水平、投资收益、经营效率；公众或利益相关者的满意程度；企业形象，包括顾客和股东的观点、看法等。综观零售企业目标项目的确定情况，少数零售企业希望达到所有这些目标的较高要求，其余的零售企业则从中选定少数几项目标为某时期的战略目标，而力求达到。

下面，将主要分别考察四个目标。

1. 销售额

销售额是指企业在一定时间内商品和服务销售的货币收入。销售额目标涉及零售企业销售量的目标，如增长、稳定性和市场份额常常是零售企业追求的销售额目标。

在社会经济生活中，对销售额目标的设定和追求的态度会有所不同。有些零售企业把销售额增长看作最优先的目标，而强调短期或局部的利润，所以积极开辟新店，增加销售额。这种状况，常见于一些市场前景好的零售企业。但过分追求扩大经营亦会出问题。我国的“仟村百货”、日本的“八佰伴”、美国的“凯玛特”等的失败，其中重要的原因是过度地扩展业务，资金、人才、管理等无法适应。

有些零售企业把销售额列为重要目标，和其他相关的目标一起给予重视而较容易取得成功。

对于大、中、小零售企业来说，追求销售额增长是合理合法的，没有销售额的增长就没有生存和发展的基础，但较长时期过分地追求销售额的增长，则属于盲目扩张经营、外延发展，必然导致资金供应紧缺、利润下降，最终造成入不敷出，甚至倒闭。只有年销售额和利润稳定地增长才是各类零售企业所应追求的目标。

占有适当的市场份额是许多零售企业的又一重要目标。市场份额又称市场占有率，是表明一家零售企业在全行业销售额中所占的比重。在零售业中，市场份额通常多是大零售企业和连锁商店集团所追求的目标。小零售企业更为看重的是在某一条街道或一个地段上的竞争，而不追求在一个城市内占总销售额的比重。但应该指出，销售额的高低受价格及销售量的影响。

在中国考察零售企业销售额，还表明该企业对社会经济、满足顾客需要的贡献。

2. 利润

利润目标是零售战略追求的第二个目标。零售企业通过经营活动（销售、投入资产、投入资金等）所得的收益减去成本支出，就是利润。任何零售企业都必须获得一定的利润，否则便无法生存。

零售企业的利润一般用三个分目标来表示。

①销售利润。这是企业期望通过商品和服务的销售活动所获得的利润。利润额与销售额之比称为销售利润率。

②资产利润。这是企业期望投入的资产（有形和无形资产）所能得到的利润。利润额除以全部资产投资额称为资产利润率或投资收益率。

③经营效率。提高经营效率是许多零售企业所追求的一个目标。经营效率可以表示为

1－（销售费用/企业销售额），这个数字越大，企业的经营效率就越高。

例如，某零售企业销售额为8 000万元，销售费用为4 000万元，那么它的经营效率＝1－（4 000÷8 000）＝1－50%＝50%。这说明每1元的销售额中销售费用和利润（含非销售性成本）各占0.5元。这家零售企业可以确定下一年的目标销售效率从50%提高到75%。就以8 000万元销售额为例，应将销售费用降到2 000万元。因为75%＝1－（2 000÷8 000）＝1－25%。在这种情况下，说明每1元销售额中有0.75元属于非销售性成本和利润，只有0.25元用于销售费用。经营效率的提高必然带来了丰厚的利润。

3. 公众满意

办好一个企业，决策者明白除自身的努力外，还要公众的满意。零售企业所关心的公众，包括股东、顾客、供应商、企业员工及政府。对一家由公众投资的零售企业来说，决策者、管理者受聘于董事会、股东，其经营使股东满意自然成为一个极为重要的目标。零售企业经理有责任确定和达到股东愿望的目标。各企业的具体情况虽然千差万别，但经理们都会采取促使企业的销售额和利润都有增长的策略，因为有增长就说明经营管理良好，能长期经营下去。而不愿冒大风险对零售企业进行改革、创新，以免引起销售额和利润的大起大落，因而，被认为经营管理不好。年年有稳定的增长，会带给股东稳定的股息。

至于顾客的满意，是近年来才被越来越多的零售企业所承认的重要战略目标。不少零售企业废除了“货物出门概不退换”、“由买者自己负责”的旧店规，提出“顾客就是上帝”，实施“没有理由也退货”的取悦顾客的策略。美国一百货商店的售货员为一名购买了一面大玻璃镜走出店后自己打破的顾客，送给他和原来买的大小一样的一面玻璃镜。日本一百货商店的售货员应顾客需要卖给他一只袜。零售企业只要使企业的宗旨和目标适应于顾客的需要，就容易做到这一点。如果顾客满意了，购销两旺，其他目标也就会达到。现代零售企业说到底都是在争夺顾客，顾客满意是公众满意的关键，所以拟定零售战略目标时，必须将顾客满意列于优先地位。

搞好与供货商的关系也很重要。零售企业要想获得优惠的进货价、新的产品、满意的退货及补货等的合作，就必须同供货的制造商、批发商加强沟通，建立伙伴关系，打造价值链联盟的目标，使零售企业获得更多的支持。

零售战略中确立企业与员工关系的目标也非常重要。企业战略意图不仅决策者、指挥者要明确，更需要企业员工的全力支持与实施。因此，企业与员工关系的目标，对企业经营的影响极大，需要通过培训和激励来改善企业投资者与员工的关系。

在市场经济环境下，政府是社会经济的管理者。因此，零售战略的目标，要有反映零售企业与政府关系的目标，首先要服从政府的调控政策，规范市场秩序的法规；其次通过有效的经营繁荣经济、满足市场需要等。

4. 企业形象

形象（image）是指顾客、社会人士对零售企业的评价。零售企业关心其在人们心目中的印象，把建立企业形象定为目标，这个形象就是顾客、社会人士对自己企业所给予的良好印象。构成良好形象的关键就是希望顾客、社会能和零售企业决策者那样认同这家商店，如评价该店为“信得过”、“购物天堂”、“服务最好”、“现代化商场的样板”等。良好的企业形象是一笔无形资产、竞争的优势所在，它能使顾客慕名而来，使生意长盛不衰。因此，构建企业形象的目标，普遍受到零售企业的重视。

总之，零售企业在制定战略过程中，都会根据企业内外的条件与环境来确定相应的目标。

但必须指出，它所确立的目标必须与它的宗旨、任务的要求相一致，致力于增强市场竞争力。

5.3 战略选择

制定零售战略的第三个程序是对战略的选择。战略选择又分为三个具体步骤：一是选择经营的商品和服务的类别；二是确定和调查潜在的消费者；三是制定战略。这三个步骤必须依次推进，因为前一步骤都是后一步骤的基础。

5.3.1 选择经营商品和服务的类别

零售企业战略的宗旨要求阐明企业经营什么，打算经营什么。所以，零售企业从事经营决策的人们必须首先决定他们的企业经营的商品和服务的类别。当然，在选择经营的商品和服务时，应考虑本企业的条件、能力等是否与这类行业所要求的条件相适应。表5－2说明了可供零售商选择的商品和服务的类别。

表5－2 经营零售商品和服务的企业种类选录

经营商品的企业	
	耐用品商店
机动车类：	汽车及其他机动车商店；轮胎—蓄电池和附件商店
家具和用具类：	家具和家庭陈设品商店；家务用具和家电商店
木材、建筑和五金类：	木材和建筑材料商店；五金商店
	非耐用品商店
服装类：	男服和童装商店；女服和服饰商店；鞋店
食品类：	食品杂货店
一般商品类：	百货商店、邮购、杂货铺、超市、便利店、仓储会员店、大型超市；饮食店；加油站；药品和专卖药店
经营服务的企业	
娱乐服务：	电影制片业，包括电视片摄制；电影院；管弦乐队和表演者；舞台艺术用品制作，包括电视艺术用品；台球场；舞厅、艺术工作室、学校；足球俱乐部；体育比赛；公共高尔夫球场；溜冰场；巡回游艺团和杂技团；商品交易会；硬币启动娱乐设备
商业服务：	广告业；房屋打扫和害虫控制；商业管理和咨询；报业集团；统计和计算机；公众问讯；室内装饰；收藏品经销店；商业信贷；消费信贷；打字复印，有关秘书事务；直接邮寄广告；职业介绍所；调查和试验；防护机构；出租建筑设备；出租其他一切设备；照相艺术室；各种临时工；包装和贴标签；画广告牌；接电话
旅馆服务：	旅馆、酒店；汽车游客旅馆；拖车（活动房屋）停放处；游乐营地
个人服务：	洗衣和干洗；美容店；理发店；照相馆；擦鞋、修鞋和刷帽；丧葬服务，火葬场
修理服务：	汽车修理；汽车停放；出租运货车、小汽车、拖车；洗刷汽车；家电修配；其他电器修配；家具修理；手表和珠宝饰物修理；焊接

零售商对自己所选择的那类商业业务必须具有适应性。个人才能的发挥取决于一个人对环境的适应性，对某类商业的爱好及取得成功的潜力、教育程度和有关零售业务与策略的经

验和专业知识。

例如，一零售商自己开店，运用自己的独创性，又有能力应付竞争的环境。另一零售商自己想开店，有一定资金，却要靠别人出主意和决策。那么，这两个零售商适合经营的商品和服务的商店类型就会不一样。前一零售商可能适合选择独立经营像时装店这样很有活力的行业。后一零售商应该物色合伙人合营，或取得特许权，从事已有一定市场占有率的成功企业的经营。

有些行业对从业者的教育程度和从业经验都作了明确的规定和要求，并由政府有关职能机构强制执行。如房地产经纪人、会计师和眼镜商等。

零售企业在选择经营的商品和服务的类别时还要考虑资金投入问题。因为，新办的零售企业或一个零售企业的战略之所以失败，其原因是财源障碍。

零售企业因经营的商品和服务的类别不同，其营业时间就有很大的差别。因工作及生活等原因，各顾客群体购物时间亦有不同。百货商店、商业广场、鞋店、服装公司、古玩店、珠宝店、仓储会员店等必须从上午十时起营业至晚上十时，以适应旅游者、年轻夫妻、公务人员等的购买。家庭经营的杂货店、理发店、维修店或便利店面对社区、街坊的顾客，它甚至必须24小时营业。礼品店、体育用品商店等营业时间可能会随着季节的更替而有所调整。

5.3.2 消费者特点和需要

零售商选择了经营的商品和服务的商业类型后，紧接着就必须判断购买这类商品和服务的消费者的特点和需要。

零售商试图满足其需要的消费者群体，称为目标市场（target market）。零售商面对的有三种目标市场可供选择：大众市场（无差异性市场），零售商可设法把商品和服务出售给各类消费者；细分市场（差异性市场），零售商可设法把商品和服务出售给某一类型消费者；多片市场（密集性市场），零售商可同时占领几个细分市场，在每一个细分市场或在几个细分市场上出售不同的或相同的商品和服务。

大型超市、百货商店、仓储会员店是选择大众市场的代表，它们经营的商品和服务广泛，设有多个商场部门，分别提供不同的价格及种类繁多的商品和差异化的服务。此外，专业店、专门店则选择细分市场，它们经营的商品和服务只限于狭小的范围。除上面两个目标市场外，还有第三种的多片市场，如有些百货商店、超市就是满足几类消费者群的需要。

选择目标市场对零售商具有战略意义，如表5－3所示。

表5－3 选择目标市场的方法

目标市场	大众市场	细分市场	多片市场
位置	接近一个大的人口聚居点	接近一个小的或大的人口聚居点	接近一个大的人口聚居点
商品	品种繁多	品种不多	品种范围适中或繁多，商品很有特色
价格	价格分档幅度大	价格分档幅度狭小	商品因质量、形象等差异而有不同的价格
推销	大规模的广告	直接邮寄，订购	对每个市场用不同推销宣传工具和广告用语
战略侧重点	针对大量的同类消费者群运用一般的“中间道路”的战略	针对特定的、有限的消费者群，运用特定的战略	运用几种特定的战略，每种战略针对不同的消费者群

选择目标市场就是选择消费者群，如何才能满足这一消费者群的需要，这对决定商店的位置，商品种类与品种、价格、销售手段与方法指明了方向；对增强商店竞争优势有促进作用。可见，选择目标市场并满足这一目标市场消费者群的需求，是零售商成功的必要条件。

北京的燕莎商场、广州的友谊商店等确定以高收入、注重地位的消费者群为目标市场；而广州王府井百货、广州的广百、天河城百货等则以中、高收入注重时尚的消费者群为目标市场；折扣百货店、仓储会员店以迎合价格敏感消费者群为目标市场；便利店、食杂货则以追求方便的消费者群为目标市场。一家零售商取得成功的关键在于它有能力确定自己的顾客，并以独特有效的方式去满足他们的需要，如零售战略实例 5－1。

零售战略实例 5－1 *欣欣妇女时装用品店*

欣欣妇女时装用品店的店主确定以 24～35 岁的妇女为目标市场。商店圈定在商店周围 3 公里的半径范围内，经营年轻人穿的服装，店主制定出与竞争者不同的战略。经营的商品都是“5－14”中型号码的运动服、牛仔裤、工装裤、毛线织物等流行款式时装。少女服装、旧式服装和价高服装都不经营。她采用现金和信用卡交易、预约待取和不问理由退货、给老顾客邮寄广告、在当地报纸刊登广告等方法销售，颇受欢迎，生意兴隆。

零售商确定目标市场的特点有两种方法。

第一种方法，根据人口统计资料，如年龄、收入、性别、职业、教育程度、地址、住所类型、婚姻状况、子女人数、财产和流动性等。零售商可以根据人口统计资料中的一个或几个特点结合起来确定目标市场，然后再施之以成功的销售战略。因为这些人口统计资料对预测未来消费者的购买行为有很大用处。

下面将讨论零售商应该怎样利用这些人口统计资料来制定零售战略。

年龄是零售商细分市场时常用的变量因素。青年顾客可能比老年顾客更愿意购买新产品和服务，那么，以老年顾客群为目标市场的商店无须追逐潮流，应该保持原经营特色的商品种类和名牌商品。

低收入的消费者，只对廉价商品感兴趣。高收入的消费者就不一样。以比较富裕及高收入的消费者群为目标市场的零售商就应该研究：为消费者提供何种商品和服务，怎样才能适应消费者的身份，应增加哪些花色品种，如何定价等。高收入的消费者对零售企业不仅要求商品档次高，也要求服务质量和购物环境好。

男性顾客与女性顾客的逛商店对了解和购买的商品与服务的方式是不同的，男性顾客较多时候是陪女性顾客来商店，女性顾客喜欢逛商店，并多为购买与否作决定，单个男性顾客一般来商店总是事先已有购买目标，较多时候是不逛商店的。

职业也是一个决定消费者需要的可变因素。脑力劳动者与体力劳动者在物质生活和心理状态等许多方面的要求都有不同，零售商要注意并满足这些差异性的需要。如企业经理对服装商品讲究潮流名牌，知识分子、职员注重质量，一般体力劳动者则重视实用。

教育程度对消费者的需要也有影响，因为教育程度越高，接受的信息、知识就越多，见多识广，会形成时尚的观点和需要。零售商面对目标市场顾客群应视其教育程度来策划经营的商品和服务。

目标市场顾客居住的地理位置的集中或分散对零售战略有较大的影响。因为一个居住分散的市场比一个居住密集的市场需要更长的营业时间、较多的送货业务、较大的停车场、提供更方便的选购条件及较多广告宣传等等。

以上就是根据人口统计资料，确定目标市场消费者的需要特点，制定零售战略的方法。一个成功的零售商了解了上述情况，就可以采取相应的服务措施。

第二种方法，根据消费者的生活方式确定目标市场的需要特点。根据这一方法在实践中有三种做法。

一是研究社会阶层制度确定消费者生活方式的需要。这种做法是美国社会学家提出的。它根据职业、收入和住房这三项标准，将消费者划分为六个阶层，每一个阶层都包括了符合上述三项标准的同一类人。它认为，凡是同一类的消费者购买的商品和行为是相似的。零售商了解社会阶层结构，就会知道他的目标市场是属于哪个阶层，并据此开展零售业务，适应与满足这一目标市场消费者的需求，显示出对竞争对手的优势。

二是利用家庭生命周期的演进评估消费者的生活方式。这种做法是根据消费者的家庭成员结构——从单身汉一直到退休的独居老人的演进，可以把消费者归入各种类型。而消费者在其家庭成员结构中的每一类型都各有不同的生活方式。精明的零售商就会根据消费者的生活目标、经济能力、消费习惯等随着家庭成员结构的变化而提供相适应的商品和服务，满足他们的需求。

三是采用 AIO 测量法。这种测量法是根据消费者的活动（activities）、兴趣（interests）、和见解（opinions）把他们分为各种类型，预测他们的购买行为。零售商可以在商品的功能、使用方法、选购知识、选购时间、选购兴趣、商店选址和营业时间等方面对各类型消费者提供信息与方便，满足他们的需求。AIO 测量法又称为心理描述法，它的应用有待进一步研究。

有关市场细分依据可参考表 5－4。

表 5－4 消费者细分依据

细分因素	变量	举例
人口统计	年龄	老、中、青、童、幼
	性别	男、女
	民族	汉、蒙、满、回等
	籍贯	山东、河北、广东、江苏、浙江等
	职业	工人、干部、知识分子、职员、经理等
	收入	高收入、中收入、低收入
	接受教育程度	小学、中学、大学、大学以上等
	家庭规模	三口家庭、四口家庭、五口以上家庭
生活方式	活动指向	工作、娱乐、运动、旅游等
	兴趣指向	食品、时装、个人成就、家庭等
	消费模式	俭朴型、奢侈型、时髦型等

（续上表）

细分因素	变量	举例
地理	地区	南方、北方、东部、西部
	气候	温暖、潮湿、寒冷、干燥等
	城市规模	大、中、小城市
	人口密度	高、中、低
社会心理	家庭生命周期	青年单身、青年已婚无子、有子女、子女成年、老年夫妇等
	社会阶层	上层、中层、下层
	个性	被动型、创新型、冲动型等
行为	使用时机	普通、特殊、追随
	购买动机	经济型、地位型、惠顾型、质量型、求新型等
	购买者状况	偶尔购买者、经常购买者、潜在购买者
	忠诚程度	绝对忠诚者、不坚定忠诚者、转移忠诚者、多变者

总之，零售商根据人口统计资料和消费者的生活方式这两种方法，可以确定各种潜在市场的消费特点和要求，同时，亦可以利用大众市场、细分市场和多片市场作出决策，出售不同的商品和服务，满足各类消费者的需要。

5.3.3 零售战略制定

在选定经营的行业和目标市场后，零售商可以制定零售战略。

零售战略的基本内容主要包括两方面：一是营业时间和销售服务；二是经营的商品和服务必须适应经济、法律和竞争的需要。这两方面内容，对零售商来说，前者为可控因素，后者为不可控因素。零售商必须在认真研究这两方面因素变化的基础上去制定战略。

1. 可控因素

零售战略制定过程中的可控（controllable）因素细分为四类决策。

第一，商店位置和业务经营。关于商店位置，零售商必须在选址时对竞争者、交通条件、人口密度、街道类型和供应商的远近等作出决策，若店址选定后，是自建、购买或租用也要作出决策；并要选定商店的规模、楼房的式样和各种设施设备。选址是零售经营成功的关键，在制定战略阶段宁可多花时间研究，决不可草率决策。关于商店业务经营，零售商应对人力资源管理、组织结构模式、营业时间、业务预算、储运、设备维修等方面作出决策。

第二，出售的商品和服务。零售商必须对以下各方面作出决策：经营的商品和服务的质量；商品种类和品种的广度与深度；零售会计、预测和预算的手续程序的制定；存货水平、进货；经营调节或评价程序等。

第三，商店的形象和推销宣传。商店形象的好与坏对一家零售商的成败至关重要。一般来说，如果目标市场的消费者能像商店所指望的那样来看待商店，认同一致，商店就办得成功；相反，商店在目标市场的消费者中的形象不佳，商店的决策者又不认同，那么商店肯定办不好。因此，零售商必须设法建立一个既符合目标市场的要求，又具有特色的形象。建立商店形象一般有三种方法：一是营造气氛塑造商店形象，精品商店通过铺设豪华的地毯、设置广阔的通道、引人注目的商品陈列和隐蔽的价目标签来树立和提高形象。大型超市、仓储会员店、折扣商店往往通过不铺地毯、花色繁多的商品陈列，尤其设醒目的价格标签和顾客自我服务来树立和提高形象。店内彩色、灯光、香气、花草、喷泉、音乐和销售人员的服饰标志等都有助于商店形象的建立。二是沿街店面的建筑、有形的外观及其可见度也对商店的形象或环境有影响作用。三是对顾客的优质服务和与当地居民的良好关系是建立商店形象的重要手段。

推销方法得当可促进零售经营。零售商的推销活动有三种方法：一是大规模广告宣传，通过电视、广播、报刊等媒体把有关商品的信息传达给广大消费者；二是人员推销，加强与消费者沟通，排除销售障碍；三是扩大销售，辅以吸引和留住顾客的有效手段，如赠券、特价品销售等；四是为社区居民服务的宣传。

第四，定价决策。零售商在制定战略时必须从几种定价方法中作出选择。例如，是自己领先定价或跟随别人定价、按成本加利润定价或按需求定价？零售商还要决定采用何种价格水平？是卖低价，还是卖平价、高价？并考虑哪种价格水平适合于商店的形象和它所提供的商品和服务的质量。最后，零售商还应该确定每一类商品的价格档数。例如一家小餐厅，它应有多少档数价格的甜食？

上面讨论了零售战略中的可控因素，下面讨论不可控因素。

2. 不可控因素

零售商对战略中不可控（uncontrollable）因素分为消费者、供应商、竞争者、科学技术、经济、法律及天气与季节变化等。零售商必须以战略中的可控因素去适应这些不可控因素。下面分别讨论这些不可控因素。

消费者是零售商确定了的目标市场。零售商要向目标市场的消费者提供适销的商品和服务，而不能将零售商有兴趣的商品和服务强加给消费者。零售商是供方，消费者是需方。一般来说，供是依需而组织商品和服务销售的。但在实践中，“供”与“需”是一对矛盾，供难以全面反映需。如在商品种类、品牌、价格水平、商品陈列、购物环境、方便性、服务诸方面，消费者的需要是多种多样、千差万别的，是否购买，消费者完全处在主动的地位。因此，零售商对消费者不能控制，只能想方设法组织适合目标市场消费者需要的商品和服务。

供应商与零售商的关系密切，有可能成为贸易伙伴和利益相关者。但它们毕竟都是市场主体，又相互有独立的利益，所以，在短缺经济时期，零售商依附供应商，而在市场经济的相对过剩经济时期，零售商与供应商的关系有可能随各自的利益而变换，变为既有合作成贸易伙伴的可能性，又有相互竞争成对立的竞争者的可能性。从长远利益看，零售商应争取供应商成为贸易伙伴，打造价值链共同体。

竞争者是指同处零售行业的现有和潜在的零售商。在现代市场经济环境下，选择经营的行业和商店的店址，纯属企业行为。当某些零售商经营获得成功，很快就有一批新的零售商跟进，亦会促使原有的零售商调整其经营的商品种类与品种甚至转换业态，成为同一零售业态内部的竞争，加上抢夺式竞争和不同零售业态的零售商之间的竞争。面对如此激烈的市场竞争，零售商至少有两个取向：一是不以为然。以为自己先进入市场，在消费者心目中有一定位置，已有稳定的销售增长，具有足够的优势来排斥新进入的零售商。二是追兵就是榜样。重新研究或评估零售战略。其中包括确定目标市场、商品和服务的零售组合及其他服务，以确保在原有竞争优势基础上再创新优势，始终要比其他零售商更诚心、更有效地满足目标市场消费者的需要。应该说，“追兵就是榜样”是零售商成就事业的取向。

科学技术日新月异，发展迅猛，有力地推动了生产力的发展，同样也推动了零售业现代化。零售商应用计算机系统控制存货及检查业务活动已取得成果；电子监视技术在防止偷窃商品行为、统一商品编号上已在推广，成为零售商的管理优势。但科技的应用，其前提是要有较大的投入，因此，只有资金雄厚的零售商才有可能应用。

由于小零售商在资金上的有限性，很难在科技应用上促成管理、销售成本的优势。小零售商唯有在提供多样化的服务项目上获得优势，强化自己的零售战略。

经济环境又是一个零售商无法控制的因素。一个国家乃至全球的供求关系、通货紧缩或膨胀、产业调整、经济转型、失业、利率、税种、税率、国民生产总值的变化等等，都是一个零售商所不能改变而只能适应的环境因素。因此，精明的零售商在制定零售战略的可控因素方面时，必须认真做好关于国际、全国和当地经济状况的预测，以调整零售战略目标。

天气和季节变化对若干类零售商经营也有约束。经营花卉、生鲜食品、水果、服装、节日用品等商品的零售商无法控制天气的突变或季节的演进。要将它的风险降至最低是可能的，但无法消除。对这种风险的管理办法就是出售多样化的商品和劳务，如经营一年四季都畅销的商品或服务，或者经营的商品在种类和品种上求精，数量不宜多。

以上描述了零售商在制定零售战略时所面临的六种不可控因素。对待这些不可控因素，必须坚持做到两点：一是要正视它具有不可控制性的一面，不忽视，更不能蛮干；二是要设法面对，提出对策，就有可能降低风险。

第七个不可控因素是法律。零售战略的可控因素的发挥受法律环境的约束。零售是一个追求经济利益的组织，但对如何才能得到被认可的经济利益，就需要给予规范。一般来说，国家的法律、条例、规定等是为创造一种公开、公平、互利的环境而对经营者包括零售商的行为所进行的规范。这些法令规定零售商哪些事情可以做，哪些不能做。在一定意义上说，它是对零售商的约束，但从长远来考察，只要零售商守法经营，必然给消费者以信心，给零售商带来长期利益。因此，零售商必须依法经营，采取使消费者、国家都满意的态度来制定零售战略。

通过前面各程序的工作，零售商已制定了战略。首先，已选定了所经营的商品或服务的类别，为拟定明确的营销计划提出了依据。其次，分析了消费者特点和要求，从而确定了目标市场。最后，为制定战略，零售商通过对可控与不可控因素深入的考察，就下列各项内容作出了决策：商店的位置和业务、经营的商品或服务设计、商店的形象、与顾客沟通的推销宣传以及定价诸问题，并明确这些决策都必须适应消费者、竞争者、科技发展、经济环境和法律约束的要求。

为了使这一战略能顺利实施，还要在战术和实施控制上进行深入的讨论。

零售战略实例 5－2　　家居日用精品店

江先生来自江西，当了几年自由而工资不高的打工仔，后来在广州做起了家居日用精品生意。

在选址时，本来江先生是想寻找一间在绝对闹市区的铺面，但这样的商铺一般都是黄金地带，通常都需要 1 万元以上的月租金。思前想后，他决定还是将家居日用精品店开在老城区，虽然那里的人流量不如别处那样大，但精品店靠着大片的居民区，对面又是个小学，将会有比较稳定的顾客群。

然而刚开业的时候，销售并不像江先生所设想的那样理想，毕竟在这条街上的主妇与老年人对于日用品的价格概念往往就在10元之内，超出这个范围就嫌贵了。

这一点对于刚刚创业的江先生而言就很犯难了，不知道该如何应对，还是朋友帮了他大忙：在自己的店内，10～20元小商品的销售占了总销售额的60%左右，而50元之上的精品则只占销售额的2%左右，可见，在居民区价格还是很重要的。

江先生将自己独一无二的精品价位基本降到了与市场同类产品相同的水平，并且加大了10元左右的商品的进货。结果正如所料，主妇与小学生们都争先恐后地来了。

【点评】

□选择与人民生活息息相关的家居用品行业，而每件价格都在几元到几十元不等的商品使成本大大降低，减少风险，扩大客户群。

□选择地点，可能会在放弃将精品店开在闹市区之后，错误地将其开在了百姓消费力有待提高的地段。

□精品行业的优势就在于产品的质量与外观，在进货上一定要精挑细选，杂七杂八的东西少进。

□开店时的装修也一定要到位，不要降低身价到士多的水准。

资料来源：石青、刘维国《精品店要靠物美价廉》，广州日报2003－02－22。

5.4 战术与控制

5.4.1 战术

这里所说的战术（tactics）是指涉及零售商日常业务和短期业务的决策。

零售商决定开办商店，制定了经营总方针后，就必须对零售战略的每一个可控因素作出战术性的决策。

零售战略的战术性决策主要有下列几个主要部分：一是商店位置——店址的决策；二是建立一个服务于零售战略的企业组织的决策；三是商品采购决策；四是商品销售决策；五是财务管理决策；六是顾客服务决策；七是建设企业形象决策；八是商品定价决策，等等。因此，在日常业务和短期业务中，企业内的各部门设置或变动，设备、设施的维修，员工的招聘与解聘，营业时间的调整变动，以及仓储管理等需要经常进行战术决策。对经营的商品种类和每类商品中的深度是否恰当，都必须随着市场供求关系的变化而及时作出新的采购决策。

那么，如何处理零售战略与零售战术的关系呢？这两者的关系就是可控因素与不可控因素的关系。战略侧重对不可控因素的考虑而制定，战术则多侧重对可控因素的考虑而制定，因此，战术决策要服从战略决策。零售商的战术决策必须适应它所处的不可控环境，特别要考虑迎合消费者的需求、竞争活动和变化中的零售环境。显然，零售商的成功取决于制定一个完善的战略，当不可控因素发生较大或较明显的变化时，零售商必须及时作出反应，对零售战略进行调整，使零售战略重获生机和活力。

战术决策一般在两种情况下进行。

一是在零售战略制定过程中，为体现战略意图，对战略具体的各目标决策。战略的概括性能得到战术的具体性的补充。战略的概括性和战术的具体性可以通过制定战略课题项目计划、期间综合经营计划和不测事态的应变计划来反映。战略课题项目计划一般包括以下几项内容：第一，课题项目的目标和方针，据此制定战略实施期间各阶段的具体目标和选择各项行动应采取的基本方针；第二，预定行动的内容和进度安排，使企业内各部门的各项行动之间的关系协调，目标一致；第三，经营资源投入，对战略项目投入的资源作出费用预算，确定投资的金额以及筹措资金的途径和方式；第四，课题项目的实施落实到部门，并制定战略实施情况的报告方法和考核标准，以便及时检查进度和发现实施过程中的问题。

期间综合经营计划，是将各个战略课题项目计划按一定时间汇总而编制的计划，以便从企业战略目标出发，对各个战略课题项目计划进行调整，以达到合理地分配资源和平衡企业资源的目的。

不测事态应变计划。战略课题项目计划与期间综合经营计划，是在某种设定条件下制定的战略实施计划，称为基本计划。它们是从最有把握和最大可能的预测出发而编制的计划。相反，应变计划，则是从最坏的估计出发，为适应不测事态发生而制定的预备性计划，它对未来出现概率较高而且对战略影响较大的某些不测事态作预先设定，并确定当它万一发生时企业应采取的具体行动。当然，编制应变计划时要达到两个要求：第一，可行性，即编制的应变计划，当某些不测事态一经发生时，就能立即采取有效行动的计划，挽回基本计划停止的损失。第二，确定先行指标。先行指标是能够预示不测事态——负面影响发生的某些环境因素，即某些因素的出现或变化，就意味着某些不测事态的负面影响即将出现。如竞争对手经营本企业具有竞争力的某些商品时，必然带来购买力分流，这时，本企业的及时发现，就能尽快地从基本计划转向应变计划“人无我有，人有我优，人优我转”，既赢得了时间，又保持了竞争优势。

二是在零售战略实施过程中，为确保战略成功而应对变化了的企业内外条件与环境的决策，即“微调”。如对商店形象的塑造和维护，需要经常分析研究，力求适应环境，给消费者留下美好的印象，所以，零售商要注重企业包装、店堂布局设计等，即使货位也要常调整。当出现预先设定的某些不测事态时，就启动应变计划，决不能因坚持所谓零售战略的严肃性而反对战略中的战术调整，因为情况变化了，要及时作出相应的决策。

5.4.2　控制

控制（control）是零售战略制定和实施过程中的一个不可或缺的步骤。换句话说，零售战略和战术在实施过程中要不断进行评价和修正，以达到确保战略宗旨意图和战略目标的实现。

1. 检查

零售检查是零售战略评价的重要工具。它是对零售职能的基本目标与策略，以及对执行这些策略和为达到这些目标所运用的组织、方法、程序和人员而进行的有系统的、要求严格的、公正的审查和鉴定，以及建议未来的工作。

零售检查包括：一要弄清楚零售企业的目标的明确性，企业各部门、系统目标的一致性和合理性；二要检查和评价零售企业的战略与制定企业战略方法的科学性和可操作性；三要检查和评价零售战略的执行情况；四要定期分析研究资源配置情况，以便作出控制性调整。

零售检查任务繁重，应有相应的人员，安排时间完成好这项工作。

2. 控制

控制是一项管理职能，它是零售经营系统设定的一个自动调节器，以确保零售战略有序和有效的实施。

从控制的作用考察，它是对照战略要求对零售企业经营活动进行检查、衡量，随时纠正偏差，以确保零售战略目标的实现。在零售战略实施过程中，那些执行顺利的部分自然要坚持推行，而由于战略实施期间企业内外条件、环境发生较大变化对原战略目标的执行造成困难的部分，经检查、衡量、研究后要及时修正。这里的修正，包括资源的再分配和速度的调节。应该指出，这里的修正，可以启动应变计划，亦可以作随机应变的目标调整，但能作小调整的不宜作较大的调整，以免涉及面过宽，难以把握不可控因素。

还应该指出的是，在零售战略从制定到实施的过程中，每一决策，每一项经营活动都必须借助于信息的沟通或信息反馈。有了信息反馈，零售商就应该总结成功的经验和查明发生问题的原因，然后，肯定战略执行顺利的部门、目标、环节，及时改进或调整战略中发生问题的那些部门、目标与环节。

5.5 案例分析

案例5－1　　沃尔玛的小镇战略

沃尔玛公司的创始人山姆·沃顿（Sam Warlton）于1950年7月在美国中西部阿肯色州本顿威尔（Bentonville），这个只有3 000人口的农村边远小镇，创立了第一间杂货商店，营业面积不足400 m^2，但在当地已是最大的了。该店被命名为“沃顿5分—1角商店”（Warlton's 5 & 10），属于本·富兰克林连锁集团的加盟店，后来山姆很赞赏折扣商店的经营哲学，于是决心从杂货业转入折扣百货业。

山姆与弟弟巴德、一位分店经理三人以占总资本95%、3%、2%的比例合伙，于1962年7月2日在离本顿威尔10公里的罗杰斯镇创办了第一家沃尔玛折扣百货店，店名“Wall－Mart”，店招牌两边按山姆的意思写着“天天平价”、“保证满意”几个字，作为企业经营理念和对顾客的承诺。

沃尔玛选择在3 000～10 000人的小镇建店，作为发展的基础。因20世纪70年代前后的美国，以乡村经营自居的吉伯森（Gibson）公司的多数店设在20 000～50 000人的小镇，当时像西尔斯、彭尼等大型百货连锁店正退出乡村小镇市场，集中到大城市郊区开设巨型的购物中心。当时最大的凯玛特折扣百货店已发展到500家分店，年销售额达30亿美元，亦向大城市扩展。沃尔玛认为乡村小镇大有发展空间，几乎没有竞争对手，即使在5 000人以下的小镇也开店，以吸引周围几十到上百里范围的居民来购物。

20世纪70～80年代，沃尔玛小镇战略的选择，取得了成功。因为那时大城市商业竞争激烈，又遇经济衰退，一批折扣百货连锁店如西尔斯、凯玛特等大店经营大受冲击，利润下滑，唯有沃尔玛取得了大发展。

案例5－2　　彭尼选址战略：从小城镇到与环境变化保持一致

彭尼（Penney）公司是美国20世纪50年代后期盈利最多的零售公司。

彭尼公司的目标市场选在小城镇，商店的选址在主干道的临街位置，经营低价、微利的纺织品；现金交易，不赊账；公司擅长于设计和采购具有专有品牌的纺织品；商店经理享有独立经营权。但20世纪50年代后期环境发生了变化：国民教育水平和可支配收入提高了，消费者的兴趣从大众化商品转向时尚商品；交通高速公路化程度提高了，城郊面积扩大了。当时最大的零售商西尔斯（Sears）公司正在城郊广场上开设商店和汽车中心。因此，彭尼公司自20世纪60年代起，选择了一种与环境变化保持一致的新战略：

所有的彭尼公司商店都选址于纵横美国的区域性的购物广场上；为顾客提供贷款；增加新商品品种；加强集权，广告业务由总部负责；商店经理职责增加了监控每一种类商品的销售情况；安装了通讯网络，总部人员可以通过卫星电视联络装置同属下的每一商店经理交流。

【问题讨论】

你对美国沃尔玛与彭尼两公司的战略选择及实施有何看法？它们各自的优势表现在哪里？

【本章小结】

本章讨论了零售战略在零售企业的营销活动中的重要性，并对零售战略的制定及实施过程中的若干理论作了扼要的阐述，重点考察了零售战略制定程序与主要内容，还就零售战略与战术决策的关系以及控制活动对零售战略实施的作用作了介绍。零售战略的实施有助于零售商在面临营销环境的变化、顾客需求日趋个性化和多样性时，与竞争对手在竞争中走向成功。

【关键术语和概念】

零售战略　消费者群体　大众市场　细分市场　多片市场　人口统计资料　生活方式　商店形象　战略决策

【练习题】

1. 何谓零售战略？零售战略对零售企业有何意义？
2. 制定零售战略有哪些程序？各程序包括哪些主要内容？
3. 零售战略有哪些战略目标？这些战略目标是如何确定的？
4. 你了解我国哪几家零售企业的经营战略？有何评价？

【补充阅读】

1．陈己寰．民营企业战略管理路向．企业经济，2004（4）
2．王革非．企业战略自我诊断模式研究．商业研究，2006（13）
3．贾平．零售企业核心竞争力分析及战略调整．财贸经济，2006（4）
4．黄丽秋．我国中小企业战略管理研究．商业研究，2006（21）
5．石春莉．零售业跨国投资扩张影响因素的实证研究．商业时代，2007（9）

第6章　零售策略

⊙本章学习要点

1. 什么是零售策略？
2. 一个零售商如何才能建立起一个站得住脚的竞争优势？
3. 零售商所追求的发展机遇是怎样的？
4. 零售商形成一个策略需要经过哪些过程？

⊙本章学习内容

1. 零售目标与零售策略。
2. 零售策略要素。
3. 策略性计划过程。

⊙案例分析

⊙本章小结

⊙关键术语和概念

⊙练习题

⊙补充阅读

零售策略的意义在于可为零售商在有效地处理零售业核心因素——零售环境、顾客和竞争时提供指导。本章首先讨论零售策略的来由，然后考察什么是零售策略，并分析影响零售策略的三个重要因素，接着讨论在竞争优势的基础上建立竞争优势的方式，最后讨论策略性的零售计划过程。

6.1　零售目标与零售策略

6.1.1　零售目标和使命

每一个股份有限公司的目标，都是通过增加其股票的价值和支付红利来使其股东的财富得到最大限度的增长。而小型公司的拥有者则往往具有其他的目标。例如，当股东是为了回避风险而不是追求最大利润时，股票就为其提供一个特定水平的收益。

许多零售商都有一个明确的使命陈述（mission statement）。使命陈述是对一个零售商的活动目标和它所执行计划的活动范围的一般性描述。它界定了公司将要考虑的目标市场和零售方式。例如，关于一家小型的洗衣连锁店的使命陈述可能是“××的使命就是成为本市一流的、以质量为导向的干洗店，为老板提供一份稳定的平均每年达到100 000元的收益，并且通过满足顾客的需要来形成一个忠实的顾客基础”。

这份使命陈述界定了目标和它所计划展开活动的范围。使命陈述表明其管理层将不会考虑市区以外的零售机遇，不会考虑以价格为导向的干洗机会，不会考虑以商品为基础的零售机遇（甚至即使这种机遇是以质量为导向的而且还是在本市），或者也不会考虑那些会危害到其所有者每年创造100 000元收益的机遇。

下面将讨论零售策略，指明一个零售商所追求的特定的目标市场和零售方式。

6.1.2 何谓零售策略

为什么零售商需要一个零售市场策略呢？零售商取得成功的关键难道仅仅是低价买进高价卖出吗？零售商难道不想向打算购买商品的顾客出售尽可能多的商品吗？为什么一个零售商需要将目标指向特定的市场，并且在那些市场中建立起具有竞争力的优势呢？

在零售业中，普遍存在着一种抓不住核心问题的零售方式。一个抓不住核心问题的零售方式，可能会在短期内增加销售额，但是所得到的这些好处却是不能够长期保持的。将零售活动主要集中于某一特定目标上的零售商，能够向某一特定的顾客群提供一种优先的供应。而将零售活动分散的零售商，则只可能成为任何一位顾客在购物时的第二或第三位的选择对象。

零售策略（retail strategy）是指这样一种陈述，它确定：①零售商的目标市场，②零售商计划采用的用以满足目标市场上需求的方式，③零售商为建立起一个长期的竞争优势而制订计划的方式。

目标市场（target market）是指零售商计划将其资源和零售活动组合集中于此的市场份额。

零售方式（retail format）是指零售商的零售活动组合（包括商品的性能和所提供的服务、定价策略、广告宣传和促销计划、店面设计的方式和可视的商品陈列以及具有代表性的选址）。下面是一些零售策略的例子。

零售实例6-1　　恒齐公司

恒齐是广东一家经营儿童服饰的专营零售商。它将零售目标指向那些拥有6岁以下孩子的家庭。恒齐每年的销售额大约在2亿元。它的零售方式是提供高品质的、具有专有标签的、色彩明亮并印有醒目的“有趣”图案的儿童服装。其传统商品是摆放在一家色彩缤纷、灯火辉煌、占地80平方米的商店内销售，这家商店位于地区购物中心内。对那些给孩子们寻求传统服装的家庭而言，恒齐为他们营造了一种独一无二的购物氛围，从而使恒齐在与其主要的专营商店竞争对手——美妙的竞争中占据了优势。商店在他们的店墙上陈列着配套协调的全部服装，这样可使顾客方便地选择个人的全套服装，并且为顾客提供在商店内地板上推动婴儿车的空间。当父母正在购物时，商店销售人员会鼓励孩子们去玩小玩具和观看恒齐播放的录像带。

零售实例 6-2 **大业公司**

大业是一家商品目录零售商，每年的销售额超过 20 亿元。它的目标市场是年龄在 21 岁到 59 岁的职业女性，这些职业女性的收入高于 30% 的普通家庭。大业指向该目标市场的零售方式主要是一本厚达 600 页的商品目录，一年更换两次，上面印有关于服装和家居用品的吸引人的介绍。大业向顾客提供独一无二、高品质的由其供应商网络所供应的商品；大业通常能够让顾客保留本店的商品目录达几个月，力争在激烈的竞争中取得优势。每一年，它的 900 名电话接线员都会处理多达 1 870 万个电话，而且会在第二声电话铃响时，就回答了几乎所有的问题。在一般时间内，其仓储系统可以处理和运送 100 000 个订单。

零售实例 6-3 **奥特州公司**

奥特州是一家创建于 1979 年，以武汉为基地的汽车零配件零售商。它现在每年的销售额已经超过了 10 亿元。奥特州的目标市场是那些出于经济上的需要而自己修车的低收入的人。奥特州通过提供极其便利的条件和优质的服务而在这个市场中建立起了很高的信誉。商店的选址邻近其顾客居住的街区，而且商店一直营业到午夜。几乎所有员工都有汽车修理经验。商店鼓励员工陪同顾客到商店外面的停车场去核对顾客所需要的确切的零部件，甚至要求员工帮助顾客安装一些如前灯和软管之类的简单的配件。

上述每一种零售策略中都包含着确定一个目标市场和零售方式以及发展一种能使零售商赢得长期竞争优势的能力。

6.2 零售策略要素

6.2.1 目标市场和竞争对手

零售商的策略需要同时考虑两个核心要素：顾客和竞争对手。成功的零售商在其目标市场上能够比其竞争对手更好地满足顾客的需求。通过选择一个目标市场，零售商确定了他们所要力求满足的是哪一类消费者。通过选择一种零售方式，零售商就决定了他们将用来满足目标市场中顾客需求的零售活动构成的整体性质。

零售商的目标市场

传统意义上的市场，像一个农村的集市、庙会，是指买方和卖方汇集在一起并进行交易的地方。但是现代的市场，潜在的买方和卖方并不是固定于同一个地方；买卖双方不需要面对面，交易也照样可以进行。顾客可以与潜在的供应商联系，而且可以通过电话或电脑来订购货物。

我们界定一个零售市场（retail market），不是将它当做一个买方和卖方汇集的特定的地方，而是将之定义为一组有着相似需求的消费者（一个市场份额）和一组使用一种相似的零售方式来满足消费者需求的零售商。这样的话，一个零售市场就可以根据消费者（一个目标份额或市场）和竞争对手（使用同一种零售方式的其他公司）来进行界定。

<table>
<tr><th>细分市场
零售方式</th><th>大众化</th><th>时尚</th><th>时装</th></tr>
<tr><td>大型超市</td><td colspan="2">吉之岛、好又多
易初莲花
万佳、百佳
新一佳</td><td></td></tr>
<tr><td>百货店</td><td></td><td colspan="2">北京王府井
西单商场
燕莎友谊
北京华联
贵友商场</td></tr>
<tr><td>专卖店</td><td></td><td></td><td>观奇洋服
金利来、七匹狼</td></tr>
</table>

图 6－1　服装零售市场

图 6－1 说明了一组关于服装的零售市场。左边第一列是各种零售方式。正如所描述的，每一种零售方式都为其顾客提供了一组不同的零售活动组合。这些零售方式所直接指向的市场份额列在了图上的第一行。这个图使用的是描述百货公司的时装市场份额。每一个矩形方块都描述着一个潜在的零售市场，在这里，有两个或更多的零售商彼此间展开竞争。例如，位于同一地理区域内的北京王府井、西单商场、燕莎友谊和北京华联商厦、贵友商场在两个方块里彼此展开了竞争，这两个方块代表着迎合时尚的和追求时装的顾客需求的百货商店零售方式。观奇洋服和金利来、七匹狼公司都通过提供一种直接指向追求时装市场份额的专卖店零售方式，从而彼此间展开竞争。

6.2.2　竞争优势与零售方式

零售策略中最后一个基本要素是零售商建立一种长远的竞争优势的方式。长远的竞争优势（sustainable competitive advantage）是指零售商在竞争中可以长期保持的优势。图 6－2 列出了零售商可以用来战胜竞争对手、具有优势的一些零售方式。这个框图并不是完全详尽的。零售商所从事的任何商业活动都可以成为赢得竞争优势的基础。

有些优势是经过长时间后仍能站得住脚的，然而，其他一些优势却是几乎立刻就能被竞争对手所模仿的。

对零售商来说，建立起长远的竞争优势的 5 种重要因素是顾客忠诚、商店选址、与卖主的关系、信息管理和分销系统、低成本经营。

A. 建立在外部关系基础上的优势

顾客关系（第4章）：**更多的忠诚顾客**

法律上的：**法律禁止侵犯性竞争条款；税收优势**

选址（第8章）

供货商（第9章）：**稳固的双赢关系**（第12章）

B. 建立在内部经营基础上的优势

商品管理（第10~13章）：**专卖商品；较低成本的商品——规模经济**；更多的商品；更好的花色；更好的合同条款；更低的价格；更好的采购人员；更好的广告宣传；更多的销售额

商店经营（第12~15章）：**更好的服务**；更好的商品展示的视觉效果；更好的保安，更少的偷窃；更完善的与销售相关的服务；更优秀的商店管理人员

零售监控系统（第7章）：**更好的信息管理系统；更加有效的分销；更好的库存监控**

注：黑体是指长远的竞争优势。

图6－2　建立竞争优势的方式

6.2.3　成长优势与成长策略方式

图6－3中标明零售商所追求的四种类型的成长机遇：市场渗透、市场拓展、零售方式的发展以及多种经营。图中纵轴标明正在考虑的成长机遇与零售商当前所追求的市场份额的相似程度。位于纵轴下半部分的成长机遇包括一个零售商现在正将其目标所指向的市场。位于纵轴上半部分的成长机遇包括与零售商现有市场非常不同的一个崭新的市场。

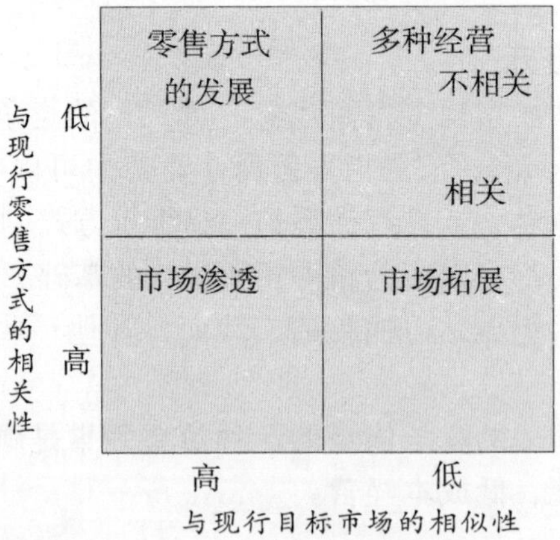

图6－3　成长策略

1. 市场渗透

市场渗透成长机遇（market penetration opportunity）包括利用当前的零售方式，并直接向现有的顾客投资。

实现这一目标的一种方式是在目标市场中开设更多的商店，而且商店的选址要为更多的顾客提供方便。另一种方式是要求销售人员进行交叉销售。交叉销售（cross-selling）是指一个部门的销售员应努力向顾客销售来自其他部门的配套商品。

2. **市场拓展**

市场拓展成长机遇（market expansion opportunity）是将现有的零售方式运用于新的市场份额中。

3. **零售方式的发展**

零售方式的发展成长机遇（retail format development opportunity）是指向现有的顾客提供一种新的零售方式。另外一种零售方式发展成长机遇是零售商追加额外的商品种类或是改变其商店中商品花色品种的广度和深度。调整所提供的商品或服务的类型，在大多数情况下只需要一笔小型的投资，而提供一种完全不同的零售方式。

4. **多种经营**

多种经营成长机遇（diversification opportunity）是指一种直接指向并非当前所服务的一个市场份额的全新的零售方式。

纵向一体化（vertical integration）是一个多种经营的例子。当零售商投资于批发商品或生产商品时，他们就形成纵向一体化。一般说来，一种向产业链后行的与制造业联合的方式更能代表多种经营，因为与零售商品相比，生产商品是一种非常不同的“方式”，需要不同的经营技巧。此外，一个制造商所生产出的商品的最为直接的顾客是零售商，而零售商的顾客则是消费者。因此，一个制造商的市场营销活动与一个零售商的市场营销活动有很大的不同。

5. **战略性机遇和竞争优势**

在大多数情况下，在与他们的现行零售战略非常相近的机遇中，零售商拥有最大的竞争优势。因此，那些并没有进入新的、不熟悉的市场，或是并没有从事新的、不熟悉的零售方式，而是投身于市场渗透成长机遇中的零售商将获得最大的成功。

当零售商追求市场拓展时，他们所依靠的是他们是否能将其正在经营的具有竞争优势的零售方式应用于一个新市场的实力。在一个零售方式拓展机遇中，零售商所依靠的是他们在现有顾客中取得的声誉和成功，甚至即使一个零售商在经营新的零售方式方面并不具有优势，但是它仍然希望将其忠诚的顾客吸引到新的零售方式上来。

在包含新市场或者新的零售方式的机遇中，零售商不具备什么竞争优势，但是零售商必须时常考虑市场拓展或零售方式拓展机遇。当零售商追求多种经营机遇时，竞争优势最小。

6.3 策略性计划过程

策略性零售计划的过程（strategetic retail planning process）是指一个零售商所经历的发展一个战略性零售计划的系列步骤。这一过程是零售商能够确定目标市场，决定采用适当的零售方式，以建立长远的竞争优势。

6.3.1 实施环境审计

对于需要确定零售机遇、决定不同市场中顾客的需求以及评估为满足这些需求所需的能力进行分析。这种分析，一般称为环境审计（situation audit）。一项环境审计包括三个要素：

①对零售商正在展开或可能展开竞争的零售市场的吸引力进行评估；

②对竞争对手的目标和能力进行评估；

③对零售商与竞争有关的力量和弱点的评估（即一种自我分析）。

1. **市场吸引力分析**

用以决定一个零售市场的吸引力的因素有：市场规模和成长状况，市场中的竞争程度，以及可能影响市场的环境因素，如技术、经济、规章和社会的变化。

例如，与百货商店的零售市场相比，专营商店的零售市场因其发展快而极具吸引力。一般说来，在成长中的市场里，商品的边际利润和价格都会高一些，因为与在成熟的市场里相比，相对而言，竞争在成长中的市场里不太激烈。

当新的竞争对手没有机会进入时，零售市场就显得更具有吸引力。如果在一个市场上，当竞争对手凭借其规模而取得了一种成本优势时，零售商就不愿意进入这个市场了。

零售实例 6-4　　同巨人竞争

独立的钓鱼用具商店通过提供特别服务来同折扣巨人（如沃尔玛公司和 Toys“R”Us 公司）以及运动商品的类型专营店展开竞争。在佛罗里达的 Sarasota，Mr. CB's Bait & Tackle 公司与当地租赁船只的船长们进行合作而提供专家讨论会和折扣旅行。船长们为游客提供钓鱼旅行，而 Mr. CB 公司则向游客销售钓鱼用具。位于艾奥瓦的贝滕多夫的 K & K True Value Hardware 公司将目光集中在了那些想使用他们自己的鱼饵的钓鱼行家上，于是，商店储备了未加工过的物品：14 种尺寸的旋转匙形诱饵刀片；40 多种颜色的金属丝、鸡毛、鹿皮、砝码和钩子。

资料来源：Barbara Marsh，“Small Fish in the Tackle Business Are Trying New Lure”，*The Wall Street Journal*，June 23，1993，p. B2；and Joseph Pereira“Toys‘R’Them：Mom-and-Pop Stores Put Playthings Like Thomas on a Fast Track”，*The Wall Street Journal*，January 14. 1993，p. B1，B8.

为了评估市场吸引力的第三个方面，即环境因素的影响，零售商需要回答与每一个环境因素有关的三个问题：

①可能发生的新的发展情况或变化是什么？如新的技术和规划或者是不同的社会因素和经济条件。

②这些环境变化将会发生的可能性有多大？影响这些变化发生与否的关键因素是什么？

③这些变化将会对每一个零售市场、公司以及它的竞争对手产生什么影响？

2. **竞争对手分析**

对一个零售商来说，环境审计中最为关键的方面是确定自己独有的能力。通过对这些能力有一个全面把握，零售商就能够抓住那些使其扬长避短的投资机遇。零售商们使用竞争对手分析和自我分析来评估他们独有的能力。

竞争对手分析（competitor analysis）主要是针对那些竞争对手可能追求的策略以及他们成功地贯彻这些策略的能力而展开的。通过对其竞争对手有一个深入的了解，零售商就可以制定出一种有效的策略与竞争对手展开竞争，并且预测竞争对手们在将来的行动。

3. **自我分析**

自我分析（self analysis）是指针对零售商自身的力量和弱点所进行的一种内在集中的检验。对这些力量和弱点的自我分析表明，该企业如何才能把握住机遇，以避免因来自环境中的威胁所造成的伤害。竞争对手是自我分析中要考虑的另一个方面，因为一个零售商的力量和弱点是根据它相对于其竞争对手而言的能力来界定的。

6.3.2 确定战略性机遇

第二个步骤是确定潜在的机遇。关于这类机遇的例子，可以回顾我们先前对零售市场的讨论以及对成长机遇的讨论。

6.3.3 评估战略性机遇

在战略性计划过程中的第三个步骤是评估在第二个步骤中所确定的那些机遇。零售商必须通过对这些机遇的评估来分析自身所具有的建立一种长远的竞争优势，以及获取长期利润的潜力。因此，一个零售商必须将其零售活动主要集中于那些能够利用自身力量——它具有竞争优势的地区——的机遇上。例如，在沃尔玛公司的竞争优势资源中具有分销方面的专长，这样沃尔玛公司就应该考虑那些要求具备卓越分销能力的机遇。

6.3.4 制定特定的目标并分配资源

在评估了战略性机遇后，在战略性计划过程中的下一步就是为每一个机遇制定一个特定的目标。零售商的整体目标包含在使命陈述中。特定的目标是指那些衡量整体目标实现进程中的具体目的。因此，特定目标就包含三个组成部分：

①所追求的业绩，包括一个用来衡量实现进程的数字指标；

②一个实现目的的时间框架；

③实现目标所需要的投资水平。

一般说来，业绩水平是以财务上的标准来衡量的，如投资回报率、销售额或利润。另外一个普遍使用的目标，即市场份额，也变得越来越流行了。这一目标更容易衡量，而且与基于会计信息（在很大程度上为会计准则所影响）的财务衡量标准相比，对这一目标的衡量常常使评价显得更为客观。

6.3.5 形成一种贯彻策略的零售活动组合

计划过程中的第五个步骤是针对每一个机遇来发展的一种零售活动组合。零售活动组合中的要素在前面部分已经讨论过。

6.3.6 评估业绩并作出调整

计划过程中的最后一个步骤是对策略的结果和执行方案进行评估，如果零售商正在实现或是超越了他的目标，那么变化就不是必需的了。但是，如果零售商没有实现他的目标，则需要进行重新分析。一般情况下，这种重新分析起始于对执行方案的反省，但这也可能表明要对所采取的策略甚至使命陈述进行重新考虑。这一结论将会导致一个新的计划过程的启动，其中包括一项新的环境审计。

计划过程表明了零售商按照顺序来作出战略性决策。他们执行环境审计，明确战略性机遇，评估可替换方案，设定目标，分配资源，形成执行计划，而且对最后评估取得的业绩作出一些必要的调整。但是在实际的计划过程中，这些步骤是相互影响的。例如，环境审计可以为公司提供一种可供考虑的逻辑上的替换方案，假若这种可替换方案并没有包含在使命陈述中，那么该公司就可能需要重新阐述其使命陈述。执行计划的形成可能提出该公司必须分配更多的资源以实现目标。这样的话，该公司就需要改变其目标，增加其资源，或者考虑不向这一机遇投资。

当一个零售商对其策略的主体进行了一次重新的审视后，形成一种新的策略陈述可能需要1~2年的时间。公司潜在的战略性发展方向一般是经过公司中各阶层的人员集思广益而后确定的。公司各级人员提出的种种设想由公司资深董事和经营人员来进行评估，以确保最终的战略性发展方向能够得到执行，而且确保从长远的观点来看该策略仍将是有利可图的。

6.4 案例分析

两家咖啡商的零售策略

简介：Star公司和Stop Shop公司是波士顿的两家具有竞争关系的咖啡生产商。

对Star公司来说，如果仅仅通过提供低价格的咖啡就想在与波士顿的Stop Shop公司的竞争中取得一种长期的优势，这将是很困难的。只要Stop Shop公司发现低价格可以吸引顾客的话，Stop Shop公司可能很快就意识到——在几个小时之内——Star公司已降低了价格而且会在第二天就与Star公司展开竞争。与此相似的是，对零售商来说，通过提供更广泛更全面的花色品种来取得一种长期的优势，同样也是很困难的。如果更广泛、更全面的花色品种可以吸引大量顾客的话，那么竞争对手就可以为自己的商店轻而易举地采购到同样的商品。

建立一种竞争优势意味着，一个零售商在零售市场中为自己所占据的位置周围筑起一堵墙。这堵墙使得竞争对手们难以同自己占据的零售商市场中的顾客发生联系。随着时间的推移，所有的优势都将会被一些竞争力量所侵蚀；但是通过长远的竞争优势，零售商就可以保持他们的优势，将竞争压力降到最低，并且在较长时间内提高利润。因此，建立一种长远的竞争优势是保持长期财务业绩的关键。

【问题讨论】

试通过身边实例，分析零售商是如何建立自身竞争优势而在较长时间内取得良好效益的？

【本章小结】

零售商的长期业绩在很大程度上取决于它的策略正确与否。零售市场策略能保证雇员的活动协调一致，并向雇员传递零售商采取计划的发展方向。零售市场策略既包括战略性发展方向，同时也包括形成策略的过程。

零售策略陈述包括对一个目标市场的确认和将零售业务活动直接盯住目标市场的零售商品和服务。此外，该策略还需表明零售商为建立起一种长远的竞争优势所采取的方法。

零售商追求的四种成长机遇是市场渗透、市场拓展、零售方式的发展以及多种经营。国际性拓展是许多美国零售商正在从事的市场拓展策略的一种。

战略性计划过程是由一组相互关联的（包括对零售商的经营环境和零售商的独有能力所进行的详尽分析）有序的要素构成的。基于这种分析，零售商就可以运用财务理论来评估可替换方案，还可以评估一个市场的吸引力或零售商在竞争中所处的位置。

【关键术语和概念】

零售目标　零售策略　目标市场　竞争优势　竞争方式　成长策略方式　市场渗透　市场拓展　多种经营　纵向一体化　战略性计划过程

【练习题】

1. 为什么零售商应该有一个对其零售策略所作的书面陈述？

2. 举例说明苏宁电器和国美电器的市场渗透成长机遇、零售方式拓展，以及市场拓展成长机遇的策略？

3. 零售商为什么应该定期反省其零售策略？

4. 假如你的竞争对手是位于购物广场内的一家经营滑雪和冲浪用具的商店，而你的商店虽然规模较大，却位于一个道路狭窄、交通极为不便的商业中心，你怎样运用零售活动组合中的要素来克服选址方面的不利条件呢？

【补充阅读】

1. 短文：

战略性市场机遇和竞争优势——农夫山泉：计中设计策略

净水出事了，问题就出在“纯净”上，纯净得连人体需要的微量元素也没有。

这一“小辫子”被农夫山泉抓个正着，他们宣布，长期饮用纯净水对人体健康无益，并放弃纯净水，转而开发天然水，电视广告诉求点也从原来的“有点甜”进行了相应的调整。

一切都似乎出自精心的安排，这是否是农夫山泉的精心策略？

考察此事发生的背景，我们就可得到一些蛛丝马迹。

背景一：国内饮用水市场三巨头之中的娃哈哈和乐百氏均已和法国达能合资，在一定程度上，三国鼎立的局面已演变成二对一，孤军作战的农夫山泉在此背景下挑起了“纯净水事件”耐人寻味。

背景二：农夫山泉作出此举的时间选在春夏之交，天气渐热，饮用水旺季来临之际，采取的方式是以记者招待会的形式向媒体公布的。

农夫山泉凭借自身的资源竞争优势（千岛湖的水资源），站在维护消费者利益的立场上，调动了新闻媒体，为自己的战略转移和新产品的特色进行了一系列裂变式的免费宣传，形成了轰动效应。更为重要的是，重创了竞争对手——纯净水，以崭新的形象挺进天然水市场。

好戏还在后头。试想，娃哈哈和乐百氏以及众多地方纯净水厂家会如此心甘吗？他们进行了激烈的争辩，甚至提出诉诸法律。

事实上，饮用纯净水一直是一个有争议的话题，但这对于一个既无污染又含微量元素的天然水品牌，与纯净水相比，如果价格相差不大，每个消费者都会作出理性的选择。

也难怪农夫山泉的宣布会引起如此大的反响，为还自己一个清白之身，纯净水厂商们进行了激烈的反击，甚至诉诸法律。但这将进一步把农夫山泉和纯净水区别开来，反而重塑竞争对手的产品特色，这恰恰是农夫山泉所希望的，农夫山泉的这一计中计又一次让人领略到了东方智慧的魅力。

纵观农夫山泉的这一策略，可以归纳出如下特点：

第一，在战略上面对乐百氏和娃哈哈与达能的合资，毅然退出纯净水领域，巧妙地把战略退却和战术进攻结合起来，化被动的防守为主动的进攻，夺得先机，占据地利，做到了以退求进，以攻为守。

第二，讲究全局的配合与协调。先是根据浙江大学的“水与生命”的实验结果，单方面向媒体宣布自己的选择。并在中央电视台黄金时段播放自己宣布停止生产纯净水的广告，继而在电视上播出新的广告片，诉求自己的产品特色，还同时兴建设备先进的水厂……一切都精心设置，浑然一体。

第三，引起了媒体和公众的关注，借助新闻之势，产生了冲击力强、波及面广的轰动效应。

这一策略给纯净水的打击是沉重的，纯净水厂商甚至提出要诉诸法律，但农夫山泉却早有预料，即使被告上法庭，输了官司，农夫山泉也高兴，因为将有更多的人知道它含有微量元素而不同于纯净水。

如果纯净水厂商不去中农夫山泉的连环计，处于下风之后，转而也去开发天然水或是别的水，而农夫山泉早已抢先一步站稳脚跟了。

“纯净水事件”也许只是农夫山泉整个东方式智慧的一部分，更大的动作可能会在后面。如果农夫山泉再采取低价位策略又会有什么效应？

资料来源：www. pku. edu. cn/zl

2. 郭毅怡等．广州两家大百货商场的竞争分析及启示．商业经济文荟，2003（5）
3. 杨亚梅．浅析麦德龙的营销策略．商场现代化，2006.（5）（下）
4. 罗玲．新产品进入市场的策略选择．商业时代，2007（3）
5. 费明胜等．地下商城的营销策略探讨．商业时代，2007（10）

第7章　零售组织与信息系统

⊙本章学习要点

1. 与零售任务相适应的组织是怎样的？
2. 零售企业组织结构有哪几种模式？
3. 当今零售企业组织结构发展趋势是什么？
4. 何谓零售分销？它有何作用？
5. 何谓零售信息系统，它应如何建设？

⊙本章学习内容

1. 零售企业的任务与组织结构。
2. 组织结构设计与发展。
3. 零售的分销与信息系统。
4. 零售企业如何确定自身的组织结构。

⊙案例分析
⊙本章小结
⊙关键术语和概念
⊙练习题
⊙补充阅读

7.1　零售企业的任务与组织结构

零售是一种劳动密集型的活动。本章讨论零售企业在承担任务的基础上确定自身的组织结构模式、不同职位的职责，以及协调员工行为和如何设立与控制商品流（从供应商到商店）和信息流（从商店销售地点至分销中心、供应商）的系统。

7.1.1 零售企业的任务

零售企业的组织结构决定了企业中每名员工应该承担的具体任务，以及企业的权力线和责任线。因此，设计零售业组织结构的第一步工作就是确定所要承担的任务。这些任务主要分为四大类：战略管理、商品管理、商店管理和行政管理（运作）。

在零售店中，不同类型的任务由不同类型的管理者负责。一般做法是，零售战略决策主要由高层管理人员来承担，他们包括首席执行官、总裁以及代表股东利益的董事会。商店的营运经理负责贯彻执行商店的战略计划，负责采购商品、管理商店，并且制定能够直接影响零售商经营业绩的日常决策；商店的行政管理人员提供有关信息来帮助营运经理贯彻执行企业的战略计划，负责制定实施战略计划的具体计划，并确定计划实施步骤；具备人力资源管理、财务、会计、管理信息系统、广告和市场调研等专业知识的员工为商店提供相应的行政支持。

7.1.2 零售企业的组织结构

零售企业组织有不同的结构类型。组织结构需要与企业的零售战略相匹配。像那些以价格反应敏感的消费者为目标的零售企业，非常重视建立竞争性成本优势来保持其商品的低价位。这种成本优势是通过将决策权集中于企业总部的少数人手中，从而使企业的员工数量保持最低限度的中央集权式组织结构来实现的。

组织结构也会随着企业的类型和规模的不同而变化。例如，独立经营的零售商的组织结构要比连锁零售商的简单得多。独立经营不必管理离主店很远的机构，业主往往一个人就可以监督所有的员工，员工在遇到与工作有关的问题时随时可与业主接触。相比之下，连锁经营商必须弄清如何委派任务，如何协调多个分店间的业务，以及如何为所有员工建立统一的政策。

下面将讨论小零售商、百货商店、连锁零售商所采用的组织结构。

1. 小商店的组织结构模式

许多小商店通常采用简单的组织结构，其业主可能就构成了该商店的整个组织结构，或者它们只有两三个人事层次（业主与员工），由业主亲自管理业务，监督员工。由于人员数量有限，小零售商很少进行专业分工。商店的每一名员工都从事范围很广的活动，业主则负责所有的管理任务，而且没有分支机构。

随着业务的不断扩充和销售额的不断增加，业主开始雇用管理人员，这时管理分工就产生了。图7-1表示一般情况下，小商店的管理责任的划分结构，即划分为商品管理和商店管理。此时，业主继续执行战略管理工作。除商店管理工作以外，商店经理还要负责商品分销工作和人力资源管理。商品经理负责商品采购和促销工作。经常地，业主会雇用一家会计公司来完成财务管理工作。

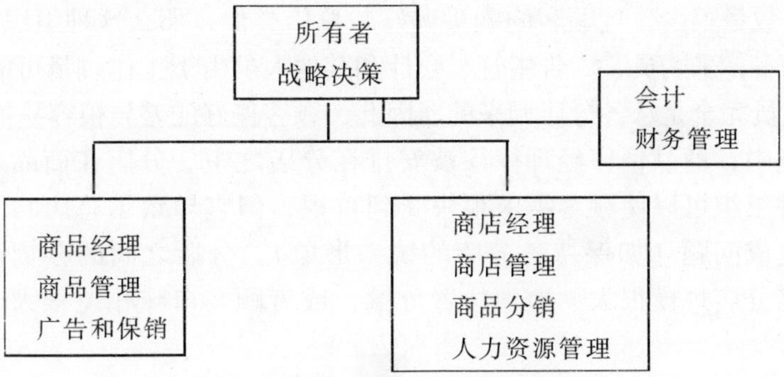

图 7-1　小商店的组织结构

2. 单体大中型商店组织结构模式

目前，许多大中型百货公司仍在沿用梅热结构（Mazur plan）的修正形式作为自身的组织结构，梅热结构于 1927 年被提出，它把整个零售活动分为四个职能领域，即商品销售、公关宣传、商店管理及财会与控制的一种组织结构。这些职能部门的任务如下：

商品销售。采购、销售、库存计划与控制、设计促销活动。

公关宣传。橱窗设计和店内陈列、广告设计和实施促销活动（与商品销售经理合作）、广告调研、公共关系。

商店管理。商品保管、顾客服务（如协调处）、购买商店自用品和设备、商店保洁、运营活动（如商品入库、检查、贴标签、送货以及看管库房）、商店和商品保护（如保险和保卫）、员工培训和报酬、工作场地管理等。

财会与控制。信用和信用审查、开支的预算和控制、库存计划和控制、记录保存。

这四个领域依据直线（垂直授权和责任）和职能结构（建议和支持）组织起来。例如，财会经理和公关宣传经理向商品部提供职能服务，但在职能部门内部是按直线组织的。

在基本的梅热结构中，商品销售经理领导的商品部负责采购和销售活动，商品销售经理通常被看做商店中最重要的部门经理，其责任包括监督采购人员、为各部门设计财务控制系统、协调各商品部的计划和政策（树立商店的整体形象）、对经济数据及其对商店的影响进行解释。一些商店还设置了商品分部经理，以减少向同一个经理报告的采购员的数量。

在基本的梅热结构中，采购员对本部门的开支控制和利润目标负有完全责任。采购员的任务包括进行初步预算、研究流行趋势、与供应商讨价还价、计划所需销售人员的数量、让销售人员了解商品购买和流行趋势方面的信息。把采购和销售归集于同一个职位（采购员）中，可能会产生一个重大问题：由于采购人员并非一直待在商店中，这可能使人事控制（培训、日程安排以及监督）非常困难。

随着分店的增多，梅热结构产生了三种衍生形式：母子型分店组织（mother hen with branch store chickens organization）由总部人员对分店进行监督和经营；独立型商店组织（separate store organization）由各分店负责采购；平等型商店组织（equal store organization）的采购集中化，各分店是地位平等的销售单位。

在母子型组织中，总店经理保留了大部分权力，在很大程度上使下级单位的行为标准化了，商品计划和采购、广告财务控制、营业时间及一些其他任务都集中管理。分店经理负责聘用和监督本店员工，并且确保分店的日常运营与总公司的政策一致。这种组织结构的优缺点也是很明显的，如果分店数量很少，且顾客的购买偏好与总店类似，那么这种组织形式十分奏效。然而，随着分店的增多，采购员、广告主管、会计和其他人员由于工作过量可能会无暇顾及分店。此外，由于总店人员完全是从各分店调来的，因此，顾客偏好的差异很容易被忽略。

在独立型组织中，商品销售经理往往被安排在分店之中。分店在商品购销和经营决策上拥有自主权。这种组织可以使顾客需求很快受到重视，但它导致了总店与分店管理人员重复设置；而且协调也成问题（如保持各分店的统一形象）。分店之间的存货调运十分复杂，且耗资巨大。只有当分店规模很大、地理位置分散，或者顾客口味相差很大时，这种组织才是非常有效的。

在平等型组织中，百货公司既要提高总体利润，又要顾及分店利润。这种形式是包含多家分店的百货公司通常采用的形式。采购职能（如预测、计划、采购、定价、把商品运送到分店、促销）均采用集中管理。销售职能（如商店陈列、推销、顾客服务、商店运营）由各分店管理。各销售点（包括总店）的待遇是平等的；采购人员不受总店人员的监督。数据收集至关重要，因为采购人员与顾客和商店的接触更少了，责任更加分散（很难在采购人员和销售经理之间划分）。

3. 连锁店（集团）的组织结构模式

连锁商店是连锁经营的具体组织形式。它是指采取同一经营策略、采用统一商号，在经营管理上受总店指挥和控制的若干中小零售店的总称。相对总店来说，它的各个零售点规模不大，但通过联合、统一行动，使得经营方式灵活多变，价格低廉，服务周到。各种类型的连锁店通常都采用一种平等型的组织结构，这种形式的一般特点是采购职能（如预测、计划、采购、定价、把商品运送到分店、促销）均采用集中管理；销售职能（如商店陈列、推销、顾客服务、商店运营）由各分店管理；各销售点（包括总店）的待遇是平等的；采购人员不受总店人员的监督。数据收集至关重要，因为采购人员与顾客和商店的接触更少了，责任更加分散（很难在采购人员和销售经理之间划分）。如图 7－2 所示，虽然连锁店的结构各不相同，但是它们有以下共同特征：

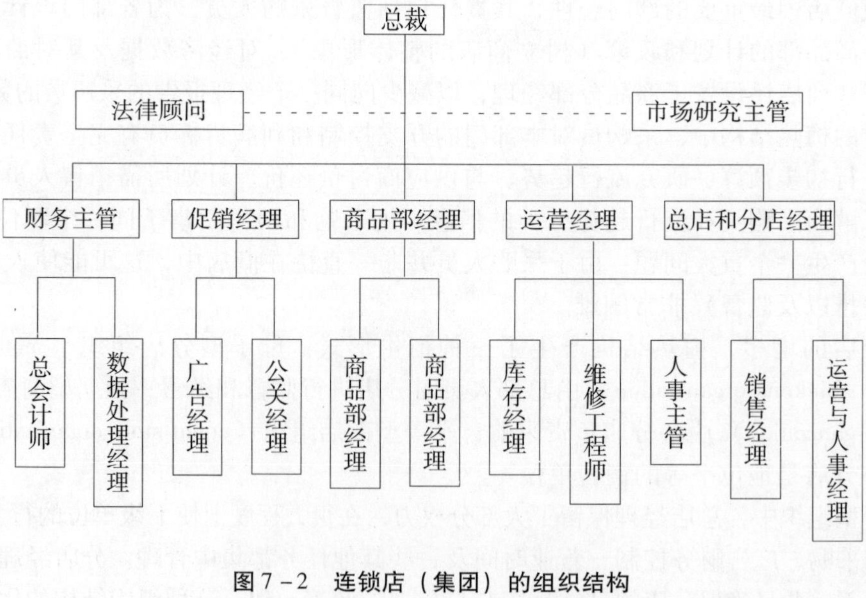

图 7－2　连锁店（集团）的组织结构

① 划分多个职能部门，如促销、商品管理、配送、商店运营、不动产、人事和信息系统。

② 权责高度集中，各分店经理负责销售。

③ 运营标准化（固定设备、商店布置、建筑设计、商品系列、信用政策和商店服务）。

④ 完善的控制系统使管理保持一致。

一定程度的分权使分店能更好地适应当地情况，并增加商店经理的责任。例如，在一些大型连锁店将其营业网点业务量的80% ~90%标准化之后，商店经理还可以根据当地市场情况拥有10% ~20%的调整余地——不管是在乡村还是在城市，收入高还是低。这的确是一种授权方式，但只在商店的经理层采用。

7.2 组织结构设计与发展

7.2.1 组织结构设计

组织结构设计是指在管理劳动分工的基础上，设计组织所需的管理部门以及各个管理部门之间的关系。零售组织结构的设计从直线型、职能型结构开始到现在，经历了直线职能型、事业部制、矩阵式、多维立体和委员会等形式组织结构的演变，但目前在零售企业中，主要采用中央集权式和分权式两种组织结构。

在中央集权式组织结构里，零售决策权由董事会（局）或总公司经理作出，而不是由地理位置分散的地区经理、行政区经理和商店经理作出的。多数全国性的和大型连锁店及折扣连锁店都采用更集权的组织结构。例如，沃尔玛公司所有决策都在公司总部制定，在地区和地方连锁店层次上不制定任何决策。

采用中央集权式的组织结构有以下优点：

①由于决策权集中于总公司的管理层，零售商在制定商品管理、人力资源管理、营销管理和财务管理决策时只需要很少的经理来完成，所以可以降低经营成本。

②采用中央集权式组织结构的零售公司通过协调在地理位置上很分散的商店之间的经营活动，并且进行大批量的商品订货，从而从供应商那里获得更低的商品价格。

③中央集权式组织使员工能为企业提供专业化优势。例如，在采用中央集权式组织结构中，熟练掌握管理信息系统、商店设计、视觉购物等专业知识的人员可以使所有的商店都能从他们的技术中获益。

分权式组织结构是指在总公司领导下按地区或市场划分，地区经理分别负责当地商店的运营和商品的管理，形成一种相对独立经营、单独核算的部门化分权结构。例如，美国的联邦百货商店有限公司（Federaled Department Stores Inc.），它拥有大量的地区连锁店，包括Burdines公司、Rich公司、The Bon Marche公司、Bloomingdale公司和Mary公司，该公司是采用分权式组织结构的一个范例，因为该公司的许多零售决策是由地区连锁店作出的，而不是由总公司经理作出的。

分权式的优点在于权力下放，有利于最高管理层摆脱日常行政事务，集中精力研究企业的大政方针和战略问题，把标准的管理政策应用于商店管理和人事管理中，更加注重经营效率；而各事业部独立核算，给予商店经理更多的决策权，能充分发挥地区管理的积极性、主动性和创造性，提高整个零售企业经营的适应能力。

无论在中央集权式零售组织还是在分权式零售组织中，商店管理都十分相似，因为众多的商店在地理位置上都是很分散的。在美国的 The Gap 公司中，一个人会负责众多的商店和营运活动。与此相反，在采用分权式组织结构的联邦百货商店有限公司中却有 7 个地区经理负责商品管理和商店营运。但是 The Gap 公司有 1 000 多家商店，其本身就需要更多层次的商店管理（4 个地区副总裁、18 个地区经理、195 个行政区经理），这比只有 40 家商店的 Rich 公司要多得多。

7.2.2 采购人员与销售人员的关系

零售企业组织形式的一个主要特征是采购和销售的分离，这种分离基于这样一个事实：采购人员经常在总部，而销售员则分散在全国各地的零售店里。因此，采购人员与销售人员最好能保持紧密的联系，这样，采购人员就能了解每天面对顾客的销售人员的想法，销售人员也能知晓采购人员所购物品质量的优劣。

小型的零售店能够有效地协调他们商店的购销活动，因为业主一般亲自采购商品，并与自己的员工一起销售这些商品。相对于小商店而言，大型零售公司的购销功能都是由相互独立的部门来组织实施的。这些公司的采购人员专门负责采购商品，但是很少与负责销售这些商品的经理们接触。虽然这种组织结构提高了采购人员的采购技术和专业知识，却使零售商很难了解顾客的需求。

开通采购人员与销售人员之间的沟通渠道是非常必要的，接下来我们将采用一些方法来打破采购人员和销售人员的沟通障碍：确保沟通、参观商店、专人协调、分散采购。

1. 确保沟通

为了解决采购人员与各零售分店之间的沟通问题，很多零售商起用了 10 ~ 100 人的地区经理队伍，其职责是确保总部与零售店之间的双向沟通渠道畅通。例如在沃尔玛，地区经理的时间表排得很满。他们都住在阿肯色州的公司总部，从周一到周四要对其管辖地区的零售店进行巡视。在周五会见采购人员的午餐会上，他们需要就从零售店经理处得到的消息进行沟通，还要听取采购人员下几周的计划。

而一些销售时装为主的零售店都要求接受管理受训的人员，在进入采购办公室之前要先在商店里工作一段时间。在为期 6 ~ 18 个月的培训期内，未来的采购员们要了解商店的营运过程和顾客的需求，以及销售人员和商品经理面临的问题等等。从而增加采购员与顾客的接触，并改善采购人员和负责销售这些商品的商店人员之间的非正式交流。

2. 参观商店

让采购员参观商店并在相应部门工作也可以增加采购员与顾客之间的相互接触和正式交流。例如，在沃尔玛公司，所有的经理（不仅仅是采购员）都要经常参观商店，并且练习他们的“漫步管理”哲学（management by wandering around，MBWA）。经理们在星期日晚上离开位于阿肯色州的公司总部，然后及时返回，并在周六早晨的例会上与其他人员交流他们的经历。

接受培训的人员和采购员在商店中花点时间可以加深对顾客需求的理解，可以更好地理解商店需要，这要比通过公司的信息管理系统中的非人格化的报告所能学到的更多。但是这样做的代价也是很高的，因为它减少了采购员与销售伙伴面谈、制订促销计划、管理库存以及确定新的商品来源的时间。

3. **专人协调**

有些零售企业设立自己的商品联络员，由专人负责协调购销活动。商品联络员通常要在商店中耗费大量的时间协助商店的工作人员进行商品展示和销售，要向采购组织中的每位部门商品经理提交报告。此外，联络员还要负责协调或处理采购员在商店销售商品时遇到的有关问题。

大型零售连锁店通常聘用按地区甚至是行政区划分的员工来负责协调购销活动。例如，美国的 Target 公司的地区商品经理与北部中心地区的商店人员一起工作，将总公司采购员制定的计划进行调整，以制定满足该地区顾客需求的计划。

4. **分散采购**

让销售人员参与采购过程也可以改善购销人员之间的关系。采用这种方法的零售公司不是将采购决策权集中在公司的总部，而是让采购员居住在每个地区并为他们所在的地区采购商品。由于这些采购员只和他的办公室周围数量有限的几家商店一同工作，所以他们经常光顾这些商店。尽管这种方法可以使企业更好地根据地方市场调整他们的商品，以满足地方市场的需要，但是也有其不足，公司往往因此降低了采购效率。

7.2.3 组织结构模式的发展

随着社会的发展和日益激烈的竞争，传统的组织结构已经不能适应当今时代尤其是日益迅速变化的经营环境，零售商正在改变他们的组织结构，通过组织结构扁平化，创立新的企业文化来引导员工，用扩大决策授权来提高员工的工作效率等手段。零售商正在不断降低经营成本，提高企业的核心竞争力。

1. **扁平化**

所谓扁平化，就是减少中间管理的层次，增大管理幅度，促进信息的传递与沟通。一个典型的扁平化零售企业通常只有三级组织结构：首席执行官、部门经理和采购员。通过减少管理层次，管理人员也相应地减少，不仅可以大大降低费用，而且增加了零售组织对顾客和竞争对手的反应速度，较高层的经理与顾客更接近了，公司只需要更少的层次来进行变革并贯彻新的计划；另外，促进了上下级之间的沟通，提高了领导决策的效率；更重要的是层次减少，人员精干后，加大了员工的工作责任，增大了工作职位的挑战性，迫使员工自我加压，促使人才快速成长。

另外，在一个更加扁平化的组织中，经理人员会有更多的下属向他们汇报工作，因此，他们不能有效地监督员工。他们必须相信下属完全能够将工作做好。

2. **组织文化**

组织文化，是指在一定的历史条件下通过社会实践所形成的并为全体成员遵循的共同意识、价值观念、职业道德、行为规范和准则的总和。它是通过由经验丰富的员工传授给年轻员工，这些指导代替了一些书面的政策和程序。许多零售公司创立了自己强有力的企业文化，并用它来指导员工，使其感觉到他们应当在工作中做些什么，以及应该怎样做才能与公司的战略相一致。

许多成功的公司，其领导倡导的价值观、制定的行为标准，常常激励着全体员工，使公司具有其文化特色，并成为对外界的一种精神象征。例如，沃尔玛公司的组织文化集中于降低经营成本，以使公司能够为顾客提供廉价的服务。公司使用一些标记和标志性行为，以强化公司重视控制成本和与顾客保持密切联系的形象。标记是一种有效的与员工沟通的方式，因为员工很容易记住标记所代表的概念。在沃尔玛公司总部内，复印机上都装有杯子，为的是让员工在个人复印时交费。员工们要能陈述公司新近推行的成本控制措施的有关信息。在传统的星期六早晨的经理例会上，在这一领域内到处巡视的经理要汇报他们看到的情况、独特的商品计划以及销售前景看好的商品信息等。公司总部设施十分简朴等等。

3. **授权**

随着组织发展的演进，发挥充分授权的组织形式，推展分权化乃是现代零售企业的新潮流，授权是指经理委派给下属一定的权力，使下属在一定的监督之下，有相当的自主权和行动权。当下属拥有决策权时，他们会对自己的工作能力更加有信心，会有更多的机会为顾客服务，会感觉到他们是公司业务成功的更重要的贡献者。当然，授权者对于被授权者有指挥和监督权，被授权者对授权者负有报告及完成任务的责任。

例如，Parisian 地区连锁企业改变了以往的授权政策，赋予销售助理人员更大的权力，允许其在未经经理同意时接受超过 1 000 美元的个人支票。在原先的政策下，顾客往往要等上 10 分钟，以便让销售助理找经理批准，而忙碌的经理也根本不看顾客的身份，只是简单地在支票上签字了事。当销售助理被授权可以接受支票时，服务质量彻底改善了，而且有问题的支票的数量也显著下降了，因为销售助理感觉到了自身的责任，会仔细地检查顾客的身份。

7.3 零售分销与信息系统

如何在市场竞争中降低成本，保持和扩大利润是企业经营中的第一需要。作为零售企业，必须做到对市场和商品的相关信息充分了解，并具备快速反应能力，方能保证获得足够利润，维持自身的生存和发展。因此，产品的分销和信息的处理在零售业中显得尤为重要。

但是直到最近，零售商才知道什么商品正在进入他们的商店。过去他们根本不知道商店里商品的状态，即什么商品正在出售或没有出售。在订购更多的商品或降价销售过剩存货之前，他们不得不等着商店的员工去盘点商品。另外，由于许多零售商已经在多区域——甚至是跨国零售公司在全球范围内扩张市场和营运商店，因此，控制存货已经变得更加复杂了，幸运的是新技术和改良的分销系统使零售商能够制定更好、更有效和更有利可图的决策。

7.3.1 零售分销

当前，大规模零售分销的方式对传统商店的管理模式提出了挑战。过去，所有的有关订货和收货，从分销中心到单个商店的运输再到单个商品的出售，以及退货等的记录，或者花高价用手工处理或者被简单地忽略掉了。如零售商运营的分销中心（distribution center，DC）是一间仓库，它只是从众多供应商那里接收商品并向众多的商店进行分销。现在计算机系统正在承担这些功能，并且将销售点终端（point of sale terminal，POS）和商品采购系统连接起来。销售点终端或现金登记员读取所购商品上的 UPC 标签，然后记录并传输这些数据。

新兴零售分销业态是促进现代零售业发展的重要因素。近年来，国际零售分销业态发生了根本变化。通过不断整合，大大提高了规模化程度，遍及全球的连锁经销网络和采购配送网络逐步形成。这一新兴业态成为促进现代零售业发展的重要因素。许多零售商与他们的供应商密切合作共同来预测顾客需求、缩短收货的引导时间、减少库存投资。他们已经建立起了在线系统，把他们的销售点终端的现金登记员和零售采购员的办公桌上的计算机终端连接在一起。他们能够准确地、适时地按件、按商店、按供应商了解什么商品正在出售。这样，零售商就能够降低存货投资并改善顾客服务水平了。美国的沃尔玛、法国的家乐福等都是实现规模化、网络化、连锁化经营的零售企业的典型。

如果一位女顾客在一个星期六的下午走进了当地的一家百货商店。这时，她看到一则宣传一种可水洗的真丝服装的广告。不幸的是，在她喜欢的所有颜色中，商店里已经没有适合她的尺寸的衣服了。这时，商店给了她一张延期有效支票，以便她能够在商店有了新货时，再来以原价购买。因为她要买的衣服在分销中心有存货，却没有及时地送到商店里来。

如果有更好的存货和分销系统，百货商店就能满足这位顾客的需要，并能增加公司利润、降低存货投资；如果有更好的关于销售情况的信息系统，采购员就能够利用特定供应商的业务，并能以更低的价格采购真丝女装；如果有更好的分销系统协调发货，公司就能降低与运输有关的支出了，因为商品只需要经过最少量的加工处理，就能够接收，做好销售准备，并且运到商店中，零售商的分销中心也可以更有效地运作；如果零售商的信息系统与供应商的计算机直接连接，那么零售商的后备存货需求就变得更少了。最后，信息系统能够确定热销商品并能自动地再次进货，这样这位顾客就能够买到她想要的那种服装了。

1. 零售分销中心

零售分销（retail distribution）或零售物流（retail logistics）是一个有组织管理商品流的过程，该商品流从商品的供给源头——供应商开始，一直延续到公司的内部加工功能——存储和运输，最终再到商品被售出并送抵顾客手中。

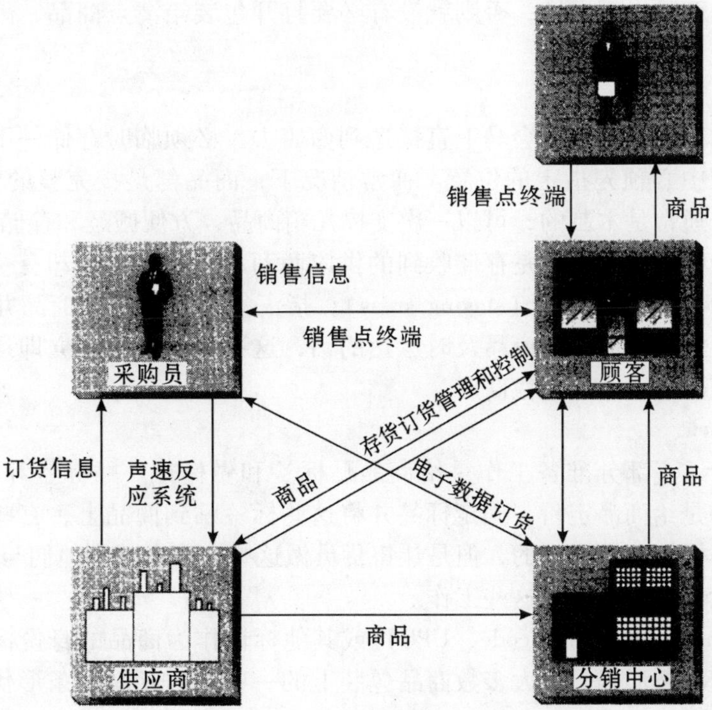

图 7－3 商品流和信息流

图 7－3 中的商品流用实线表示。商品按照从供应商到分销中心再到商店的路线流动，或

者直接从供应商到达商店。在商品暂时存放在分销中心时，可以为其做好运到商店的各项准备工作。这些准备工作包括，将运输时用的大箱子改换成各个商店更容易使用的小包装，以及给商品贴上价格标签和商店的标签等。

分销中心发挥以下几种功能：协调进货运输、收货、检查、储存、贴标记、充足订货和协调发货运输等。要充分理解零售组织中的分销功能，可以考察一下一批服装抵达一间连锁零售企业的分销中心时的情况。

(1) 进货管理

在传统情况下，服装的采购员与供应企业共同决定所购商品的种类、价格、促销手段以及采购的价格条款，如提前付款的折扣等。然而，现在的采购员也介入了协调商品物流送抵商店的工作。例如，服装采购员安排一辆载货汽车在星期一下午1点钟至3点钟将内衣针织品运到分销中心。因为分销中心全天都在不停地分配货物，所以该载货汽车必须在指定的时间内将货运到分销中心。如果由于暴风雪载货汽车被困在路上了，则发货员（dispatcher，协调向分销中心分货的人）必须重新安排供应商的载货汽车在星期三早晨发货，并要求供应企业承担因延误发货时间的罚款。

(2) 商品验收

收货（receiving）指的是商品抵达分销中心时记录接收的过程。检验（checking）指的是对照商品收据查看商品，以确保商品没有损坏，并且保证收到的商品是所订购商品的过程。供应商运来的商品是用电子扫描仪进行接收和检验的。一般来说，供应商都会在商品的包装盒上打上公司独有的条形码标记。接收台的工作人员只简单扫描一下条形码，商品就自动地检验入库了。除非商品出现损坏，否则就没有必要打开包装箱清点商品，因为这些商品内容已经由电子仪器记录过了。

(3) 储存

供应商运来的商品零售商不会马上直接送到商店去，必须临时存储一下。运来的商品被装上铲车运到分销中心预先指定的位置。通常情况下，商品都是按完整的货板数量订购的。货板是一个平台，通常是木制的，可以一次支撑几箱商品，方便搬运和存储。

过去，分销中心的主要功能是存储收到的供应商商品。但是现在却有一种新趋势，那就是把分销中心作为商品的汇集区（staging areas），指汇集不同来源的商品并做好运往商店前准备工作的区域。如果供应商的商品及时运达的话，这些商品可能会立即运到运输区，和其他供应商运来的商品混在一起运往商店。

(4) 给商品标记

在分销中心内，一部分准备工作是给商品贴标签和做标记。贴标签和做标记（ticketing and marking）指的是给商品定价，确定标签并将这些标签贴到商品上，有些零售商是在商店的销售层给商品贴标签和做标记的，但是让售货员做这些工作会减少他们与顾客接触的时间。所以，售货员一般是在上班前做这些工作。

用条形码（universal product code，UPC）或其他标记作为商品的身份标签可以使商品更加快捷地运到商店。条形码是在大多数商品包装上的一些黑白相间的条形代码，是多数零售商用来传递商品信息的语言。这些标签可以固定在运输箱上，方便商店迅速地实现扫描入库。零售企业往往和供应商合作，在生产厂就将标签和标记贴在商品和运输箱上，这样做大大减少了零售商做这些工作的成本。供应商也将衣架直接套在服装上，这样商店的员工就能直接从运输箱中取出服装，送到各楼层的指定销售位置。这些已经贴过标签和标记并套上衣架的商品称为楼层就绪（floor ready）商品。

(5) 补充订货

在零售店中，销售点终端记录每次顾客的购买情况。这些数据将从商店传送到采购员和他们的员工那里，以便他们为商店的所有商品制订补充订货计划。为商店订购的商品将通过计算机传送到分销中心。分销中心的计算机就会打出一张提货单（pick ticket，一种告诉负责补充订货的工作人员从仓库中提取商品的种类和数量的单据）。提货单应该按照仓库位置的序列打印出来，这样负责补充订货的工作人员就不需要在分销中心浪费时间到处找订购的商品，计算机也知道哪些商品已经售完，因此在提货单中就不再打印了。接下来其他人员就会将商品运到汇集区，在那里与其他商品一起加固并装到载货汽车上，送到零售店。

(6) 管理发货运输

随着分销中心在零售分销和零售物流中的作用不断突出，管理从分销中心到商店的发货运输已变得越来越复杂了。零售商的分销中心每天要运营许多条线路。为了处理好这些复杂的运输问题，分销中心采用了一个复杂的计算机系统来安排线路和制定发货时间表。该系统根据顾客服务级别、公路情况、交通运输限制等不同因素，设计出效率最高的运输路线。它运用一个精确的公路网为商店提供精确的到货时间，并使车辆的利用率达到最高。

2. 商店与分销中心

我们必须重新思考商店和分销中心的关系，分销中心的出现是基于以下这样一个思路：零售商选择了一种根据分销成本和客户服务计算出来的分销方法，这里的客户服务指的是顾客想买某种商品时，这种商品恰好在商店里。将商品运输到分销中心的优点是既保持最低存货量，又减少存货短缺，并将成本更高的商店空间用于销售商品。

可见，分销中心存储有缓冲存货来弥补销售预测的偏差的功用，商品售缺的可能性就可以降到最低点。同时，有了分销中心作保障，商店可以减少额外的存货支出。最后，商店的零售空间一般要比分销中心的空间成本高得多。而且分销中心在准备待销售商品方面有比商店更好的设备。因此，在分销中心存储商品并完成销售准备要比在各个商店中进行这些工作，成本上更有效一些。

尽管分销中心有诸多优点，但并不是对所有零售商都适用。如果一个零售商只有一家商店，那么他可能无法承担运营分销中心的费用；如果许多商店都集中在一个城区，那么，从供应商那里运来的商品可以很方便地被运输到同一地区的所有商店。因此，在有些情况下，把商品直接运到商店会更快捷。

今天，大多数商品是由供应商，而不是通过零售商的分销中心送到专营商店的。尽管零售商已经开发了复杂的分销系统，将商品运到中央分销中心，而后再转运到商店去。但是，许多零售商更喜欢某些或全部商品直接送到商店去。

7.3.2 信息系统

在零售信息系统的投资强化了零售巨子沃尔玛的核心价值：最早使用计算机跟踪存货（1969 年）；最早使用条形码（1980 年），最早采用 EDI（1985 年），最早使用无线扫描枪（1988 年）以及后来的实时存货和现金流量信息的零售连锁系统。这些投资都使得沃尔玛可以显著降低成本，提高销售额，减少缺货损失，进一步减少库存，大幅提高资本生产率和劳动生产率。零售信息系统（retail information system）能够预测零售经理的信息需求，连续地收集、组织和存储相关数据，并将信息流提供给恰当的决策者。

图7-4显示了一个一般的零售信息系统。通过该系统，零售商清楚地表明其经营理念与目标。理念和目标受环境因素（如竞争者、经济状况和政府）的影响。

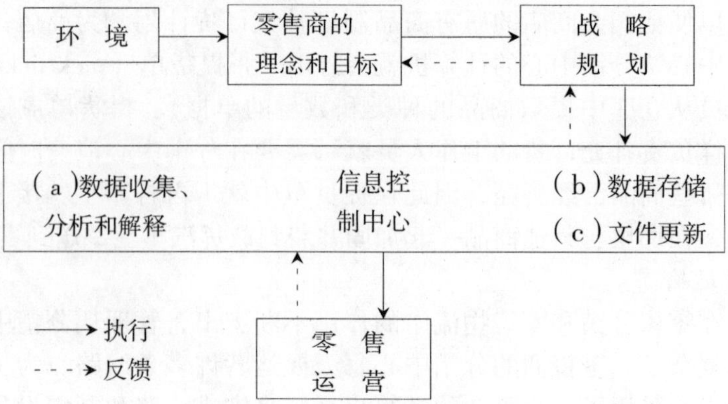

图7-4 零售信息系统

零售商的理念和目标提供非常抽象的方针，指导战略计划的制订。战略计划的某些部分是例行的，在很长时间内都不需要重新评估；另一些部分是非例行的，每次出现时都需要认真评估。

一旦需要制定零售战略，就应收集、分析和解释所需的数据。如果数据是现有的，从公司的文件记录中拿出来就行了。每添加一些新数据，文件就更新一次。所有这些工作都发生在公司的信息控制中心。然后根据信息控制中心的数据制定决策，并将决策付诸实施。

决策实施以后，绩效反馈到信息控制中心与事前标准进行比较。相关的数据从文件中调出或进一步收集，例行调整立即就完成了。例行报告和必要的额外报告（解释偏差产生的原因）反馈给相关的经理人员。必要时，零售商对绩效作出的反应可能会影响到其整体的理念和目标（如改变过时的公司形象，或者牺牲短期利益，以引进新的电算化结算中心）。

所有的信息都应保存在控制中心以备将来使用，控制中心负责协调公司的短期、长期计划和经营。收集信息切忌随意性和盲目性，而应系统地收集——要建立和维持一个这样的系统。

最近对百货商店、大众商店（mass merchants）、专业店和超市的研究发现，零售信息系统有如下特点：

① 零售商花在零售信息系统上的费用一般占其销售额的0.5%。

② 许多公司设立了信息系统部。

③ 通常情况下，由信息系统部负责制订书面的年度计划。

④ 大部分公司使用微型计算机进行信息系统分析。

⑤ 预计零售信息系统的应用会有极大的发展。

⑥ 因为销售额和商店经营方式不同，零售企业之间存在着差异。

随着计算机技术的发展和价格的下降，越来越多的零售商（各种类型的）开始开发内容丰富的信息系统。例如1978年在美国，仅有200家超市使用计算机扫描系统。目前，已有26 000家超市（占超市总数的90%）安装了该系统。20世纪70年代中期，大部分计算机系统仅用于减少收款员的错误和完善存货管理。今天，计算机常常构成零售信息系统的基础，并渗透到消费者调查、订货、商品运输等各个领域。

1. 信息流

信息流相对于商品流而言，其流向恰好相反。我们仍以前文所述的那位女士为例，虽然她在商店里没有买到真丝服装，但是我们假设她还是购买了一条新的 Edwin 牛仔服，这次购买行为在整个系统中引发了一系列的信息传递过程。

售货员首先扫描了牛仔服上的条形码标签。一般而言，这些条形码标签都采用通用商品代码，即在商品（或贴在商品上的标签）上标一排粗细不等的条形码，收款员可以通过收款台上的光学扫描仪"读出"，而不必手工输入交易记录。使用条形码技术，零售商可以在商品出售时立即记录下其型号、代号、规格、颜色等信息，并将这些信息传递给监督销售水平和库存水平的计算机。这条信息可以有几种用途。

首先，通过这条信息，负责牛仔服的采购员知道了每家商店的 Edwin 牛仔服的销售数量，而且可以用于确定下一次进货的时间。再有，如果 Edwin 牛仔服需要折价出售的话，也可以根据它来选取促销手段，并确定商店中应该用多大的空间来销售 Edwin 牛仔服。

其次，来自销售点终端的有关大众化商品（staple merchandise，即具有可以预测的、连续需求的商品。如男士内衣和袜子等）的销售信息可以直接传送到分销中心或供应商那里，而且对于这些商品，系统也会自动完成下一次订货。这些在零售商和供应商之间通过计算机传递的数据和商业文件（运输和接受订单）就称为电子数据交换（electronic data interchange，即 EDI）。

从销售点终端传来的信息的第三种用途主要涉及信息数据，通过利用来自销售点终端和顾客信用卡的信息数据，零售商可以捕捉到有关哪些人正在购买商品，以及应该面向谁来开展专门的促销活动等方面的信息。例如，如果 Edwin 公司和其他牛仔裤制造商正在举办销售活动，那么零售商就可以直接给上述那位女士寄上一份宣传册。

2. 迅速反应的发货系统

快速反应（QR）的发货系统（quick response deliver system）是一种用来降低零售商用于接收商品的引导时间（引导时间是从意识到应该进货到商品运抵商店并完成销售准备所需的时间），从而降低存货投资，改善顾客服务水平，并降低分销成本的库存管理系统。

要理解迅速反应系统（QR），可以 Kmart 公司的反应系统的工作情况为例：在一个星期六下午，一名顾客在 Kmart 公司的商店中买了一件 Haggar 公司生产的休闲装。当天晚上，在密歇根 Troy 公司总部内计算机就会问询该商店的销售情况，并记录下销售信息，星期天早晨，总部计算机会将信息传送到连锁店的自动订货系统。几个小时以后，自动订货系统会向一个电子信箱发订货单。星期一早上，Haggar 公司就会从这个信箱中取出订单。供应商也在星期二拿到了订单，并在星期三将订单送到 Kmart 公司的仓库。到星期四晚上，商品就可以运到商店了，并且做好了销售准备，供其他顾客购买。用一周时间做好商品的销售准备，但是，在 20 世纪 80 年代中期，这个过程却要用一个月时间来完成。更进一步说，采用快速反应系统后，存货周转率和销售额都增加了。

但是，快速反应系统要发挥其功能需要两个互补条件：①零售商和他们的供应商要承诺共同分享数据信息；②要有电子数据交换系统。

利用电子数据交换，零售商与其供应商可以通过计算机定期地交换关于具体产品的库存水平、送货时间、单位销量等信息。结果，双方都提高了决策能力，改善了库存控制水平并对顾客需求趋势更加敏感。Haggar 公司能够如此快速地补充订货，其中一个原因就是该公司与它的制造商实现了销售信息共享。通过信息共享，供应商能够帮助零售商完成库存管理，而且，零售商也会提供信息来帮助供应商提高生产效率，Haggar公司与其纺织品供应商实现了信息共享，以便供应商能够为公司补充订货做好准备。由于Haggar公司和它的纺织品制造商都得到了来自销售点终端的扫描数据信息，所以他们都能够准确地预测零售商所需商品的数量。

7.4 案例分析

案例7-1 7-11便利店的分销管理

日本“7-11”公司是1973年11月由日本大零售企业集团伊藤洋华堂设立，它作为一种追求便捷的优质服务的商业理念在世界零售业态中可以说鹤立鸡群，与众不同，俨然成为世界便利店的楷模。7-11便利店日平均销售额达到68万日元，资金周转每年能达到43次，年平均库存570万日元，单位销售面积的效率为235万日元。2000年实现销售额19 639亿日元，比1996年增加32.9%，纯利润682亿日元，比1996年增加29.8%，店铺数为8 153家，比1996年增加27.9%。7-11便利店能在便利店行业中长期稳坐第一把交椅主要归功于它的分销系统。

1. 频繁、小批量进货的必要性

便利店依靠的是小批量的频繁进货，如果一个消费者光顾商店时不能买到本应有的商品，商店就会失去一次销售机会，并使便利店的形象受损。

典型的7-11便利店非常小，场地面积平均仅100平方米左右，但就是这样的门店提供的日常生活用品达3 000多种。通常没有储存场所，所有商品必须能通过配送中心得到及时补充。

JIT体系不完全是交货时间上的事，它也包含以最快的方式通过信息网络从各个门店收到订货信息的技术，以及按照每张特定的订单最有效率地收集商品的技术。这有赖于一个非常先进的信息系统支持。

2. 分销渠道的改进

为每个门店有效率地供应商品是配送环节的重要职责。首先要从批发商或直接从制造商那里购进各种商品，然后按需求配送到每个门店。

为了保证有效率地供应商品，日本7-11不得不对旧有分销渠道进行合理化改造。许多日本批发商过去常常把自己定性为某特定制造商的专门代理商，只允许经营一家制造商的产品。在这种体系下，零售商要经营一系列商品的话，就不得不和许多不同的批发商打交道，每个批发商都要单独用卡车向零售商送货，送货效率极低，而且送货时间不确定。

日本7-11在整合及重组分销渠道上进行改革。在新的分销系统下，一个受委托的批发商被指定负责若干销售活动区域，授权经营来自不同制造商的产品。此外，7-11通过和批发商、制造商签署销售协议，能够开发有效率的分销渠道与所有门店连接。

批发商是配送中心的管理者，为便利店的门店送货。而日本7-11本身并没在配送中心上投资，但他们却成为分销渠道的核心。批发商自筹资金建设配送中心，然后在日本7-11的指导下进行管理。通过这种协议，日本7-11无须承受任何沉重的投资负担就能为其门店建立一个有效率的分销系统。为了与日本7-11合作，许多批发商也愿意在配送中心上作必要的投资；作为回报，批发商得以进入一个广阔的市场。

日本7－11重组了批发商与零售商，改变了原有的分销渠道，由此，配合先进的物流系统，使各种各样的商品库存适当，保管良好，并有效率地配送到所有的连锁门店。

从给便利店送货的卡车数量下降上可以体现出物流系统的先进程度。如果是在十几年前，每天为便利店送货的卡车就有70辆，现在只有12辆左右。显然，这是来自新的配送中心的有效的作业管理。

案例7－2 **沃尔玛的信息系统**

美国沃尔玛拥有最先进的信息系统，其主要特点是投入大、功能全、速度快、智能化并且全球联网，将现代信息技术运用于采购管理、分销管理和存货管理。自1996年起，沃尔玛进入中国市场之后，不断加大商品的采购量：仅2000年就从中国采购100亿美元的商品；2001年沃尔玛在全球设置24个采购点，将全球采购总部由香港迁至深圳；2002年沃尔玛停止采购外包，年销售额1 900亿美元的商品采购任务全部交给深圳的采购总部及其所属采购网络负责。目前，沃尔玛使用的大多数信息系统已经在中国市场上顺利运行，包括存货管理系统、决策支持系统、管理报告工具以及扫描销售点记录系统等等，准备在中国市场启用"零售商联系系统"，借助该系统供货商能够得到相关的货品需求数据，观察销售趋势、存货水平和订购信息，使沃尔玛能够和主要的供货商共享业务信息，与供货商一起增进业务，帮助供货商在其业务领域中不断成长，与此同时，掌握商品进货的主动权。信息系统为沃尔玛中国市场上的低成本运营、高效率拓展奠定了坚实的基础。

【本章小结】

零售公司通过设计他们的组织结构，并采用一些系统来提高他们满足顾客需求的效率，公司的组织结构决定了员工要承担的责任，以及他们应该向谁负责。

在开发公司的组织结构时，零售商必须在采用中央集权式决策方式降低采购成本及调整商品，以适应地方市场的需要和在取得收益之间寻找平衡点——这些收益是零售商采用分散式决策时产生的。

除了设计开发公司的组织结构以外，零售商还采用许多方法改善供应商、采购员和商店员工之间的相互协调。这些方法包括，为采购员与顾客之间的接触提供方便，创建强有力的企业组织文化来传达有关员工行为的信息，以及使用信息系统等。

许多零售商采用一种系统方法来管理商品流和信息流。近几年来，零售分销，即零售物流，对零售商的经营成功变得更重要了。当零售商采用复杂的系统来管理商品的运输、接收和检验、存储、贴标签和做标记、材料处理以及订货等环节时，传统的分销功能变得更有效率了。

零售商使用的计算机系统包括四个要素：①条形码（UPC），一种黑白相间的条状编码，零售商把它作为传递商品信息的语言；②用于读取条形码标签并记录和传递这些数据的销售点终端或销售点出纳员；③电子数据交换系统，从采购员到供应商之间，再返回进行传输UPC信息的方法和过程；④迅速反应系统（QR），它采用条形码、电子数据交换和销售点终端，使零售商能以比过去更快的速度从供应商那里接收商品。

【关键术语和概念】

梅热结构　连锁商店　中央集权式组织结构　分散制组织结构　扁平化　组织文化　授权　零售分销　分销中心　条形码　EDI　POS　UPC　快速反应系统

【练习题】

1. 为什么零售商要有组织结构图?

2. 零售企业的任务有哪些?

3. 什么是梅热结构?

4. 什么是企业组织文化?

5. 对于采用中央集权式组织结构的全国性零售商来说，怎样确定他们的采购员能够了解地方消费者的特殊需求?

6. 采用中央集权式的组织结构有什么优点?

7. 迅速反应（QR）系统、电子数据交换（EDI）、销售点终端（POS）和条形码（UPC）都是一些用于20世纪90年代的零售业的缩写词，这些术语之间的关系是什么?

8. 解释一下迅速反应系统是怎样改善零售商的客户服务水平并降低存货投资成本的?

9. 分销中心为零售商发挥的主要功能有哪些?

【补充阅读】

1. 短文:

上海联华超市集团的EDI应用

（1）应用现状:

上海联华超市集团成立于1992年，目前已发展到有门店230多家。它有三种经营方式，其中直营店有82家；加盟店分布在外省市如浙江、江苏等；合营店主要以控股方式经营，分布在远郊区、县。直营、加盟、合营三种方式的门店都由总部统一进货。公司现有两个配送中心，1999年年底建成一个大的配送中心。随着经营规模的越来越大，管理工作越来越复杂。公司领导意识到必须加大高科技的投入，搞好计算机网络应用。从1997年开始，成立了总部计算机中心，完成经营信息的汇总、处理（见图7-5）。配送中心也完全实现了订货、配送、发货的计算机管理，各门店的计算机应用由总部统一配置、统一开发、统一管理。配送中心与门店之间的货源信息传递通过上海商业高新技术公司的商业增值网以文件方式（e-mail）完成。

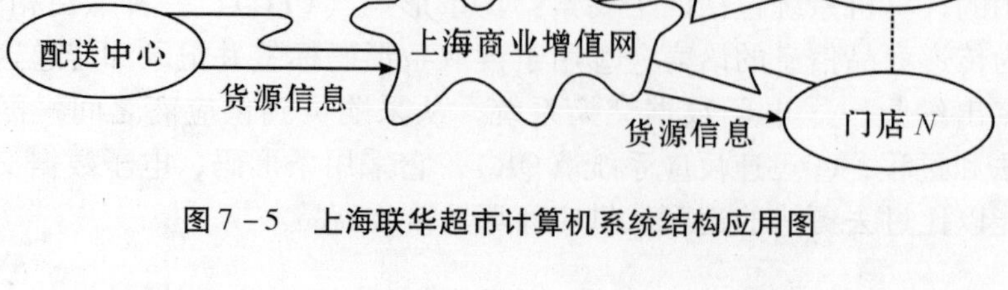

图7-5　上海联华超市计算机系统结构应用图

每天中午12点钟，配送中心将商品的库存信息以文件形式发送到增值网上，各门店计算机系统从自己的增值网信箱中取出库存信息，然后根据库存信息和自己门店的销售信息制作“要货单”。但由于要货单信息没有通过网上传输，而是从计算机中打印出来，通过传真形式传送到配送中心，配送中心的计算机工作人员再将要货信息输入计算机系统。这样做不仅导致数据二次录入可能发生的错误和人力资源的浪费，也体现不出网络应用的价值和效益。

(2) EDI应用规划。

上海联华超市集团公司作为国家科委“九五”科技攻关项目“商业EDI系统开发与示范”的示范单位之一，从1998年3月开始，与北京商学院、杭州商学院、上海商业高新技术开发公司合作开发自己的EDI应用系统（见图7－6）。这个EDI应用系统包括配送中心和供货厂家之间、总部与配送中心之间、配送中心与门店之间的标准格式的信息传递，信息通过上海商业增值网EDI服务中心完成。

采用EDI之后，配送中心直接根据各门店的销售情况和要货情况产生订货信息发送给供货厂家。供货厂家供货后，配送中心根据供货厂家的发货通知单直接去维护库存，向门店发布存货信息，这样做使得信息流在供应商、配送中心、门店之间流动，所有数据只有一个入口，保证了数据传递的及时、准确，降低了订货成本和库存费用。信息流的运转如图7－7所示。

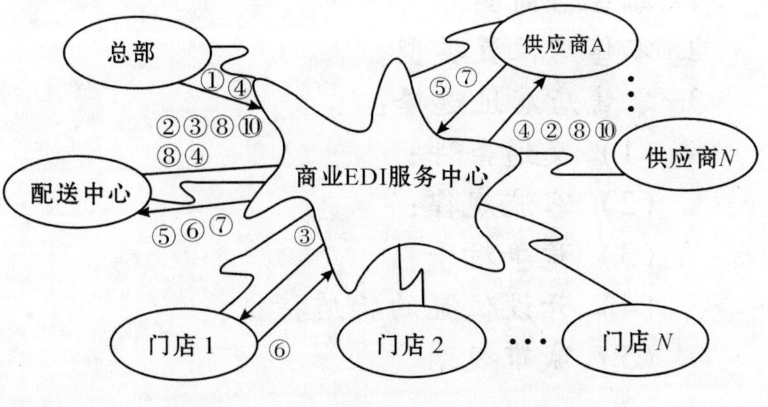

图7－6 上海联华超市EDI应用结构图

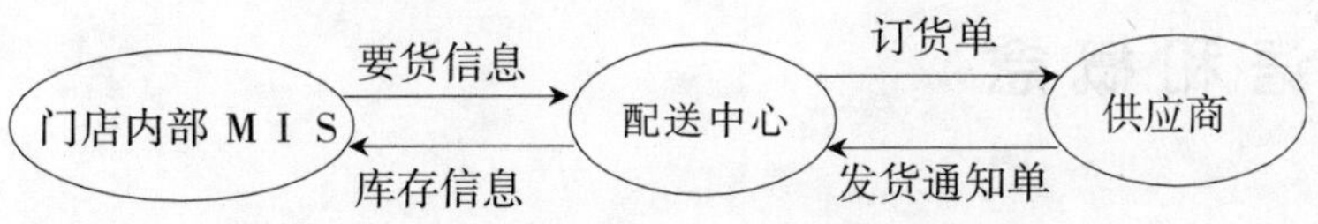

图7－7 上海联华超市EDI应用信息流程图

2. 赵德海等. 关于零售市场中的连锁店和单一店的研究. 商业研究，2006（16）
3. 曹阳. 我国商业集团整合模式的设计——以零售业为例. 商业研究，2006（20）
4. 东兴淋等. 浅析扁平化组织结构的风险. 商业时代，2006（34）
5. 王瑞梅. 零售业信息化建设的策略探讨. 商业时代，2007（3）

第8章　商店选址

⊙本章学习要点

1. 零售选择店址为什么被认为是最重要的决策之一？
2. 零售店所在地区位置选择要对哪些项目进行分析？
3. 零售店店址地点的选择要考虑哪些因素？

⊙本章学习内容

1. 零售店商圈。
2. 零售店位置类型。
3. 零售店店址选择：
   （1）交通条件；
   （2）客流规律；
   （3）竞争对手；
   （4）开设位置的物质特征；
   （5）城市规划。

⊙案例分析
⊙本章小结
⊙关键术语和概念
⊙练习题
⊙补充阅读

零售商最重要的决策之一，莫过于选择店址。作为顾客选择商店购物时，商店的位置也是最重要的考虑因素。本章以商圈理论为基础，考察店址可供选择的类型，重点讨论零售店店址的选择。

8.1 零售店商圈

8.1.1 商圈及其意义

零售业是一种地利性产业。商圈的研究（也就是商圈分析、区位分析、店址选择）非常重要。地理位置会给零售商带来极大的影响，是影响零售店成败的重要因素。

商圈，是指以零售店所在地为中心，吸引顾客的辐射范围，或者说，也就是来店顾客所居住的地理环境。

零售店的销售范围通常都有一定的地理界限，即有相对稳定的商圈。不同的零售店由于所在地区、经营规模、经营方式、经营品种、经营条件的不同，使得商圈规模、商圈形态存在很大差别。另外，即使同一个零售店在不同的经营时期受到不同因素的影响，其商圈也不一定是一成不变的。但为便于分析研究，一般将商圈视为以零售店为中心向四周展开的同心圆形。

商圈与零售店经营活动有着极为密切的关系，无论新设或已设的零售店，都不应忽视对商圈及其变化的研究。所谓对商圈的研究，就是对商圈的构成情况、特点、范围以及影响商圈规模、形态变化的因素进行实地调查、分析，由此为选择店址、制定或调整经营方针和策略提供依据。

商圈研究的重要性主要表现在以下三个方面：

1. 商圈研究是新设零售店进行合理选址的前提

新设零售店在选址时，总是希望获得较大的目标市场，以吸引更多的目标顾客。为此，零售经营者必须明确商圈范围，了解商圈内人口的分布以及市场、非市场因素的相关资料，通过分析才能明确商圈规模、形态，进行经营效益评估，衡量店址的使用价值，选定店址、规模、商品方向，使商圈、经营条件协调融合，创造经营优势。

2. 商圈是零售店制定竞争策略的依据

在日趋激烈的市场竞争环境中，价格竞争常被人们使用与模仿，但零售店在竞争中为取得竞争优势，已广泛采取了非价格竞争手段，诸如改善零售店形象，完善经营的售前、售中、售后服务，加强与顾客的沟通等，这些都需要经营者通过商圈调查，掌握客流性质，了解顾客需求、顾客所好等才能制定出有针对性的经营策略。

3. 商圈研究是零售店制定市场开拓战略、战术的依据

一个零售店经营方针、战略的制定或调整，总要立足于商圈内各种环境因素的现状及其发展规律、趋势。通过商圈的调查分析，可以帮助经营者明确哪些是本店的基本顾客群、哪些是潜在顾客群，力求留住基本顾客群的同时，着力吸引潜在顾客群。由此可见，商圈的研究，已成为制定积极有效的市场开拓战略的依据。

8.1.2 商圈构成、形态与顾客来源

1. 商圈构成

商圈一般视为以零售店为中心向四周展开的同心圆形，它由以下三部分组成：

①核心商圈：核心商圈是最靠近零售店的区域。

②次级商圈：次级商圈位于邻近核心商圈的区域。

③边缘商圈：边缘商圈是位于次级商圈之外，最外围的区域。

对商圈的认识，有四种情况应该注意：一是作为单立的零售店由于所处地点及经营规模、经营商品品种、经营业态、交通条件等不同，商圈的范围、形态以及商圈内顾客分布密度、需求特性存在着一定的差异。但在一般情形中，地区性零售店的核心商圈是顾客密度最大的区域，是主要商圈；次级商圈的顾客密度较小，是次要商圈；边缘商圈顾客最少，密度也最小。有资料表明，在三部分商圈的顾客组成中，核心商圈的顾客占50% ~70%，次级商圈的顾客占15% ~25%，其余为边缘商圈的顾客。二是对相对单立零售商圈的认识，往往成为商圈研究的基础或研究指向，居民区的便利店几乎没有边缘商圈的顾客。三是位于商业中心、商业街、购物中心的零售店，核心商圈的顾客密度较小，并不是商圈的主要组成部分；次级商圈和边缘商圈的顾客密度大，是主要的商圈。四是大型零售店，边缘商圈的顾客往往最多。

2. 商圈形态

商圈形态可区别为以下五种：

(1) 商业区

该区各种商业行业集中，其特点为：传统的商品集散地；声誉久远；流动人口多、热闹、人气旺，各种商店林立，成行成市，有集体吸引优势。其消费习性具有快速、流行、娱乐、冲动购买及消费金额不一等特色。

(2) 住宅区

该区户数多，在1 000户以上。住宅区的消费习性及消费群稳定，便利性、亲切性，尤其是家庭用品（含食、衣、住、行）购买率高。

(3) 文教区

该区有大、中、小学等学校。文教区的消费习性及消费群以学生居多，消费金额普遍不高，但对休闲用品、食品、文教用品的购买率高。

(4) 办公区

该区办公楼、写字楼林立，单位云集，工作人员多。消费习性为便利性，在外用餐人多，消费水准不低。

(5) 混合区

该区住商混合、住教商混合。由于社区功能趋于多元化，商圈形态也趋向复合式。混合区商圈形态的消费特色，属于多元化的消费习性。

商圈形态往往并非单一的，应注重多元化的交叉分析，尤其在城市化水平高的地区。

3. 顾客来源

零售店有其特定的零售范围，在这一范围中，零售店服务的对象（即顾客），其来源一般可分为三部分：

①居住人口。它是指居住在零售店附近的常住人口，这部分人口具有一定的地域性，是核心商圈内基本顾客的主要来源。如居民住宅区的超级市场。

②工作人口。它是指那些并不居住在零售店附近而工作地点在零售店附近的人口，这部分人口中不少人利用上下班就近购买商品，他们是次级商圈中基本顾客的主要来源。一般来说，大型与专营零售店附近的工作人口越多，商圈规模相对扩张越大，潜在的顾客数量就越多，对零售店经营越有利。

③流动人口。它是指在交通要道、商业繁华地区、公共活动场所过往的人口，如车站、码头、剧院等。这些路过人口是位于这些地区零售店的一种顾客来源，是构成边缘商圈内顾

客的基础。一个地区流动人口越多，在这一地区经营的零售店可以捕获的潜在顾客就越多，同时，也可能零售店云集，竞争亦激烈，零售商要生存和发展要求更讲求竞争策略和经营特色。

8.1.3 商圈调查内容与制约因素

1. 商圈调查

(1) 人口数、职业、年龄层调查

某一商圈人口数的调查相当重要，它可大略估计该商圈是否有该店立足的基本客数。例如，人口数为10 000人的核心商圈，其上班人口及就学人口占3/5，那么该核心商圈基本上有6 000名上班人口及就学人口，快餐食品零售店相对有利可图。

(2) 消费者习性、生活习惯调查

通过对商圈人口消费习性及生活习惯的调查，可得知某一形态的商业行为可能适应的市场。以上例来说，核心商圈家庭上班族居多，且该区生活习惯为早餐外食，调查结果为约80%的人口（约4 800人）会在外购买早餐，以其平均顾客单价为3元计，则该核心商圈早餐消费方面每日基本上约为14 400元的市场容量，一个月以25天计算的话约为360 000元的市场容量。

(3) 流动人口的调查

流动人口多少直接影响该店的经营成果，用不同时段的流动人口数量乘以入店率，可以推算出来客数，及粗估每日营业额。

例如，B超级市场每小时流动人潮为400人，其入店率平均为10%（不同年龄层、不同消费习性的顾客有不同的入店率），每人平均消费为80元，则可粗估B超市每小时营业额为$400 \times 10\% \times 80 = 3\,200$元，每日营业额粗估为$3\,200 \times 10 = 32\,000$元。

(4) 基础设施及竞争调查

商圈内基础设施的调查，如学校、工厂、车站、公园、办公大楼等。对于人口招徕、来客数的多少，不同营业形态的店有不同的要求。竞争店调查，如百货店、超级市场、便利店、专业商店……及其产品、价格、经营方向、来客数、课单价、服务等资料，搜集愈多、愈系统，愈有利于分析其经营的现状与未来的发展。

(5) 未来发展性调查

商圈会随着经营环境的变化而变化，应做好此项调查。旧城区改造和新城区发展将会出现新的变化，可能不适合开店；反之，有些地点从当前来看不是理想的地点，但从规划前景来看，会成为有发展前途的商业中心。

2. 制约因素

对一个零售店的商圈分析至少要考虑两个因素：一是零售店所在的地理因素；二是零售店经营的商品因素。

地理因素是指零售店所在地区的特点。如中心商业区，其交通方便、流动人口多，有大量潜在的顾客，相应地，商圈规模较大；而那些设在交通偏僻地区的零售店，顾客主要是分布在零售店附近的常住人口，其商圈规模一般较小，要扩大商圈规模可能要依赖交通条件改善或零售店创出独特的经营特色，以吸引远方的客人慕名而来。

商品因素是指零售店所经营的商品或提供的服务的种类。商品或服务的种类与商圈规模关系密切。一方面，每一顾客群总会表现出特定的消费特征，零售店在既定地区开展经营，经营的商品只有投目标顾客所好，才能吸引潜在的顾客，商圈规模才会延伸扩大；反之，商圈规模会因此逐渐收缩。另一方面，撇开顾客需求特性，商圈规模大小与商品购买频率成反向比例关系。如人们日常生活必需品，购买频率大，往往是就近购买，主要表现为求便心理，所以经营此类商品的零售店的顾客主要来自居住区内的人口，商圈规模小；而耐用消费品（消费周期长）和偶然性需求商品，购买频率较小，经营这类商品的零售店的顾客来源少，相对来说，商圈规模较大；另外，经营特殊性商品的零售店，其商圈规模可能更大。

零售商在确定商圈时，可以通过抽样调查销售记录、售后服务登记、顾客意见征询等途径搜集有关顾客居住地点的资料，对资料进行分析并统计，估计出商圈范围。采用这些方法，都不可忽视时间因素，如平日和节假日的顾客来源构成比重不同等，这些都有可能导致商圈范围有所差异。

新设商店确定商圈主要根据当地市场的销售潜力，分析可以获得的包括城市规划、人口分布、住宅小区建设、公路建设、公共交通等方面的资料，预测本店将来可以分享的市场份额，从而确定商圈规模的大小。

零售实例 8－1　　改头换面，只因商圈错位

北京市在20世纪90年代初不断有大型商场开业，且有一店比一店大、一店比一店装修豪华的趋势。然而到1997年就有多家商场关闭、转行。大型百货商场不是想开就开得了的，更不是开了就赚钱的。新建商场进行必要的商圈分析很重要，而对已建的商场了解商圈的变化，适当调整经营策略，满足顾客新的需求，才能维持生存，不断壮大。如果商业企业不能认真细致地做好这些基础工作，不知道自己服务的对象及如何为其服务，只能面临“关、停、并、转”了。

北京的万惠双安现在已经不存在了。1997年，商场亏损无法继续经营，只能转业，做了“复员军人”。万惠双安地处海淀区，人口众多，人均收入水平较高，可支配收入有8 000元之多（1998年数据），但同类竞争者有双安、当代，竞争激烈的程度就不言而喻了。万惠双安所在的地区有几个大的汽车站，交通繁忙，流动人口比重较大。万惠双安的失败是多种原因综合作用的结果，但商圈分析的失误也是其中重要因素之一。商场所在地有较大的人流，但人员流动性大，滞留时间短，且作为百货业态的商场没有特色，并不能吸引顾客，增加客流。

万惠双安关门后，改变了经营业态，成了今天的官园批发市场。名字变了，经营重点变了，价格、定位也变了。新开张的官园利用了旧有的商场设施，转变了经营方向，它生存了下来，并且红红火火，很有人气。有人气才能聚财，去的人多了，冲着那个价格、那些商品，人们不再只是浏览，而是专程去购物，去买一些经济、适用的物品。有了消费，也就有了企业的生存与发展。

零售实例 8－2　　“洋和尚”念经

发达国家的市场经济发展了几百年，经济理论丰富，市场的实践活动及经验也颇有优势，其企业参与市场竞争的能力很强。人们常说：外来的和尚会念经。这里我们就拉一个“洋和尚”来念念经。

麦德龙是德国的大超市集团，在世界上也名列前茅，它由于连锁发展，企业实力雄厚，市场经验很丰富。麦德龙是较早进入中国的洋超市之一，我们可以从它的店铺商圈分析、选址得出一些启示。麦德龙在进入中国上海时作了大量分析。其首家店铺选在沪宁高速公路入口处，排除了前期22个预选点。它的长期目标是在沪宁高速公路沿线每100公里开设一店。麦德龙的第二家店选在无锡东区，可凭借该店的位置优势辐射整个无锡及易兴、常州地区。麦德龙还计划在上海东南西北各开一店，覆盖全上海。麦德龙在选择店址时，不仅重视了单体店的商圈，而且作为一个整体，全面考虑了企业的发展及所面对的服务对象，从长远利益出发，形成规模效益。

8.2 零售店店址位置类型

8.2.1 零售店选址的重要性

零售商圈的确定在于零售店店址的选择。对零售商圈的分析最终目的之一也是零售店店址的确定。零售地点是零售商的一项重要资源。它不仅决定了零售商获得销售收入的高低，也表现出零售店的市场地位和形象，影响其零售活动的开展。

零售店店址选择的重要性主要表现为以下四点：

第一，零售店店址选择是一项大的、长期性的投资，关系着零售店的发展前途。

零售店营业场所不管是租借的，还是购买的，一经确定就需要大量的资金投入来营建店铺，购买商品；而当外部环境发生变化时，它不可以像人、财、物等经营要素可以作相应调整，而有其长期性、固定性的特点，环境的变化往往影响零售商的经营。

市场环境的变化如：①该地区内常住人口大量迁出；②城市发展规划使得这一地区不再为商业区而向其他方向发展；③商品经营的种类范围受限制，如该地区变为小商品经营地区或改为服装商业街等；④商圈内购买力水平下降；⑤交通条件变化，如道路、客货运输的限制等使流动顾客减少，商店运送货物不方便等；⑥社会环境的变化，如文娱活动场所迁移等；⑦同类竞争商店增多。

以上列举的一些不利于零售商经营的环境变化，使零售商难以固定地点适应这些变化；另外，若发生有利于零售商经营的环境变化，同样会使零售商难以固定地点以适应其变化。这些将使零售商感到地理条件的限制，难以增加商品品种以扩大交易量。

第二，零售店店址是零售店确定经营目标和制定经营策略的重要依据。

不同的地区有不同的社会背景、地理环境、人口状况、交通条件、市政规划等特点，它们分别制约着所在地区的零售店顾客来源及顾客特点，也制约着零售店对经营的商品、价格、促销活动等的选择。零售店店址一经确定，就需在商品组合、商品价格和促销策略方面围绕特定地区消费者的需求特点展开工作。如果不能充分考虑商圈内消费者的需求，就不利于零售店的经营。因此，企业经营者在确定经营目标和制定经营策略时，必须考虑店址所在地区的特点，以达到策略的可操作性和目标的可实现性。

第三，零售店店址选择是否得当，是影响零售店经济效益的一个重要因素。

零售店的店址选择得当，就意味着其享有优越的“地利”优势。在同行业商店之间，若在规模相当，商品构成、价格、经营服务水平基本相同的情况下，其必然享有较好的经济效益。所以，零售店如果期望取得更好的经济效益，便不可忽略店址的选择和地理位置的影响。

第四，零售店店址是零售商市场形象的表现和基础。

零售店所在地区带有该地区显著的特征，零售商在此地经营时，需要将所经营商品的品种、价格，商场的环境气氛和该地区的环境、社会气氛协调起来。这样零售商在展示自身期望的形象时，自觉不自觉地将显示出带有该地区明显特征的商店形象。如在高租金地区，商店经营的商品就趋于高档化，商场的环境趋于豪华，商店的服务更应完美、周到，商店的气氛就应典雅恬静，给人以高品位的感觉；如在工薪阶层居住区，商店经营的商品就应该以中档商品为主，兼营高档商品，商场环境洁净整齐，人员服务到位，商店气氛虽有渲染但不过分，给人以热烈而诚恳的感觉。

零售店选址的策划具有重要意义，在进行策划时要以便利消费者为首要原则，从节省消费者的购买时间、购买精力、购买费用的角度出发，最大限度地满足消费者的需要，否则失去了消费者的信赖、支持，企业也就失去了存在的基础。当然，在考虑便利消费者的原则时，不能单纯理解为开设的地点均要最接近顾客，这在实践中是不可能的。另外，还要考虑到大多数目标消费者的需求特性和购买特性，在符合市场规划的前提下，或分散，或集中开设，力求为消费者提供众多的选择机会，使其购买到最满意的商品，获得满意的服务，实现社会效益与经济效益的最佳结合。

8.2.2 零售商位置的类型

为了适应人口分布、流向情况，便利广大消费者购物，扩大销售，绝大多数商店都将店址选择在城市繁华中心、人流必经的交通要道、城市枢纽、城市居民住宅区附近以及郊区交通要道、村镇居民密集区等地区。由此形成了常见的四种类型的商业群。

1. 城市中央商业区、城市交通要道和交通枢纽的商业街

城市中央商业区是全市最主要的、最繁华的商业区，全市性的主要大街贯穿其间，云集着许多著名的百货商店、超市和各种专业商店，豪华的大饭店、影剧院和办公大楼也分布于此。属于这一类型的商业区，如我国北京市的王府井、西单，上海市的南京路、淮海路，广州市的北京路、天河城、正佳广场等。在一些较小的城市，中央商业区是这些城市的唯一购物区。

城市交通要道和交通枢纽的商业街是大城市的次要商业区。这里所说的城市交通要道和交通枢纽，包括城市的直通街道、地铁的大中转站等。这些地点是人流必经之处，交通便利，流动人口多，在节假日、上下班时，人流如潮，店址选择在这些地点也可以获得很好的商机，当然，这一类型的商业街地价相对高昂。如表 8 – 1 所示为 2005 年、2006 年全球最贵商业街排名。

表 8 – 1 全球最贵商业街排名

2006 年	2005 年	国家	城市	地点	年租金（元/平方米）
1	1	美国	纽约	第五大道	113847
2	2	中国	香港	铜锣湾	95619
3	3	法国	巴黎	香榭丽舍大街	67877

（续上表）

2006 年	2005 年	国家	城市	地点	年租金（元/平方米）
4	4	英国	伦敦	牛津街	56776
5	5	日本	东京	银座	54963
6	6	爱尔兰	都柏林	考芬格尔大街	45039
7	10	瑞士	苏黎世	班霍夫大道	35232
8	7	澳大利亚	悉尼	椰脚街	32998
9	8	韩国	首尔	明洞	31745
10	9	德国	慕尼黑	考芬格大街	30052
10	12	希腊	雅典	埃儿穆街	30052
20		中国	北京	王府井	17999

资料来源：美国高玮环球私人房地产服务公司

2. 城市居民区商业区

城市居民区商业区的消费者，主要是附近的居民，在这些地区开设商店是为满足附近居民就近购买日用百货、杂品等的需求。

3. 郊区购物中心

在城市交通日益拥挤、停车困难、环境污染严重、地价上升的情况下，随着私人汽车大量增加和高速公路的快速发展，一部分城市居民到郊区开设的大商业中心购物、娱乐，形成郊区购物中心。另外，城市居民迁往郊区，形成新的郊区住宅区，也促进郊区购物中心的发展，以满足“郊区”居民的购物需要。

8.3 零售店店址选择

8.3.1 零售店所在地区位置选择

地区分析、选择是零售店店址选择的第一步，也可以说是生死攸关的一步，因为地区的决定意味着零售店的发展和在这一地区的获利能力。

零售店的发展潜力或者获利能力，依靠零售商提供的商品或服务的供给和需求之间的相互作用。对一个新建商店而言，这个地区必须有一定量的人口和一定量的购买力，要有消费商品或服务的需要，同时还必须符合本店的目标市场的要求。这是有关需求的一方面。另外，还要注意到供给的方面。如果这个地区拥有高水平的供给，也就是存在着更多的商店，那对于新建商店来说，吸引力较低。

零售商对地区的分析，要从需求和供给两个方面入手，对下列项目进行分析：

1. 需求测量

零售商通过对一个地区的人口规模、收入、可支配收入等情况的分析，可以大致地判断出这一地区潜在购买力水平，从而估计出这一地区的大致需求。但是零售商仅仅依靠对人口规模、收入、可支配收入的分析是不行的，零售商还必须根据本店的目标市场的要求，集中主要的人力、物力、财力制定目标。例如，一个为青年女性（14～28 周岁）设计、销售服装的商店，如果测量需求仅搜集总的地区人口年龄结构的资料是不够的，还要搜集此类女青年所占比例、数量是不够；又如，一些零售商将目标市场定在高收入的消费者群上，则他们更应注重调查高收入家庭的数量及相关需求特性。

零售商对需求测量通常要搜集人口统计资料，如人的性别、年龄、人均收入、家庭规模、类型等，以便得到确定目标市场需求的准确依据。

2. **购买力**

地区购买力的测量经常使用购买力指数。购买力指数是测量市场的购买能力，反映市场对商品或服务有无支付能力的需求的重要指标。国家统计部门经常发布有关全国的主要城市的购买力统计资料，零售商可以借助这些资料了解市场的需求。

购买力指数即货币购买力指数，表示单位货币购买商品或取得服务数量的能力。购买力指数的高低受商品或服务价格变动的影响，即价格上涨，购买力下降；价格下跌，购买力上升；价格不变，购买力不变。购买力指数通常由消费价格指数得出，消费价格指数的倒数便是购买力指数。消费价格指数反映了日常生活费用价格水平变动程度，是反映商品价格或服务价格的综合动态指数。

购买力指数＝1/消费价格指数

消费价格指数＝$\sum K \times W / \sum W$

K：各项商品或服务的单项指数

W：权数

例如：消费者日常需求仅仅只包括两种商品，商品 1 的单项指数为 5.5，权数为 0.8；商品 2 的单项指数为 2.5，权数为 0.2。那么，消费者价格指数为：$(5.5 \times 0.8 + 2.5 \times 0.2) / (0.8 + 0.2) = 4.9$

购买力指数则为：$1/4.9 \approx 0.204$

或：购买力指数＝A·50%＋B·30%＋C·20%

A：商圈内可支配收入总和

B：商圈内零售总额

C：商圈内具有购买力的人口数量

3. **零售店的饱和程度**

零售商虽然可以利用购买力指数或国家统计部门发布的统计资料测量一个地区的零售总需求，但是对零售商的吸引力则要考虑比总需求更多的因素。需求和供给的相互作用创造市场机会。对于新建商店而言，一个地区有较高的需求水平，也可能同时有较高的竞争水平，选择这一地区对于力图规避竞争的商店可能是不合适的。另外，一个地区有较低的需求，同时竞争水平也是很低的，那么这个地区可能更有吸引力。

一个新建商店要确定一个地区的潜力，零售商需要测量一定需求水平下的供给饱和程度。通常用饱和指数来完成这一任务。

饱和指数可以测量在特定市场地区假设的零售店类型情况下每平方米的潜在需求。饱和指数是通过需求和供给的对比，测量这一地区零售店的饱和程度。计算公式如下：

$$IRS = C \times RE/RF$$

$$\text{或 } IRS = \frac{C \cdot RE}{RF}$$

IRS：某地区某类商品零售饱和指数

C：某地区购买某类商品的潜在顾客

RE：某地区每一顾客平均每周购买额

RF：某地区经营同类商品商店营业总面积

例如：为一家新设果品零售店测定零售商业市场饱和指数，根据调查资料分析得知，该地区购买果品的潜在顾客人数是140 000人，每人每周平均在果品商店消费10元，该地区现有果品商店8家，营业总面积175 000平方米，则根据上述公式，该地区零售商业中果品行业的市场饱和系数可计算为：

$IRS = 140\ 000 \times 10/175\ 000 = 8$（元）

应该指出，市场饱和系数的数字越大，表明饱和指数较高或越高，则零售店的饱和程度较低或越低；市场饱和系数的数字越小，情况则相反。

4. 市场发展潜力

市场发展潜力与零售商的营销能力密切相关。如果零售商不能满足目标消费者的需求，消费者就会转移到能够提供较好商品、价格、服务或更方便的其他地区的零售商那里购物，这就会降低当地的客流量，减少零售店的获利，而其他地区的零售商则因此而扩大了市场范围。

顾客到外地区的商店购物的现象，使饱和指数不能真实反映本地区的吸引力。一个有竞争意识的零售商应该意识到这点：即使进入饱和指数低的地区，也要通过塑造商店的良好形象，提供优质的商品、服务，以吸引消费者，降低到外地区购物的顾客数量，引起新的需求，从而获得成功。由此可见，市场的发展是增加新需求的最佳途径。

测算市场发展的方法有两种：一是测量当地消费者到外地区或较远距离的商店购物的比例。这种方法可以以一个地区的常住人口花费在外地区的货币量计算，随着本地消费者到外地区的购物量增加，本地区的市场范围就会缩小，而外地区零售商的市场范围就由此扩大。二是运用质量指数测量，质量指数表示一个市场质量的程度是高于平均购买力水平还是低于平均购买力水平。低于平均购买力水平，意味着大量消费者到外地区购物，本地区的市场缩小。

顾客到外地区购物的现象，也给零售商提供了增加销售的机会，只要吸引外地区的顾客到本店购物，就使增加销售、扩大市场成为可能。

5. 市场要素分类组合

零售商对市场吸引力的判断往往采用两个甚至多个元素的组合。对开设一个新商店的吸引力评估，就要求考虑到一个地区的饱和指数和市场发展潜力。饱和指数与市场发展潜力的综合判断，更能明确市场的吸引力。饱和指数指示存在的条件，市场发展潜力表明未来的方向。

由饱和指数和市场发展潜力的组合可以发现某一地区的两个条件下的状况，见表8－2：

表 8－2　市场要素分类组合

	市场发展潜力大	市场发展潜力小
饱和指数高	II	I
饱和指数低	III	IV

对于零售商来说，最有吸引力的市场是饱和指数高和市场发展潜力大的地区，即区间Ⅱ。高的饱和指数表明市场处于低饱和状态，供给竞争不太激烈，而且，又有大的市场发展潜力，因此，这个地区市场总需求会有所增加，投资形势看好。

饱和指数和市场发展潜力都低的地区，即区间Ⅳ代表的情况，表示高竞争而且发展潜力有限的地区，这种情况对零售商吸引力最小，阻挡新店的开设。

其他两个区间表示的地区的吸引力取决于进入企业的竞争实力。处于区间Ⅰ的地区，有高的饱和指数，表示竞争不激烈；但是由于市场发展潜力小，企业发展空间不大，削弱了这一地区的吸引力。只有企业具有一定的竞争实力，能取得市场争夺的胜利，才能进入此类型的地区。处于区间Ⅲ的地区，有大的市场发展潜力，前景诱人，但是也有激烈的竞争，多方投资者已进入，它表明新进入的商店要获得利润只能向已存在的商店夺取。

6. 可能开设的商店数量

在对某一地区进行市场决策时，既要看到其吸引力，还应考虑到可能进入者的数量。一个地区如果能吸引一家企业进入，开设新店，那么也会吸引其他企业进入。如果在这一地区同时开设的商店的数量过多，结构类同，那么这个地区就失去它的吸引力。

7. 其他因素

使用市场分类组合进行市场吸引力的研究是一种比较合理的方法。但对市场潜力的判断还有许多其他考虑因素。如地区的经济基础，这也是一个重要因素。一个地区以单独的产业为经济基础，且行业发展潜力有限，则此地区的吸引力就会削弱。例如，一个地区是矿区，以原煤采掘为依托，由一个大企业控制，如果这个地区的大企业不景气或暂时关闭，甚至煤资源的枯竭，都会影响到整个地区，并且大大减少零售商的销售量。因此，在以单一企业为经济基础的地区设立商店是有很大风险的。

对于一些零售商（如连锁店），还要考虑仓库系统和商品配送能否及时合理地为连锁分店采购、配置、运送商品。这也影响企业生存，关系到地区的吸引力。此外，还有以下一些因素：①广告宣传的成本和有效性；②劳动力成本和有效性；③地方政府针对新商店的政策和法律。

8.3.2　零售店所在区域位置选择

零售店店址区域位置选择指的是零售店应选择设立在哪一个区域，即在哪一级商业区或商业群中。

在前面已经说过，零售店在选择过程中，已逐渐形成了四类主要的商业群，那么，作为一个具体的零售店应选择设立在哪个商业群？设立在哪个商业群的哪个位置？在作出选择之前，就需要进行一定的区域分析。区域分析应基于地区分析。地区分析是比较广泛的，可以比较各省、地区、市、县或中心城市的市场吸引力，由此选择商店设立的地区。地区确定后，并不能决定商店店址的区域位置的具体地点，所以，选择新商店的店址还必须进行地区的地方区域分析。

区域分析的中心是地区的一个商业群零售潜力怎样变化。区域分析是把地区再进行较小的分区或者分片，并且评估在每一分区或分片内的需求和供给因素，由此得出区域市场吸引力。

分区或分片是指按照设定的标准把目标区域划分成若干地理区。

如同地区分析一样，在一个区域分析中的关键问题是人口统计特征与商店目标市场的匹配程度。区域分析就要以这两个因素为主，设立多项评判标准，对分割好的地理区评分。

不同业态、竞争能力的商店关心的标准不同。例如，一个百货商店的目标消费者主要是月均收入20 000元以上的高收入家庭。那么，这样的商店将计算区域内符合这一标准的家庭数，由此给出评分。而一个儿童服装和玩具商店，可能对家庭孩子的数量及有孩子家庭数量的增长更感兴趣。

总之，系统地考虑全部有关的人口统计和社会经济因素，有利于建立筛选区域的标准。例如，一个家居装潢中心可能认为下面三个因素对它选择位置很重要：①中等户年收入20 000元以上；②30%的住户拥有自己的房子；③新的家庭建设高于平均比率。

怎样根据评选标准筛选区域市场呢？

首先是划分市场区域，将其划分为若干地理区，然后按评价标准搜集每一个区域的信息，按照满意的程度给这些地区评分，最后确定得分高的区域。

进行区域分析时，也要对竞争因素进行测量。测量区域竞争程度有许多方法，如测量商店的数量、商店的资金规模、每平方米的销售额等。在一个区域内建立一个新店之前，绘制一个竞争图，分析竞争商店的位置以及引起竞争的因素及发展状态，都是重要的。

竞争有两种类型，一是直接竞争，即与准备新建的商店经营范围相似甚至相同而形成的竞争；二是间接竞争，即与准备新建的商店经营范围不同而形成的竞争。但从广义上讲，消费者持有货币量一定，不同商店有不同的消费竞争。分析竞争，把竞争者的位置绘制成图，通过比较不同区域的需求和供给，可以看到这一区域的吸引力。

另外，在区域分析中选择商店店址时，应充分考虑顾客对不同商品的需求特点及购买规律，这对区域分析也很重要。

顾客对商品的需求一般分为三种类型：

第一，顾客普遍需求的商品，即日常生活必需品。

这类商品同质性大，选择性不强，同时价格需求弹性较低，顾客购买频繁。顾客在购买过程中，求方便心理明显，希望以尽可能少的时间、精力、财力去实现购买。所以，经营这类商品的商店应最大限度地接近顾客的居住地顾客或交通便利，或提供丰富、价廉的商品。例如，属于此类的居民便利店，辐射范围一般以半径300米或步行10~20分钟为宜。

第二，顾客周期性需求的商品。

对这类商品，顾客是定期购买的。顾客在购买时，一般要经过广泛的比较后，才选出适合自己的商品品种。另外，顾客购买这类商品一般是少量的，有很强的周期性。因此，经营此类商品的商店应选择在商业网点相对集中的地区，如地区性的商业中心或交通要道、交通枢纽的商业街。

第三，耐用消费品及满足顾客特殊性需求的商品。

耐用消费品多为顾客一次购买长期使用，购买频率低。顾客在购买时，一般要经过仔细的信息搜集，确定目标，在反复比较权衡的基础上再作出选择。特殊性需求的商品购买的偶然性大，频率更小，顾客分散。所以经营这些类别商品的商店，商圈范围要求更大，应设在交通便利、客流更为集中的地区，以吸引尽可能多的潜在顾客。

8.3.3 零售店店址的地点选择

仅仅作出了店址的区域位置选择还不够，因为在同一个区域内，一个零售店可能会有好几个开设地点供选择。有些地点对某个商店来说，是非常有利的开设地点，而对另一个商店来说，就不一定是最满意的地点。因此，一个新设的商店作好地区选择、区域选择之后，还要综合多种影响和制约因素及对地点的要求，作出具体设立地点的选择。

1. 分析交通条件

交通条件是影响零售店选择开设地点的一个重要因素，它决定了企业经营的顺利开展和顾客购买行为的顺利实现。

从企业经营的角度来看，对交通条件的评估主要有以下两个方面：

①在开设地点或附近是否有足够的停车场所可以利用。外国绝大多数购物中心设计的停车场所与售货场所的一般比率为4：1。如果不是购物中心地点，对停车场所的要求可以降低，零售店可以根据自己的要求作出决策。

②商品运至商店是否容易。这就要考虑可供商店利用的运输条件能否适应货运量的要求并便于装卸，否则货运费用的明显上升，会直接影响到商店的经济效益。另外，商店提供售后服务时，需要送货上门，如果交通不便，会直接影响商店的竞争力。

为方便顾客购买，促进购买行为的顺利实现，对交通条件要作如下具体分析：

①设在边缘区商业中心的商店，要分析与车站、码头的距离和方向。一般来说，距离越近，客流较多，购买越方便。开设地点还要考虑客流来去方向，如选在面向车站、码头的位置，以下车、船的客流为主；选在邻近市场公共汽车站位置的，则以上车的客流为主。

②设在市内公共汽车站附近的商店，要分析车站的性质、客流量、是中转站还是终点站，是主要车站还是一般车站。一般来说，主要停车站客流量大，商店可以吸引的潜在顾客较多。

③要分析交通管理状况引起的有利与不利条件。如单行街道、禁止车辆通行的街道，及与人行横道距离较远，都会造成客流量在一定程度上的减少。

2. 分析客流规律

客流量大小是一个零售店成功与否的关键因素。客流包括现有客流和潜在客流。商店选择开设地点总是力图选在客流最多、最集中的地点，以使多数人就近购买商品，但客流规模大，并不一定会带来商店的兴隆，应作具体分析。

（1）分析客流类型

一般商店客流分为三种类型：

①自身客流。指那些专门为购买某种商品而来店购买的顾客形成的客流，这是商店客流的基础，是商店销售收入的主要来源。因此，新设商店选址时，应着眼评估自身客流的大小规模及发展趋势。

②分享客流。指一家商店从邻近商店形成的客流中获得的客流，这种客流往往产生于经营相互补充类商品的商店，或大商店与小商店之间。如经营某类商品的补充商品的商店，顾客在购买了主商品之后，就会附带到邻近的这类商店购买相应的补充商品，以实现完整的消费；又如邻近大型商店的小商店，一部分专程到大商店购物的顾客，会顺便到毗邻的小商店来。不少小商店依大商店而设，就是利用这种分享客流。

③派生客流。指那些顺路进店购物的顾客形成的客流，这些顾客并非专门来店购物。在一些旅游点、交通枢纽、公共场所附近设立的商店主要利用的就是派生客流。

（2）分析客流目的、流速和滞留时间

不同地区的客流规模虽有可能相同，但其目的、流速、滞留时间会有所不同，要作具体分析，再作出最佳选择。如在一些公共场所、车辆通行干道，客流规模很大，虽然也会顺便或临时购买一些商品，但客流的主要目的不是为了购物，同时，此类客流速度快，滞留时间短。

（3）分析街道两侧的客流规模

同样一条街道，两侧的客流规模在很多情况下，由于交通条件、光照条件、公共场所设施的影响，存在很大差异。另外，人们骑车、步行或驾驶汽车均靠右行，往往习惯光顾行驶方向一侧的商店。鉴于此，开设地点应尽可能选择在客流较多的街道一侧。

（4）分析街道特点

选择商店的开设地点还要分析街道特点与客流规模的关系。交叉路口客流集中、可见度高，是最佳的开设地点；有些街道由于两端的交通条件不同，或基础文化娱乐设施不同，或通向的地区不同，客流主要集中在街道的一端，表现为一端客流最多、纵深处逐渐减少的特征，这时候，店址宜选在客流集中的一端；还有些街道，中间地段客流规模大于两端，相应地，店址选择在街道中间就能更多地得到客流。

3. 分析竞争对手

商店周围的竞争情况对零售店经营的成败产生巨大影响，因此，在商店选择开设地点时，必须分析竞争对手。一般来说，开设地点附近如果竞争对手众多，且商品结构、服务水准等相类似，则新店很难获得巨大成功，但若新店经营独具特色、竞争力强，也能吸引大量客流，促进销售增长，增强店誉。

当然，作为零售店的选址地点还是应尽量选择在商店相对集中且有发展潜力的地方，经营选购性商品的商店尤其如此。

另外，当店址周围的商店类型协调并存，形成相关商店群，往往对经营产生积极影响，如经营相互补充类商品的商店相邻而设，在方便顾客的基础上，也扩大了自己的销售。集中在一起的商店群相互之间既存在竞争，又有着合作，应善于权衡把握这种关系。

4. 分析开设位置的物质特征

一个位置的物质特征决定商店的建筑的类型。物质特征包括位置周围建筑环境、停车场、能见度、顾客进出的方便性以及地形的特点等因素。

建筑环境。新建商店要与周围的建筑环境相融合，不同的环境要求不同的建筑风格，从而影响开设成本等一系列问题。比如，在豪华建筑群中，仓库或裸墙商店不宜存在。

停车场。停车场的数量、面积及方便性也是位置物质特征的一个重要方面，大多数购物中心提供充分的免费停车场。而在商业中心地区，停车场是一个主要问题。因为商业中心地区商家云集，地面空间狭小，难以开辟空地建停车场，有的商店腾出一小块地作为停车场，但由于地价昂贵，便要收取停车场地费。不过，地下停车场及立体式停车场的建立有可能缓解这一矛盾。

能见度和顾客进出的方便性。一片空白而平坦的地方有好的能见度和易接近性，但是这样的地点对于开发和发展却是不利的。零售商必须在此开发道路、商店、停车场，甚至提供运输交通工具，其投资规模和成本很大。如果在一个有效的地点，且已有建筑物，零售商必须考虑现有的建筑物能否被改造和利用或者需要全部或部分地拆毁。

另外，若一个潜在的开设地点位于购物中心末端而只有狭小部分临街，或者位于街道一侧只有狭小的一部分，其能见度远远低于位于购物中心入口处或主要街道，虽然有时候可以通过建筑物的一个大的、清晰可见的标志指引顾客，但还是会丢失一些顾客。

地形特点。通常十字路口的易接近性高，那里拥有较大的客流量。许多零售商也愿意支付较高的租金以获得这样的位置。路口拐角处同时也提供较多的橱窗陈列的机会，并可多设出入口，增强能见度与易接近性。但是，有立交桥或将要建立公路立交桥的路口不是好的地点，交通管理的障碍也影响着顾客的可接近性。

5. 分析城市规划

在选择商店开设地点时，要考虑城市建设的规划，既包括短期规划，又包括长期规划。有的地点从当前分析是最佳位置，但是随着城市的改造和发展，将会出现新的变化而不适合开店。反之，有些地点从当前来看，不是理想的地点，但从规划前景看，会成为有发展前景的新的商业中心区。因此，零售商必须从长远考虑，在了解地区内的交通、街道、市政、绿化、公共设施、住宅及其他建设项目的规划的前提下，作出对最佳地点的选择。

最后，零售商还要对未来商店的效益作出评估，主要包括平均每天经过的人数、来店光顾的人数比例、光顾的顾客中购物者的比例、每笔交易的平均购买量等。于是，零售商就可以作出商店的开设地点和商店设置后开业的决策了。

8.4 案例分析

史蒂法妮·威尔逊的精品店

史蒂法妮·威尔逊必须决定在哪里开设自己的成衣精品店，这间商店已经在她的脑海里构思好几年了。大学毕业后，她一直在市政府工作，现在已经快40岁了。她在大学里学的是艺术专业，现在离异，带有两个孩子，一个5岁，一个8岁，她想开设自己的商店，这样就可以有更多的时间跟孩子们在一起了。

她喜爱时装，也认为自己有这方面的天赋，而且她还读过时装设计与零售管理的夜校课程。最近，她听到一个翻修拱廊建筑的计划，这座建筑就位于她所在的那座中西部城市的商业区中。这则消息使她的开店决心更坚定了。她一共考虑了三个开店位置。

1. 商业区的拱廊市场

该市的中心商业区曾经是拱廊式的。这次建议翻修的拱廊建筑是整个翻修计划主体的一部分。同时，一家新百货商店和几栋办公楼已经开始使用了。完成整个主体计划需要再用6年时间。

自1912年来，这座拱廊建筑一直是商业区的贸易中心，但是近15年来一直闲置在那里。这次提议的翻修工程包括一座三层的购物大厦，并带有停车场、低价修车厂以及传统的商业中心综合大楼。第一层计划开设40家商店，第二层再多设28家，第三层是一组餐馆。

史蒂法妮所考虑的位置约有30平方英尺见方，位于一楼的大门附近。每月租金是每平方英尺20美元，每年7 200美元。如果销售额超过225 000美元，租金将占销售额的8%，即18 000美元。但她不得不签订为期3年的租约。

2. 柔狮山庄

在史蒂法妮所在的城市中，翻修的城区部分被人戏称为“柔狮山庄”，因为那里有耸人听闻的过去。然而，在今天，那里有整洁而且保护完好的棕色石头，周围舒适的环境，就像一个幽僻的世外桃源一样。许多当地人已经自己动手进行了翻修，并且以此为荣。

现在，在传统的商业中心综合大楼附近的山庄里，大约有20家小零售店。在这之中多数是餐馆，也有3家女装商店。

在山庄的主要街道旁有一所旧房子，史蒂法妮可以用它的一层，面积也有900平方英尺。租金每年为15 000美元，没有超额条款。房主认识史蒂法妮，并且要求签订为期2年的租约。

3. 苹果树大厦

这座郊区大厦已经开业两年了，是一家成功的地区商业中心。在州际公路旁边，它有3家百货商店和100家小的商店，距离商业区大约有8英里。大厦内的9家女装零售店中，有3家的价位远远高于史蒂法妮的设想。

苹果树大厦掌握着西南部市区1/4的零售业。尽管该区的零售业增长额一直在不断下降，但是，大厦的销售额仍比去年高12%。史蒂法妮有计划要在小镇的东部再开发一座购物中心，其面积和特点与苹果树大厦一样，但是离破土动工还有18个月，而且没有招租机构开始出租摊位。

在苹果树大厦中，地方百货连锁店也开了一家过季商品店，距离史蒂法妮的商店位置仅有两个店面之隔。这座商店面积有1 200平方英尺，比另外两个地方稍大一点，但是它是窄长形的——前部有24英尺宽、5英尺长。每月租金是每平方英尺24美元（每年28 800美元）。此外，如果销售额超过411 500美元，租金就占7%。另外，还有占销售额1%的附加费，主要用于大厦公共区域的维护和促销活动等。与大厦签订的5年期租约中有例外条款，如果两年后销售额不足411 500美元的话，该条款就生效。

本案例见迈克尔·利维，巴顿·A. 维茨. 零售学精要（第一版）. 郭武文，王千红等译. 北京：机械工业出版社，2000（引用时作了些修改）

【问题讨论】

1. 请说出每个位置的优缺点是什么？
2. 每个位置最适合开设哪种商店？
3. 如果你是史蒂法妮，你会选择哪个位置？为什么？

【本章小结】

零售商最重要的决策之一，莫过于选择店址。顾客选择商店购物时，商店的位置也是最重要的考虑因素。本章以商圈理论为基础，考察店址可供选择的类型，重点则讨论零售店店址的选择。

【关键术语和概念】

商圈　商业街

【练习题】

1. 什么是商圈？商圈的构成、形态与顾客来源是何关系？

2. 为什么说零售店的选址是重要的？一般来说，零售店选址有哪些类型？应该从哪些要求去考虑选址的问题？

3. 一些发达国家一直在对商业网点的有序发展进行调控。如美国沃尔玛公司是世界上最大的连锁商业企业，在全球有 4 000 多个门店，但在美国的加利福尼亚州却没有多少门店，主要原因就是当地的议会经过听证程序，认为不符合当地商业发展的需要，因此不予发放项目许可。日本国会几年前专门通过了《大型零售店选址法》，对开设大型零售企业规定了详尽而明确的听证程序。

改革开放以来，我国城市商业网点建设发展很快，不少大型商业设施也成为城市中一道亮丽的风景线。但是，在商业网点建设中，存在着布局不够合理、结构比例失调、业态功能雷同等现象，导致同业竞争过度，造成社会资源的浪费。那么，你对我国商业网点的布局和商圈的选址有什么看法？为什么？

【补充阅读】

1. 洪涛．现代商圈及其动态发展——兼论北京南城商圈及其定位．商业时代，2002（23）

2. 尚嫣然等．生态学理论在城市零售商业空间布局与经营的运用．商业研究，2005（13）

3. 高辉．国外零售店选址技巧和程序分析．商业经济文荟，2004（2）

4. 王放等．中心城市最适产业结构模型构建．商业时代，2007（8）

5. 王艳红．商业企业集聚体的发展态势、内涵及研究展望．商业研究，2007（6）

第 9 章　商品管理与采购

⊙本章学习要点

1. 零售商品分类与结构。
2. 零售商品的组合。
3. 存货与控制系统。
4. 商品采购过程及原则与方式。

⊙本章学习内容

1. 商品分类与组合。
2. 商品存货管理。
3. 商品采购。

⊙案例分析

⊙本章小结

⊙关键术语和概念

⊙练习题

⊙补充阅读

零售商依靠商品吸引顾客购买而获得生存和发展。对顾客来说，零售店经营商品的种类、品质、数量、价格、式样、花色、销售时间和服务等是决定他们是否到某一商店购买的重要原因。

本章讨论零售商如何开展商品管理与组织商品采购等问题。

9.1　商品分类与组合

9.1.1　零售商品分类与结构

1. 零售商品分类

零售店的策划者，需要对所经营的商品进行适当的分类，根据各类商品的特点制定零售店的商品经营策略，以扩大商品销售，增加企业利润。商品分类有如下方法：

（1）根据商品的耐久性和有形性分类，可以分为耐用品、消耗品和服务

①耐用品。耐用品是指在正常情况下能多次使用的有形物品。如电冰箱、电视机等。因为耐用品使用周期（到下一次重新购买的时间）长，这类商品价格一般较高，所以顾客购买慎重。经营耐用品需要更多的销售服务和销售保证，如维修、运送、保修、保退、保换等。企业销售耐用品的重点是形成促使顾客购买的气氛，作耐心细致的商品介绍，指导使用方法，还应建立完整的售后服务体系。

②消耗品。消耗品，也称非耐用品，是指在正常情况下一次或几次使用就被消耗掉的有形物品，如牙膏、洗衣粉、文具等。因为这类商品很快被消费掉，顾客购买频繁，一般来说，这类商品价格较低，商品经营利润较小。经营消耗品必须便利顾客的购买，零售企业经营消耗品应将网点接近居民区。

③服务。服务是非物质实体商品，服务的核心内容是向顾客提供效用，而非转移所有权。服务与有形商品比较具有以下特点：首先，服务基本上是无形的；其次，服务内容不易标准化；再次，提供服务是与其消费过程同时进行的，服务的交易必须在适当的时间和地点进行才能有效地满足需要。为顾客提供服务应当加强服务质量的管理，提高销售者的信誉和技能以及对顾客的适用性，为不同的顾客提供不同的服务。

（2）根据商品的用途分类，可以分为消费品和资本品

①消费品。消费品是用户为了使用而最终购买的商品，直接用于最终消费。消费品的购买者不像产业用品的购买者那样是技术的内行，不一定按“性能和价格”进行选择和决定，而更多的带有心理方面的特点。例如，外观设计的精美程度、商品品牌等，常常具有满足顾客需求的力量。

②资本品。资本品是指企业为生产商品而购入的商品。资本品同消费品不仅购买目的不同，而且购买数量和方式也有很大差别。资本品的顾客往往是具有专门知识的行家，购买的决策多带有科学性，因此在销售资本品时，必须依靠掌握用户决定意向的审批机构，销售人员应对商品性能、价格等方面具备必要的商品知识。

（3）根据顾客对商品的选择程度，可以分为便利品、选购品、特殊品和未寻求品

①便利品。便利品是指顾客经常购买，而且不愿意花时间作过多比较选择的商品。便利品又可分为三种：

A. 日用品。日用品是指单位价值较低，经常使用和购买的商品。如肥皂、灯泡、电池以及大部分杂志等。顾客购买日用品的突出要求是随时可以买到，所以愿意接受任何性质相同或相似的替代品，并不坚持特定的品牌和商标。对品牌众多的日用品，顾客常常选择自己熟悉的牌子。

B. 冲动购买品。冲动购买品是顾客事先并无购买计划，因视觉、嗅觉或其他感官直接受到刺激而临时决定购买的商品，如糖果、风味食品等。冲动购买品对感官的刺激是商品促销的重要手段，如玩具的示范表演、风味食品的现场制作等。

C. 应急品。应急品是顾客紧急需要时所购买的物品。如突降大雨时的雨具等。在应急品的经营中，商品布置的可见度对销售影响较大。

②选购品。选购品是顾客在购买过程中，愿意花费较多的时间观察、询问、比较选择的商品。这类商品的特点是：价格较高，使用期长，多数属中、高档商品。如家具、组合音响、服装等。选购品的购买者一般愿意到商店集中的地区或有声望的大商场去买。

③特殊品。特殊品是具有特定性能、特殊用途、特殊效用和特定品牌的商品，它有专门的消费对象。如集邮品、花、鸟、戏装等。由于特殊品有特定的消费对象，从而排除了其他商品的竞争，经营特殊品会使经营者获得较大收益。销售特殊品宜开设专门商店或专柜，并适宜集中经营。

④未寻求品。未寻求品是指顾客尚不知道，或者知道但尚未有兴趣购买的商品。如，某些刚上市的新商品等。未寻求品的性质决定了零售企业必须加强广告宣传和推销工作，使顾客对这些商品有所了解，发生兴趣，千方百计地吸引潜在顾客，扩大销售。

（4）根据顾客的购买习惯不同，可以分为日用品、日用百货、专用品和流行品

①日用品。日用品是家庭中经常消费的商品。顾客购买次数较多，因此购买时要求价格便宜，选择标准一般为方便、坚固、美观，对质量要求不怎么高，顾客一般到附近商店购买。经营日用杂品，越接近顾客居住区越好。

②日用百货。日用百货是顾客经常使用和购买的价值较低的商品。顾客对日用百货商品的选择标准是质量好、感觉好和种类丰富。日用百货商品的价格以中等偏上较易销售。顾客购买日用百货商品可接受的距离比日用杂品远些。

③专用品。专用品是指对顾客具有特定用途的商品。专用品一般价值较高。如体育用品、绘图仪器及金银饰品等。专用品的购买次数少，顾客购买时相当谨慎。专用品的质量要求必须好，价格高些没有关系。由于购买次数少，顾客可以去非常远的地点购买。

④流行品。流行品是由于某些因素影响而在短时期内出现大量需求的商品。流行品的消费在一定时期表现为一种时尚。流行品具有较强的时间性，顾客大体只购买一次，且非常踊跃；在流行期内，价格高些没有问题，而对质量要求不怎么高；流行品经营的重点是款式漂亮、新颖。

（5）根据商品生命周期的销售变化，可分为狂热商品、时尚商品、大众化商品和季节性商品

①狂热商品。狂热商品是指在较短时间内，销售量大，能产生很大的销售额的商品。如某明星的服装、用品或某新产品等。一般来说，狂热商品难以预测，经营狂热商品风险大，但一经把握了机会，利润丰厚。

②时尚商品。时尚商品是指能持续销售多个季节，但销售额会随着季节而变化的商品。如男士西装、白领的制服及家庭用品等。时尚商品的生命周期依赖于这些商品的种类和目标市场，零售商要具备一定的实力和经验。

③大众化商品。大众化商品是指一些在很长的一段时间内都有连续不断需求的商品。如毛巾、衬衣、袜子、牛仔裤等。某些大众化商品即使是名牌也会走向衰退，因此，零售商也要注意调整商品结构。

④季节性商品。季节性商品是指随着季节的转换使其销售额产生剧烈变化的商品。一般来说，时尚商品和大众商品也有季节性。如代表时尚潮流的羊毛衫、长袖衬衣在冬季特别畅销。这就要求零售商注意应市和存货量。

2. 零售商品结构

商品结构是零售企业在一定的经营范围内，按一定的标志将经营的商品划分为若干类别和项目，并确定各类别和项目在商品总构成中的比重。商品结构是由类别和项目组合起来的。商品结构是否合理，对于零售企业的发展具有重要意义。

商品经营范围只是规定经营商品的种类界限，在经营范围内，各类商品应当确定什么样

的比例关系；哪些商品是主力商品，哪些商品是辅助商品和一般商品，它们之间保持什么样的比例关系；在各类商品中，品种构成应保持什么样的比例关系，主要经营哪些档次等级、花色规格的商品，等等。这些属于商品结构的问题必须在零售策划中具体确定。

在一定意义上讲，商品结构在零售店经营中居于枢纽位置，经营目标能否圆满完成、经济效益能否顺利实现，关键不在于经营范围，而在于商品结构是否合理。如果商品结构不合理，就直接影响经营成果。

（1）商品结构的分类与内容

零售店经营的商品结构，按不同标准可以分为不同类型。按商品自然种类划分，可以分为商品类别，商品品种，商品花色，规格，质量，等级，品牌等；按销售程度划分，可以分为畅销商品、平销商品、滞销商品；按商品使用构成划分，可以分为主机商品和配件商品；按价格、质量划分，可以分为高、中、低档商品；按经营商品的构成划分，可以分为主力商品、辅助商品和关联商品等。

上述分类是从适应顾客不同需求特点和零售企业的经营活动出发来加以研究的。按照上述分类标准来研究商品结构，能够使商品结构更趋于合理。由于部分分类的划分较易于理解，在此不详细介绍，仅就按商品构成划分的主力商品、辅助商品和关联商品的内容进行介绍。

①主力商品。主力商品，是指在零售企业经营中，无论是数量还是金额均占主要部分的商品。一个企业的主力商品体现它的经营方针、经营特点以及企业的性质。可以说，主力商品的经营效果决定着企业经营的成败。主力商品周转快就可以保证企业取得较好经营成果；反之，就很难完成企业销售目标。因此，企业应首先将注意力放在主力商品的经营上。

零售企业选作主力商品经营的应该是在市场上具有竞争力的商品或名牌、畅销商品。这就要求经营者必须掌握所经营的主力商品的发展趋势、增长状况和竞争能力，同时还应注意掌握顾客的需求动向和购买习惯的变化。如果在经营中发现主力商品的某些品种滞销，就必须及时采取措施加以调整，防止由于某些品种的影响而使企业销售额下降。企业掌握了主力商品的变化情况，也就掌握了经营的主动权。

②辅助商品。辅助商品，是对主力商品的补充。零售企业经营的商品必须有辅助商品与主力商品相搭配，否则会显得过于单调。辅助商品不要求与主力商品有关联性，只要是企业能够经营，而且又是顾客需要的商品就可以。辅助商品可以陪衬出主力商品的优点，成为顾客选购商品时的比较对象，不但能够刺激顾客的购买欲望，而且可以使商品更加丰富，克服顾客对商品的单调感，增加顾客光顾频率，可以促进主力商品的销售。

③关联商品。关联商品，是在用途上与主力商品有密切联系的商品。例如，录音机与磁带、西服与领带等都是关联商品。配备关联商品，可以方便顾客的购买，增加主力商品的销售，扩大商品销售量。配备必要关联商品的目的是适应顾客购买中图便利的消费倾向。这也是现代零售企业经营中的重要原则。

（2）商品结构的完善与调整

零售企业商品结构的完善，主要有两个方面：一方面完善主力商品、辅助商品和关联商品的结构；另一方面完善高、中、低档商品的结构。

①主力商品、辅助商品和关联商品的配备。一般来说，主力商品要占绝大部分，而辅助商品和关联商品的比重则应少一些。主力商品的数量和销售额，要占商品总量和全部销售额的70%～80%，辅助商品和关联商品占20%～30%，其中关联商品应确实与主力商品具有很强的关联性。在经营过程中，如果发现企业商品结构发生变化，则应迅速调整，使之趋于合理。

②高、中、低档商品的配备。高、中、低档商品的配备比例，是由企业目标市场的消费阶层的需求特点决定的。在高收入顾客占多数的地区，高档商品应占大部分；在低收入顾客占多数的地区，则应以低档商品为主，这样才能满足顾客的需要。

一般来说，以高消费阶层为目标市场的企业，可以采取以高档商品、中档商品占绝大多数的政策，其经营比重为：高档商品占50%，中档商品占40%，低档商品占10%。主要面向大众顾客的企业，可以采取低档商品、中档商品占绝大多数的政策，其经营比重为：高档商品占10%，中档商品占40%，低档商品占50%。如果以低消费阶层为目标市场，也可以按中档商品占30%、低档商品70%的比例配备。

高、中、低档商品结构的配备，受到顾客的消费结构的制约，当消费结构发生变化时，企业应相应调整高、中、低档商品的比重。

应当指出，零售企业经营商品的品种中，有相当部分由于供求的季节性波动而形成周期性的商品交替，这些商品有明显的季节性，所以企业要随着季节的不断变更，随时调整商品结构。由于商业的季节性比自然的季节性来得早一些，因此，企业应在季节到来之前调整好经营商品的结构。

9.1.2 零售商品的组合

零售商品组合，就是一个零售企业经营的全部商品的结构。它通常包括若干商品大类，即商品系列。每个商品系列又包括数目众多的商品项目（又称商品品目）。

商品大类是指一组密切相关的商品，因为这些商品具有替代性、配套性，能满足人们某一类需要，或者通过同种类型商店销售给相同的顾客群，或者属于同一价格档次。商品项目是指某种商品大类中不同型号、规格、款式、颜色的商品。

零售企业在经营中，可以专门经营一个商品大类，也可以经营几种不同大类的商品，由于商品组合方式不同，会形成企业经营的不同特点。因此，认真研究商品组合的策略，对于零售企业开展经营活动具有十分重要的作用。

1. 商品组合的类型

（1）多系列全面型

这种策略着眼于向任何顾客提供他们所需要的一切商品，采取这种策略的条件就是企业有能力照顾整个市场的需要。整个市场的含义可以是广义的，就是不同行业的商品市场的总体；也可以是狭义的，即某个行业的各个市场面的总体。广义的多系列全面型商品组合策略就是尽可能增加商品系列的宽度和深度，不受商品系列之间关联性的约束；狭义的多系列全面型商品组合策略，是指提供在一个行业内所必须有的全部商品，也就是商品系列之间具有密切关联性。

（2）市场专业型

这种策略是向某个专业市场、某类顾客提供所需要的各种商品。例如，以建筑业为其商品市场的工程机械公司，其商品组合就应该由推土机、压路机、载重卡车等商品组成；旅游公司其商品组合就应考虑旅游者所需要的一切商品或服务，如住宿服务、饮食服务、交通服务以及旅游者所需要的物品，包括纪念品、照相器材、文娱用品等。这种商品组合方式不考虑各商品系列之间的关联程度。

（3）商品系列专业型

零售店专注于某一类商品的销售，将其商品推销给各类顾客。例如，某汽车制造厂的商品都是汽车，但根据不同的市场需要，而设立小轿车、大客车和运货卡车三种商品系列以适应家庭用户、团体用户及工业用户的需要。

(4) 有限商品系列专业型

采取这种商品组合策略的零售店根据自己的专长，集中经营有限的甚至单一的商品系列，以适应有限的或单一的市场需要。例如，有的汽车制造厂专门生产作为个人交通工具的小汽车，不生产大客车、运输卡车以及其他用途的汽车。

(5) 特殊商品专业型

零售店根据自己的专长经营某些具有销路较好的特殊商品项目，这种策略由于商品的特殊性，所能开拓的市场是有限的，竞争的威胁也很小。

(6) 特殊专业型

采用这种商品组合策略的零售店，是凭借它拥有的特殊销售条件提供能满足某些特殊需要的商品。例如，提供特殊的工程设计、低成本的制造技术，或根据需要可灵活转换的操作条件等等。这种商品组合策略由于其商品具有突出的特殊性，因此常能避免竞争威胁。

2. 最佳商品组合

商品组合策略只能从原则上提供商品组合的基本形态。由于市场环境和竞争形势的不断变化，商品组合的每一个决定因素也会在变化的形势中不断变化，商品组合的每一个具体商品项目也必然会在变化的市场环境下发生分化，一部分商品获得较快的成长，并持续取得较高的利润，而另一部分商品则可能趋向衰落。

因此，零售店面临一个不断根据形势变化调整商品组合，在变动的形势中寻求和保持商品组合最佳化的问题。如果不重视对商品组合的经常调整，不重视新商品开发和过时商品的淘汰，则原有的良好的商品组合必将逐渐地出现不健全和不平衡的现象。因此，每一个零售店都应该经常分析自己商品组合的状况和结构，判断各商品项目在市场上的生命力，评价其发展潜力和趋势，不断地对原有的商品组合进行调整。

3. 商品组合优化方法

对于经营商品项目众多的零售店来说，最佳商品组合决策是一个十分复杂的问题。许多零售店在实践中创造了不少有效方法。目前，系统分析方法和电子计算机的应用，更为解决商品组合优化问题提供了良好的前景。下面介绍四种经过实践证明了的行之有效的方法。

(1) 商品环境分析法

商品环境分析法是把零售店的商品分为六个层次，然后分析研究每一种商品在未来的市场环境中的销路潜力和发展前景，其具体内容有：

①目前零售店的主要商品，根据市场环境的分析，是否继续发展；

②零售店未来的主要商品，一般是指投入市场后能打开市场销路的新商品；

③在市场竞争中，能使零售店获得较大利润的商品；

④过去是主要商品，而现在销路已日趋萎缩的商品，零售店应决定采取改进，还是缩小或淘汰的决策；

⑤对于尚未完全失去销路，零售店可以采取维持或保留的决策；

⑥对于完全失去销路的商品，或者经营失败的新商品一般应进行淘汰或调整。

(2) 商品系列平衡法

商品系列平衡法是国外比较流行的一种商品组合优化的方法。它是把零售店的经营活动作为一个整体，围绕实现零售店目标，从零售店实力（竞争性）和市场引力（发展性）两个方面，对零售店的商品进行综合平衡，从而作出最佳的商品决策。

商品系列平衡法可分为四个步骤进行：

①评定商品的市场引力（包括市场容量、利润率、增长率等）；

②评定零售店实力（包括综合生产能力、技术能力、销售能力、市场占有率等）；

③作商品系列平衡象限图；

④分析与决策。

（3）四象限评价法（波士顿矩阵法）

这是一种根据商品市场占有率和销售增长率来对商品进行评价的方法，是由美国波士顿咨询公司提供的一种评价方法。

市场占有率和销售增长率这两个指标以及它们的组合，就有四种组合方式，形成四类商品。用图形表示，就构成四象限图。

①第Ⅰ类商品，是市场占有率高、销售增长率高的商品。它很有发展前途，一般处于生命周期的成长期，是零售店的名牌商品、明星商品和主力商品。对这类商品，零售店要在人、物、财诸方面给予支持和巩固，保证其现有的地位及将来的发展。

②第Ⅱ类商品，是市场占有率高、销售增长率低的商品，能带来很大的利润，是零售店目前的主要收入来源，一般处在生命周期的成熟期阶段，它是零售店的厚利商品。对这类商品应采取努力改造、维持现状和提高盈利的对策。

③第Ⅲ类商品，是市场占有率低、销售增长率高的商品。这类商品在市场中处在成长期阶段，很有发展前途，但零售店尚未形成优势，带有一定的经营风险，因此叫风险或疑问商品。对这类商品应该集中力量，消除问题，扩大优势，创立名牌。

④第Ⅳ类商品，它的市场占有率和销售增长率都低，说明商品无利或微利，处于衰退期，它是零售店的衰退或失败商品，应果断地有计划地淘汰，并作战略上的转移。

（4）资金利润率法

这是以商品的资金利润率为标准对商品进行评价的一种方法。资金利润率是一个表示商品经济效益的综合性指标，它既是一个表示赢利能力的指标，又是一个表示投资回收能力的指标。它把生产一个商品的劳动耗费、劳动占用和零售店的经营管理成本结合在一起，是零售店生产和经营两个方面经济效益的综合反映。

应用这种方法，把商品资金利润率分别与银行贷款利率、行业的资金利润率水平、同行业先进零售店商品的资金利润率或零售店的经营目标及利润目标相对比，达不到目标水平的，说明赢利能力不高。

还可以把零售店各种商品（或系列商品）的资金利润率资料按零售店经营目标及标准进行分类，结合商品的市场发展情况预测资金利润率的发展趋势，从而作出商品决策。

9.2 商品存货管理

9.2.1 存货估价

存货估价有两种方法：先进先出法（FIFO）和后进先出法（LIFO）。

先进先出法从逻辑上假定先购进的商品先卖出，而新买的商品则保存在仓库里。后进先出法则假定后买进的商品先售出，而先买进的商品保存在仓库里。先进先出法按照当前成本结构确定存货的价值——留作存货的是最近买进的商品；后进先出法则按照当前成本结构确定当前的销售额——最先卖出的商品是最近买进的商品。在存货价值不断上涨的时期，后进先出法表现为较低的利润而给零售商带来了税收上的好处。

在图 9－1 中，以华荣商店经营的某种型号的风扇（2007 年 1 月 1 日—2007 年 11 月 31 日）为例，说明存货估价的先进先出法和后进先出法。华荣商店 2007 年以平均零售价格 320 元售出了 110 台风扇。商店年初时，有 15 台风扇的库存，每台进价为 150 元。2007 年 1 月，商店以每台 175 元的价格购进了 50 台风扇；2007 年 10 月到 12 月，商店又以每台 225 元的价格购进了 75 台风扇。由于 2007 年华荣商店仅卖出 110 台风扇，因此到 12 月 31 日结束时，它有 30 台的存货。

使用先进先出法，华荣商店假定年初存货和最先买进的风扇先售出。剩下 30 台的存货，每台成本为 225 元，从而得出商品销售总成本为 21 125 元，毛利为 14 075 元。使用后进先出法，华荣商店将假定最后买进的商品最先售出，而留作存货的商品是年初存货和最先购进的商品。留作存货的风扇，有 15 台的成本为每台 150 元，另外 15 台为每台 175 元，从而得出商品销售总成本为 23 000 元，毛利为 12 200 元，先进先出法得出一个更为精确的商品销售成本和年底存货实际成本。后进先出法则表现出一个更低的利润，从而使应缴纳税款减少，但按成本计算的年底存货价值被低估。

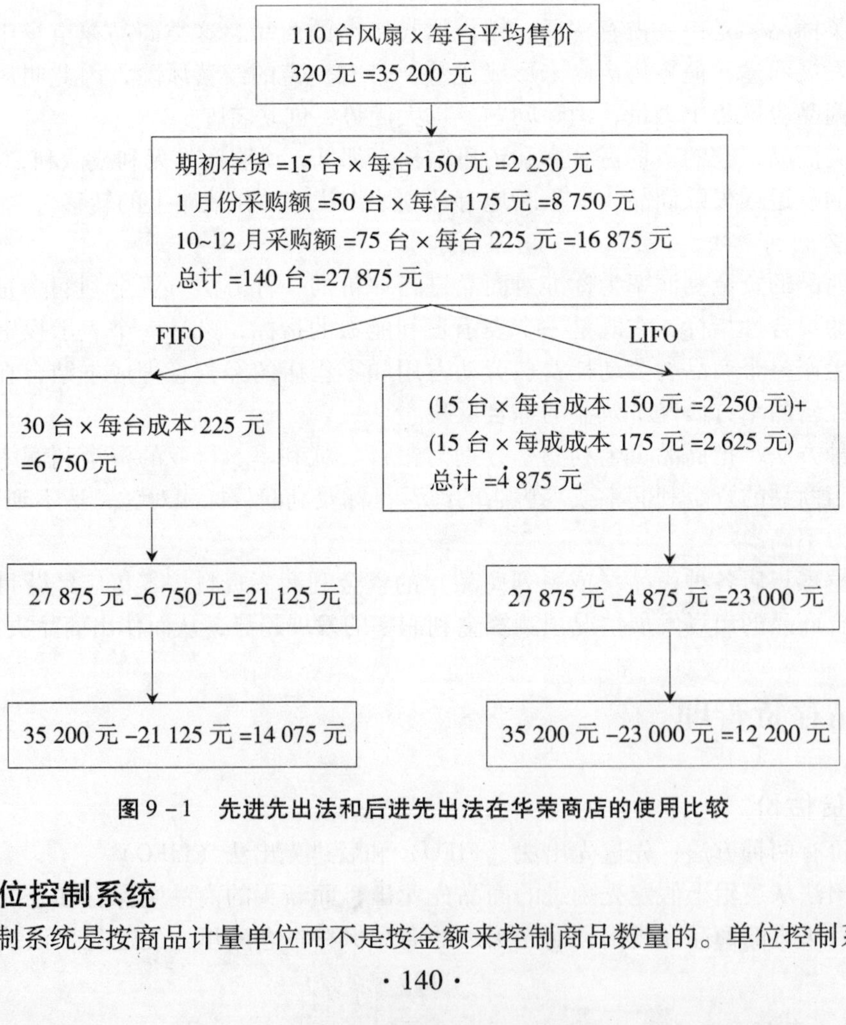

图 9－1　先进先出法和后进先出法在华荣商店的使用比较

9.2.2　单位控制系统

单位控制系统是按商品计量单位而不是按金额来控制商品数量的。单位控制系统包括：

① 畅销商品和滞销商品鉴别：

② 根据价格、颜色、款式、规格等确定机会和问题。

③ 现存商品数量的计算（如果使用永续盘存系统的话），它使库存过多和不足的情况降至最低限度。

④ 指出存货的年限，重点说明降价或特别促销的商品。

⑤ 确定再次订货的最佳时间。

⑥ 在出现问题时，研究可以替换的货源（供货单位）。

⑦ 了解每个分店每项商品的存货水平和销售额。这可改进分店之间商品的转移，并使销售人员知道哪家分店有他需要的商品，同时也可使每间商店保持较少的库存，从而减少成本。

1. 实地盘存系统

实地盘存单位控制系统要求零售商指定某人负责监控存货水平，或者用视觉检查，或者实际清点。

在一个典型的视觉检查系统中，商品陈列在木架（或类似物）上展示，每件商品都在其包装、背面或库存卡上编号码。商品的最小存货数量清晰地标注出来，当可售商品数量达到最低水平时，销售人员负责再订货。只有当商品被编号陈列时（并相应按编号销售），才能得出准确的数值。该系统被各种折扣店、杂货店和五金店用来展示家庭用具和五金器具。

虽然视觉检查系统易于进行且费用低廉，但存在两个缺点：第一，它不能提供单个商品销售速度方面的资料；第二，最小库存量可能是粗估出来的，而不是经过深入分析得出的。

另一个实地盘存系统，即实际清点，要求公司定期对库存商品单位编号统计。库存清点系统按单位记录一定时期内的存货、购买量、销售量以及存货短缺。

库存清点系统比视觉检查系统要求更多的办事员似的工作，但它可使公司获得给定时期内的销售数据及每次清点时的存销比例关系。实地盘存系统不像永续盘存系统那样复杂，对具有可预测销售率的低值商品更为适合。

2. 永续盘存系统

永续盘存单位控制系统通过记录随销售、退货、对其他商品部或商店的调拨、货物接收及其他事务而不断调整的商品项目，从而连续记录零售商经营的商品单位总数。所有在期初存货的基础上增加或减少的数额都被记录下来。

永续（账面）盘存系统可由手工操作，也可以利用计算机处理的商品标签，还可以使用如光电扫描仪之类的销售时点设备。技术进步对零售商采用以计算机为基础的永续盘存系统有极大的帮助。

手工系统要求雇员通过检查销售核对单、商品收据、商品调拨申请书及其他凭证来收集数据，然后将这些数据编码并制成表格。

商品标签系统依靠预先印好的贴在每件存货上的标签。这些标签包含部门、类别、厂家、型号、收货日期、颜色及原料等资料。一件商品售出后，商品标签的副件被取下并送到制表处，在那里由计算机对编码信息进行分析。

销售时点系统（POS）从商品标签上直接将数据输入商店的计算机终端，并马上对数据进行处理。以计算机为基础的系统比手工系统更迅速、更准确，且质量更高。并且，由于PC机、计算机化检查设备以及服务机构容易获得，对小型零售商来说，成本也是合理的。

更新的销售时点系统容易实现网络化，具有电池支持能力（以防停电），使用行业标准部件（使零售商能更好地选择打印机、键盘及显示器）。许多销售时点系统使用光电扫描仪，它们通过标杆或固定装置与商品上的感光条相互作用，将数据从商品传送到计算机。

零售商不必对其所有存货都使用永续盘存系统。许多公司将永续盘存系统和实地盘存系统结合起来，这样，主要商品（占销售额的比例很大）由永续盘存系统控制，而其他商品由实地盘存系统控制。用这种方法，可把注意力适当地放在零售商最重要的商品上。

9.2.3 销售额预测

零售商通过销售预测预计未来给定时期内的销售额。销售预测的范围可以是整个公司、部门或单个的商品类别。在任何商品财务计划程序中，最重要的步骤应是精确的销售预测，因其对后续步骤的影响，对未来销售的错误估计会导致整个过程发生偏差。

大型零售公司范围和部门范围的销售额通常使用统计技术进行预测，趋势分析法、时间序列分析法及多元回归分析法（对这些技术的讨论超出了本书的范围）。应该指出，小型零售商很少采用这些技术，它们更多地依赖“猜测估计”，即基于经验的推测。

在部门（或价格线）内部所作的商品分类，其销售预测通常更多地依赖定性技术，甚至对较大的公司来说也是如此。对这些分得较细的类别作预测的一种方法是：先预测公司范围内的销售额，然后按部门分，最后将这些数值分解到各个商品类别。

销售预测必须仔细预计并考虑外部因素、公司内部因素及季节趋势。能影响零售商未来销售额的外部因素有人口状况和生活方式的走向，竞争者的行为、经济状况、目标顾客兴趣的变化以及供应商提供的新商品等。能影响零售商未来销售的公司内部因素有商品种类的增加和删减、促销和信用政策的改变、营业时间的变化、新商店开业以及现有商店的改造。对许多零售商来说，在进行月度或季度销售预测时必须考虑季节性变化。

零售商可以通过对过去走势的分析和对未来增长（基于外部和内部因素）的预测进行销售预测，但它应被视为有待修正的估计值，这也正是商品财务计划需要某种弹性的原因。公司应该知道，某些因素可能很难涵盖进销售预测中去，如商品短缺、消费者对新商品的反应、供应商员工的罢工、通货膨胀以及新的政府法规等。

在作出年度预测后，必须将它分解到季度或月度计划期中。在零售业中，通常要求有月度销售预测。要获得更具体的估计值，零售商可以使用月销售指数，它由月实际销售额除以月平均销售额再乘以100计算出来。月销售指数一旦确定，零售商就可以根据年度销售额的预测值预测月销售额。

9.2.4 存货周转率与订货

存货周转率表示特定时期内（通常为一年）现有存货平均销售的次数。它可以按商店、产品线、部门及厂商来衡量。存货周转率高为企业带来以下好处：每1元的存货投资效率高；降低废弃和防范风险，商品不会在商店因停留时间过长而变坏被废弃，同时，降价风险也降低了；货架上的商品由于型号和款式变化而引起的损失相应减少；与保持存货有关的费用（如利息、邮费、损坏及库房费等）较低。

存货周转率可以按商品数量或金额（按零售价或按成本）计算：

$$存货周转率（按数量计）=\frac{当年销售的单位数}{平均存货（按数量计）}$$

$$存货周转率（按零售价计）=\frac{年净销售额}{平均存货（按零售价计）}$$

$$存货周转率（按成本计）=\frac{当年销售商品的成本}{平均存货（按成本计）}$$

零售商可以通过多种不同的策略来提高存货周转率，如减少经营商品品种，对滞销商品不备存货或只保留最低存货，高效及时地采购商品，采用反应迅速的存货计划及利用可靠的分销商。

尽管高周转率有很多优点，但也存在负面影响。小批量购货会提高商品成本，因为这可能丧失数量折扣并增加运费。高周转率可能会由于商品组合窄而浅，从而失去一些顾客；高周转率也可能导致低利润，如不得不降低价格以加快库存周转。

然而，在商业运作中，零售商一般都趋向于快速的存货周转率，但过快的存货周转率也会导致零售商没收益。那么，如何处理好存货周转率与控制存货投资的关系呢？即商品既不积压又不脱销。下面讨论处理这个问题的一些方法。

1. 何时再订货

控制存货投资的一种方法是设定库存水平，达到这一水平时就必须下新订单。这个库存水平叫做再订货点。再订货点的确定取决于订货间隔期、销售率及安全库存。订货间隔期是从零售商下订单之日到做好商品销售准备（收货、标价、摆放到销售点）之间的一段时间。销售率是指按商品单位计算的每日平均销售量。安全库存是为预防由于未预料到的需求和送货延迟出现脱销而保有额外存货，根据公司防止脱销的策略（服务水平）制定计划。

如果零售商认为顾客的需求是稳定的，并且供应商能很快满足订货，则不需要备有安全库存，公式为：

$$再订货点=销售率\times 订货间隔期$$

对保持安全库存有兴趣的零售商，其再订货公式变为：

$$再订货点=（销售率\times 订货间隔期）+安全库存$$

通常来说，零售商在作商品计划时应包括安全库存，因为从一天到另一天或从一周到另一周的需求很少是一成不变的，且供应商的发货也可能延迟。

2. 再订多少货

订货数量的决定影响到零售商的订货次数。公司大量订货，通常可减少订货成本，但会提高存货占有成本。公司少量订货常可使存货占用成本达到最小，但会提高订货成本（除非进行电子数据交换并使用快速反应存货系统）。

经济订货批量（EOQ）是使订单处理和存货占用总成本达到最小的每次订货数量（按单位数计算）。订单处理成本包括使用计算机时间、订货表格、人工及新到商品的处置等费用。占用成本包括仓储、存货投资、保险费、税收、货物变质及失窃等。大公司、小公司都可采用 EOQ 计算法，订单处理成本随每次订货数量（按单位数分摊）的增加而下降（因为只需较少的订单就可买到相同的全年总数），而存货成本随每次订货数量的增加而增加，因为有更多的商品必须作为存货保管，且平均保管时间也更长。

用数学公式表示，经济订货批量为：

$$EOQ = \sqrt{2DS/IC}$$

式中，EOQ = 每次订货数量（以单位计）；D = 年需求量（以数量计）；S = 订货成本（以金额计）；I = 年存货成本占单位成本的百分比；C = 商品的单位成本（以金额计）。

例如，某商店估计每年能销售 150 套电动工具。这些工具每套成本为 90 元。损坏、保险费、滞账及失窃等费用等于这些工具成本的 10%（或每件 9 元）。单位订货成本为 25 元。则经济订货批量为：

$EOQ = \sqrt{2DS/IC} = 29$（套）

考虑到需求、数量折扣及可变的订货成本和占用成本等方面的变化，必须经常修正 EOQ 公式。

9.3 商品采购

9.3.1 组织商品采购过程

商品采购过程，从建立采购组织到有规律的再评估，包括一系列整合而系统的步骤，在商品经营中每一步骤都是很关键的。

1. 建立一个正式的或非正式的采购组织

第一步是建立一个采购组织。除非采购组织建立得好——具体指定由谁负责商品决策，他们的任务、决策的权威及商品计划与整个零售业务的关系，否则销售计划无法正常进行。

对于一个正式采购组织，商品经营被看作是一项明确的零售业务，并会为之建立独立的部门。所有或大部分涉及获得商品并使其易于销售的职能都处于该部门的控制之下。大企业往往采用正式组织的形式，并拥有专门的采购人员。在一个非正式采购组织中，商品经营不被看作是明确的任务。同一员工既进行商品经营，又处理其他零售业务，责任和授权往往并不分明。非正式组织一般常见于小零售企业。

正式采购组织的主要优点在于明确的责任和授权以及使用全职、专门的采购人员；主要的缺点是独立部门的运营成本高。非正式采购组织的主要优点是成本低，具有弹性；主要缺点是责任和授权不明确，而且对商品计划重视不够。

这两种结构都大量存在。对一家企业而言，是否采用正式组织并不重要，重要的是要认识到销售计划的重要性，并确保责任、活动、权威和经营的内部关系得到恰当的定义和规定。

2. 编制商品计划

商品计划集中于四项基本决策：储存何种商品，储存多少商品，何时储存和储存在哪里。

在制定决策的过程中，企业必须确信其商品组合具有独特性，与竞争者的有所不同，并与自己的零售定位相一致。

（1）储存何种商品

零售商首先必须决定经营何种质量的商品：应该经营高档、昂贵的商品，把它们卖给高收入的消费者？或者应该经营中档、中等价位的商品，并供应给中等收入的消费者？或者应该经营低档、廉价商品，以吸引低收入消费者？或者应该向中等和高收入消费者提供多种质量的商品，如中档的和高档的，努力占领不止一个细分市场？同时，企业还要决定是否经营促销性商品（低价抛售的商品，或用于增加商店客流量的特价商品）。

（2）储存多少商品

一旦零售商确定了经营何种商品，接着就必须决定储存多少商品。因此，储存商品的宽度和深度是下一步要计划的。品种宽度指零售商经营的不同商品或服务大类的数量。品种深度指零售商经营的任何一大类商品或服务的多角化程度。

在制定经营品种的宽度和深度计划时，零售商应考虑多种因素。销售额和利润是必须估测的。如果增加商品或服务的种类，总销售额会上升吗？总利润呢？经营10种同类商品不一定比经营4种得到更大的销售额或利润。空间要求也必须重视。每一品种的商品或服务需要多少空间？有多少空间可利用？由于销售空间的有限性，应将其分配给那些能产生最大客流量和销售额的商品和服务。

（3）何时储存商品

接下来，零售商应确定每一种商品在什么时候储存。对新商品和服务，零售商必须决定什么时候第一次陈列和销售。对已有商品和服务，零售商必须计划一年内的商品流转规律。

为恰如其分地订购商品，零售商必须预测一年内的商品销量及其他各种因素：高峰季节、订货和送货时间、例行订货和特殊订货、库存流转率、折扣和存货处理的效率。

（4）在何地储存商品

最后一个基本的商品计划决策是在什么地方储存商品。单一企业常常必须选择将多少商品存放在销售现场、多少商品存放在库房以及是否利用仓库。连锁店也必须在各分店之间分配商品。

一些零售商几乎完全将仓库当作中心的或地区的分销中心。商品从供应商处运到这些仓库，经过编配后送往各家分店。另一些零售商，包括许多超市连锁店，并不过分依靠中心或地区仓库，相反，它们至少有一部分商品直接由供应商运送到各分店，这被称为直接向商店配送。

3. 搜集有关顾客需求的信息

制定了整体采购计划以后，有关目标市场的信息就成为必需。在采购或再采购任何商品之前，零售商应搜集有关顾客需求的数据。良好的商品管理离不开零售商对销售额进行精确预测的能力。毕竟，对零售商而言，最重要的商品管理职能就是预测和满足顾客需求。

4. 确定货源

商品采购的下一个步骤是确定货源，三个主要的货源如下：

①公司自有。大零售商拥有自己的制造或批发机构，公司自有供应商经营全部或部分零售需要的商品。

②外部固定供应商。这类供应商不是零售商自有的，但零售商同它们有固定关系。通过亲身的经历，零售商了解其产品和服务的质量以及供应商的可靠性。

③外部新供应商。这类供应商也不是零售商自有的，而且零售商过去没有向其采购过商品，零售商可能并不熟悉其商品的质量和该供应商的可靠性。

5. 评估商品

无论选择什么样的货源，零售商在考虑采购的时候都需要有一套评估商品的程序。是必须检验每个产品，还是只略作描述就可采购？

有三种可能的评估方式：检查、抽查和描述。具体选择哪种方法取决于商品的成本、特征和购买的规律。检查即在购买之前和送货之后检测每一个商品单位。珠宝和艺术品是两种昂贵、购买相对特殊的商品，零售商必须认真检查每一件商品。当零售商按规律采购大量易碎、易腐或昂贵的商品时，可采用抽查的办法。在这种情况下，检查每一件商品是没有效率的。当零售商购买标准化的、不易碎且不易腐烂的商品时，就采用描述的方法，零售商既不检查也不抽查，而是通过口头、书面或图片描述的方式大量订购这类商品。

6. **谈判购买**

当货源已经选定、购买前评估也已完成时，零售商开始就购买及其条款进行谈判。一次新的或特定的订货通常要求签订一份经过谈判的合同，在这种情况下，零售商和供应商将认真讨论购买过程的所有方面。另外，一次例行的订货或再订货通常只涉及签订一份格式化的合同，在这种情况下，条款是标准化的，或者已经为双方所接受，订货过程按例行方式处理。

优惠价零售商和其他深度折扣商则几乎每次购买都要谈判整个合同。因为这些零售企业实行机会采购，依靠谈判获得特别的低价，它们所购的通常是一些无法达到预期销量的商品、过季商品、消费者退给制造商或另一位零售商的商品，或者是甩卖品。关于采购谈判下面将专门讨论。

7. **决定购买**

对许多大中型零售企业来说，购买决策是自动完成的。这些企业使用计算机完成订单处理，每一次购买都被输入计算机数据库。小零售商则通常是人工完成购买决策，利用员工填写和处理订单，每一次购买都以同样的方式记入商店的存货手册。但是，随着计算机化订单处理软件的快速发展，小零售商有时也能采用电子订货，特别是当大批发商支持它们使用电子数据交换和快速反应系统。

8. **处置商品**

在这个阶段，零售商从实体上处置商品，涉及的业务包括接收和储存商品、打价签和存货标记、陈列、清点现场商品数量和品种、完成顾客交易、安排送货或中途搭送、处理退货和损坏的商品、监视偷窃及商品交易过程的控制。正是在这个阶段，无论是由零售配送中心还是直接向商店送货，配送管理都是最关键的。

9. **再订购商品**

对那些零售商不止一次采购的商品，再订购的计划是必需的。制定这种计划时，有四个因素是关键的：订货和送货时间、存货周转率、财务支出、存货/订货成本。

10. **定期的再评估**

即使商品采购和处置战略达到了完美的整合，零售商仍不应仅满足于实施其计划，而应对该战略定期进行再评估。整个过程如同处理单个商品和服务一样，应加以控制。

9.3.2 商品采购原则与方式

1. **商品采购的原则**

零售企业组织商品采购活动，应当遵循以下原则和要求：

(1) *以需定进原则*

零售企业采购商品是为了把它们销售出去，满足消费者的消费需要，获得一定的收益。以需定进，就是要根据市场需求情况来决定进货，保证购进的商品适合消费者的需要，能够尽快地销售出去。

坚持以需定进，能够避免盲目的采购，促进商品的销售。但这并非说零售企业的购销活动就是完全被动的，购销活动与市场需求之间的平衡，应当是动态的、积极的。这就需要零售企业在购销过程中，结合本企业的实际和各种商品的不同特点，认真研究市场需求态势，分别采用不同的购、销策略，以求得购、销与市场需求的动态平衡。

（2）勤进快销原则

勤进快销是加速资金周转、避免商品积压的重要条件，也是促进经营发展的一个根本性措施。零售企业必须利用本身有限的资金来适应市场变化的需求，以勤进促快销，以快销保勤进，力争以较少的资金占用，经营较多、较全的品种，加速商品周转，做活生意。“勤”并非越勤越好，它必须视企业的条件以及商品的特点、货源状况、进货方式等多种因素的状况，在保证商品销售不脱销的前提下，考虑进货批量。“快”也是相对的，它必须在保证企业经济效益与社会效益的前提下，加快销售速度。

（3）信守合同原则

在市场经济条件下，运用经济合同，以法律形式确立商品买卖双方达成的交易，维护双方各自的经济权力和应承担的经济义务，以及各自的经济利益，保证企业经营活动能够有效地进行，已成为企业经营的基本原则。零售企业在采购活动中要信守合同，就是要保证合同的合法性、严肃性、有效性，更好地发挥经营合同在企业经营中的作用，树立企业的良好形象，协调好零售企业与商品供应者和商品需求者之间的相互关系，协调零售企业与信息服务企业、金融企业之间的关系，保证企业购销活动的顺利进行，促进企业经营的发展。

（4）经济核算原则

经济核算的目的是要以尽可能少的劳动占用和劳动消耗，实现尽可能多的劳动成果，取得好的经济效益。零售企业组织商品的进货和销售，涉及资金的合理运用，物质技术设备的充分利用，合理的商品储存、运输、人员安排等事项。购销差价包含着企业经营商品的费用、税金和利润三者之间的此消彼长的关系。因此，零售企业从进货开始，就要精打细算，加强经济核算，以收入抵补尽可能少的一切支出，以保证获得最大的经济效益。

（5）文明经商原则

社会主义市场经济下的零售企业不仅是专门从事商品交换活动的经济单位，而且还是社会主义物质文明的组织者和精神文明的传播者。社会主义零售企业以为生产和人民生活服务为宗旨，以社会主义商业道德为规范，通过不断改善物质技术设施，强化科学管理，提高服务质量，为购买者、消费者提供舒适的购买环境、方便的购买条件、丰富的商品品种、优质的服务。

2. 商品采购方式

零售企业在经营活动中，应当根据企业本身经营的任务、规模大小、经营范围、专业化程度等情况，选择适当的采购方式。现阶段，零售企业的进货方式大致有以下四种：

（1）市场选购

零售企业可以根据市场需要，直接通过市场向生产者或其他零售企业自由选购，协商定价。一般适用于花色品种复杂、规格不一的商品，且生产部门备有现货，企业选购不受任何限制，有充分的进货自主权。这种方式有利于生产企业以需定产，提高产品质量。

（2）合同订购

这种方式是零售企业为了掌握某些商品的货源，通过与生产部门协商签订合同，预先向生产部门订购一定数量的商品。生产部门按照合同规定的品种、规格、数量、质量进行生产并按期交货；零售企业按照合同规定的内容、标准、验收商品和交付货款。零售企业可以订购生产企业现在生产的产品，也可以提出自己的样品、设计或要求，由生产企业专门生产。这种方式适合于大批量期货交易。

（3）预购

零售企业在商品生产前同生产单位协商，签订预购合同，并预付一定数量的订金。这种方式一般多用于农产品收购。

(4) 联合采购

实行联合采购逐渐成为我国零售企业的共识，大型连锁企业纷纷加强企业内部的集中采购和统一配送。中小企业和单店企业也积极通过建立采购联盟和加入自愿连锁组织实行集中采购和统一配送，降低企业采购成本，提高企业的竞争力。

此外，还有接收进口商品或选购进口商品、接收国家储备商品等方式。

9.3.3 供应商种类

零售商从中进货的公司就称为供应商。零售商一般与四种供应商打交道，每种供应商都有优缺点。在决定选取哪种供应商时，零售商必须根据自己的经营战略、所采购商品的种类、顾客和竞争程度以及赢利潜力等情况仔细分析这些优缺点。

1. 使用制造商商标的供应商

使用制造商商标的商品，又称为使用全国性商标的商品，是指由一个供应商设计、制造和销售的产品，制造商负责开发新产品，树立品牌形象。

零售商愿意从使用制造商商标的供应商那里采购商品，因为顾客愿意购买使用这种商标的商品。在商店里，人们会用这些商品的商标名称来询问这种商品，使用这种商品的忠实顾客一般都了解这些商品的具体情况，而且使用起来也倍感舒适。

为了开拓产品的市场需求，制造商会投入大量的人力、物力和财力。因此，零售商在经销使用制造商商标的商品时，销售和促销费用就会相对低一些。但是，比起使用专有品牌的商品、使用许可商标的商品，以及使用一般商标的商品来说，零售商经销使用制造商商标的商品时，一般只能获取较少的利润。这主要是由于制造商已经承担了促销费用，销售这种商品的零售商之间竞争更加激烈等原因造成的。

存储使用全国性商标的商品可以增加也可以减少商店的忠实顾客群。如果顾客只能在很少的几家零售店中才能买到使用制造商商标的商品，那么顾客对这些商品的青睐也会变成对这些商店的青睐。反之，如果使用制造商商标的商品可以从市场上许多家商店买到，那么顾客对商店的青睐就会下降，因为零售商无法从竞争中使自己脱颖而出。光顾购物大厦的顾客就经常抱怨大厦中每家商店都经营一样的商品。经营使用制造商商标的商品，其另一个缺点是它限制了零售商的经营灵活性。提供名牌商品的供应商可能完全指定商品展示、广告宣传和定价方式。

2. 使用专有品牌商标的供应商

使用专有品牌商标的商品，又称使用商店或自有商标的商品，就是指由零售商开发制造的商品。在一般情况下，零售商的采购员会先开发出一种产品规格，然后再与供应商订立合同生产这种产品。但是，这时就变成了由零售商而不是由制造商负责商品促销。

过去，人们普遍认为使用专有品牌商标的商品质量低下。例如，在百货商店中，使用专有品牌商标的商品经常是一些减价服装。然而，今天有许多使用专有品牌商标的商品都是质量顶级的商品。这些商品都是由百货商店自己的设计人员开发出来的，并且有广泛的营销策略来支持。经营优质的使用专有品牌商标的商品已经成为一种新的营销趋势，并且渗透到其他的零售企业中。

经营使用专有品牌商标的商品可以给零售商带来很多好处。第一，独家经营使用专有品牌商标的名牌商品，可以增加商店的忠实顾客。第二，如果这个牌子的商品质量很好的话，它定会巩固商店在顾客心目中的形象。第三，成功的使用专有品牌商标的商品也可以把别的顾客吸引到商店里来。第四，经营使用专有品牌商标的商品，零售商不会遇到在商品展示、促销和定价方面的限制。第五，零售商采购使用专有品牌商标的商品时，可以更好地控制商品的制造、校验和分配。第六，经营使用专有品牌商标的商品可以增加获利机会。经营使用专有品牌商标的商品，零售商除了能更好地控制生产之外，还可以使顾客在购物时，无法在不同商店之间进行产品比较。因此，使用专有品牌商标的商品不易受价格折扣的影响。正是由于这些特点，许多人认为使用专有品牌商标的商品会流行起来。

虽然，与经营使用制造商商标的商品相比，经营使用专有品牌商标的商品获利更多，但是这样做也隐含了一些不明显的支出。因为，这时零售商必须在产品设计中投入大量的资金，以创造消费意识，树立产品形象。当使用专有品牌的商品的供应商不在中国境内时，零售商还要负责处理运输问题和进口限制问题，质量控制也是零售商担心的一个问题。

销售助理可能需要增加额外培训，才能销售使用专有品牌的商品，因为这些商品要与那些使用制造商商标的名牌商品展开竞争。如果使用专有品牌商标的商品销售不出去，零售商就不能将这些商品退给供应商。这些问题在经营非常时髦的商品时表现得尤为突出。正是出于这些原因，在 20 世纪 90 年代，一些零售巨人也减少了从使用专有品牌商标的供应商那里的进货量。

3. 使用许可商标的供应商

一个著名商标名称的所有人（许可方）凭商标许可与受许可方共同开发、生产和销售使用许可商标的商品。受许可方可能是一个与生产该商品的制造商签订合同的零售商，或者是一个按合同生产该商品并将其出售给零售商的第三方。近年来，使用许可商标的商品所占的市场份额正在不断增加。一般不参与生产的商标所有者也开始介入商标许可业务。例如，如果一家运动衫的生产商要把你大学的校徽印到产品上，就必须向你的学校支付许可费。如果这个生产商不支付许可费用，它就侵犯了学校的徽章版权（一种标志权利），从而构成伪造罪。

经营使用许可商标的商品可以给零售商带来一些好处，这些好处只能通过经营使用制造商商标的商品和使用专有品牌商标的商品才能得到。因为顾客能辨认出像流行机器设备、米老鼠和麦当劳之类的名字，所以使用许可商标的商品能吸引顾客的注意力。然而，使用许可商标的商品也有类似于使用制造商商标的商品的缺点。

4. 无商标商品的供应商

无商标商品是指主要在药店、杂货店和折扣商店经营的，不冠以商标，也未进行广告宣传的商品。虽然这些商品在一些国家中，某些品种仍然很流行，但是无商标商品的流行性在 20 世纪 80 年代中期时已经达到顶峰。有些专家认为，无商标商品在刚上市的第一年可占据 25% ~50% 的市场份额。

从哪一供应商那里采购商品，对零售商都有利弊。因此，零售商在决定选取从哪一供应商进货时，必须根据自己的经营战略、所采购商品的种类、顾客、竞争程度以及赢利能力等情况加以判断。

9.3.4 与供应商面谈的指导方针

当零售商决定从哪一供应商进货以后，代表零售商的采购员与供应商的谈判就成为必需了。以下是成功进行谈判的七个秘诀：

1. **就事论事**

假设你谈判时说："比尔，你知道我们已经是多年的老朋友了，我个人想让你帮个忙，你介意退掉10万元的衬衣吗?"这种个人请求使比尔感觉很不自在。你和比尔的个人关系不是谈判的问题，并且也不应该成为谈判的一部分。另一种同样有害的说法是："比尔，贵公司的产品太糟糕了，我们商店几乎没有办法卖出去，我希望能退掉10万元的衬衣。如果你不能把这些劣质货运回去，你就别想再和我们做交易了。"这种方法是对比尔的个人攻击。即使他与衬衣的设计无关，你也攻击了他供职的公司。你的话其实是一种威胁，而且可能进一步疏远与他的关系。在谈判中威胁通常不会奏效，威胁使对方陷入防守的境地。实际上，威胁会导致谈判破裂，这样没有人会成为赢家。双方只有就新一轮供货的谈判——就事论事，才能被接受。

2. **坚持客观标准**

把个人和谈判问题分开的最好的办法是坚持客观标准。你必须确切地知道有多少衬衣要退货，要保持赢利水平需要拿到多少减价资金。

如果比尔从感情的角度进行争辩，那么你就应该坚持这个数字。例如，假设你表明立场之后，比尔说，如果他运回退货或者提供减价资金的话，他会陷入困境。这时，由于知道比尔所在的公司在过去类似的情况下，曾经提供过援助，你就应该询问一下比尔所在的公司处理客户过剩存货问题的有关政策是什么。同时，你也应该让比尔看一下你们商店在过去几年中从比尔的公司进货活动的总结报告。用这种方法，比尔就会被迫承认在客户存货过量时提供援助（特别是因为过去曾有过先例）是为保持长期互利关系而付出的一点小代价。

3. **为双赢创造选择方案**

创造多种解决方案是计划过程的一部分，但是，要了解在什么时候该让步和应该让步多少，需要谈判桌上的敏捷思维。再看一下你的过剩存货问题。你的目标是在不大幅度降低赢利水平的情况下，消除过剩存货。比尔的目标是继续保持与你们商店之间良好的互利关系。因此，你必须想出几种方法来满足双方的要求。你的方法主要有：

①减价50元将衬衣卖给出售折价商品的零售商。

②让比尔把衬衣运回去。

③让比尔所在公司提供减价资金，并将衬衣降价出售。

④退回部分衬衣，并按余下的部分收取减价资金。

很明显，将衬衣出售给经营折扣商品的零售商会使你蒙受损失。但是，从比尔的角度来看，把衬衣运回去可能是无法接受的。因为这些样式都是去年的老样式，而且有些衬衣已经在商店磨损了。然而，由于知道比尔可能拒绝这个方案，你就要先提出来。而后，你可能要求提供减价资金。比尔可能认为他能轻而易举地解决这个问题，而你也可以解决自己的问题。

4. **让对方说话**

如果谈话中，另一方没有反应，那么讲话方会很自然地继续说下去。如果运用恰当，这种方法将有利于谈判者。假设你要求比尔为圣诞商品提供特别资金援助，比尔开始予以拒绝，并且列举了他不能合作的各种理由。你一言不发。虽然比尔有些紧张，但是他还是继续说着。最后他自己给出了肯定的答复，在谈判中，谁先打破沉默谁就可能输。

5. **了解该走多远**

在艰苦的谈判和稍微让一步就可以结束谈判之间有明显的分界线。如果你在谈判中过分要求得到减价资金、更好的运输条件和更有力的广告津贴，那么，比尔公司的管理层会认定别的零售商更值得早送货和送好货。如果你将比尔逼出了法律、道德以及互利关系之外，比尔可能会毫无惧色地说“不”。

6. **不要截断退路**

即使在谈判中比尔只作出了很少的让步，你也不应该诅咒或诉诸威胁手段。从业务上说，你也不想只为了这点问题就与比尔断绝联系。从个人角度讲，零售界是一个相对较小的领域，你和比尔可能重新回到谈判桌上——双方各为其主。没有任何一方能担得起在交易中落下不公正、粗鲁和恶劣的名声。

7. **不要假设**

每次谈判都会提出和解决许多问题。要想确保双方不存在误解，双方都应该在谈判结束时，再回顾一下谈判成果。你和比尔都应该在会谈后尽快地对这次谈判作出书面总结。

9.3.5 商品采购合同

零售企业的商业合同是指零售企业在经营活动中同其他企业（生产企业、其他零售企业、运输公司、银行等）为实现一定经济目的，明确相互间的权利义务关系，自愿平等签订的一种具有法律效力的书面契约。零售企业的采购合同是一种商业合同，是经济活动中使用最频繁、最主要的一种合同，也是保证企业经营活动顺利进行的主要手段。

1. **采购合同的内容**

商业合同的内容一般包括：合同的标的，标的数量和质量，价款和酬金，履行的地点、期限和方式，违约责任，合同附则与签署等。因此，零售企业采购合同的条款应当在力求具体明确、便于执行、避免不必要纠纷的前提下，具备以下主要条款：

（1）商品的品种、规格和数量

商品的品种应具体，避免使用综合品名；商品的规格应具体规定颜色、式样、尺码和牌号等；商品的数量多少应按国家统一的计量单位标出；必要时可附上商品品种、规格、数量明细表。

（2）商品的质量和包装

合同中应规定商品所应符合的质量标准，注明是国家或部颁标准；无国家和部颁标准的应由双方协商凭样订（交）货；对于副、次品应规定出一定的比例，并注明其标准；对实行保换、保修、保退办法的商品，应写明具体条款；对商品包装的方法，使用的包装材料，包装式样、规格、体积、重量、标志及包装物的处理等均应有详细规定。

（3）商品的价格和结算方式

合同中对商品的价格要作具体的规定，规定作价的办法和变价处理等，规定对副品、次品的扣价办法，规定结算方式和结算程序。

（4）交货期限、地点和发送方式

交（提）货期限（日期）要按照有关规定，并考虑双方的实际情况、商品特点和交通运输条件等确定。同时，应明确商品的发送方式是送货、代运，还是自提。

（5）商品验收办法

合同中要具体规定在数量上验收和在质量上验收商品的办法、期限和地点。

（6）违约责任

签约一方不履行合同，必将影响另一方经济活动的进行，因此，违约方应负物质责任，赔偿对方遭受的损失。在签订合同时，应明确规定，供应者有以下三种情况时应付违约金或赔偿金：

①不按合同规定的商品数量、品种、规格供应商品。

②不按合同中规定的商品质量标准交货。

③逾期发送商品。购买者逾期结算货款或提货、临时更改到货地点等，应付违约金或赔偿金。

（7）合同的变更和解除的条件

合同中应规定，在什么情况下可变更或解除合同，通过什么手续来变更或解除合同等。

此外，采购合同应视实际情况增加若干具体的补充规定，使签订的合同更切实际，行之有效。

2. 采购合同的签订

零售企业签订采购合同，必须遵循法定的原则：

①合同的当事人必须具备法人资格。这里所指的法人，是有一定的组织机构和独立支配的财产，能够独立从事商品流通活动或其他经济活动，享有权利和承担义务，依照法定程序成立的企业。

②合同必须合法。也就是必须遵照国家的法律、法令、方针和政策签订合同，其内容和手续应符合有关合同管理的具体条例和实施细则的规定。

③签订合同必须坚持平等互利、充分协商的原则。

④签订合同必须坚持等价、有偿的原则。

⑤当事人应当以自己的名义签订经济合同。委托别人代签，必须有委托证明。

⑥采购合同应当采用书面形式。

签订采购合同时，应按一定的程序。签订合同的程序是指合同当事人对合同的内容进行协商，取得一致意见，并签署书面协议的过程。一般有以下五个步骤：

①订约提议。订约提议是指当事人一方向对方提出的订立合同的要求或建议，也称要约。订约提议应提出订立合同所必须具备的主要条款和希望对方答复的期限等，以供对方考虑是否订立合同。提议人在答复期限内不得拒绝承诺，即提议人在答复期限内受自己提议的约束。

②接受提议。接受提议是指提议被对方接受，双方对合同的主要内容表示同意，经过双方签署书面契约，合同即可成立，也叫承诺。承诺不能附带任何条件，如果附带其他条件，应认为是拒绝要约而提出新的要约。新的要约提出后，原要约人变成接受新的要约的人，而原承诺人成了新的要约人。实践中签订合同的双方当事人，就合同的内容反复协商的过程，就是“要约——新的要约——再要约——…………——承诺”的过程。

③填写合同文本。

④履行签约手续。

⑤报请签证机关签证，或报请公证机关公证。有的经济合同，法律规定还应获得主管部门的批准或工商行政管理部门的签订。对没有法律规定必须签证的合同，双方可以协商决定是否签证或公证。

3. 采购合同的管理

零售企业为了保证采购合同的履行，保证企业购销任务的完成，必须加强对合同的管理工作。从零售企业的角度来看，采购合同的管理应当做好以下四方面的工作：

（1）加强采购合同签订的管理

加强对采购合同签订的管理，一方面要对签订合同的准备工作加强管理，在签订合同之前，应当认真研究市场需要和货源情况，掌握企业的经营情况、库存情况和合同对方单位的情况，依据企业的购销任务搜集各方面的信息，为签订合同、确定合同条款提供信息依据；另一方面要对签订合同的过程加强管理，在签订合同时，要按照有关的合同法规规定的要求，严格审查，使签订的合同合理合法。

（2）建立合同管理机构和管理制度，以保证合同的履行

企业应当设置专门机构或专职人员，建立合同登记、汇报检查制度，以统一保管合同、统一监督和检查合同的执行情况，及时发现问题采取措施，处理违约，提出索赔，解决纠纷，保证合同的履行。同时，可以加强与合同对方的联系，密切双方的协作，以利于合同的实现。

（3）处理好合同纠纷

当企业因经济合同发生纠纷时，双方当事人可协商解决。协商不成时，企业可以向国家工商行政管理部门申请调解或仲裁，也可以直接向人民法院起诉。

（4）信守合同，树立企业的良好形象

合同的履行情况好坏，不仅关系到企业的经营活动的顺利进行，而且关系到企业的声誉和形象。因此，加强合同管理，有利于树立良好的企业形象。

9.4 案例分析

案例 9－1 **延期交货**

Joanna Stores 公司是一家拥有 500 家店铺的妇女服装连锁商店，它注重销售大众价位的货物。由于它对待供应商的政策有点松懈，于是，供应商们经常利用这家公司的这一缺点延迟装运货物，而且总能顺利地逃脱惩罚。

然而，这一年秋季情况开始变糟了。销售额平淡而且服装部门的存货要比往常高得多。当临近 8 月底时，采购人员 Karen Clark 在清点她散乱的文件时，发现有一个来自 Marie Modes 公司的数目非常庞大的订单，这批货大约有 20 000 件，但仍然没能到货。她打电话给 Marie 公司以确定这些货物什么时候能够准备好，却被告知这些服装可能要比订单中规定的取消日期 8 月 30 日晚几天送到。听到这些话后，她叫来了销售部经理 Martin Craft，并且通知他如果这些货物不能在 8 月 30 日前到达的话，商店将拒绝接收订单。

然而，Craft 的回答是模棱两可的："在几种类型的服装上我将延期交货。9 月 2 日我将拥有你公司的 80% 的订单，根据这些订单我在纺织品和劳动力方面进行了庞大的投资，而且我正在装运货物。"

Clark 立刻寄去了一份坚持在 8 月 30 日取消订单的通知，Craft 回答说："我仍然有一部分货物短缺，同时我正在装运我已经准备好的货物，取消还是不取消？"于是，18 000 件来自 Marie 公司的服装在 9 月 2 日送到 Joanna 公司的门口。但是正像保证的那样，Joanna 公司拒绝了全部的货物，这些服装在载货汽车上没有卸下。

当 Craft 听到这个消息后，他非常愤怒："我怎么处理这些货物，吃了它？你公司开给我们一份订单，我们在宽限时间内送到了这些货物，因此，你公司应该接受它们，否则的话我们在法庭上见。"

Clark 回答道："你如果那样做，我们将不再和你做生意了。你非常清楚那份订单的截止日期是什么时候。如果你完成它有困难的话，你应该在此之前让我早些知道。你知道我们对

你是个大客户，你需要我们，因此，你应该会想办法处理这堆废品，而且我保证在下个季节给你一份很大额的订单。”

本案例由 Manymount 大学的 David Ehilich 教授提供

【问题讨论】

1. 作为这一案例的旁观者，你认为服务连锁商店和供应商的当事人应当怎样做呢？

2. 你对这个案例中的两个主要角色的所作所为有何建议呢？

案例 9－2　伊藤洋华堂的单品管理

日本伊藤洋华堂1996年进入中国市场，在北京、成都等地开设华堂商场。单品管理是伊藤洋华堂在20世纪80年代提出并且逐步完善的营销运作项目，并为世界零售业界所称道，即把同一品牌商品按照不同标准细化分类，最终使每种商品细到不能再细化为止，根据商场对社区已有的认知与了解，依据社区的人口结构，由决策层提出商品经营的种类，卖场将各个单品销售状况进行统计，对于不同时间、不同气候、不同摆放位置、不同包装的销售状况用相应的数据作出描述，数据汇总之后即可得出该种商品的需求状况，归纳出畅销品和滞销品，在此基础上重新调整商品结构，及时组织畅销货源，避免商品滞销或脱销。由此而言，华堂商场的单品管理将商品管理的基点置于能够产生顾客需求差异的充分细分的商品品种（单品）之上，在经营活动中通过随时掌握每一种单品的销售动向，不断调整商品结构，力求最准确接近顾客需求，并以此为依据精确确定进货的品种和数量，最大限度地解决“库存损失”和“机会损失”的问题。为了支持单品管理的营销运作，伊藤洋华堂在20年间斥巨资与著名的计算机研发机构合作开发了独有的计算机管理系统，20世纪90年代初期，华堂商场的计算机系统引入名为GOT（图形订货终端）的硬件设备，该设备使一线营业人员能够根据卖场实际销售状况掌握商品需求变化规律，这不仅有助于快速订货和卖场布局，而且有助于商品供应适应短周期变化的需求特点，提高单品管理的准确度，从而跨越单品管理实施过程中的最后一个瓶颈，凭借单品管理营销手段，中国市场上的华堂商场能够从容面对需求差异、准确地把握需求变化，从而完善经营计划，将“库存损失”和“机会损失”控制到最低限度，从而达到预期利润水平。

【本章小结】

1. 商品分类中，根据商品的耐久性和有形性分类，可以分为耐用品、消耗品和服务；根据商品的用途分类，可以分为消费品和资本品；根据顾客对商品的选择程度分类，可以分为便利品、选购品、特殊品和未寻求品；根据顾客的购买习惯不同分类，可以分为日用品、日用百货、专用品和流行品；根据商品生命周期的销售变化分类，可以分为狂热商品、时尚商品、大众化商品和季节性商品。

2. 零售店经营的商品结构，按不同标志可以分为不同类型。按经营商品的构成划分，可以分为主力商品、辅助商品和关联商品等。零售企业商品结构的完善，主要有两个方面：一方面完善主力商品、辅助商品和关联商品的结构；另一方面完善高、中、低档商品的结构。

3. 商品组合有多系列全面型、市场专业型、商品系列专业型、有限商品系列专业型、特殊商品专业型、特殊专业型六种类型。

4. 存货估价有两种方法：先进先出法（FIFO）和后进先出法（LIFO）。先进先出法得出一个更为精确的商品销售成本和年底存货实际成本。后进先出法则表现出一个更低的利润，从而使应缴纳税款减少，但按成本计算的年底存货价值被低估。

5. 单位控制系统是按商品计量单位而不是按金额来控制商品数量的。实地盘存单位控制系统要求零售商指定某人负责监控存货水平，或者用视觉检查，或者实际清点。永续盘存单位控制系统通过记录随销售、退货、对其他商品部或商店的调拨、货物接收及其他事务而不断调整的商品项目，从而连续记录零售商经营的商品单位总数。

6. 零售商通过销售预测预计未来给定时期内的销售额。销售预测的范围可以是整个公司、部门或单个的商品类别。在任何商品财务计划程序中最重要的步骤应是精确的销售预测。大型零售商公司范围和部门范围的销售额通常使用统计技术进行预测。如趋势分析法、时间序列分析法及多元回归分析法。小型零售商更多地依赖“猜测估计”，即基于经验的推测。

7. 再订货点的确定取决于订货间隔期、销售率及安全库存。再订货点 = 销售率 × 订货间隔期 + 安全库存。经济订货批量（EOQ）是使订单处理和存货占用总成本达到最小的每次订货数量（按单位数计算）。经济订货批量用数学公式表示为 $EOQ = \sqrt{2DS/IC}$。

8. 商品采购过程包括一系列整合而系统的步骤：建立一个正式的或非正式的采购组织、编制商品计划、搜集有关顾客需求的信息、确定货源、评估商品、谈判购买、决定购买、处置商品、再订购商品、定期的再评估。

9. 零售企业组织商品采购活动，应当遵循五个原则：以需定进原则、勤进快销原则、信守合同原则、经济核算原则、文明经商原则。商品采购一般有三种方式：市场选购、合同订购、预购。

10. 零售商一般与四种供应商打交道，它们是：使用制造商商标的公司、使用专有品牌商标的公司、使用许可商标的公司以及无商标产品的公司。零售商必须根据自己的经营战略、所采购商品的种类、顾客和竞争程度以及赢利潜力等情况来决定选取哪种供应商。

11. 与供应商面谈时有这样一些秘诀：就事论事、坚持客观标准、为双赢创造选择方案、了解该走多远、不要截断退路、不要假设。

12. 采购合同的内容包括商品的品种、规格和数量、商品的质量和包装、商品的价格和结算方式、交货期限、地点和发送方式、商品验收办法、违约责任、合同的变更和解除的条件。零售企业签订采购合同，必须遵循法定的原则，按照一定的程序。为了保证采购合同的履行，保证企业购销任务的完成，必须加强对合同的管理工作。

【关键术语和概念】

资本品　冲动购买品　主力商品　关联商品　零售商品组合　最佳商品组合　先进先出法（FIFO）　后进先出法（LIFO）　单位控制系统　实地盘存系统　永续盘存系统　存货周转率　再订货点　订货间隔期　安全库存　经济订货批量　经济核算原则　使用专有品牌商标的供应商　使用许可商标的供应商　商业合同　采购合同　品种宽度　品种深度

【练习题】

1. 研究商品分类、经营的商品结构对零售商有何意义？

2. 先进先出法和后进先出法有什么区别？

3. 如何进行销售额的预测？

4. 存货周转率与订货有什么关系？

5. 如何认识不同的供应商？

6. 与供应商面谈有些什么指导方针？

7. 怎样签订采购合同？

【补充阅读】

1. 家乐福的商品分类和采购：

（1）商品分类

家乐福的商品大致分为三类：赚取利润的（如某些进口）商品、赚取销量的（如某些周转快的）商品和获得费用的（即也许你的商品销售并不是很好，但你愿意提供较多的市场费用来培育你的商品）商品，大概比例是1：4：5。杂货部是一个比较大的部门，总销量占50%～60%，杂货部和生鲜部都是家乐福很重视的部门。以化妆品公司的重点客户经营为例，如果你的产品是世界知名品牌，你可以获得专柜陈列，获得较好的陈列位置，因为家乐福比较重视化妆品的销售，专门辟出一块地方集中几个品牌，并允许各品牌派专门的美容顾问（促销人员）进行销售工作。当然，如果你的产品更趋向于大众化，也可以把产品陈列在货架上销售。

（2）采购

凡是和家乐福打过交道的人都说："你要有无穷的耐心和韧性。和家乐福打交道，你会深切体会'坚持就是胜利'这句话是多么的正确。"其实，家乐福一直在培养其员工养成一种"进攻型"的态度来面对供应商。这一点，从家乐福的采购哲学就可见一斑：

①让销售人员对得起他们的工作，让他们出汗！永远不要忘记：在谈判中的每一分钟，要一直持怀疑态度，显得对所谈的事情缺乏热情，或者不愿意作出决定。

②对供应商第一次提出的条件，要么不接受，要么持反对意见。采购员的反应是："什么？""你该不是开玩笑吧？"从而使对方产生心理负担，降低谈判标准和期望。

③永远要求那些不可能的事情。对于要谈判的事，要求越离谱越好，说不定和供应商的实际条件比较吻合；这些不可能的要求有助于获得更大的操作空间，作出最小的让步，并让对手感觉似乎已经从谈判中"得到了"我们的让步。

④告诉供应商："你需要做得更好。"不断重复这个说法，直到供应商开始认为自己现在做得真的很差；在我们的眼中，这些供应商永远不可能做得最好。

⑤把事情拖到下一次解决。在谈判要结束时，采购员要声称须由上级经理决定，为自己争取到更多的时间来考虑拒绝或重新考虑一份方案。

⑥采用"去皮"原则。80%的谈判在最后的20%的时间内取得成效，在谈判开始时提出的要求可以被忽略。

2. 牛全保．世界范围内的工商关系演变历程及启示．商业经济与管理，2005（1）

3. 方昌飞等．加强存货管理防范资产流失．上海企业，2005（12）

4. 张赞等．零售商垄断势力通道费与经济规则．财贸经济，2006（3）

5. 朱思文等．厂商博弈与双赢模式的选择．商业研究，2007（7）

第10章 定价

⊙本章学习要点

1. 掌握两种基本的定价策略：每日低价策略和高低定价策略，并了解各自的比较优势。
2. 掌握产品生命周期与价格策略的关系，以及各个阶段适用的价格策略。
3. 掌握确定零售价格的成本取向方法和需求取向方法的比较，并了解如何运用这两种方法确定商品的初始零售价格以及如何作出相应调整。
4. 了解几种常见的辅助定价行为。
5. 了解零售定价中的法律问题。

⊙本章学习内容

1. 定价策略。
2. 定价方法。
3. 辅助定价行为。
4. 零售定价中的法律问题。

⊙案例分析

⊙本章小结

⊙关键术语和概念

⊙练习题

⊙补充阅读

零售商对商品的定价，应使商品能获利，又使顾客能接受，同时还要考虑到竞争力。本章在考察当今流行的两种定价策略的同时，还就产品生命周期与价格策略的关系作了深入的讨论，然后，阐述两种定价方法和辅助定价行为，以及在进行定价决策时所涉及的有关法律问题。

10.1 定价策略

顾客都希望从他们所购买的商品中获取高价值，对一些顾客来说，高价值就是低价格；另有一些人认为，只要某产品从质量或服务方面看来值得购买，就愿意多花钱。

零售商们也迎合了顾客的需要，他们通过各种强调低价的销售模式来获取不同的利益。遍及全国的折扣连锁店采用每日低价（every day low price，简称 EDLP）策略在许多产品市场上占据优势，如美国的 Kmart、沃尔玛和 Target 公司等。面向会员的仓储会员店是进入价格取向市场的一种较新的形式，如 Sam 仓储会员店和 Price/Costco 商店等。另一种销售的新形式是降价销售，它们以低于正常水平的价格购进清仓或过季的商品加以储存，然后转卖给顾客。

更多的成熟的零售商开始从各个方面关注那些新的竞价方式，例如百货公司、专卖店等开始提供打折（discount），进行大量的价格促销活动（mervyn）。另外一些零售商，不管是百货公司还是超市都进行了更多的价格促销活动。还有许多零售商通过为顾客提供高质量的商品和服务而不是在某一类特定的商品上制定最低价格，也成功地保持了其市场吸引力。

10.1.1 两种定价策略

在当今的零售市场上，流行着两种对立的定价策略：每日低价策略和高/低定价策略。

每日低价策略总强调把价格定得低于正常价格，但高于其竞争者大打折扣后的价格。因此，从某种意义上说，“每日低价”这个词并不准确，“低”并不一定最低。尽管使用每日低价的零售商尽量保持低价，但他们的定价并非总是市场上的最低价。一般来说，在竞争性商店或在批发会员店购买特定的商品时，价格才可能是最低的。因此，这种策略的一个更准确的表述应该是“每日稳定定价”。美国零售商 Home Depot、沃尔玛、Office Depot、Toys “R” Us 公司等使用每日低价策略，获得了成功。

高/低定价策略（high/low pricing strategy）是指零售商制定的价格有时高于其竞争者的每日低价，但他们为了促销而经常使用广告降价。就像每日低价策略一样，高/低定价策略近年来变得越来越流行。在过去，时尚商品零售商仅仅在季末降价销售，杂货店和药店也只有在供货方提供特惠价或存货过多时才会降价销售。现在零售商对日益加剧的竞争和顾客对价值的关注作出反应，即用经常降价的方式进行促销。

与高/低定价相比，每日低价具有下列优点：

①减少价格战。每日低价策略使得零售商从与对手的残酷的价格战中撤出。一旦顾客意识到其价格合理时，他们就会更多、更经常地购买。

②减少广告。每日低价策略下的稳定价格减少了促销广告，而把注意力更多地放在塑造企业形象上。

③提高对顾客的服务水平。没有因贱卖的刺激而产生新的消费群，因而，销售人员可以在顾客身上花更多的时间，提高服务质量。

④提高边际利润。尽管在每日低价策略中价格一般较低，但由于其商品大量销售，所以总的来说会提高边际利润。

但是，每日低价策略并非对任何零售商都是合适的，相对来说，高/低定价策略也有下面四个好处：

①同一种商品在多重市场上具有吸引力。当时尚商品第一次进入市场时，零售商定最高

价格，对价格不太敏感的时尚领导者或者那些难以得到满足的顾客常常是在商品刚进入市场时就购买；随着时间的推移和降价的实行，更多的顾客进入市场；最后，长于讨价还价的搜寻者进入购买市场。季末的大降价商品，如正值年末大甩卖，25%的商品降价33%～50%。

②刺激消费。在降价过程中常常出现一种“仅此一天，过期不候”的氛围，降价导致购买者人头攒动，这就刺激了消费。

③可以推动商品流通。所有的商品都能被卖掉——问题在于价格如何。经常降价使得尽管利润受损，但零售商可以尽快把商品销售出去。

④强调质量或服务。初始的高价格给顾客一个信号：该商品质量很好或能提供优质的服务。在商品继续销售的过程中，顾客仍用原来的价格作为其价值度量。

零售价格的确定方法并非一成不变。首先实行每日低价的零售商（如沃尔玛和Kmart）现在开始进行经常性的促销活动，那么，使用高/低定价策略的零售商为稳定其价格也在使用每日低价策略。

零售实例10－1　　任天堂的“低价”

日本任天堂的游戏机价格为1.48万日元，而其他企业的价格为3～5万日元，低价格使任天堂在1983—1993年10年间销售了1.08亿台游戏机，打垮了国内其他游戏生产厂家，同时也促进了价格高达4～6千日元的游戏软件的销售，10年内销售量达7.25亿个。1993年，仅有950名员工的任天堂税前利润为1 648亿日元，在丰田和日本电报电话公司之后居日本第三位，人均纯利润9 000多万日元，使当时世界上任何一个企业都望尘莫及。

资料来源：吴洪刚，《价格策略》（下），《销售经理》，2001

10.1.2　产品生命周期与价格策略

产品生命周期是指产品从进入市场到退出市场所经历的市场生命循环过程。产品只有经过研究开发、试销，然后进入市场，其市场生命周期才算开始。产品退出市场，标志着生命周期的结束。典型的产品生命周期一般可分为四个阶段，即导入期、成长期、成熟期和衰退期。在生命周期的不同阶段，采取的价格和营销策略是不同的。

当产品在介绍期的销售取得成功以后，便进入成长期，这时顾客对产品已经熟悉，大量的新顾客开始购买，市场逐步扩大。产品已具备大批量生产条件，生产成本相对降低，企业的销售额迅速上升，利润也迅速增长。在这一阶段，竞争者看到有利可图，将纷纷进入市场参与竞争，使同类产品供给量增加，价格随之下降，企业利润增长速度逐步减慢，最后达到生命周期利润的最高点。经过成长期以后，市场需求趋向饱和，潜在的顾客已经很少，销售额增长缓慢直至转而下降。在这一阶段，竞争逐渐加剧，产品售价降低，促销费用增加，企业利润下降。随着科学技术的发展，新产品或新的代用品出现，将使顾客的消费习惯发生改变，转向其他产品，从而使原来产品的销售额和利润额迅速下降。

1. 导入期定价

导入期开始于新产品首次在市场上普通销售之时。新产品进入导入期以前，需要经历开发、研制、试销等过程。当新产品投入市场，进入导入期，顾客对产品还不了解，只有少数追求新奇的顾客可能购买，销售量很低。为了扩展销路，需要大量的促销费用，对产品进行宣传。在这一阶段，由于技术方面的原因，产品不能大批量生产，因而成本高，销售额增长缓慢，企业不但得不到利润，反而可能亏损。导入期产品的市场特点是：产品销量少，促销费用高，制造成本高，销售利润常常很低，甚至为负值。

（1）撇脂定价法

新产品上市之初，将价格定得较高，在短期内获取厚利，尽快收回投资。就像从牛奶中撇去所含的奶油一样，取其精华，称之为“撇脂定价”法。这种方法特别适用于有专利保护的新产品的定价。

快速撇脂策略。这种策略采用高价格、高促销费用，以求迅速扩大销售量，取得较高的市场占有率。采取这种策略必须有一定的市场环境，如大多数潜在消费者还不了解这种新产品，而已经了解这种新产品的人急于求购，并且愿意按价购买；企业面临潜在竞争者的威胁，应该迅速使消费者建立对自己产品的偏好。

缓慢撇脂策略。以高价格、低促销费用的形式进行经营，以求得到更多的利润。这种策略可以在市场面比较小，市场上大多数的消费者已熟悉该新产品，购买者愿意出高价，潜在竞争威胁不大的市场环境下使用。

撇脂方法适合需求弹性较小的细分市场，其优点是：①新产品上市，顾客对其无理性认识，利用较高价格可以提高身价，适应顾客求新心理，有助于开拓市场；②主动性大，产品进入成熟期后，价格可分阶段逐步下降，有利于吸引新的购买者；③价格高，限制需求量过于迅速增加，使其与生产能力相适应。缺点是：获利大，不利于扩大市场，并很快招来竞争者，会迫使价格下降，好景不长。

（2）渗透定价法

在新产品投放市场时，价格定得尽可能低一些，其目的是获得最高销售量和最大市场占有率。这种方法适用于没有显著特色的产品。

快速渗透策略。实行低价格、高促销费用的策略，迅速打入市场，取得尽可能高的市场占有率。在市场容量很大，消费者对这种产品不熟悉，但对价格非常敏感，潜在竞争激烈，企业随着生产规模的扩大可以降低单位生产成本的情况下，适合采用这种策略。

缓慢渗透策略。这种策略是以低价格、低促销费用来推出新产品。这种策略适用于市场容量很大、消费者熟悉这种产品但对价格反应敏感，并且存在潜在竞争者的市场环境。

对于企业来说，采取撇脂定价还是渗透定价，需要综合考虑市场需求、竞争、供给、市场潜力、价格弹性、产品特性、企业发展战略等因素。

2. 成长期定价

新产品经过市场介绍期以后，消费者对该产品已经熟悉，消费习惯业已形成，销售量迅速增长，这种新产品就进入了成长期。进入成长期以后，老顾客重复购买，并且带来了新的顾客，销售量激增，企业利润迅速增长，在这一阶段，利润达到最大。随着销售量的增大，企业生产规模也逐步扩大，产品成本逐步降低，新的竞争者会投入竞争。随着竞争的加剧，新的产品特性开始出现，产品市场开始细分，分销渠道增加。企业为维持市场继续成长，需要保持或稍微增加促销费用，但由于销量增加，平均促销费用有所下降。在产品的成长阶段，价格制定应视导入期采用的是撇脂法还是渗透法而定。在适当的时机，可以采取降价策略，以激发那些对价格比较敏感的消费者产生购买动机和采取购买行动。

3. 产品成熟期的价格策略

产品经过成长期的一段时间以后，销售量的增长会缓慢下来，利润开始缓慢下降，这表明产品已开始走向成熟期。进入成熟期以后，产品的销售量增长缓慢，逐步达到最高峰，然后缓慢下降；该产品的销售利润也从成长期的最高点开始下降；市场竞争非常激烈；各种品牌、款式的同类产品不断出现。对成熟的产品，只能采取主动出击的策略，使成熟期延长，或使产品生命周期出现再循环。此时，竞争激烈，企业的首要工作是降低价格。大量小型企业将在竞争中被淘汰，从而形成以大型企业为主的垄断局面。

4. 产品衰退期的价格策略

在成熟期，产品的销售量从缓慢增加直到缓慢下降，如果销售量的下降速度开始加剧，利润水平很低，在一般情况下，就可以认为这种产品已进入市场生命周期的衰退期。衰退期的主要特点是：产品的销售量急剧下降；企业从这种产品中获得的利润很低甚至为零；大量的竞争者退出市场；消费者的消费习惯已发生转变等。面对处于衰退期的产品，企业需要进行认真的研究分析，决定采取什么价格策略。

根据企业的总体战略，一般可选择三种价格策略：①减价；②追随其他厂家的价格；③在同一品牌下，以成本较低的同质商品来维持商品价格。

10.2 定价方法

前面讲述了确定零售价格的一般策略，现在将讲述两种截然不同的零售价格定价方法：成本取向方法（cost－oriented method）和需求取向方法（demand－oriented method）。运用成本取向方法，零售商通过在商品的成本上增加一个固定的百分比来确定价格。例如，通过把商品成本增加一倍来得到商品的初始价格。如果一件服装的成本价为50元，那么初始价格为100元。在需求取向方法中，价格是基于顾客希望或愿意付出的价钱而制定的。例如，高先生已经发现一种特殊商品的估价为50元，但是相信该商品可以取得最大利润的价格是115元。

那么，这两种方法中，哪种方法最好呢？答案是两种方法都是最好的。成本取向的优点在于可以达到预定的利润指标。并且，这种方法获利迅速、稳定，而且相对来说容易运用。需求取向方法的优点在于它与市场行为的一致性，就是说，它考虑的是顾客的需求，而且，需求取向方法可以提供使利润最大化的价格。但是按需求取向方法确定价格很难掌握，特别是当需要确定几千个商品细目的零售价格时就更困难了。

把需求取向方法与成本取向方法结合起来是最受欢迎的。因为：一方面，成本取向方法是定价策略的基础；另一方面，使用需求取向方法对价格进行小的调整。零售商开始制定的价格是基于他们的利润目标，然后经过实践来检验这个价格是否是获利最大的价格，最后，根据检验结果对最初的零售价格进行调整。

10.2.1 成本取向方法

这一节讲述怎样以商业成本为基础确定零售价格。但其零售价格并不像我们前面所描述的那样简单地把成本增加一倍。例如，商品销售的初始零售价格可能因为降价而与最终零售价格不一样。所以，零售商要设计出对零售商品价格的变化进行跟踪的方法，以使它们能达到他们的利润目标。

例如：假设某一商品的建议零售价格为100元。它有一个初始加价（initial mark up），商品成本和它的初始零售价格之间相差56%。那么加价和商品成本各是多少？

零售价格 = 成本 + 加价

100 = 成本 + (56% × 零售价格)

100 = 成本 + 56

100 = 44 + 56

则加价是 56 元，商品成本是 44 元。

例如：一个推销员带着一种成本为 100 元的优质新产品来到一个客户的办公室。如果以零售价为基础的初始加价仍旧是 56%，那么零售价格应该是多少？

有两种方法可以解决这个问题。

第一種方法是销售者可以把以零售价为基础的初始加价百分比用下面的公式转换成以成本为基础的初始加价的百分比：

以成本为基础的初始加价百分比 = 以零售价为基础的初始加价百分比/（100% - 以零售价为基础的初始加价百分比）

即 127.27% = 56%/(100% - 56%)

那么，问题求解如下：

零售价格 = 成本 + 加价

零售价格 ×100 + (127.27% × 成本)

227.27 = 100 + 127.27

第二种方法是用代数方法：

零售价格 = 100 + (56% × 零售价格)

$R = 100 + (0.56 \times R)$

把等式两边都减去 $0.56R$，我们可以计算得到下面的零售价格：

$0.44 \times R = 100$

$R = 227.27$（元）

10.2.2 初始零售价格的调整

初始零售价格并不总是零售商使用的价格。初始零售价格的调整包括降价和附加加价。

1. **降价**

降价（mark down）就是降低初始零售价格。下面我们来研究零售商为什么降价，怎样减少降价的次数，应降价多少，降价持续的时间，怎样降价清仓以及降价的构成。零售实例 10-2描述了格兰仕的降价策略。

零售实例 10-2　　　　格兰仕的价格战

格兰仕作为国内微波炉行业的龙头老大，素以刚性的营销策略——价格战闻名。几年来，格兰仕陆续发动了数次价格战，在将微波炉的价格大幅降下来的同时，也使自己的市场占有率节节攀升。今年 4 月份以来，格兰仕更是通过价格战使自己的市场占有率达到了 65% 以上，生产能力发展到今天的 1 200 万台，并跻身世界最大微波炉生产企业行列。

格兰仕一直信奉“价格是最高级的竞争手段”，以确保其成本领先的优势，其价格战的目标十分明确，就是消灭散兵游勇。每当其规模上一台阶，格兰仕就要打一次价格战：当其生产规模达到125万台时，它立即把出厂价定在规模为80万台的企业的成本价以下；当达到400万台时，它又把出厂价调到规模为200万台的企业的成本价以下；今年，其生产能力达到1 200万台时，它又再次调低价格，将其出厂价定在规模为500万台的企业的成本价以下，使微波炉行业的“成本壁垒”站到了“技术壁垒”之前，让很多年产只有几万台、几十万台的家电企业对“微波炉生意”失去了兴趣，甚至连海尔、荣事达这样的大集团在它面前也只能输得头破血流。2000年上半年，格兰仕希望通过新一轮价格战进一步巩固其在行业的“垄断寡头”地位。

资料来源：吴洪刚，《价格策略》（下），《销售经理》，2001

①零售商降价的原因。零售商降价的原因主要是清仓（处理商品）和促销（贱卖）。当商品销售缓慢、商品过时、在销售季末或者是价格高于其竞争者的价格时，通常会采取降价的方法来清仓。如果不降价销售，商品也会变得破旧或者过时，同时还得付出很高的库存成本。如果降价幅度太小，售出商品的速度可能会很慢，零售商就不会卖出足够多的商品，或者不能从卖出的商品中得到足够多的利润。

零售商运用降价策略来对商品进行促销。卖主可以决定使部分商品降价以购买新商品。另外的好处是降价销售通常会增加现金流量，从而可以购买新的商品。同时，降价也可以增加顾客量。零售商在节假日，或遇到特殊事件时，通过降价进行促销，或者就把降价作为他们促销计划的一部分。顾客到商店后也购买其他价格正常的商品。降价也可以提高互补性产品的销售量。

②减少降价次数。减少可能的降价次数的最重要途径是对商品有一个好的销售计划。零售商应该对商品的选择进行协调。例如，一个购买传统男装的顾客不会购买前卫的意大利式领带来搭配传统的衬衫。

另一个减少降价的方法是适时供货。即购买少量的新产品来做试验，如果效果很好，则再去大量进货。至少零售商应该尽量避免在某一季中过早供货。另一方面，要供货准时，若到货过迟，则零售商就很难不降价来清货物。

因此，零售商必须与供货方通力合作，那些对市场和竞争十分熟悉的供货方会对零售商的存货选择很有帮助。零售商有可能会获得减价资金（mark down money），统一由供货方支付给零售商，用于弥补由于降价或其他销售问题引起的利润损失。

③何时降价。零售商应参考以往的记录，跟踪过去降价的商品类型和现在的季节有什么东西不可售出等信息。例如，如果一种商品的某些尺寸过去常大量降价，则零售商就应在本季减少对这些尺寸的进货。

④降价的幅度及降价持续的时间。许多零售商很早就开始降价，即使那时需求还相当活跃。因为早些降价扩大了新商品的销售空间并增加了零售商的现金流量，而且由于降价使得顾客的购买量增加了。

商店全方位降价清仓（后期降价政策）。销售季节性商品的零售商最先发现这个政策很有用，但后期降价政策经常是被大型百货商店和专卖店使用。这个政策的优点是零售商可以正常价格在较长的时期内销售商品。最后，清仓销售仅给那些擅长讨价还价的搜寻者两次机会。

早期和晚期降价策略相结合的情况近年来变得更流行了。例如，许多时尚商品零售商在6周之后削价20%，然后在3周后再削价30%，一直这样下去直到商品售完。这种方法看起来降价次数少，但降价很厉害，更能增加利润，这可能是因为顾客相信他们必须在降价结束之前而商品又未售完时去购买。同样，在第一次降价时未购买的顾客可能会在下一次降价时购买。两种策略相结合的缺点是：零售商可能会在第一次或第二次降价之后蒙受较大的损失。

降价幅度不是个常数，一般对易变质的商品（如鲜肉和农产品）以及时尚商品需要比纺织品有更大的降价幅度。因为商品不同，所以打折的幅度也会有所不同。例如，对20 000元的汽车降价10%可能被认为比对5元的冰淇淋进行10%的降价更具激励性。

⑤清理降价商品。无论零售商使用何种降价策略，可能仍有一些商品卖不出去。零售商可以使用下面三种策略之一来清理这些商品：

第一种方法是零售商可以将滞留商品降价转售给另一个零售商。

第二种方法是零售商可以将降价商品的销售与某个地区商店或销售中心相联合，在联合销售中购物的顾客能享受到比在某一商店购买商品时更多的选择机会。但是，联合销售十分复杂，花销也很大，因为需要额外的运输费用以及涉及记录凭证。

第三种方法是零售商可以将商品留到下一季，这种策略常常用于价格相对较高的非时尚物品，如传统男士服装和家具。一般来说，由于过度存货成本较高，这种方法是不划算的。

⑥降价的构成。假设一件商品成本为1元，初始加价为零售价格的33.3%，初始零售价（R）为1.5元。零售商决定将商品价由1.5元降至1.25元，则下降0.25元表示降价16.7%（0.25÷1.50）。注意：要确定降价的百分比，常常用当前售价作分母。

2. 附加加价

附加加价（additional mark up）是指当零售商应用初始加价百分比加价之后而在商品被拿出来出售之前对零售价格的提高。继续前面的例子，假设某种产品的初始零售价为1.5元，但是零售商的这种商品卖得特别好，零售商的竞争者将其售价定为2元；若零售商将价格定得低于其竞争者，产品也不会卖得更多，所以零售商决定以2元来出售此产品，则附加定价为0.5元或33.3%（0.50÷1.50）。记住：常使用当前价格作分母。

10.2.3 需求取向方法

需求取向的定价策略寻求使利润达到最大化的价格。那么，零售商在采用需求取向定价法时，应考虑哪些问题呢？下面主要讲述：①影响顾客对价格敏感程度的因素；②如何使用需求取向的方法来确定初始零售价格。

1. 影响顾客对价格敏感程度的因数

在零售商确定如何制定初始价格时，必须考虑顾客对价格的敏感程度，通常零售商会对其价格不会引起顾客太敏感的商品制定较高的价格。下面我们研究五个决定顾客对价格敏感程度的因素。

①替代效应（substitute awareness effect）。替代效应会使顾客对价格更加敏感，因为这些时尚商品的替代品很多。在这样的商店过多的市场上，由于零售商要吸引同样的时尚商品顾客，因此价格竞争非常激烈。

②总支出效应。当总支出量较大时，顾客对价格更加敏感。“支出量较大”可以指实际支出数额较大和支出占收入的比重较大。因此，家庭装修中心试图在一些贵重商品（如主要设施）上成为有力的价格竞争者，而对诸如批量购买的螺母和螺栓之类的小商品来说，消费

者可以承受高一点的价格。

③困难比较效应。当对竞争性商品的价格容易作出比较时，顾客对价格更为敏感。包括时尚商品零售商，特别是百货公司在内的许多零售商面临这样的问题。顾客对相似的产品很容易就可以作出比较，这使得单个零售商很难定出高一些的价格。

为了使商品的比较变得困难，许多零售商开发了专有商标（private label）的商品。“专有商标”的意思是指标识产品的商标或徽标属于零售商而不属于厂家。

④利益/价格效应（benefit/price effect）。利益/价格效应给出了顾客认为他们从产品中获取的利益与商品价格之间的关系。对某些用于“形象”或“独占性”的商品，顾客对价格不太敏感，因为这些商品很昂贵，顾客会认为他们从中得到了更多的利益。例如，一件夏奈尔原装晚礼服的定价可能是一个百货商店的同质礼服的10倍，购买夏奈尔礼服的消费者认为购买该原装晚礼服得到的自信和满足感十分有价值，所以他们对价格并不敏感。

许多研究者指出，只有当其他可用信息很少时，人们才用价格作为衡量价值的尺度。例如，人们在评价钻石的质量时，常常会遇到困难。由于钻石的价格相对较高，以及人们缺乏与钻石有关的知识，一些人认为钻石是一种风险性商品，他们只好将高质与高价等同起来。

有些商品也可能因为定价太低而被顾客认为质量不高。

⑤情境效应。许多饭店从情境效应中获得好处，例如人们希望午餐少花钱，他们就把午餐的价格定得比晚餐低。高档次的时尚商品零售商店知道，如果有良好的服务和舒适的气氛，顾客会愿意支付出更多。

2. 按照需求取向的定价方法决定初始零售价格

要理解零售商如何使用需求取向的方法来制定初始价格，我们来讨论兔牌新式棱纹无袖女式T恤衫这样一个假想的情况。开发此产品的固定成本为300 000元，可变成本为每件5元。固定成本（fixed cost）是不随生产和销售产品的数量改变而改变的；可变成本（variable cost）是随生产和销售产品的数量改变而改变的厂商成本之和。兔牌T恤衫的初始零售价格如何用需求取向法去确定呢？厂商决定将兔牌T恤衫在四个市场以不同的价格出售进行试验。

10.3 辅助定价行为

零售商除采取每日低价与高/低定价相结合的基本策略外，他们也使用其他策略——优惠券、退款、招徕定价、捆绑定价、多单位价格、底价以及奇数定价等，与基本策略并用。

10.3.1 优惠券

优惠券（coupons）是指提供一定价格折扣的商品券。

优惠券被视为一种重要的促销工具，因为它可以吸引顾客尝试新产品，使这些新顾客成为回头客，鼓励大量购买，在竞争中保护其市场占有份额。

优惠券的获利能力难以一言概之。因为表面上看来，优惠券有着鼓励大量购买的正面效应，但是从长远来看，优惠券促销可能是对未来销售量的“偷窃”，销售总量的净额不会有任何增加。例如，如果一家超级市场发行饮料的优惠券，一些家庭便会购买大量饮料并储存起来以备未来之用，这样，对销售总量便没有什么影响——除非这些优惠券大部分是被新顾客使用的。

零售商对顾客大量发行优惠券使得竞争大大加剧，但销售量或市场占有率却没有随着增长。最终，零售商除了支付优惠券价格大战的额外成本外，还由于优惠券的代价昂贵而不能再运用优惠券了。

10.3.2 退款

退款（rebates）是一种按照购买价格的一定比例把一定量的现金退还给顾客的行为。一般来说，只要顾客向零售商出示已经购买的证明，零售商就给顾客退款。在零售商看来，退款比发行优惠券更有利，因为它也能像优惠券一样增加需求，零售商却不必花费预付成本。对顾客来说，亦是激励消费的有效方法。

10.3.3 招徕定价

零售商将某些商品的价格定得低于平均价格，以此招徕顾客，加速交易周转或增加互补商品的销售量。采取招徕定价的原因与发行优惠券相似，不同之处在于由于制定了招徕价格，商品价格便有了一个较低的起点，这样，顾客、零售商及卖主就不必使用优惠券。一些零售商便称这些为吸引顾客亏本卖出的产品为“亏本招徕品”（loss leader）。对于招徕价格来说，最适合充当招徕品的商品是那些购买频率较高的、主要由对价格敏感的购物者所购买的商品。例如，超级市场把白面包、鸡蛋、牛奶作为亏本招徕品。

10.3.4 捆绑定价和多单位定价

捆绑定价（price bundling）就是将两种或两种以上的不同产品或服务制定一个价格一起销售。例如，一个自行车商店会将一辆配有水瓶、打气筒、头盔、手套、行李架的自行车售价定为599元。如果分开销售，这几样商品的价格之和是679元。捆绑定价通过增加本商店的销售量来增加销售额和收入。该策略也可以通过将需求不旺的商品捆绑到需求较大的商品中来销售。

多单位定价（multiple unit price）与捆绑定价类似。例如，一个超级市场可能将3升苏打定价为2.39元，而每一升定价为0.99元——节省了0.58元。像捆绑定价一样，这种策略用于增加销售量。

一些零售商滥用捆绑定价和多单位定价，他们暗示这样会省钱，但实际上没有（比如说，一个0.49元，两个0.98元）。这种欺骗性的行为已经引起广泛关注。

10.3.5 底价

底价（price lining）就是零售商将商品按照分类预先制定一定数量的价格点。例如，我国分布大江南北的8元店或10元店。又如，一家专营轮胎的商店可能仅以829.99元、849.99元、879.99元出售轮胎。通过这种策略，买卖双方均可获利，起码由多种价格选择引起的混乱基本可以避免。顾客可以随意选择低价、中等价格或高价的轮胎。在零售商看来，这样做使销售任务变得简单了。底价也给了消费者较大的灵活性。如果需要限制初始加价，就必须制定大量的价格点。当然，底价也有其限制消费者灵活性的一面，他们可能会被限制购买一些有利可图的商品——仅仅因为它们不满足底价。零售实例10-3介绍了一个将所有商品都卖99美分的商店。

零售实例 10-3　昨日出售廉价商品的商店——今日的 99 美分商店

在洛杉矶，各种商品经常优惠出售，工作很难找到，房屋的价格和租金贴在户外。在这里，现在的零售概念仍是以 99 美分销售所有商品。

在洛杉矶和其他美国城市，你可以发现一些现代的廉价商店的不同形式。第一个 99 美分商店是在 1982 年开业的，到 1993 年这家连锁店已有超过 30 家的批发商店。

1 美元现在不再只能买过去在南加州所买的东西，它买得更多。说得更明确一点：一块 Wonder breed 的面包、一打鸡蛋、14 盎司的动物型的甜饼、一篮子的焦糖玉米、三听 aiax 的清洁剂都可以用 99 美分的价格买到。

那么这些东西从哪里来的呢？大部分商品都是抛售品（仅仅是由于包装有点变形）。其他商品也是低价得到的，因为生产者过高地估计了需求，不得不除去过剩的库存。在 99 美分商店中一半多的商品都是名牌。

尽管 99 美分商店还在继续开张新的连锁店，但是它有两个问题：一是在城镇中经常突然出现降价；二是如果出现价格上涨怎么办？要把名字改为 1.17 美元店么？

资料来源：Thomas J. Fields - Meyer. Five - and - DimesfOrOe90's. *The Wall Street Journal*, April, 21, 1993

10.3.6　奇数定价

奇数定价（odd price）指的是以奇数结尾的价格（如 57 元或 63 元等）或稍稍低于整数的价格（如将 100 元定为 98 元）。一些零售商认为奇数定价能提高销售量，然而根据以往经验显示，这个结论并不成立。

尽管如此，许多零售商仍然认为奇数定价方法是一个很好的方法。奇数定价对需要经过仔细考虑后才购买的商品来说，可能效果较小。例如，在购买一辆汽车时，大多数顾客不会意识到 17 995 元和 18 000 元有什么不同。但是，奇数定价可能对处于销售末端的零售商的销售和推动打折商品的销售会比较成功。奇数定价又称为尾数定价，即非整数定价。零售商对一些商品保留价格尾数，如 19.9 元代替 20 元、396 元代替 400 元。这是零售商采用心理定价的一种方式。其作用如下：

① 使价格保留在较低的一个档次上，显得便宜，更吸引人；

② 必要时可以 408 元代替 400 元定价，给人感觉精确、实在，而让人信赖。

采用整数定价多应用于贵重而耐用的商品或礼品，以及能够显示消费者身份、地位的高档消费品。

10.4　零售定价中的法律问题

与零售定价相关的法律问题很复杂。我们先讨论两种类型：关于商品的购买的法律问题（包括价格歧视和维持转售价格）和影响到消费者的法律问题（包括横向限价、掠夺性定价和比价）。

10.4.1　价格歧视

供应商以不同的价格把同一种商品销售给两个或多个零售商时就会出现价格歧视（price discrimination）。一般来说，价格歧视是不合法的，但是有三种情况例外：

第一种情况是由于销售者（供应商）销售商品的方法或数量不同而造成销售者的生产成本、销售成本或者运输成本不同，销售者就可以向不同的零售商索要不同的价格。

这是因为通常生产、销售或运输大批商品比少量商品的单位成本更低。生产者可以通过在长期内生产大量商品来实现规模经济。把一种商品销售给消费者的成本随着消费者定购的货物的数量的增加而减少，最后，单位商品的传送或运输的费用会随着运输货物数量的增加而减少。这些事实产生了数量折扣（quantity discount），也就是对购买数量较多的零售商索要较低的价格。不同价格的销售方法就是所谓的功能或商业折价（functional or trade discount）。功能或商业折价是指给予不同层次上（比如批发商和零售商）的买家的不同的价格，或不同的折扣百分比。即使是对于同样数量的商品，给予批发商的价格也比给予零售商的价格低。这样做是合法的，理由是批发商在销售过程中执行的功能比零售商多。批发商需要储存和运输商品，还要雇用人员写订单和处理储存中的问题。生产者给予批发商较低的价格本质上是用来“偿付”批发商对零售商所提供的服务。

例如，沃尔玛实际上执行一个独立的批发商所提供的所有功能，因此，沃尔玛要求享受和批发商一样的较低的价格。这些较低的价格使得小的零售商很难与其竞争。

第二种情况是指根据影响相关商品市场的条件变化或适销性来确定价格差别。

第三种情况是指在不同地区按照当地竞争对手的低价格确定不同市场上的价格差别。

大的零售商经常从这种销售方法的价格中获利。例如，人们指责书籍出版商向独立的书籍销售者售价比向连锁书店高，尽管他们定购的数量是相同的。在折扣商店行业中，生产者经常回收大的折扣连锁店没有销售出去的商品而不加任何惩罚，这种优惠措施，小的商店是享受不到的。

10.4.2 维持转售价格

Specialized（一家自行车供应商）在给他的零售商的一封信中说：“如果得知哪一个零售商在销售 Specialized 的产品时，价格低于建议的零售价格，Specialized 将中断对他的供货。”这种做法被称为维持转售价格（resale price maintenance）、纵向限价（vertical price fixing）或公平贸易法则（fair trade law）。它涉及在同一个市场渠道中不同层次的销售部门（如零售商和卖主）之间达成的协议。实行维持转售价格的国家不多，即使在提出维持转售价格的美国，也有一段复杂的历史：由于消费者的强烈的推动，《消费品定价法案》（1975 年）撤销了所有州的维持转售价格法案；而后，一些生产者和零售商声称他们需要通过保护生产者建议的零售价格来保护生产者的质量声誉和为商品提供服务。在 1988 年，最高法院规定生产者可以拒绝向那些以低于生产者建议的零售价销售的零售商供货；在 1993 年，美国联邦贸易委员会（FTC）给 Armstrong 公司开绿灯，允许它向那些以低于生产者的建议零售价销售产品的销售者供货。

在我国，维持转售价格也在一些制造商和零售商之间出现（如某些品牌服装），但仅被看作建议零售价，并没有约束力。

10.4.3 横向限价

横向限价（horizontal price fixing）涉及零售商之间的协议，协议规定直接竞争的双方应当制定同样的价格。考虑这样一种情况，假设有两个大型的折扣商店甲和乙，它们共同发起把食用油的零售价格固定在非常低的水平上。丙是一家有三个商店的小型连锁店，竞争不过他们。甲和乙可以把食用油作为招徕品销售。但是，丙仅仅销售食用油。如果对食用油的限价继续下去，丙将不得不关门。随着丙退出市场，甲和乙就可提高他们的食用油价格。显然，甲和乙的这种行为是反竞争的。横向限价永远是不合法的，因为它抑制竞争，同时还增加消费者的成本。

在零售市场上，零售商不应当和他的竞争对手讨论价格或销售的条件。销售的条件包括换货、送货的索价、免费包装、商店的外汇政策等。如果商店的管理者想知道竞争对手的某特定商品的价格，他可以亲自或派他的助手暗地里到他的对手的商店里去“购买”或考察，再调整本企业的某些商品的零售价。

10.4.4 掠夺性价格

建立推销价格以驱逐市场上的竞争被称为掠夺性价格（predatory price），它是不合法的。然而，当一个零售商在不同的地区销售某些商品时，如果销售、运输等的成本不同，他就可以制定不同的价格，而不能认为是掠夺性价格。例如，产地上海的一套服装的定价在广州要比在上海高，因为把这套服装从上海的配送中心运输到广州的成本要比运输到上海的一个商店的成本高。

一般来说，零售商可以以任意的价格销售商品，只要这样做的动机不是为了破坏竞争即可。零售实例 10 -4 给出了沃尔玛的每日低价策略。

零售实例 10 -4　　　　*沃尔玛的掠夺性价格受到攻击*

全国各小城镇的独立的零售商们长久以来一直在指控沃尔玛在以低于成本的价格销售商品，以便把他们挤出市场；然后在沃尔玛取得对市场的控制权后又提高价格。这家全美最大的零售商在从供货方进货时对其施加巨大的影响，以便得到可能的最低成本。随着沃尔玛向城市的转移，它面临着更多的来自其他大的零售商的竞争。沃尔玛在使用每日低价策略时，大胆地作为市场的领导者。

然而，一些小的零售商却指控沃尔玛的每日低价为掠夺性价格，或者低于成本销售商品（包括 Crest 和场外交易的药品）。沃尔玛声称它没有违犯法律，因为它并不想伤害竞争，但是它承认像其他的零售商一样，它以低于其他零售商成本的价格销售某些商品，目的是向消费者提供最好的每日低价，沃尔玛每日低价战略是基于本地竞争的价格——竞争激烈，价格就低；反之价格就高。

资料来源：Bob Ortega. Suit over Wal – Mart's Pricing Practices Goes to Trial Today in Arkansas Court. *The Wall Street Journal*, August，23，1993：A3（本资料在引用时内容稍作修改）

10.4.5 比价

零售商们是把待售商品的价格与一个较高的“正常”价格或生产者的价格清单作比较，这种做法就是比价（price comparison）。它本是一个好的战略，因为它给了消费者一个价格比较，使得所出售的商品看起来便宜。但在不规范的情况下，却是价格欺骗。

当零售商做广告说，他们的价格是本地区的最低价格，或他们的价格将和竞争对手的价格一样，甚至还要低的时候，就会出现另一种形式的欺骗性比价。为了避免欺骗，零售商在做广告前要有证据证明他的价格确实是本地区的最低价格。而且，零售商必须制定公司政策，使得能够适时对价格作出调整，从而保持广告宣称的准确性。

总之，不论何时，零售商、批发商和生产者决定在不同的地方以不同的价格销售同一种商品，或以极低的价格销售以吸引消费者时，就必须意识到这可能会引起与其竞争对手的法律纠纷。但在实际工作中，获得足够的数据和法律帮助以证明自己受到了竞争对手的伤害是十分耗时且代价昂贵的，所以，在一般情况下受到伤害的一方仍然被挤出了市场。

10.5 案例分析

家乐福的价格策略

家乐福自1963年在法国开业以来，截至1997年底，已在全球的18个国家和地区开设了307家分店；1996年家乐福以年总销售额300亿美元在全球零售行业中排名第6位。家乐福北京分店是家乐福1995年12月5日在中国内地开设的第一家分店，随后又陆续在深圳、上海、天津、重庆开设分店，到1997年底已有7家。北京家乐福卖场营业面积7 500平方米，员工近700人，开业以来，最高日营业额达430万元，年销售额4亿元。家乐福的成功很大程度上取决于它的价格策略。

1. 定价目标

一项对超市的调查显示，人们最喜欢去超市的原因，价格便宜排在第一位，占65%；最不喜欢去超市的原因，价格高排在第一位，占63%。家乐福作为一家全球性的零售企业，其价格的制定具有很强的科学性和目的性。这首先表现在其定价目标上。

（1）开业初期的定价目标

开业初期，家乐福主要目标是：维持企业生存。20世纪90年代家乐福进驻北京时，面对的是激烈竞争的市场环境，为在市场站稳脚跟，家乐福首先采用了低价策略，即其商品价格普遍低于正常价格10%～20%，打开了市场。

（2）目前的定价目标

当消费者正津津乐道地议论着家乐福的低廉价格时，家乐福却悄悄地提高了商品的售价，然而，此时人们都已在心理上认定了家乐福的价格便宜，养成了来家乐福购物的习惯。家乐福开始通过销量来实现最大利润。

通过1998年4月北京家乐福与北京燕莎望京购物中心部分主要日用品价格的比较可以看出，家乐福的价格已不再具有太大的优势。(见表10－1)

表10－1

	两面针	六必治	舒肤佳	力士	罗兰	百年润发	飘柔
家乐福	5.3	3.3	3.8	3.6	3.4	37.35	33
燕莎望京	5.4	3.15	3.8	3.6	3.54	39.5	33.25

人们之所以在发现家乐福的价格并不比其他商店便宜后仍然来此购物，其实不仅仅是一种习惯的问题。据调查显示，现在来家乐福购物的顾客中，有60%的人是因为这里的商品品

种齐全。共计2万多种的商品，从而奠定了目标定价策略的基础。

(3) 影响定价目标的因素

质量是影响定价的一个主要因素，从家乐福服务中心每天退货的情况看，几乎所有的商品都是质量问题。质量历来是一个企业的信誉形象所在，商家在进货时必须认真挑选，严格把关，只有这样才能确保自己已得的市场。

2. **定价方法**

目前，家乐福所采用的定价方法主要是成本导向定价法和竞争导向定价法。

(1) 成本导向定价法

家乐福的商品价格是以成本价加上一个固定的毛利率。其商品的一般毛利率，食品、饮料、日用品类为3%～5%，鲜活类为17%，服装类为30%，玩具类为20%，家具类为20%～30%，家电类为7%，文化用品类为20%。下面以几种家具商品为例（见表10－2）。

表10－2

	长方桌	沙发床	大折椅	沙滩椅
进价	73.8	459	55.4	76
售价	94.9	595	72	96

这种方法，首先保证了商场的赢利，同时在竞争日趋激烈的市场上，也缓和了与对手的相互对抗。如果单纯地使用这种方法，则不能适应市场需要的变化，很容易让对手在价格上占优势，因而它同时也采用了竞争导向定价法。

(2) 竞争导向定价法

家乐福的竞争导向定价法在前期相对来说，用得比较多。开业初期，它采用低价策略成功地打开市场后，下一步便是针对主要对手来制定价格。每周三它都要派出大量人员到两个主要竞争对手燕莎望京、普尔斯马特区采价（尤其是地处同一区域内的燕莎望京），然后迅速汇总，星期四晚上调整价格，迎接双休日的销售高峰。

在竞争导向定价法中，它主要运用了随行就市法，它以燕莎望京的价格作为基础，只是稍微进行下调，从而既保证了价格的优势，又不致使收入过分降低。从表10－3可以看出。

表10－3

	统一100方便面	佳洁士牙膏	金鸡鞋油	洛娃洗衣粉	折床	电话架	西门子电话
家乐福	1.75	9.25	1.25	2.25	262	196	175
燕莎望京	1.80	9.45	1.35	2.30	262.5	198	180

然而随着万客隆的开业，它在价格上就无法与其进行全面竞争了。也正是这样，家乐福趋向以成本导向定价为主，同时把价格的主要竞争放在了食品、饮料、干果类上，这样一方面保证了价格优势，另一方面也突出了商场的经营特色，迎合了当前的商场发展趋势。

资料来源：吴洪刚，《价格策略》（下），《销售经理》，2001

【问题讨论】

根据上述资料，你对家乐福的价格策略有何看法或评价？

【本章小结】

每日低价（EDLP）、高/低定价策略（high/low pricing strategy）是两种对立的定价策略，并且它们各有所长。

在产品的各个生命阶段，定价策略也有所不同，我们按顺序给出了在各个阶段通常采取的一些定价方法，以便零售商对照自身情况得到一些参考。

在研究了制定零售价格的成本取向方法和需求取向方法的相关优点后，我们得出结论，把两种方法结合起来是最好的。

因为初始的零售价格并不总是最后商品卖出的价格，你必须理解：①采用成本取向方法确定初始的零售价格；②怎样调整以及这些调整将怎样影响利润。我们特别研究了几个关于降价的问题，比如降价的原因、什么时候降价和什么时候附加加价。

至于根据需求取向制定零售价格的方法，几个质量方面的因素影响消费者对价格的敏感度。特别是在以下四种情况下消费者对价格更为敏感：当有许多可选择的商店时；当总花销比较大时；当现有品牌之间容易进行比较时；当很难从商品或零售商那里获得特别利益时。

优惠券和回扣是销售中经常使用的方法。招徕定价、捆绑定价、底价和奇数定价也是制定产品价格的常用战术。

影响价格决策的法律问题包括价格歧视、纵向限价、横向限价、掠夺性定价和比价。

【关键术语和概念】

每日低价（EDLP）策略　高/低定价（high/low pricing strategy）策略　撇脂定价法　渗透定价法　成本取向方法　需求取向方法　替代效应　总支出效应　困难比较效应　利益/价格效应（benefit/price effect）　情境效应　招徕定价　捆绑定价和多单位定价　底价　价格歧视　维持转售价格　横向限价　掠夺性价格　比价

【练习题】

1. 零售商想甩掉其没能卖出的商品时，他只能通过降价才能达到目的。此外，还有哪些原因会使零售商不得不降价呢？

2. 定价策略与产品生命周期有何关系？在不同阶段应如何选择合适的价格策略？

3. 什么是底价？零售商为什么使用底价？

4. 在什么情况下定价行为是合法或非法的？

5. 试计算下列几种情况的值：

①商品的成本为 150 元，加价 50%，再降价 30%，最终售价为多少？

②你花 90 元买了一条领带，然后以 150 元卖出，加价为多少？

③福斯说他加价 33.33%，则他以成本为基础的加价是多少？

④怀珠在仓库购买一件标价 150 元的礼服，希望能够降价 25%，她希望这件礼服的价格是多少？

【补充阅读】

1. 吉福林. 捆绑销售浅析. 商业研究，2003（7）
2. 魏锋等. 营销创新：低价竞争向非价格竞争转变的基本途径. 商业研究，2006（20）
3. 程贵孙等. 双边市场视角下的平台企业行为研究. 经济理论与经济管理，2006（9）
4. 葛志杰. 价格歧视规则所面临的困境剖析. 商业时代，2006（28）
5. 张黎. 零售商“差价返还”策略对商店整体价格形象的影响. 商业研究，2007（7）

第 11 章　零售促销活动组合

⊙本章学习要点

1. 与顾客交流的方式。
2. 交流方式的优点与缺点。
3. 零售商与供应商在交流计划方面的异同。
4. 零售交流计划设计。

⊙本章学习内容

1. 与顾客交流的方式。
2. 零售商与供应商在交流计划方面的异同。
3. 零售交流计划的设计。

⊙案例分析

⊙本章小结

⊙关键术语和概念

⊙练习题

⊙补充阅读

前面的章节重点研究了零售店的产品组合以及定价，要吸引消费者到商店来购物还需要通过各种方式把相关信息传递出去，这就是与顾客的信息交流，即沟通。零售商与顾客交流的方式有五种：广告、促销、宣传、商店氛围以及个别销售。本章将重点研究广告、促销、宣传。

11.1　与顾客交流的方式

图 11－1 将零售商的交流方式作了分类。

	公共	个人
支付费用	广告 促销 商店氛围	人员销售
不支付费用	媒体宣传	口碑

图 11－1　交流方式分类

此图纵轴代表费用的支付情况，也就是在零售商不用付出成本的条件下的信息交流和需要成本的信息交流；横轴代表传播的途径，也就是公众媒介或者个人信息传输。交流方式被分为四种：支付费用的公共宣传，比如广告、促销和商店氛围；支付费用的个人宣传，比如销售人员；不支付费用的公共宣传，比如媒体报道；不支付费用的个人宣传，比如口碑。下面我们就这四种交流方式作详细的研究。

11.1.1　支付费用的公共交流方式

广告、促销以及商店氛围是支付费用的公共交流方式。

广告（advertising）是生产商经常使用的一种宣传方式。在中国，零售商应用广告促销的比例还不高，但是广告是一种很好的交流方式，接触面大，可以交流的信息范围广、可控性强。

然而广告的费用是很高的，随着中国企业及商家的增多而媒体的可用广告空间及时段并没有太多的增加，广告费用日益增加，同时广告的针对性不强，造成广告费用的巨大浪费，据专家统计，商家投入的广告费能真正起作用的连 1/2 都不到。

促销（sales promotion）是商家近年来最常用的交流方式，一方面能够在短期内促进产品销售，另一方面可以为商家聚集人气，顺便带动商店内其他商品的销售。但是，在促销过程中有的商家为了吸引竞争对手的顾客，竟打起了恶性价格战。例如，把烤鸡卖到 8 角一只，鸡蛋卖到 1 角一斤。促销被商家应用得越来越多，手段也越来越多。比如，提供特价商品，和其他经营者联合搞促销；买商品超过 30 元送美容护肤一次，超过 40 元送上网卡一张，送优惠券、抽大奖等；经常在商店门前广场举行歌星演唱会、表演会、服装秀等。这些都是为了吸引顾客的注意力，引起顾客的关注。

最后，零售店还可以通过其商店氛围向顾客提供支付费用的公共的信息交流。商店氛围（store atmosphere）是商店的各种物理特征的综合，如商店的建筑式样、布局设计、标识和商品陈列、色彩、灯光、温度、音响以及气味等。这些因素综合在一起，使商店在顾客的心目中树立了一种形象。商店氛围传递着有关商店的服务和定价及其他商品方面的信息。

11.1.2　支付费用的个人交流方式

商品销售人员是向顾客提供支付费用的、个人交流方式的主要途径。个别销售（personal selling）是一个信息交流的过程，在这个过程中，销售人员通过面对面的信息交流来帮助顾客以满足其需求。随着商家对顾客的重视，以及顾客终生价值研究的进展，零售商努力追求为顾客提供良好的服务，为顾客留下一次舒心、愉快的购物经历，以吸引其下次再来光顾。一线销售人员的服务表现最直接影响着顾客的感觉，因此，加强对销售人员的培训，增加其为顾客服务的范围，都能够有效地改善人员促销的效果。

11.1.3 不支付费用的公共交流方式

不支付费用的公共交流方式的主要方法是宣传。宣传（publicity）是在公共传媒中通过对有关零售商的不支付费用的大规模介绍（通常是一个新闻故事）来传递信息的方式。这也是我们所称的时间营销，即创造出新闻事件，吸引媒体记者的关注，为企业做免费的宣传。例如，中国快餐“红高粱”提出“挑战麦当劳”的口号，宣称“麦当劳开到哪里，红高粱就开到哪里”，以振兴民族快餐为己任，扯起了中式快餐挑战洋快餐的大旗，引起了全国各界媒体的关注，电视、广播、报纸记者对“红高粱”追踪采访，媒体的宣传为“红高粱”做了免费宣传，很短时间“红高粱”就红遍了全中国。

11.1.4 不支付费用的个人交流方式

零售商可以不花费成本地通过口头的方式（word of mouth）（人们之间关于某零售商情况的议论）与其顾客进行交流。例如，零售商力图通过高校学生会的活动来鼓励那些对其有利的口头议论，并鼓励他们向其朋友传递有关零售商及其商品的信息。但是，对零售商不利的口头议论能够严重地影响商店的业绩。调查表明，那些对零售服务有着不满经历的人一般会对其遇到的所有人讲述其经历。

11.1.5 交流方式的长处和不足

根据可控性、灵活性、可靠性以及成本对不同的交流方式进行比较，可以发现各类交流方式各有优点与缺点。

1. 可控性

在运用支付费用的交流方式时，零售商比使用不支付费用的交流方式拥有更大的可控制权。当运用广告、促销和商店氛围等支付费用的交流方式时，零售商有权决定这些信息的内容及其传递时间。但是由于每一个销售人员都能够传递不同的信息，因此同其他支付费用的交流方式相比，零售商对于个别销售的可控性则较低。零售商对于宣传的内容和时间以及口头交流方式几乎不存在什么可控性。因为不支付费用的交流方式并不是由零售商雇人来设计和传递的，所以，这种不支付费用的交流方式既可以传播交流对零售商不利的内容，也可以传播交流对零售商有利的信息。

2. 灵活性

个别销售是最为灵活的一种交流方式，因为销售人员可以通过与每一位顾客的交谈来发现顾客有哪些特殊的需求，然后向这些有特殊要求的顾客作专门的介绍。与个别销售相比，其他交流方式的灵活性则较小。例如，广告只是向一个目标市场份额中的巨大顾客群整体传递了同样的信息，却不知道在这些受众中有多少是自己的目标顾客，互动性弱，不可能实现买卖双方的信息沟通和交流。个人销售则可以克服这个不足，只向对商品感兴趣的顾客推销，互动性很强，信息反馈迅速。

3. 可靠性

由于宣传和口头交流方式是通过独立的渠道来进行交流的，因此，通过这种渠道传递的信息就比通过支付费用的交流渠道传递的信息更加可靠。例如，顾客将其朋友和家庭视为高度可靠的信息来源，而对于销售人员的介绍和广告中的表述，顾客一般总会持怀疑态度。因为他们知道零售商总是力图通过这些方法来推销他们的商品。顾客获得信息的渠道很多，但觉得最不可信的是商家做的宣传活动，最值得其信赖的是周围伙伴、同事的口碑宣传，所以说一个满意的顾客能为商家带来五个潜在顾客，因此，改善对顾客的服务应该越来越受到商家的重视。

4. 成本

宣传和口头交流虽然被划分为不支付费用的交流方式，但是零售商为激励各种媒体及人们为之进行有利的交流确实产生了引致成本。对于零售商来说，营造一个能够值得新闻媒体大量宣扬报道的事件是要付出高昂代价的。

11.2 零售商和供应商在交流计划方面的不同

零售商和他们的供应商由于追求的目标不同，使用的交流方式以及交流过程中的侧重点也会有所不同。不同类型的交流计划之间的不同之处，显示了在形成交流计划的过程中，零售商所考虑的问题具有独特性。

11.2.1 交流目标的时间跨度不同

由供应商形成的交流方式大多是用来树立供应商的品牌商品的长期形象，所以交流的目标根据其服务对象的不同，时间跨度相差很大。如果是为了树立公司形象，则交流目标就是公司发展的某个战略阶段，可能是五年、十年；如果是为了宣传产品，则目标可能是一年、两年，并随着产品生命周期的不同而有很大的变化。与之不同，零售交流方式大多数主要是用来推广促销活动和特定的销售活动，并以此获得短期收益，是为了促进在某个季节产品的销售量。比如，在夏季到来的时候低价促销拖鞋，在冬季的时候优惠销售饮品，在产品更新换代的时候促销处理库存品。因此零售商的促销计划都是短期目标。

11.2.2 沟通目标不同

当一个供应商为他的商品做广告时，他并不关心顾客去哪儿购买其商品。与之不同，只要顾客在其商店购买商品，零售商并不关心顾客购买的是哪种品牌的商品。这种目标上的不同会导致供应商和零售商之间发生冲突。供应商想要销售他们自己品牌的产品，而零售商想要销售最有利可图的商品，这就加大了供应商管理零售商的难度；同时随着近年来零售商实力的增强，谈判能力也在增强，很多时候会出现零售商的促销伤害供应商利益的现象。比如，宝洁产品很畅销，但其给零售商的利润空间不大，新上市的商品销量不大，但其给予零售商的利润空间很大。于是，零售商就把畅销的宝洁产品和不畅销的新产品捆绑销售，这样一来带动了新产品的销售，增加了零售商的收入，却一定程度上损害了宝洁公司的品牌形象。

11.2.3 面对公众的范围不同

由于人们倾向于在其居住地或工作地点附近的商店购物，绝大多数零售商就使用当地的报纸、电视和广播来与其顾客进行交流，对商店及产品进行宣传。然而，绝大多数供应商是在全国范围内销售他们的品牌商品，因此，他们倾向于使用全国性的电视和杂志与顾客进行交流。

11.2.4 提供商品的广泛性不同

供应商作为产品的生产厂家，只能提供单个品类或几个品类的商品，因此其做广告的产品数量相对较少。这样，他们就能够针对其生产的每一种品牌商品，拿出大量的精力来发展始终如一的交流计划。然而，零售商却需要为一个有着众多系列的产品做广告，并且常常还得将主要精力集中在建立短期的销售活动上。如果将零售交流方式运用于不同的产品，而且没有形成一种始终如一的商店整体形象的话，那么这种交流方式就很难使顾客对产品或商店有一个清晰的认识。提供商品广泛性的不同导致了沟通计划的差异，比如，我们经常见到的促销，商家的促销目录从洗发护肤的个人护理品到床垫、被单、枕头等居家用品，以至到生鲜、熟食、蔬菜等产品无所不有；“好又多”的宣传口号就是“一次买回你想要的所有物品”。

11.3 设计零售交流计划

零售交流计划中的各个要素必须共同作用并相互支持，只有这样，零售商才能够实现其目标。如果零售商所运用的交流方式的各个要素不能协调一致的话，顾客就很难对零售商的形象有一个清晰的认识，也不可能在顾客心中留下深刻的印象，顾客可能就不会经常光顾这家商店了。本章以下部分将介绍零售商在设计和发展其零售交流计划时所采用的步骤。

11.3.1 设定目标

零售商交流计划要设定各种目标，其目的在于提供人们贯彻执行计划的方向，有利于在计划执行过程中对其进行监督和控制，提供一个评估其有效性的基础。因为评估绩效的时候需要目标标准，这样才能考察整个过程的效果。有些交流计划是长期的，如营造或改变零售商在顾客心目中的形象；其他一些交流计划则致力于改善零售商短期的业绩，如增加商店在周末的客流量。

1. 定位：长期目标

定位（positioning）是通过一个零售交流计划的设计和贯彻，从而在顾客心目中营造出该零售商及与之相关的竞争对手的形象。零售商通过定位把自己同竞争对手区分开来，在顾客的头脑中留下独特的印象，以吸引顾客的光临。一种定位目标通常会把零售商与一种特定类型的商品，或是与顾客心目中的一种具体的利益联系在一起。零售商追求着各种不同的特定的定位目标。

（1）商品类型

定位的最常见的方法是宣传零售商在某种类型的商品方面所具有的盛名。比如，近几年发展迅速的国美、苏宁、三联等大的家电零售商，这些零售商销售的家电产品品类齐全，可选性强，而且价格便宜，销售人员都很专业，吸引了大批在大商场购买电器的顾客转向这些专卖店。

（2）价格

零售商还可以通过销售商品的价位来和竞争对手形成区分。比如，广州天河购物中心的商品通常都是高价格和高品位的商品，而沃尔玛、家乐福却将自身定位在提供低价格的、充足的商品和服务以及良好的产品质量上。这样就有效地避免了竞争，吸引不同的消费阶层的顾客。

2. 提高销量：短期目标

促销计划的一个常见的短期目标就是在一个特定的时段内增加销售额。例如，零售商通常在短期内对某些或全部商品进行打折以增加销售额。大型超市或百货商店用商品优惠券来做一周的广告，这些优惠券可以使在该周内购物的顾客节省开支，这样就可以吸引顾客到该商店来购物。在社区的商家也经常在附近居民区散发折扣商品目录，而在商业中心，大的商家则采用定期将一些名牌产品打折销售的方法来招徕顾客。

3. 交流目标

零售商经常使用交流目标而不是销售目标来设计和评估其交流计划。交流目标（communication objection）是指一种关系到零售促销活动组合如何影响顾客的决策过程的特定目的。前面介绍了当顾客决定光顾哪家商店并且在哪里购买什么商品时他们所经历的过程。零售商要设定与顾客作出决策过程的各个阶段相应的目的，而不是要设定销售目的。即零售商可能根据那些了解自己商店、了解自己所提供的产品、对自己商店评价良好或者是愿意光顾自己商店形象的人群所占的比率的高低来设定一个目标。

交流目的决定了零售商应该选择哪一种交流方式。一般来说，通过商店职员的行为、形象之类的广告以及商店氛围等交流方式，容易形成一种顾客对商店的有利的态度。在提高商店的知名度方面，商店外部的标牌、突出商店名称和地址的广告以及关于商店的宣传是最为有效的交流方式。特定的销量促销活动和商品卖点展示等交流方式可以鼓励顾客去光顾商店并购买商品。通过直接针对商店定位的交流和通过由销售人员提供的服务，也能促成顾客不断地惠顾商店以及提高对商店的忠诚度。

11.3.2 决定促销预算

形成一种零售促销活动组合的第二步是决定预算。零售商用于确定预算的方法有：目标—任务法和可承受法、销售额比例法等经验法以及平等竞争法。

1. 目标—任务法

目标—任务法决定着为实现交流目标而采用的特定任务所需要的预算。使用这种方法时，零售商首先要确定一系列交流目标，然后零售商要决定必要的任务及其成本。执行这些任务所需要的所有成本的总和即促销预算。

例如，摩登百货在确定预算时采用的目标—任务法：

目标（1）：使周围三公里内的生活或工作的妇女知道摩登百货	
任务 A：在上下班高峰期散发传单，在居民区散发传单	2 000 元
任务 B：在人口流动量大的路口竖路标	1 500 元
目标（2）：在近一个月内提高销量 20%	
任务 A：散发优惠券	1 000 元
任务 B：在当地的报纸上做广告	4 200 元
总预算：	8 700 元

上面举例说明了一家销售妇女职业服装的摩登百货商店是如何运用目标—任务法的。这个促销计划有两个目标：提高商店在目标顾客中的知名度以及促进本月商品销售额的增加。达到这些目标所需要的整个促销预算额为 8 700 元。目标—任务法的优点在于使广告支出直

接与零售商的交流目标相联系。这样，广告的有效性能够得到评价，而且广告所带来的利润就能够与其成本进行比较。

2. 可承受法

当使用可承受法来制定预算的方法时，零售商首先要预测在预算期间他们的销售额和费用支出，同时剔除促销支出。在预期销售额与支出的费用加上必需的利润额之间的差额就是促销活动组合的预算。可承受法（affordable method）需确定哪些钱是在预算了经营成本和利润后可用以确定为促销预算。可承受法存在的最大问题是，它假设交流费用支出不会促进销售额和利润的增加。促销支出被视为一种商业成本，就像商品推销成本一样。当零售商使用可承受法时，如果实际销售额低于预期的销售额，他们通常就会削减“不必要的”促销支出，从而增加销售额。

3. 过去销售额百分比法

过去销售额百分比法将销售预算确定为过去销售额的一个确定的比例，它建立在以往销售量与促销成本有一定关系的基础上，通常认为促销投资力度越大，销售量就越大。它的编列过程是根据以往的经验，确定销售单位产品的促销费用或者利用每 1 元销售收入需要的促销费用确定两者的比率关系，再根据下年的销售收入目标确定其促销预算。如果商家有意加强推广宣传力度，则只要把根据以往经验计算出来的促销费用、销售收入的百分比率提高几个百分点就可以了。

过去销售额百分比法的最大好处就是计算简便，容易应用，资料易于收集，但它也有明显的缺点。由于它沿用历史数据，这些历史数据不可避免会存在偏差。再者，它没有充分考虑到社会环境变化及商店内部变化对促销活动的影响，这就决定了新的促销预算的适应性不强。

4. 未来销售额百分比法

未来销售额百分比法的制定过程是零售商首先预测下一年度的销售量，然后根据每单位销售量的预算百分比率来确定促销预算。在这个制定方法中，最关键的就是每单位销售量的预算百分比率。例如，某零售商以销售净额的 20% 作为促销预算，则下一年度的预计销售额为 300 万元，下一年度的促销预算费用为 60 万元。

这种预算制定方法是针对过去销售额百分比法的不足作出的改良，它建立在经过充分考虑各种变化因素而制定的销售量的基础上，但是其中百分比率的确定依据是影响预算合理与否的主要因素。

5. 主观预算法

主观预算法是公司的预算编制人员根据经验或仅凭主观判断决定促销预算的多少。这种方法的缺点是人为的因素太多，仅凭主观判断，科学性与合理性都值得怀疑。它的合理与否完全决定于决策人的个人素质。

6. 零基预算

零基预算全称为“以零为基础编制的计划与预算”。零基预算与传统的预算方法的不同在于编制预算时，对预算支出考虑均以零为基础，不考虑以往的情况。

编制零基预算计划的步骤为：首先要了解商家下一年度的销售计划，涉及各项促销计划方案，预算每个方案的费用，最后计算出总的预算费用。这种办法克服了传统预算受销售业绩限制的情况。

7. 公平竞争法

在公平竞争法下，促销预算实际上是已经设定了的，零售商支出的促销费用的份额等同于它的市场份额。例如，假设在一个小城镇中有一家体育用品商店，如果这家商店使用公平竞争法，那么商店拥有者将首先估算小镇中所有体育用品零售商在广告上支出的总费用，然后店主通过估算商店在体育用品市场上所占的份额，并以本地所有体育用品商店的广告费用总额乘以它所占的市场份额，以此来设定其预算。假定店主对本镇所有体育用品商店的广告总费用的估计为5 000元，对其商店所占市场份额的估计是20%。基于这些估计，店主将把商店的促销预算设定为1 000元，以维持公平的竞争。

公平竞争法不允许零售商利用其在一个市场中面临的独有的机遇和问题。如果所有的竞争者都使用公平竞争法来设定促销预算的话，他们的市场份额将长期停留在同一水平。

11.3.3 分配促销预算

在确定了促销预算的规模后，交流计划过程中的第三步就是分配预算。在这个步骤中，零售商需决定多少预算可分配给特定的商品种类、地理区域或者长期和短期目标。例如，联华公司必须决定其促销预算如何在它所拥有的分布于每个地区的商店之间进行分配；体育用品商店的店主必须决定商店的9 000元的促销预算如何在用于增进商店形象和用于增加全年的销售额方面进行分配。作出预算分配决策有两种方式：一是将预算费用在每一个地理区域或是在每一种商品类型之间平均分配。但是这种分配原则可能不会带来最大的利润，因为它忽视了一点，即针对一些商品类型或针对一些地区的交流计划，对于其他的商品类型或其他地区可能并不会有效。二是运用经验法，例如，根据销售水平或者是不同商品类型作出的贡献来分配预算。

11.3.4 评估促销计划（广告促销）

零售广告促销，是指零售商委托广告经营部门通过传媒，以现代科学技术和现代化设备为手段，对目标市场所进行的以有关零售店名称、标志、商店定位等为主要内容的宣传活动，旨在使顾客心目中牢固地树立企业形象，从而达到刺激并扩大市场需求、开拓潜在市场、扩大市场份额、增加零售店收益的目的。

在快速流通的消费品市场上，建立零售品牌与广告宣传几乎是同一概念，因为大量实验证明了“商品+广告=名牌”这一定律。因此，广告是提高商店知名度、塑造零售店形象的有力工具。零售商在做广告时，首先要明确五个问题，即所谓的“5M”：广告促销的目标（任务，Mission）；广告促销的预算（金钱，Money）；传递的信息（信息，Message）；使用的媒体（媒体，Media）；评估广告效果（测量方法，Measurement）。

1. 确定广告促销目标

确定促销目标是开展商店广告促销的第一步，这些目标必须以有关目标市场、零售店定位和营销因素组合方面的重要决策为依据。

广告促销，可按照其的目的是提供信息还是说服或提醒来分类。

①信息性广告促销。在建立某一零售商品牌的初期，主要是为了提高此零售店的知名度，因此，广告的主要目的是传输信息，告知顾客此店的存在，信息性广告的作用是极其突出的，此阶段的目的是为该品牌商品建立基本的需求。

②说明性广告促销。在竞争阶段，这种广告非常重要。在此阶段，零售策划者的目标是为零售商品牌培植选择性的需求。有些说明性广告已发展成为比较性广告，即通过与同类商

品中的一个或几个品牌的比较来建立一种品牌优势。在开展比较性广告促销时，应遵循以下方针：不能恶意贬低竞争对手；遵循循序渐进的原则；要尽量突出本店的优点和与竞争对手的差异点；宣传的信息要实事求是，避免夸大。

2. 评价广告促销效果

广告促销效果包括两个方面：沟通效果和促进销售效果。

(1) 沟通效果

零售广告促销的沟通效果是指广告在提高商店知名度、商店认知和顾客偏好等方面的可能效果。

对沟通效果的测定常用以下两种方法：

第一，直接测试。这种方法是把供选择的商店广告展现给一组顾客，并请他们对这些广告进行评比。直接测试法用于评估广告在吸引顾客的注意力、认知、情绪和行动等方面的强度。一则广告如果获得较高的评分，那么这则广告的沟通效果就较强。

第二，记忆测试。这种方法是指顾客对于某一则广告究竟记忆了多少的一种测验，可分为回想法和再确认法。

①回想法。是让一组顾客观看（或听）一组广告，对时间不加限制。然后要求调查对象回忆所看（听）到的全部广告以及内容，测试人可给予提示或不给提示。他们的回忆水平表明广告的突出性以及信息被了解与记忆的程度。

②再确认法。再确认法是指提示广告实物，问被测者是否看（读）过这一广告，是否有记忆的一种测试方法。通常情况下，预先将广告上的零售商品牌、广告主的名称予以遮盖，令被测者判断它是什么商店的广告、广告主是谁。被测者是否真正看过这个广告，从他对广告的大致感受便可知道。

(2) 促进销售效果

广告设计大师威廉·伯恩巴克说："广告界中的任何人，如果不说他的目的是销售，那他不是无知就是骗子。"因此，广告销售效果的测定是衡量零售广告促销最终效果的中心环节。零售广告促销效果测定时可以用一些指标对其进行定量分析。

①销售费用率及单位费用销售率。为测定每百元销售额支出的广告费用，可以采用销售费用率这一相对指标表明广告费与商店销售额之间的对比关系。计算公式为：

销售费用率 =（本期广告费用总额/本期广告后销售总额）×100%

单位费用销售率 =（本期广告后销售总额/本期广告支出）×100%

②利润费用率、单位费用利润率和单位费用利润增加额。

利润费用率 =（本期广告费用总额/本期广告后实现的利润总额）×100%

单位费用利润率 =（本期广告后实现的利润总额/本期广告费用总额）×100%

单位费用利润增加额 = $(P2—P1)\ C$

式中，P2：本期广告后实现的利润总额；

P1：本期广告前的平均利润总额；

C：本期广告费用总额。

③市场占有率与市场扩大率。市场占有率是指本商店经营的商品在一定时期的销售量占同类品牌销售总量的比例。

市场占有率 = （本商店的商品销售额/本行业同类商品销售总额）×100%

市场扩大率 = （本广告后的市场占有率/本广告前的市场占有率）×100%

如果市场扩大率大于1，表示该商店的市场地位上升；如果市场扩大率小于1，表示该商店的市场地位下降。

11.4 案例分析

购买渠道与信息渠道效用——节能灯个案调查

1. 研究意义

对购买节能灯顾客的购销渠道与信息渠道进行研究是必要的。首先，它有助于生产商和零售商了解顾客的购买渠道偏好，方便他们合理地组织补货，促进销售。其次，对购买节能灯顾客信息渠道的研究，有助于生产商和零售商了解顾客的信息渠道偏好，进而可以有针对性地进行广告宣传，合理有序地开展企业的促销活动。最后，本研究可以对消费行为起指导作用。

2. 研究方法与描述性统计分析

（1）研究方法及数据搜集。

本研究主要是通过定量的方法，并辅以定性的研究方法，对购买节能灯顾客的购买渠道与接受信息渠道进行调查。本项目组成员于2006年7、8月份，对北京、广东、四川和山东四地购买节能灯顾客进行了问卷调查，采用一对一面访（即一个访问员在一段时间内只面对一位被访者），被访者在访问员的指导下完成问卷的填写。共回收有效问卷462份。

（2）描述性统计分析。

①购买渠道分析。

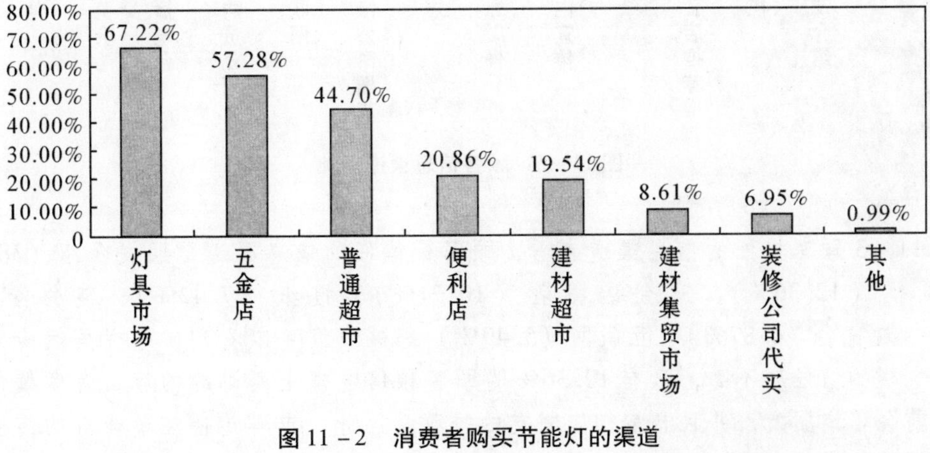

图11-2 消费者购买节能灯的渠道

从图11－2的数据显示，顾客最常采用的节能灯购买渠道是灯具市场（67.22%），其次是五金店（57.28%）、普通超市（44.70%）、便利店（20.86%）、建材超市（19.54%）、建材集贸市场（8.61%）、装修公司代买（6.95%）。这是一个总体而言的结果。

结合问卷中的消费特征数据进一步分析发现，一般的顾客更多的是通过灯具市场、五金店和普通超市之类的方式购买。而对于集团用户（大宗购买的顾客）来说，则更多地通过建材超市、建材集贸市场和装修公司代买的方式购买。因此，节能灯生产商或零售商应该针对不同的目标顾客群采用不同的零售促销活动组合。

②信息渠道分析。

顾客接受媒体习惯与信任信息传播渠道的研究为节能灯生产商或零售商制定相应的营销传播策略提供了重要的参考。这里首先界定一下了解信息渠道和信任信息渠道的概念。所谓了解信息渠道，是指顾客了解节能灯或相关产品的信息途径；信任信息渠道，是指顾客在了解节能灯或相关产品信息的众多途径中，被认为其中所传播的相关信息是可靠的渠道。从顾客媒体习惯数据来看（见图11－3），顾客了解节能灯信息最常用的渠道是朋友介绍（41.21%）、电视（40.93%）、五金店推荐（30.49%），而顾客最少采用的渠道是展览会（7.42%）。

顾客了解信息只能说明信息的到达率的问题，但是顾客会相信信息渠道的内容吗？我们必须考虑这个问题。

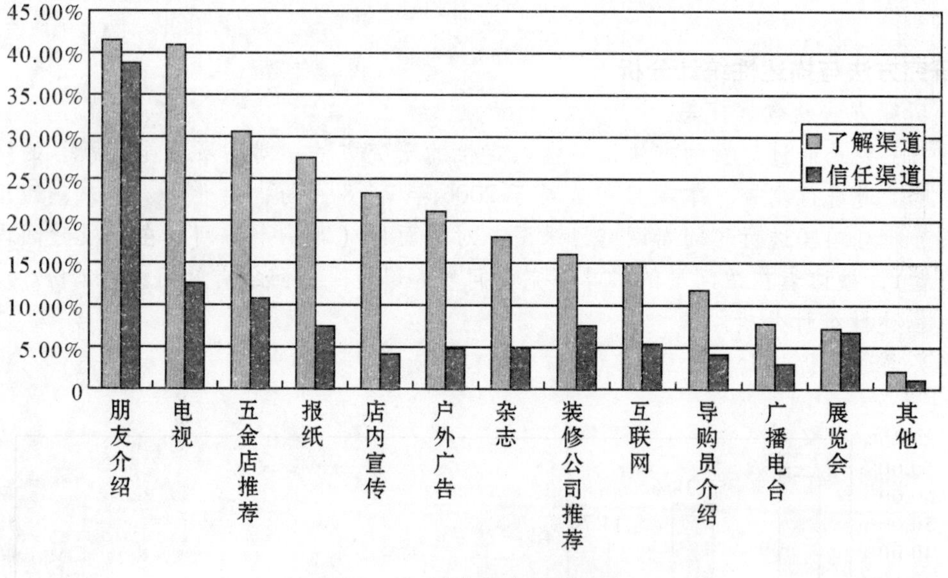

图11－3　顾客信息渠道对比

从图11－3顾客信任的信息渠道来看，顾客最信任的信息渠道是朋友介绍（38.47%），其次是电视（12.36%）、五金店推荐（10.71%）、报纸（7.42%）、装修公司推荐（7.42%）、展览会（6.87%）、互联网（5.49%）等。我们可以看到，电视虽然传播面非常广，但是电视的信任度不高，只有12.36%的顾客相信电视上所讲的内容。大多数顾客在购买节能灯前会咨询朋友，并且非常相信朋友的推荐，因此，口碑传播在节能灯的传播中是一种非常重要的传播方式。这对于生产商和零售商的媒体选择、广告内容选择都有重要的指导意义。

3. 信息渠道的影响力与效用分析

如果仅仅从描述性分析的结果来看，顾客了解信息的渠道和信任的信息渠道两个方面相差不大，排在前三位的都是朋友介绍、电视和五金店推荐。

根据上述的数据，引入信息渠道的影响力与效用两个维度，对上述的十二种常见的信息渠道进行归类分析。其中，所谓信息渠道的影响力，指的是渠道在传播企业产品或品牌信息时的作用大小。如果越多顾客通过某种渠道去了解企业产品或品牌的信息，就说明该渠道影响力越大。所谓信息渠道的效用，指的是顾客通过某种渠道在了解到企业产品或品牌信息的基础上，对来自该信息渠道的信息的信任程度，即渠道效用 = 信任渠道/认知渠道，根据前面资料，对比分析，如表 11 - 1 所示：

表 11 - 1　信息渠道的影响力与效用对比分析

信息渠道	朋友介绍	电视	五金店推荐	报纸	店内宣传	户外广告	杂志	装修公司推荐	互联网	导购员介绍	广播电台	展览会
了解渠道（渠道影响力）	41.21	40.93	30.49	27.20	22.80	21.98	18.68	16.21	14.84	12.09	8.52	7.42
信任渠道	38.74	12.36	10.71	7.42	3.57	4.12	4.95	7.42	5.49	3.02	1.37	6.87
渠道效用	94.00	30.20	35.14	27.27	15.66	18.75	26.47	45.76	37.04	25.00	16.13	92.59

根据信息渠道的影响力与效用两个维度，可以将上述常见的十二种信息渠道分成四类：

第一类，渠道影响力与效用都大的信息渠道。如图 11 - 4 第Ⅰ象限所示，包括朋友介绍、电视和五金店推荐。这类信息渠道的影响力和效用俱大，既有利于企业产品形象或品牌知名度的提高，又有利于促进产品的销售。朋友介绍（即口碑传播）是一种最佳的传播方式，但是这种方式不是一朝一夕就可以形成的，需要企业经年累月地提供优质的产品和卓越的服务才能慢慢形成，其可控制程度较差。电视可以迅速扩大产品知名度，不过在消费者心目中的可信度不高，低于朋友介绍，但高于其他信息传播渠道。电视广告最大的缺点就是成本高。五金店推荐的可信度也比较高，能达到10%以上，其效用也是相当不错的，可以通过转让更多的利润等形式来鼓励这类零售商以达到目的。但是相对于其投入来说，单位成本较高。

第二类，渠道影响力大，但是效用小的信息渠道。如图 11 - 4 第Ⅵ象限所示，包括报纸、店内广告和户外广告。这类信息渠道影响力大，但是效用小。对于树立企业产品形象或提高品牌知名度的作用很大，只是对于销售的促进效果不是十分明显。

第三类，渠道影响力小，但是效用大的信息渠道。如图 11 - 4 第Ⅱ象限所示，包括展览会和装修公司推荐。这类信息渠道影响力小，但是效用大，其影响力小是因为只针对特定的顾客——大宗购买的顾客。因为大宗购买顾客多数都是批量购买，对于产品的销售来说是相当重要的。而且顾客非常信任这类信息渠道，尤其是展览会，这个传播渠道的选择与其目标市场有很大的关系，因此其效用非常大。

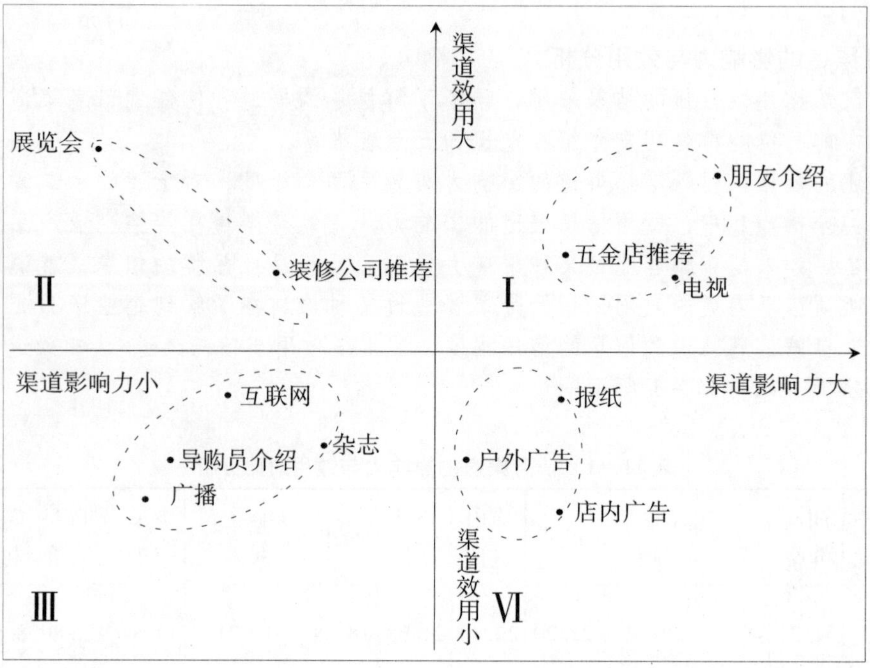

图 11－4　信息渠道的影响力与效用归类分析

第四类，渠道影响力与效用都小的信息渠道。如图 11－4 第Ⅲ象限所示，包括杂志、互联网、导购员介绍和广播。这类信息渠道的影响力和效用俱小，对树立企业产品形象或提高品牌知名度和销售促进的作用均不大。但是，不应该因此而忽视互联网这个信息渠道，因为当今社会已经进入数字时代，随着互联网在我国的发展和成熟，不论其渠道影响力还是效用都会越来越大。

4. 启示

（1）在购买渠道方面，顾客最常采用的节能灯购买渠道是灯具市场（67.22%），其次是五金店（57.28%）、普通超市（44.70%）。但是在实际情况中，各种渠道都有其独到的作用，节能灯生产商或零售商应该针对不同的目标顾客群采用不同的渠道或渠道组合：

①一般的顾客更多地采用灯具市场、五金店和普通超市的购买渠道，所以，以零售为主的生产商或零售商应重点开拓和采用灯具市场、五金店和普通超市等销售渠道。

②对于大宗购买顾客来说，则更多地通过建材超市、建材集贸市场和装修公司代买的方式购买，相对应，以批发为主的生产商或零售商应重点开拓和采用建材超市、建材集贸市场和装修公司等销售渠道，并要积极做好集团用户的客户关系管理工作，保证重点客户的忠诚度。

（2）在信息渠道方面，对信息渠道的影响力与效用两个维度作进一步分析时，发现不同的信息渠道对有不同目的的不同顾客群体有独特的作用：

①产品质量过硬、服务周到才是企业发展的长久之道。因为不论是认知渠道还是顾客信任渠道，通过朋友介绍都是首选，口碑是最好的广告。

②对于快速提高企业产品或品牌知名度的企业，应该更多地采用电视、报纸、店内广告、户外广告等信息渠道，不过这些渠道成本较高。

③如果是针对大宗购买顾客的话，应该把更多的精力放在展览会或与装修公司建立良好

合作关系上。

④互联网的影响与效用。现阶段这种技术还不是很普及，但是，将来互联网必将成为消费者了解购买信息的主要渠道之一。

【本章小结】

为了吸引顾客来购物，需要零售商把本店的信息与顾客沟通，沟通的方式有付费的公共交流、付费的个人交流、不付费的公共交流、不付费的个人交流，具体形式有如广告、宣传、促销、人员销售等。

零售商与供应商在交流中存在很大的差异，如交流目标的时间跨度、沟通目标、面对公众范围和提供商品广泛性的不同等方面。设计零售交流计划一般有四个步骤：设定目标、决定促销预算、分配促销预算、评估促销计划。

【关键术语和概念】

交流　个人交流　公共交流　时间跨度　促销预算　目标　任务法　过去销售额百分比法　零基预算

【练习题】

1. 作为和顾客进行交流的方式，付费的公共宣传与不付费的公共宣传各有何优缺点？

2. 广告作为一种和顾客交流的方式，零售商更喜欢选择报纸、广播、电视中的哪一种？为什么？

3. 作为选址在居民区的零售店应该采取哪些方式和顾客进行交流？

【补充阅读】

1. 姜文芹. 广告促销的因时而异. 经济管理，2006（7）
2. 杜跃东. 谈促销中的人员推销. 商场现代化，2006. 6（中）
3. 张小雨等. 论促销活动对品牌权益的影响. 商业研究，2006（10）
4. 王德等. 王府井商业街消费者行为特征分析. 商业时代，2007（9）
5. 李业敏. 价格歧视和企业的纵向一体化. 商业时代，2007（12）

第12章 商店管理

⊙本章学习要点

1. 零售店的任务。
2. 商店的人力资源管理。
3. 如何维护商店的安全。

⊙本章学习内容

1. 商店管理者的职责。
2. 管理员工的程序。
3. 防止商品损失。

⊙案例分析
⊙本章小结
⊙关键术语和概念
⊙练习题
⊙补充阅读

随着零售业竞争的激烈，零售业最基本单位的商店管理对零售公司的业绩起着日益重要的作用。本章着重分析了商店管理者的职责、商店特殊的人力资源管理和预防损失及维护商店安全的措施，旨在指导和改善我国零售业的商店管理工作。

12.1 商店管理者的职责

12.1.1 零售店的任务

现在商店管理和运作正在变得更为重要，并且成为未来零售业成功的关键。零售店担负着把制造商的产品直接销售给消费者的任务，是商品的销售终端。零售店的任务具体表现为：

①进行商店管理：招聘和选择员工、对员工进行培训、激励员工、酬劳和奖励员工、预防损失和维护商店安全。

②管理商品：市场调查与预测、制订商品采购计划、组织商品采购、库存控制等。

③进行店面布局、设计和形象促销：设计店铺布局、制订商品陈列的空间计划、有效地进行商品展示、设计一种影响顾客购买行为的环境。

④给顾客提供服务：调查顾客的期望和感觉、制定服务标准、探究改善服务的新方法、提供产品销售保证等。

⑤进行商品销售：接近顾客，对顾客购买进行信息搜集、介绍商品并将其功用介绍给顾客、促使顾客作出购买决定、为将来的销售同顾客建立良好的关系等。

商店管理除了日益增长的战略重要性外，还为职位升迁提供了比以前更多的机会。顾客个性化采购发展的趋势增加了对采购人员的需求，同时零售店的数量和管理这些商店的人员的需要也在继续增长。

12.1.2 管理者面临的挑战

在零售公司的业绩中，商店管理者起着重要的作用。只有当商店里的商品被消费者购买之后，零售商才能确认由于良好的商店管理而带来的利润。再好的商品也不会自己销售自己，商店管理者只有仔细分析商店的内部条件和外部环境，才能有效地展示商品，提供服务，从而影响和促进顾客进行购买决策。

商店经理因为每天要与顾客接触，所以他们对顾客的需求和竞争活动有着充分的了解。毫无疑问，商店管理者在制定和执行零售策略方面起着非常重要的作用。

商店管理者必须有效地管理商店的员工。众所周知，零售店的员工一般都处于高流动率。为了满足家庭购物者和上班者的需要，大多数零售店都是平时开业时间很长，周末也不休息，并且有旺季和淡季之分。因此，商店管理者必须在拥有全职的员工之外，另外补充一些兼职员工以适应高峰期的繁忙。但是兼职员工比较不好管理，也很容易被辞退。

商店管理者还必须有效地控制员工的工资等费用。此外，零售店里的员工经常直接与顾客接触，他们若缺乏销售经验和动力或外观和态度较差都会直接妨碍销售业绩。

12.1.3 商店管理者的职责

商店管理者的职责通常包括五个部分：

①管理商店员工：包括员工的招聘和选择、社团化和培训商店员工、对员工进行激励、对员工进行考评及提供建议性反馈、对员工进行奖励和酬劳；

②防止商品损失：防止员工和假扮顾客偷窃行为造成的商品损失；

③管理商品：陈列商品和保持可视化标准、与采购人员共同工作、建议新商品、采购商品、计划和管理特殊情况、标识商品；

④提供顾客服务；

⑤控制存货水平：记录商品、接受和开票、点数存货和评价商店业绩等。

12.2 管理员工程序

因为零售战略的实施需要良好的员工队伍，所以商店管理者必须培养其下属员工，使他们能够承担更多的责任，并被提升到更高的管理职位。有效地培养员工，对管理者自己和整个商店的销售工作都有益处。商店会因为拥有更多优秀的员工而提升业绩，公司也可以选择更合格的接任者，这就是零售店的人力资源管理过程。下面的部分描述了管理者怎样培养员工——他们怎样招聘、选择、培训、激励和酬劳这些员工。图 12－1 描述了这些管理员工的步骤。

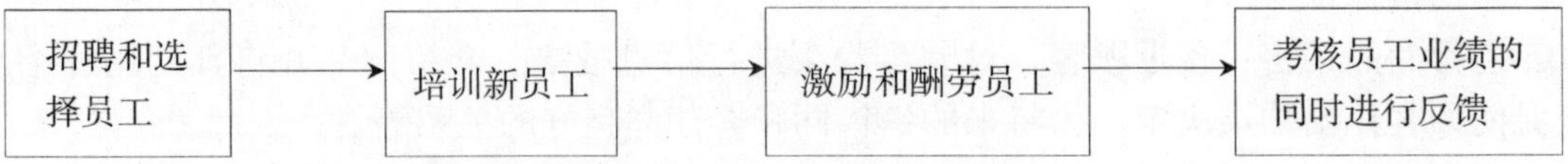

图 12－1　员工管理程序的步骤

12.2.1　招聘与选择员工

管理员工的第一步是招聘和选择新员工。为了有效地招聘员工，商店管理者必须制定职位说明书来寻找理想的潜在申请者，然后从中选择候选人进行面试。

职位分析说明书就是搜集与每一职位的职能和要求有关的信息：任务、责任、能力、兴趣、教育、经验和身体状况，依据这些信息选择人员，确定行为标准和工资水平。职位分析应当形成书面的职位说明书。一份职位分析说明书包括：①员工需要从事的工作；②以定量方式表述的公司对该职位的业绩期望。它是招聘、选择、培训和考核员工的依据。

潜在的员工来源一般包括教育机构、其他渠道成员、竞争者、主动申请者、现有的或以前的员工寻找新职位或推荐朋友。对低层的销售职位，零售商倾向于依靠教育机构、广告、上门求职者及员工的推荐。对于中层管理者职位，零售商则利用职业中介机构、竞争者、广告和现有员工。

在招聘过程中，零售商获得了大量的潜在员工，以便在选择时大量淘汰。然而，有一些零售商为了在后面节约大量的时间和金钱，只对满足最低背景水平的申请者加以进一步考虑。

零售人员的甄选：

这一阶段的主要目的是选择适当的员工以填补空缺职位。程序包括填申请表、面试、测试、调查和身体检查等，这些步骤应作为一个整体来执行。

申请表有两种形式：

①申请表通常是应聘者个人提供关于受教育水平、工作经验、健康状况、前一份工作的离职原因、家庭成员、业余爱好及联系方式等方面的资料，它比较简短，无须太多解释，可以帮助管理者判断申请者是否具备面试资格。

②加权申请表是一般申请表的改进形式，由零售商制定和使用，需要应聘者事先对现在或前任的员工业绩进行评分，并确定最有利于工作成功的各项指标（如教育水平、工作经验等），对于重要的因素给予较高的权重，并给每一因素安排固定的分数。在计算出所有申请者的加权总分之后，就可以确定一个较低的分数作为雇用的底线。有效的申请表可以帮助零售商辨别优秀人员。

申请表应与职位说明书结合起来使用。符合职位最低要求的应聘者进入下一道程序（面试），不符合的立即回绝。这样，申请表就提供了一种快速而廉价的甄选手段。

面试的目的是为获取那些只有通过面对面的提问和观察才能搜集到的信息。它可以使未来的雇主确定应聘者的表达能力，观察他/她的外貌，问一些申请表中存在的重要问题，并探查其职业目标。

组织面试者必须事先作出下面几个与面试过程有关的决策：面试的正式程度、面试的次数与每次面试持续的时间、面试地点、面试参加者、面试氛围以及面试由哪一个层次的人来主持。这些决策通通取决于面试者的能力和职务要求。

许多零售商，特别是小型零售商，喜欢雇用在面试中表现好的人。而另一些零售商，通常是大零售商，还要使用额外的甄选工具：测试。在这种情况下，面试中表现良好的候选人被要求完成一些心理测试（衡量个性、智力、兴趣及领导技巧）和能力测试（衡量知识水平）。

在面试与测试结合使用时，零售商要获得应聘者的查询资料。查询的目的是要核实申请表上的信息、验证申请人是否诚实、向前任雇主询问申请人离职的原因、了解申请人的担保情况等。信件和电话查询都是廉价、快速和简便的途径。

一位候选人在成功地通过面试、测试和查询阶段后，许多公司还要进行身体检查，特别是那些属于体力劳动范围的、工作时间长且比较紧张的零售职位。身体健康的申请者更容易获得一份工作。

甄选过程的各个阶段相互补充，共同为零售商提供了人事决策的基础。

12.2.2 培训员工

新员工加入公司后，需要通过上岗培训课程。上岗培训向员工介绍公司历史和政策，并使其了解一个职位的工作时间、报酬、命令链、工作任务等情况。

培训计划用于教育新员工和现有员工如何干好工作，以及如何提高自己的基本知识和技能。培训内容既有为期一两天的关于填写售货单、操作收银机、个人销售技巧或执行积极行动计划的训练，又有为期两年的关于零售商及其运营各个方面知识的管理培训。零售商大多认识到培训是一项长期的、系统的活动。新技术设备的引进、政策和法律法规的变化、新的产品线的引进以及现有员工的激励、提拔、辞退等都使培训和再培训成为一项必需的活动。进行培训一般要作出如下决策：①何时进行培训？②培训多长时间？③对新员工进行哪些方面的培训？对现有员工呢？④谁来执行培训计划？⑤在哪里进行培训？⑥要学习哪些教材？如何授课？是否使用视听设备？⑦如何评价培训效果？[①]

进行短期培训，零售商可以通过测试识别出新员工和现有员工已有的技能与公司希望水平之间的差距。培训还要使员工为可能的职位轮换、提拔以及公司所发生的变化做好准备。一个长期的人事发展规划可以使公司认识到未来的工作需要并据此培训员工。是否需要进行短期或长期培训，可以根据与最高管理层的沟通、正式评价、非正式观察、小组讨论、员工询问以及员工的业绩来加以确认。确认了存在培训需要之后，接下来要做的是从报告会、现场演示、电影、指导计划、会议等方法中选出最合适的培训方案。各种零售培训方法和特点如表 12－1 所示。

---

① 零售管理.［美］巴里·伯曼，乔尔·R. 埃文斯. 吕一林，熊鲜菊等，北京：中国人民大学出版社，2007，319

表 12－1　各种零售培训方法和特点

方法	特点
课堂讲授	接近现实；内容连续；可以利用领域内的职业教育人员和专家；被培训者不能积极参与
演示	利于演示设备或销售技巧；展示培训各个方面的事宜；被培训者积极参与
录像	活跃；利于演示；可多次使用；缺乏被培训者的积极参与
项目指导	以固定的方式提供信息；要求被培训者作出反应；提供行为反馈；可根据被培训者的进度作调整，初始投资大
会议	适用于管理培训；会议领导人必须鼓励参与；强化训练
敏感性训练	深入的相互影响；对管理人员了解员工十分有用
案例研究	提出现实或假设的问题；包括环境、有关信息和疑问；在实践中学习；面对大量互不相同的问题
角色扮演	被培训者置身于真实环境之中并履行职责
行为模式训练	被培训者对录像或角色扮演课程中的行为模式进行模仿
技能指导	被培训者以自定进度的方式完成一系列任务或练习

12.2.3　激励商店员工

在员工接受了最初的培训之后，管理者必须对员工进行适当的激励，促进他们实现业绩目标。对商店管理者来说，激励员工尽量发挥其潜力是一项非常重要的任务。

（1）提高员工的工作积极性

商店员工的工作积极性对商店的销售业绩有着非常显著的影响。当销售情况很好且员工得到充分激励时，员工的士气普遍明显提高，就会有更高的销售业绩，则员工受到的激励会提高；当销售情况不好时，员工的士气明显下降，员工受到的激励也会下降。

管理者可以通过鼓励商店的员工积极参与商店的管理来激发员工的主人翁精神。商店召开集体会议，在会上管理者可以征询员工对管理制度、引进新产品、销售方式的意见和建议等。

此外，管理者还可以规定灵活的工作制度，允许员工选择自己的工作时间和工作日程安排计划，通过工作共享（如两名员工可以自愿负责以前由一人承担的工作），帮助员工协调他们的工作和非工作任务。

（2）制定工作目标

管理者必须认真地制定销售或其他经营目标。过高的目标会使销售人员觉得无法实现而变得很泄气，因此没有工作积极性；另外，如果目标过低，销售人员可能会轻易完成任务，便不能激发他们的潜力。有经验的推销员对自己的工作能力比较有信心，所以应该鼓励其完成更高的工作目标；新销售人员需要较低的目标，这样才会有完成工作的可能。

当员工认为他们通过努力可以达到管理者为其设置的目标，并且如果他们达到目标便会得到他们满意的报酬时，他们才会努力地工作。因此，管理者必须设定现实可行的目标和支付给员工他们希望的合理报酬来激励员工。

12.2.4 员工考核

员工考核系统一般由商店的人力资源管理部门设计，但考核工作本身则由员工的直接上级及与该员工工作最直接的管理者来完成。

零售商大约每年或每半年考核员工一次。研究表明，考核得到的反馈是提高员工工作技巧最有效的途径。因此，当管理者要想提高新员工的工作技能时，就需要经常进行员工考核。但是，经常性正式考核会花费管理者过多的时间，而且不能给予员工足够的时间来消化得到的建议，因此，管理者一般采用经常进行非正式考核的方法作为正式考核的补充。

关于员工考核的内容及方法等将在第15章讨论。

12.2.5 酬劳和奖励员工

员工管理的最后一个步骤是奖励员工。商店员工从工作中获得的既有外在奖励也有内在奖励。

1. 外在奖励

外在奖励是指由管理者或公司给予员工的奖励，如报酬、提升、公开表彰等。管理者可以通过一系列的外在奖励来激励员工，但是并不是所有的商店员工都寻求同样的奖励。例如，一些销售员想获得更多的物质奖励，而另一些人则可能争取在公司内部获得提升或上级公开表彰他们的工作业绩。

由于存在这些不同的需求，管理者不能运用同样的方式来激励所有的员工。但是对每一个员工制定特殊的奖励也是很难的，许多员工认为，当众受到表彰是一种相当有激励性的外在奖励，它不仅给员工带来更多的回报，也显示了管理者奖励员工的标准。

2. 内在奖励

内在奖励是指员工个人从干好工作中得到的乐趣，如推销员喜欢销售工作通常是因为他们认为这是一项充满挑战性的工作。但是，当销售人员完成了销售目标时，管理者只给予额外的物质奖励，就会使员工丧失对该项工作的乐趣，认为工作的唯一原因就是赚钱，而忽视了自己的内在乐趣。

3. 报酬计划

报酬计划的目标是吸引和留住优秀员工，激励他们承担与零售商目标一致的任务，并且根据其努力程度给予报酬。零售店在制订报酬计划时，一定要在控制劳动力成本和向员工提供的报酬之间实现平衡。

（1）报酬方案的类型

当员工认为报酬方案是公平的时候，且当报酬与工作努力相关时，报酬方案在激励和留住人才方面才是有效的。零售公司一般运用以下的一种或多种有代表性的报酬方案：计时工资与计件工资；直接工资及激励性报酬，如直接佣金、工资加佣金、定额奖金。直接工资制和激励性报酬的方案各有适应的条件，因而各有优点，如表12-2所示。

计时工资是指员工按小时、周或月等获得一份固定水平的报酬。在我国现阶段，大部分零售企业都采用计时工资制度。计件工资是指员工按销售量（额）获得的报酬。

表 12－2　直接工资制和激励性报酬方案的特点

直接工资制	激励性报酬
安排职工任务方面存在弹性	产生较高的激励潜能
建立较强的职工承诺	存在更为变化的成本
可能带来较好的非销售活动的业绩，如客户服务等	与工作量相关的报酬
易于被员工理解	
易于执行	

在实行直接工资报酬的情况下，销售人员或经理工作每小时或每周获取固定数额的报酬，很便于商店实施。在实行直接工资方案的情况下，零售商在分派给销售人员不同任务和销售区域方面有很大的弹性。如拿工资的销售员可能会承担一些非销售工作（如整理货架），此外，如果他们从一个高销量的部门换到一个低销量的部门，他们也不会闹情绪。

直接工资制最主要的缺陷是不能激励员工的工作积极性。因为无论员工工作多么努力，酬劳都不会增加。同时，当商店的销售额下降时，直接工资也不会变动，从而成为公司的一项固定成本。

激励性报酬方案是根据员工的销售量付给其报酬的。激励性报酬方案可以激发更多的销售潜力。在一些销售方案中，推销员的收入完全取决于佣金（直接佣金）。例如，一名销售员可能获得的佣金是以完成的销售额减去退回商品的数额再乘以一定的百分比。通常情况下，对销售的所有商品而言，提成的比例是相同的（如7%）。也有一些零售商对不同类型的商品采用不同的比例数（如低利润商品为4%，高利润商品为10%）。通过采用不同的比例，零售商可以给予那些销售特殊商品的销售人员以额外的奖励。激励性报酬方案也可能包括一份固定工资加上根据所有的销售额得到的小部分佣金，或者根据超过定额的销售额得到的佣金。但激励报酬方案也存在一些弊端，如它可能会导致销售人员将注意力集中在那些价格较高、流转速度较快的商品，而忽视其他商品。同时，主要依靠奖励获得报酬的销售人员会认为对公司没有义务，也不会产生对雇主的忠诚。

（2）定额

定额是公司提前确定员工的业绩目标，督促员工实现。如销售人员的每小时销售额、采购人员保持的毛利率和存货周转率。但对百货商店的销售人员而言，销售力不同导致销售定额在不同部门之间是变动的。定额也经常与报酬计划一起使用，例如，在定额—奖金计划中，如果在一定时期内，推销员的销售额超过了他们的定额，推销员就会赢得奖金。定额—奖金计划的有效性取决于制定公平合理的定额。制定有效的定额是有一定难度的。通常定额对于同一个部门内的每个人具有相同的水平，但是同一部门的销售人员可能会有不同的销售能力，并且面对不同的销售环境，管理人员应根据员工的经验和工作销售区域的特点，为每个推销员设定定额。零售实例 12－1 概述了 *Sears* 公司在汽车修理方面运用激励性报酬方案时存在的问题。

零售实例 12－1　　**激励计划为 *Sears* 带来的问题**

经过长达一年的调查，加利福尼亚消费者事务管理局控告 *Sears* 公司向进行汽车修理的顾客收取过高的费用。根据有关机构的报告，这些顾客被超收了修理费用的90%，平均超收费用为223美元。受该报告的影响，得克萨斯*A & M*大学零售中心主任*Berry*博士评论道："消费者的信心对任何公司可言，都是最宝贵的资产。*Sears*公司会从中遭受无法计算的损失，完全恢复几乎是不可能的。"

直到1990年2月，*Sears*都是按小时向其服务顾问付费的。随后，在一次增加销售额降低成本的努力中，*Sears*减少了服务顾问的薪水，设置了以顾客购买的汽车服务为基础的佣金报酬，并且确定了销售定额。*Sears*承认它的报酬方案"创造了一个可能发生错误的环境"。

由于没有足够的控制系统，一些服务顾问有计划地向顾客索要高价。在索价过高行为被揭露之后，*Sears*取消了激励性报酬方案，并且以一项根据服务顾问工作的质量而不是数量给予奖励的方案作为代替。

资料来源：参考［美］迈克尔·利维，巴顿·A. 韦茨. 零售学精要. 郭武文，王千红等译. 北京：机械工业出版社，2000. 191

（3）集体激励

一些零售商为了鼓励同一部门或同一商店的员工协同工作，便会以商店的整体业绩为基础，提供额外的奖励。团体的激励奖励可以鼓励销售人员相互合作，共同完成部门的销售工作，实现销售目标以及应付顾客。

12.3 防止商品损失

12.3.1 防止假扮顾客偷窃行为

零售店经营数以万计的商品，同时为了方便顾客的购买，基本上采用了敞开式展示和自助式销售，但这又给商品的安全带来了隐患。据美国最近一项调查，每年美国零售业因员工和顾客偷窃及供应商的欺诈，库存商品损耗达300亿美元。据另一项调查显示，其中员工造成的损失达48%，顾客造成的损失达44%，供应商造成的损失占8%。商品损耗在超市中占销售额的0.4%，在体育用品商店中占销售额的2.5%。因此，零售商必须制订防止商品损失的计划，即在商店管理、营销计划、商店设计和员工培训等方面作出安排。

1. 商店设计

商店管理者必须考虑在靠近商店入口、运货区和更衣室的商品的安全问题。例如，在入口处不能放置容易被窃的商品，如珠宝和其他小件昂贵商品。

2. 员工培训

商店员工可以成为防范假扮顾客偷窃行为的最有效的手段。他们通过训练变得易于觉察，防范和警觉可能假扮顾客行窃的情况。对假扮顾客行窃行为的最佳防范就是拥有一批警觉的员工，他们很容易观察到这种情况。

3. 安全措施

零售商采用的安全措施如表12－3所示：

表 12－3　零售商采用的安全措施

措施	安全性（%）	措施	安全性（%）
观察镜	50.3	穿制服的保安	24.4
现场闭路电视	48.7	模拟现场闭路电视	23.3
绳子、锁链	44.0	观察亭	18.1
诚实的购物者	42.0	商品警示器	17.9
安全显示器	39.9	注墨或染色标签	13.7
电子防窃标签	39.1	试衣间服务员	10.6
扮成顾客的侦探	29.3	员工的潜意识信号	1.6

资源来源：*Richand Hollingen. 1993 National Retail Security Survey. Gainesville. FL：Vniveisity of Floida，Dept of Sociology. October*，1993. 14

当然，当这些安全措施减少了假扮顾客偷窃行为，也会给那些诚实的顾客购物经历带来更多的不快。因此，在评价安全措施时，零售商需要在减少假扮顾客偷窃行为方面获得的收益与潜在的销售额损失之间获得平衡。

4. 起诉

许多零售商都有起诉所有假扮顾客偷窃者的规定。毫无疑问，严格的起诉可以产生震慑的效果，从而减少假扮顾客偷窃者的行窃。

12.3.2　防止员工偷窃

通过认真而全面地考察员工，创建鼓励诚实自律的氛围，使用负责安全的员工以及建立安全政策和控制系统，可以使员工偷窃案减少。

1. 建立安全政策和控制系统

为了防止员工偷窃，一些零售商可以对可能引起员工偷窃的活动采取相应的政策，并利用计算机软件检查销售终端上的异常活动。例如，零售商可以找到经常报告短缺或退货活动频次异常高的销售终端机；零售商也可以通过分析交易过程来确定现金收款机上许多没有票据的退货或其他无效的销货退回。

2. 考察员工

商店管理者可以对员工进行诚实测试或考察，以防止潜在的员工偷窃行为。

3. 创建相互信赖的人际关系氛围

当零售店建立起一种相互信赖的人际关系氛围时，员工就会感觉到自己是所在团体中的一员，有义务维护团体的利益；员工为了其他人的尊重和朋友关系，也不会进行偷窃。

4. 使用负责安全的员工

零售商还可以使用暗中负责安全的购物者来阻碍员工偷窃。这些秘密从事安全工作的人员装扮成一般的购物者，对销售工作进行严格的监视，从而确保销售人员用收银机准确地记录交易情况。

附：零售商防止员工和消费者盗窃的方法

（1）针对员工盗窃

①使用书面诚实测试、音调重量分析及心理测试作为调查员工的工具。

②建立有关制度，严格管理垃圾通道，以免商品被人从通道里扔出后盗走。

③利用便衣人员，核实所有的销售是否都已付款。

④利用监控器和镜子监视活动。

⑤利用中央控制系统监控所有的大门，并控制门的开关。

⑥准确地识别送货人员。

⑦检查商品的进货和出库。

⑧所有卡车装货后都加以密封。

⑨检查职员的背包、工具箱和午餐盒。

⑩职责分工（如一个员工做销售记录，另一个员工管理现金出纳）。

⑪对发现盗窃者给予奖励。

⑫制订培训计划。

⑬严肃调查所有已知的损失。

⑭立即解雇有盗窃行为的员工。

（2）针对营业时间内顾客盗窃

①利用店内侦探或穿制服的警卫。

②起诉所有涉嫌盗窃者。

③利用电子扫描仪或在高价和易盗商品上加电子标签。

④制定员工综合培训方案。

⑤根据商品损失的减少或追回商品价值给员工发奖金。

⑥检查所有带进商店的箱包。

⑦对珠宝一类高价商品使用自锁式陈列柜。

⑧将贵重的样品（如高精尖设备）用链子连接在固定设施上。

⑨高价而体积小的商品放在锁着的柜台里。

⑩高价服装集中摆放。

⑪改变在出口附近服装挂钩的方向，减少在出口附近陈列商品的数量和价值。

⑫减少商店的出入口数量。

⑬使用监视器和镜子拓宽视野，尤其是客流少的角落。

（3）针对商店停业时员工和购物者的盗窃

①晚上彻底检查商店，确保店内已无人逗留。

②夜晚锁住所有出口，包括防火紧急出口。

③商店停业时，使用超声波和红外线探查器、窃贼报警器或带警犬的警卫。

④将高价值的商品放入保险箱。

⑤橱窗使用防碎玻璃或在橱窗前安装铁门，以防破窗而入。

⑥商店停业时，确保出口处有照明灯。

⑦定期检查报警装置。

资料来源：零售管理．巴里·伯曼，乔尔·*R.* 埃文斯．吕一林，熊鲜菊等译．北京：中国人民大学出版社，2007. 368

12.3.3 其他

在建立防止损失计划时，零售商面临提供良好服务和购物便利之间的平衡；另一方面，还要防止因装扮顾客偷窃和员工盗窃带来的损失。制订有效的防止损失计划的关键在于保持开放且充满吸引力的商店氛围的同时，决定保护商品的最有效方式。防止损失要求商店管理、形象营销计划和商店设计之间的协调。

12.4 案例分析

迟到的受训者

Metro－Day 百货商店坐落在西雅图市的闹市区，它专卖做工精细的服装及最新式的厨具和家具。在全国6家 *Metro－Day* 商店中，西雅图的这家商店在销售量和商店的水准上都排在第一位。它同时还是公司经理培训计划的大本营，该计划在于培养优秀的商店经理。

Metro－Day 商店的一颗正在升起的明星——迈克斯·穆比两年前正好培训计划毕业，并且在其他城市的 *Metro－Day* 商店中很好地完成了他的前两次任务。当西雅图出现了一个空缺的职位时，迈克斯抓住了这个机会。他不仅将会得到提升，做厨具和家具部门的销售经理，而且还在培训计划中在该部门教课。迈克斯在培训计划中干得非常出色，因此在他在西雅图得到提升之前，在部门销售及培训计划授课这两项任务中，他得到了"敏锐、有创造力的经理"这样的赞誉。

他在管理新部门的前几个月很顺利。迈克斯把通常会有的"人事阵痛"处理得很好。并且他还了解了库存商品的情况，把库存品卖出去。今年在他管辖的销售领域实现的销售额比去年同期猛增20%。培训计划的首批受训者有两个人，他们以很高的分数通过了培训，并且他们衷心地赞美迈克斯。迈克斯不仅是一个聪明的商人，而且还是一位公正、诚实、关心人的培训者。有四个人（这是通常人数的两倍）将要经历第二次培训计划。他们当中的一个是苏·贝克，她向迈克斯表达了她的担忧。苏经常晚来，或做不完书面的家庭作业，因为她将要和其他的受训者管理营业厅的各部门。迈克斯知道在他同苏共事两个星期之后，需要坐下来同苏好好谈一谈，但无论何时他试着找机会和她谈话时，她要么就没来（通常生病了）要么就不在办公室里。因为还要指导其他的三个受训者，再加上要准备圣诞节，迈克斯非常忙。

迈克斯最后找到苏并对她谈了有关她的表现，强调了他的关心。她看来完全从个人角度考虑这段谈话。她说迈克斯并不理解她的汽车有毛病，并且她还有过敏症，而且迈克斯没有当过父母，是无法理解当她的两个孩子生病时她的责任有多大。她宣称当她在营业大厅时，他并不在场。迈克斯试着同情苏的处境，但也讲明白，苏对商店有应尽的义务。谈话最终以双方同意把事情做得更好而结束。

在培训计划的中途，所有的受训者都要向迈克斯上交进展情况报告，由他签名和打分。所有的人都这样做了，只除了苏·贝克。迈克斯两次要求苏上交报告，但看来她决不会交给他了。到培训计划结束时，迈克斯提交了一份关于所有受训者的报告。接着苏就提交了她的中期评论报告。两份报告都需要给予及格分数，使得受训者继续到商店的下一个部门工作。苏的第二份报告的成绩已经通过了，但仅仅是及格。仔细检查一下关于苏的培训计划的第一部分的评论报告，其中苏的出勤率和工作表现都存在很大问题，由此大量的时光都白白流失掉。在迈克斯的脑中，这一点使得他要公正地评价苏已经不可能了。

迈克斯有点糊涂了。他实事求是地认为苏没有成功地完成培训计划的前半部分，因此，他就对她在前一部分的受训过程的表现给予公正的评价。即使事实是他曾两次像督促其他受训人员那样督促苏上交工作报告，但他仍觉得应对苏的失败负部分责任。说得更明白一些，培训计划是一项“自我激励的计划”，并且受训者很清楚迈克斯是不可能一直待在那儿照料他们的。

本案例由 *Stephens* 学院的 *Lauia Bliss* 教授提供

【问题讨论】

迈克斯应当做什么？

【本章小结】

商店管理者对零售店的业绩起着重要的作用。商店员工直接面对顾客的这一特性，使得员工的管理工作变得异常重要。商店管理者通过招聘和选择优秀的员工，对其实行个性化报酬制度，激励和奖励员工来实现商店的销售目标。此外，商店管理者还必须控制由于员工偷窃或假扮顾客的偷窃行为和办事员的错误而给商店造成的损失，运用各种各样的方法建立规范损失的程序，包括安全设施和在雇用过程中考察员工。

【关键术语和概念】

管理者职责　人力资源管理过程　招聘　职位说明书　加权申请表　培训计划　激励　报酬　考评　商品损失

【练习题】

1. 商店管理者的职责是什么？
2. 商店管理者在招聘员工时，过分依赖已经制定好的职位说明书存在哪些弊端呢？
3. 你认为给予销售人员、商店管理者和采购员报酬时应分别采用什么方法？为什么？
4. 报酬方案有哪些不同的类型及优点？
5. 零售商怎样才能减少假扮顾客偷窃的行为和员工偷窃造成的商品损失？

【补充阅读】

1. 卫哲．零售企业营运管理．国际商业，2007（1）
2. 施涛．产品导入期销售人员报酬制度研究．商业时代，2006（34）
3. 李怀政等．国际大型连锁零售企业精细管理模式透析．江苏商论，2006（10）
4. 熊勇清等．百货零售企业一线员工管理探讨．商业时代，2007（8）
5. 杨建功．现场管理与组织管理的冲突及协调．商业时代，2007（12）

第 13 章　店面设计

⊙本章学习要点

1. 店面设计中最重要的问题是什么？
2. 店面布局时可选择的方法有哪些？
3. 怎样分配给商品和部门以适当的空间？
4. 商品展示的最佳技术是什么？

⊙本章学习内容

1. 店面布局。
2. 店面布局空间创造。
3. 商品展示技术与氛围。

⊙案例分析
⊙本章小结
⊙关键术语和概念
⊙练习题
⊙补充阅读

零售商店店面布局设计是指对零售实体的内部和外部为向顾客提供舒适的购物环境而进行科学、合理、艺术化设计的商业活动氛围。营造顾客购买心理调整到最佳状态的环境，使顾客不但能增加购买，而且能增强对企业形象的认同。

本章讨论零售商店店面布局的重要性、店面布局空间的创造与设计及商品展示技术等，以提升商店的商业活动氛围。

13.1　店面布局

13.1.1　商店布局的重要性

要设计一个良好的商店布局，商店设计者必须平衡许多目标，但目标之间通常又是相互冲突的。

第一个目标是商店布局应当吸引顾客在商店里转一遭，购买比其事先计划更多的商品。其实现方法是：一种方法就是使顾客置身于一种便利的特殊交通方式的布局中。例如，家居商店运用的就是这种布局，几乎都是使顾客穿过便宜的冲动购买型商品再走向较大且更昂贵的商品。只有那些意志非常坚定的顾客才会视而不见地穿过这些气球和其他令人喜爱的物品而不去买点什么。另一种方法是在顾客穿越商店时应提供充满变化的空间。商店设计者不应满足于放满长排架子和隔板的扁平空间。多层次和斜面可增加变动性。地面必须平整，以便使用购物手推车，至少可以对展示高度进行变化，从而避免单调的展示方式。

第二个目标是在给予顾客足够的空间进行购物与运用有限珍贵的空间放置更多的商品之间取得平衡。一个购物人数众多的商店会使人产生一种兴奋的和充满希望的感觉，从而增加购物量。但是，一家拥有过多货架和展示柜的商店会引起顾客的迷惑甚至迷失。如一些百货连锁商店将其店铺分割成众多的小商店隔间，容易造成顾客从哪里可以买到一条丝绸裤子也不知道。

零售商必须小心选择和使用家具，使其便于店内交通并且与商店的整体形象相一致，适用于多种类型的商品，且可以经济地使用许多年。

第三个目标是在布置商店时，零售商还应该考虑残疾人的特殊需求。

此外，在布置商店时，商店设计者应考虑：①各种可选择的设计方法；②在特色商品区域和大批量销售区域之间分配空间；③有效利用墙壁。

13.1.2 店面布局的类型

今天，现代的零售商大多运用三种类型的店铺布局设计：方格形、跑道式和自由格式。

1. 方格形布局

方格形布局（square layout）运用的最好例子是在大多数杂货店和药店里。它包含了重复样式的陈列商品的长货柜和通道。尽管方格形布局不是最美观、最令人愉悦的布局，但对于那些计划逛遍整个商店的顾客来说，它却是一种很好的布局。方格形布局也是在成本效益比方面最有效的。比起其他类型来，方格形布局是最节省空间的，因为它的通道都是同样的宽度，并且刚好允许顾客和购物车通过。最后，因为家具通常是标准化和统一样式的，家具成本也可得到节省。

方格布局的一个缺陷就是顾客不会自然地被吸引到商店里来。对杂货店来说，这不成问题，因为那里的大多数顾客在进入商店时，就对他们要买的东西十分清楚。但是，一种商店布局怎样才能吸引顾客穿越大型购物中心方便地购买商品呢？这就要考虑跑道式布局。

2. 跑道式布局

跑道式布局（也称环形布局，race track layout）通过设置通向商店多个入口的大型通道，从而达到吸引顾客游逛大型百货商店的目的。这一穿越商店的通道环提供了通向各个小隔间的通路（部门设计成类似于较小的设备齐全的独立商店）。跑道式布局鼓励冲动式购物。当顾客在跑道环中闲逛时，他们的眼睛会以不同角度视物，而不像在方格布局中只能沿一条通道浏览商品。

3. 自由格式布局

自由格式布局（free－form layout）不对称地安排家具和通道。它成功地运用了小专业商店或大商店中小隔间的布局为基本方式。在这个放松的环境中，顾客感觉他们正在某人的家里，从而便于浏览和购物。然而，一个令人愉快的氛围通常都是所费不菲的。对此而言，家具就像是昂贵的消费单元。因为顾客不会像在方格和环形布局中那样自然地游逛，面向个人的推销会变得更重要，还有销售代表不能轻易地观测到相邻的部门。因此，这里的盗窃案比起方格布局来通常要高一些。此外，商店牺牲了一些储存和展示的空间来创造更为宽松的购物环境。然而，如果自由格式的设计能被很好地运用，就会使顾客感觉在家中一样，从而增加购物量，进而使零售商从增加的销售额和利润中抵消增加的成本。

13.1.3 展示区域的类型

展示区域包括特色商品专栏区、大宗商品区和墙面。

1. 专栏区

专栏区（feature area）是用来吸引顾客注意力的。它包括末端展示区、促销通道或区域、自由放置货架和介绍纺织品的模特模型橱窗和销售点的区域。

末端展示区（end caps）被安排在通道的最末端。

促销通道或区域的作用类似于末端展示区。

放在通道里的自由放置货架（free standing fixtures）和时装模特模型最初设计时是用来吸引顾客的注意力并将他们引导到商店里来。这些货架里展示的通常都是最新、最令人感兴趣的商品。

尽管橱窗明显位于商店外部，但它却是商店布局的一个重要组成部分。如果能适当运用它，橱窗展示可有助于把顾客吸引到店里来。它们提供了关于商店销售商品的类型和商店希望树立的形象等视觉信息。橱窗展示应与商店中的商品和其他展示联系起来。

销售点（point - of - sale）区域应是商店营业面积中最有价值的部分。因为，顾客在那里几乎完全被征服了。在排队等候付账时，选一些电池、糖果、剃刀和一份报纸。他们需要这些东西吗？并非如此，但是等候令人生厌，所以花了一些额外的时间购物。

2. 大宗商品区

大宗商品区包括了商品的全部种类。它通常包括杂货和折扣店里的长形货架以及为纺织品自由设置的货架。这些商品通常都被安放在一个特色区域，这些商品的展示艺术将在这一章的后面谈到。

3. 墙面

因为零售店的营业面积通常是有限和昂贵的，所以许多零售商设法运用墙面来增加商店的储存货物和展示商品的能力，创造性地利用墙壁空间提供信息。零售商可以将物品储存在货架上和隔板上，还可以通过展示台、照片或者商品的特写图来介绍商品。

13.1.4 陈列架

陈列架的最初的目的是摆放和展示商品。同时，陈列架还必须与商店的其他方面协调一致。例如，在那些设计风格不同于传统或历史风格的商店里，顾客希望看到的是许多木制陈列架，而不是塑料与金属的陈列架。木制陈列架更为柔和的线条，散发着一种更为现代的气息。混合着金属、丙烯酸树脂或石材的木制品改变了传统的定位。根据实际经验得出的结论是：材质的纹理设计得越新颖、别致，陈列架就越具有现代色彩。

陈列架在风格、颜色、大小和材质方面可以多种多样。对服装而言，零售商一般都运用长条挂物架（straight rack）、环形旋转架（rounder）和四边悬垂架（four – way）。大多数商品的主要展示陈列架都是无盖货柜（gandola）。

长条挂物架是由放在地上或靠在墙上的支撑物和悬挂在支撑物上的一根长管状挂物架组成的。尽管长条挂物架可以容纳许多服装，但它很难突出款式或颜色。顾客可以看到的全部服装形象只是一只袖子或一条裤腿。因此，经常可以在折扣商店或打折的服装店里见到长条挂物架。

环形旋转架也被称为大宗商品或大容量陈列架（bulk or capacity fixture），它是放在支架上的一个圆形装置。尽管它比长条挂物架要小，但它却是设计用来容纳最大数量的商品的，因为它容易移动并可以有效存放商店里的服装。环形旋转架可以在大多数类型的服装店里见到。但是，与长条挂物架类似，环形旋转架无法让顾客看到商品的正面。

四边悬垂架（也称特色陈列架）有两根横梁相互垂直固定在基座上。这种陈列架可容纳大量商品，同时能让顾客看到整件衣服。然而，四边悬垂架比环形旋转架和长形挂物架更难适当地运用，在它的一条臂上的所有商品应该具有类似的款式和颜色，否则顾客会感到迷惑。由于它具有出众的展示特性，四边悬垂架通常用在时装零售店里。

无盖货柜是一种带有多层隔板、箱柜或木桩的岛状自助式销售柜台的类型。无盖货柜是非常通用的。它用途广泛而并不只是专门应用在杂货店和折扣商店里，还可陈列从罐装食品到棒球手套等各种商品。无盖货柜还可以用在百货商店里陈列毛巾、床单和家用器皿。叠好的服装也可以用无盖货柜展示，但顾客查看放在无盖货柜上的衣服比起长形挂物架更困难。

13.1.5 给残疾人士提供方便

在任何商店的设计或重新设计决策中，一个非常需要考虑的事项就是残疾人。这是一个有关人性的设计，它体现了残疾人在各种活动中不受歧视。

大体而言，像楼梯那样的障碍物如果不存在许多困难或花费过多就应该拆除。对大多数商店和购物中心而言，应该采取建造坡道、增加扶手、重新安排休息室的旋转门、给电梯增加栏杆、提供盲文电梯按钮和其他措施。

13.2 店面布局空间创造

13.2.1 店面布局空间设计

1. 店面布局的组织原则

就涉及的程序而言，内部空间环境设计是建筑设计的深化和延续。内部空间环境设计的主要任务是：以符合空间的秩序结构为原则，按照人的行动要求组织空间，形成氛围。其组织原则应把握以下三个方面：

①环境的布局要体现以人为本的思想，这就要求考虑人与空间环境的协调融洽关系。零售店空间环境也是这样，消费者是这个环境的中心，因而，空间环境的组织、安排必须以消费者为出发点和归宿。

②空间像一幅画，要有一个确定的主轴。要明确作为审美主体的消费者，其视点不是凝固的，而是流动的，是在有组织的空间序列中，由空间的静观向时间的推移转化，由“点”的单体、审视向“线”的群体、运动转化。因此，空间秩序的组织，应追求连续视点产生的

空间关系的感受，也就是一种流动的、一体化的效果。

③空间环境的创造要有层次性，形成主次、高潮和低潮。具体讲就是，在空间环境的艺术创造中，对空间秩序的组织结构的追求，就是形的秩序、色的秩序、质的肌理秩序、明度的层次秩序和空间分割秩序等。这些规律将在后面结合具体的组织创造中涉及。

2. 店面布局创建的流派

①后现代派：意为比“现代”还现代。后现代提倡各种艺术形式的混合使用，使不同文化层次的欣赏者可以共享或分享同一空间形象所具形式语言的含义。这种形象可以是高雅而又通俗、艰涩而又平易的。同时，它还强调形态的隐喻，符号的文化历史，要求现代与历史的杂陈以及延续性、文化性，使今天与过去衔接、天然与人工融合。

②新洛可之派：也称烦琐派，其形式富丽堂皇，精巧奇特。强调利用现代科技、新材料、新技术提供的可能性，反映现代生产的特点。如使用磨光大理石、铝合金、塑料、镜面等，制造出光影反射效果，还常采用反光顶棚、鲜艳的大面积地毯，制造豪华丰富、令人眼花缭乱的效果。在我国，大多数高档大百货零售店采用的就是这种方式。

③平淡派：也称白色主义。主张简洁纯净，强调空间分隔与联系，重视表现材料质感和特征，崇尚“多就是少，简洁就是丰富”的宗旨。因而手法简洁，少装饰，空间色调淡雅统一，给人以稳定、平静、和谐的感觉。

④波普派：受大众艺术的影响，主张为适应大众口味而向市井艺术中寻找创作灵感，赞美商业街头的广告牌和各种通俗艺术。因此，其创造的空间环境常出现色彩丰富、造型逼真、富有生活气息的“超级图案”。如在墙上绘着比真实人还大的人群，天坪、地面也用超尺度的图案等等，以形成奇异和欢乐、热烈与活跃的气氛。

3. 店面布局氛围的创造

店面布局设计就是空间感觉设计，其最高境界应是环境氛围的创造。这使我们得知，空间虽然是物质空间，但它可以通过一些诉诸视觉、听觉的因素展示一定的环境氛围，使物质空间转化为具有美学意义的审美空间。实现这种转化，关键要看达到什么效果。正如基督教堂中，不仅要靠圣坛、十字架等来形成宗教空间，还要利用彩色玻璃使自然光变得捉摸不定和迷离恍惚，以及利用音乐，使空间弥漫着独有的静谧……所以要使商店的空间环境氛围给人的情感以极大的冲击力，就必须辅以诸多因素，并将这些因素合理地组织构成，塑造出可视、可触、可闻的空间形象。

如南京金谷大厦的粮油食品市场，便综合利用色彩、光影、陈设、音响等元素，并将空间合理分割，创造出田园式木屋，卵石小径，谷麦、豆菽壁等，使其构成了与消费者的审美心理相通的环境空间，让人们体会到一种和谐的田园诗的氛围。

最后要强调，无论追求怎样的空间氛围，都要以人为中心，注意到人在真实环境中的感受，如空间感、尺度感、质感、色感、光感等，以及各种不同的环境中使用者对客观环境不同的心理反应。这就需要从整体感入手，使物质的环境、视觉的环境、听觉的环境、生活的环境和精神的环境等和谐地构成统一的环境，使之互相协调、并行不悖。

13.2.2 店面布局空间分割与创造

1. 柜台组合

流动性、开敞性、可变更性是营销空间的主要特点。其中，柜台（包括货架）起着基本框架的作用。因此，柜台参与划分空间、组织空间、调整空间的作用不容忽视。应该说，柜台本身不是艺术，也不是装饰，而是包含在营销环境中，有可能使空间个性、空间氛围得以形成某种因素，它通过有规律的组合，可以给消费者一个方便的购物环境和统一完整的空间感受。

柜台的功能具有两重性：一是用来陈列商品；二是用来划分空间。从环境这一角度论及的只是后一种功能。作为商业经营者，必须考虑如何通过柜台的各种形式的组合，构成不同的空间划分，如通道区、售货区、活动区等，从而使卖场布局达到功能分区明确、感觉舒适的目的。

柜台的组合，绝不是随心所欲的排列，它虽无固定模式，却也绝非无规律可循。一般来说，柜台的组合主要有如下两种形式：

(1) *方格式布局*

在方格式布局下，商品以直线、平行陈列，大多数超市使用这种方式。方格的好处在于可以提高店内营业面积利用率，但对顾客而言，很不方便，顾客不能随心所欲地走动，而要由店内货架引导，在百货店内采取这种方式会降低主要顾客通道上的客流量。

(2) *自由流动式布局*

在自由流动式布局下，商品与货架的设计安排可允许顾客自由流动，顾客较方便地接近物品，使顾客可以自由散步，移向任一方向，从而促进购买。

柜台组合无论采用哪种方式都具有独立的审美价值。柜台的组合方式虽然是相对稳定的，却不是凝固死板的；形式有一定的规律，但运用规律却又是自由的。要有分析地改革那些不适用的旧形式，创造出与购物环境相协调的新形式。

在考虑柜台组合时，还要从柜台的功能出发，绝不可以脱离这一功能而追求某种形式美。其中，最主要的是考虑消费者置身其间的感受。要注意每组柜台之间的距离，即人行通道不可过宽，也不可过窄。过宽，显得空荡，削弱了空间的营销气氛，使消费者感到无所适从；过窄，则影响消费者的流动。因此，柜台的组合要有分有合，宽窄适当。

通常，通道的宽度是根据商品的种类、性质以及消费者的人流数量来确定的。通道宽度是这样确定的：柜台前站立消费者的所需宽度为450毫米，通常每一股人流所需宽度为600毫米，则通道宽度 W 由人流股数 N 来确定，即：

$$W = 2 \times 450 + 600N$$

根据人流的计算和试验，常采用如表13－1所示的数据：

表13－1　商场通道宽度表

种类	程度	一般商店宽度（mm）	综合商店宽度（mm）
主通道	最小	800	1 600
	普通	900～1 500～2 000	1 800～2 200～3 600
	最大	3 600	4 500
次通道	最小	600	1 200
	普通	750～900～1 500	1 500～1 800～2 100
	最大	1 500	2 100

2. 空间分割

现代商业尤其重视营销空间环境的层次性。如果说整个内部营销空间是第一空间，那么通过各种方式在第一空间中营造的一些特殊区域则构成了第二空间，即我们通常所说的“店中店”形式。

这种物以类聚、相对隔离的构成，在繁闹喧嚣、互相干扰的店堂里创造了一个个相对安逸、宁静的小区环境。这种适应消费者购买习性的巧妙构思与精心布局，不仅创造了更为实用的功能价值，为消费者提供了方便，而且按美的规律大大改变了环境的面目，使消费者在商店享受到购物环境的美。这种在大的空间中创造出相对独立的小空间的做法，使人们在行走的过程中，其视野空间在不断地变化，取得了移步换景的效果。

3. 共享空间的创造

如果说第二空间的创造考虑了人们对建筑空间心理上、精神上多层面的要求，比如空间的情感、情调等问题，那么与此异曲同工的创造——共享空间，是将人们从不同性质的空间汇入到一个共有的空间。

共享空间是美国建筑师约翰·波特曼所倡导的建筑设计理论，其主要特征是把人作为空间的主体来考虑。如人们希望在室内也能观赏到阳光照射下的户外景色，那么按照共享空间的设计思想，就可以以具体的空间创造，使内部空间通贯几层大厅，甚至打破天坪的界面，以玻璃顶覆盖，让阳光直泄而下。同时，还可在室内配置植物、水池、山石等，创造一种“苔痕上阶绿，草色入帘青”的意境，真正使内部空间室外化。

共享空间是人为的空间，人的活动与交往是共享空间的灵魂。所以，有的共享空间中还常常设有近人尺度的休息岛、石桌、树木、花草，并力图创造一种人看人的热闹场面，吸引人们从各个方面汇集于此，使其既是交通枢纽，又是人活动的中心。因此，共享空间特别适合大跨度结构的大型商场。

在我国，运用共享空间的理论创造的营销空间环境，已有不少成功的范例。如郑州的亚细亚商场即采用这种形式使人来人往、层层相望，显出一派繁荣景象，这正是商业空间所需要的氛围。特别值得一提的是波特曼亲自设计的上海商城，由于其创造了一种完全敞开的气氛，而使人们丝毫没有身处室内的感觉。

13.3 商品展示技术与氛围

13.3.1 商品展示技术

对零售商而言，有许多方法都可用来有效地把商品展示给顾客。要决定在特定情况下的最佳方法，商店规划者必须考虑以下四个问题：

首先，也可能是最重要的，商品展示应在一定程度上与商店的整体形象相一致。例如，一些商店根据尺码展示男士衬衫，这样所有尺码的衬衫都放在了一起。于是，顾客可以很容易地判断什么是适合他自己的尺寸。这与商店追求实际的形象是一致的。其他商店把所有的颜色/款式组合放在一起，这种展示唤起了一种超前时尚的观念，并且带来更多的美感和愉悦，但是，它却使顾客不得不在一堆存货中寻找自己的尺码。

其次，商店规划者必须考虑商品的特性。例如，牛仔裤可以很容易地放在货堆中展示，而裙子则必须挂起来，这样顾客可以更容易地观察其设计和款式。

再次，包装经常会决定商品如何展示。例如，折扣商店出售小包的螺母和螺栓，但是，五金商店仍然按单位计量销售这些商品。尽管按包出售的商品单位价格明显提高，但自助式销售方式的运作不需要雇用足够多的人员来称量和包装这些小东西。

最后，产品的潜在利润影响着展示决策。例如，低利高周转的商品，如学习使用的文具用品就不会像派克钢笔一样要求同等精美、昂贵的展示。

观念导向陈列法（idea - oriented presentation），是指根据特别的观念或商店的形象展示商品的方法。例如，女士的时装通常会展示整体的形象或观念；家具也应与房间的整体布置结合起来，从而给予顾客一种观念，使他们明白这些家具在他们的家里应是怎样布置的。

式样/品种组织法（style/item organization）。折扣商店、杂货店、五金商店和药店对几乎每一种商品都采用了这一种方法。许多服装零售商也运用了这一方法。当顾客寻找某一特定种类的商品时（如毛线衫），他们希望在同一地方找到所有的品种。

型号组织法（type organization）。根据型号安排商品是另一种组织多种类型商品的方法，从螺钉、螺母到服装都有应用。因为他们通常知道需要的型号，对顾客而言，按这种方式安排商品是最容易找到的。

颜色组合法（color organization）。例如，在夏季里，女士服装商店应将所有白色服装展示在一起，让顾客知道这家商店是她们购买服装的绝好地方。

价格导向法（price leading）。价目表排列商品或价格系列导向策略可以帮助顾客很容易地找到他们希望出价的商品。例如，男士衬衫可能安排成三个组，销售价格分别为 30 元、45 元和 60 元。

垂直销售规划法（vertical merchandising）。这里的商品使用墙面或高的无盖货柜垂直展示，顾客购物就像阅读报纸一样——从左到右、从上到下查看每个纵向栏目。商店可以根据人的眼睛的自然运动的规律有效地组织商品。零售商可以采取不同的方法来利用这种规律。许多杂货店把国家标记置于与眼部平齐的位置，而把商店的牌子放在较低的货架上，因为顾客从眼部平齐部位开始向下浏览。零售商还运用商品的粗体垂线来展示商品。例如，在百货商店里看到在同一垂直水平展示的是同一颜色的毛巾；在超市里，垂直地放置黄色或橘黄色包装的汰渍牌清洁剂，紧接着放置一排蓝色包装的 Cheer 清洁剂。

大宗商品展示法（tonnage merchandising）是一种将许多数量的商品展示在一起的展示技术。大宗商品展示可以用来增强和巩固商店的价格形象。运用这种展示观念，商品本身就是展示。零售商希望顾客注意到这些商品并来到这些商品所在地。例如，在节假日之前，杂货商运用末端展示区的整个无盖货柜来展示六包装百事可乐。

通常，同时对商品进行充分的展示和高效地摆放较多的商品是不可能的。但是，尽可能多地展示商品也是很重要的。对于这个难题的一个解决办法就是前沿展示（frontal presentation，零售商展示尽可能多的产品来吸引顾客目光的商品展示的一种方法）。例如，图书出版商尽最大努力设计具有吸引力的封面。但是，书店在展示书籍时，通常只有书脊是露在外面的。为了造成有效的展示并打破千篇一律的现象，图书零售商经常让封面像布告牌一样横放在外面，以吸引顾客注意力。一种类似的前沿展示是让服装架简单地转动来展示商品。

总之，在进行商品展示决策时，零售商应尝试通过顾客的眼睛来观察商店。他们还应根据商品的类型和包装来组织存货。

13.3.2 氛围

布局是针对商场内部设施进行不同的排列组合，通过对各个元素系统的集合，给人以视觉、听觉上的感受，从而刺激心理需求，达到一种享受美的感觉。应该说，各元素的集合构成布局，但为了叙述的方便，只能分解开来一一论述。

1. 设备

设备是为了满足销售的需要，同时，又是为了丰富空间。设备因此具有实用和审美相统一的功能。当然，设备应与特定的环境相适应，设备的结构、位置、布局、色彩等直接影响空间的分割和氛围，令整个布局对人的心理产生影响。

设备可分为营业设备和服务设备两类。

(1) 营业设备

柜台在一般商场中没有多大差异，以中等身材的人为依据，其柜台高度与宽度一般在50厘米和80厘米左右。特殊用途的柜台可适当变通，如出售布的柜台可宽些，以利于丈量布匹。

货架的设计应方便展示商品，同时使其结构比例与周围环境相适应协调。货架的结构没有什么定式，不存在固定的比例，但要以货架与消费者及营业员之间的关系作为内在尺度来确定货架的最佳结构比例。

人始终是环境的主宰，布局的目的是为了顾客能自由地活动，选择商品。人体工程学对人的尺度、视野、距离以及活动范围都进行了富于成果的研究。如在一般的百货商场，货架的高度不宜太高，一方面要照顾到营业员举手可取，另一方面要考虑消费者的视线角度。一般来说，与人视轴线成30度角以内的事物最易被感受。这样，消费者既可轻松寻找需要的产品，又不会产生压迫感。

另外，在大型商场中，由于天坪较高、货架太矮易产生空旷感。对此，除可利用光线来改变空间感觉外，还可以采用货架上置放灯箱广告的方法来弥补，而不宜加高货架。

货架包括陈列架、储藏柜两部分，两者的比例应恰当地选定，如可选择1∶1.618的黄金分割比例，一般书籍、报纸的宽长采用这种比例。当然，也不可生搬硬套，应根据实际情况灵活掌握。这里讲的货架只限于柜台配套使用的货架，至于其他（如超市）的货架会在以后有专门分析。

(2) 服务设备

服务设备是布局中供消费者坐、行、看等的设施。它们一般是不由经营者直接控制和使用的一系列服务性设备，如休息用椅、试衣室、扶手电梯等。

服务设备在布局中的重要作用在于表现出经营者的人情味。不难想象，一家商场，尤其是大型商场，不管其商品多么丰富，如果缺乏服务设施，就会给人一种冷漠的感觉，这种对人的漠视，自然会使空间环境失去宜人的氛围。

对于服务设备，不能简单认为只是功能性的设备，人们对服务设备的感觉更多的是内心的一种感受，是视觉上的印象，所以要考虑服务设备与整体环境的协调，达到既给人以好感，又给人以美感的效果。

服务设备作为布局的构成元素，一般是作为点存在于营销空间环境中的，而营业设备则是其组合构成点的延长线，两者相互对比，有机地协调，为布局整体增加了节奏感。服务设备作为点的空间存在形态，具有多样化的特性、姿态及表情等因素。设备的安置可根据具体空间确定适宜的位置，并与营业设备的线型组合相互作用，彼此呼应，提高布局的整体效果。

另外，还要注意陈设品、绿化物等应放在点状空间。如果与营业设备一样在线状空间，就会因吸引人群而导致空间堵塞。

2. **陈设品**

陈设品是为了给顾客购物时提供一个舒适、优美的环境。陈设具有更大的灵活性、有效性，这是针对布局中服务功能而言。

陈设品可分为展示功能的陈设品，导向功能的陈设品，点缀环境、强化个性的艺术陈设品。

(1) 展示功能的陈设品

展示功能的陈设品一般安放在比较醒目及空间结构不足的位置，以起到一种广告及连接弥补空间的作用。应该说其功能相当于橱窗，但其自身的造型有更随意的选择性。这类陈设品设计要注意所选材料的性能、造型，使其达到结构、造型、空间环境的统一。展示功能的陈设品应把众多分散的信息点巧妙地编织成为更醒目的一点，提高视觉冲击力。

在实际的商场布局中，模特儿是主要的陈设，它不仅可强化营销布局的活力，还可以通过逼真造型直观地唤起人一定的意象和概念。模特儿作为传递信息的工具，构成了一种形象化的符号系统，它可以直接与消费者交流，传达商品的功能意义。模特儿对整个布局的情调起主导作用。

(2) 导向功能的陈设品

导向功能的陈设品具有引导消费者顺利购买所需商品的功能。它属视觉导向类，是一种文字语言与视觉形象的有机结合物。陈设品导向功能可分为文字导向、图形导向及两者结合的导向三类。导向功能的陈设品一般安放在电梯、电话亭、洗手间、服务台、收银台等。

导向陈设品是一种视觉语言。人类感知事物最敏感、准确的就是视觉，因此，符号给视觉以刺激，让人感知事物，导向陈设品就属于“符号”的范畴。导向陈设品要把复杂的事物用简单的形式表达出来，且给人的印象是鲜明的。因此，要特别注意导向陈设品的三个特征：一是形象独特而有别于其他个性化的元素；二是形象构成去繁就简的单纯美；三是短暂的时间内传递出明确的信息。

(3) 点缀环境、强化个性的艺术陈设品

由一般元素构成的布局，给人的情感冲击并不强烈，但与艺术陈设品相结合，就会产生审美的飞跃，向更高的审美的精神空间迈进。它能够构成不同的“性格取向”，以其形式和内容本身产生的精神力量来强化整体布局环境的主题，给消费者以提示和启发，从而起到一种点缀、导向的烘托气氛的作用。

目前的许多商场里，经营者更多的是注重字画、壁画等平面的艺术陈设品，而忽略了占据三维空间的艺术陈设品，似乎认为应让柜台占满每个角落。其实，在一些适当的位置摆放一些艺术品是会起到意想不到的作用。但要注意作为整体布局的构成元素，艺术陈设不能脱离环境凭空设置。在某一布局中，艺术陈设可以成为一个较明确的情感交流中心，因其形象、象征的内蕴等都与商品形成对比统一，从而强化和丰富原有的布局，满足消费者的心理和视觉的需求。如在体育用品店安放一座“掷铅球”塑像，就会使消费者萌发出生命的跃动感。在宾馆、饭店等的布局中，则注意强调艺术陈设的不同个性，创造出文化性、民族性、艺术性的氛围。

在现代西方的艺术设计中，甚至将灭火器、消防栓艺术化为陈设品，这也是我们策划者极力追求的目标，即达到艺术与实用的和谐。

13.3.3 绿化

现代城市中，人工的景观把自然景色逐出人的视野，建筑物更将人与自然隔离开来。所以，零售布局中出现一些绿色植物，使空间多少带些田园情调，一定会满足人向往与阳光、空气、植物绿化直接接触的需求，带来舒适的美感，给人带来生机勃勃的情趣。

零售布局的设计，要尽可能突破“四堵墙”，与大自然保持接近，消除内部空间的沉闷，以维持人与大自然生态系统的平衡。当然，绿化不仅仅是为了生态学意义上的功利，它还可以起到划分、沟通、填充空间的作用。它以自身充满生命活力的形象唤起消费者对美的追求和对精神世界的向往。

植物绿化的意义还在于它与布局中其他元素构成两种基本的对比关系：

①自然生命美与人工环境的凝固形成对比。由于植物绿化的存在使人工环境有了生命，体现了人工环境与自然环境的和谐，增强了空间的感染力。

②从视觉上看，各具姿态的绿化与中规中矩的其他构成元素的形态形成对比，同时也构成一种质地的反差美、冲突美，从而丰富了布局中不同层次的变化。

13.3.4 色彩

在店铺布局的各元素中，没有什么比色彩更强烈地诉诸人的感觉了。其传达的信息量通常比由其他对象引起的信息量更加丰富，更加直接，更加容易被人所接受。

色彩存在于营销空间环境中，消费者进入商场的第一感觉就是色彩。精神上感到舒畅还是沉闷，都与色彩视觉有关。科学家研究了色彩对人和生物的影响后发现，不同的色彩会在人的心理上引起不同的反应。如果在零售店环境中恰当地组合和选用色彩的各种机能，调整好人们与环境色彩的关系，就会对形成特定的氛围空间起到积极的作用。

不同的店铺空间布局都赋于自己的空间色彩以个性。相同的色调，在不同的空间所取得的效果是不一样的。因为，色彩不仅有审美的意义，它还包含着感性的创造内容，不同的色调可以在人的心理上造成不同的空间感。

空间感是指人们受色彩的影响而产生的大与小或远与近的感觉。从光学上分析，暖色的光波比较长，会造成视觉上的逼近感，而冷色光波较短，属隐退性色彩。所谓“万绿丛中一点红”就是说首先进入人眼睛的，不在于色彩面积的大小，而在于光波的长短。利用色彩光波造成的视觉和错觉，可以改变原有的空间感觉。例如，窄长的空间可以将两面较长的墙面饰以隐退性色彩，如灰绿、灰蓝等；较短的墙面则涂以逼近性的色彩，如枯黄、黄、白等。天坪过高过低也可以利用色彩的进退性改变原有的感觉。

空间的色调处理，还应该把平衡、强调、韵律、统调等复合体来统筹考虑。

①平衡：在视觉艺术中，平衡是形式美法则之一。空间色彩的平衡是指空间构成要素的大小、明暗、色块在种种对比、变化的情况下所取得的稳定感。

平衡有不对称平衡和对称平衡之分。由于商店布局空间由诸多元素构成，若求得对称平衡比较费力。因此，采取不对称平衡反而可以获得鲜明的个性。色彩中，重与轻、明与暗、暖与冷都是相对立的，要使各自的面积和形状为保持平衡而有所变化。

平衡并不是普遍适用的形式美法则。按照传统的美学观点，平衡是美的，但在特定的条件下，打破平衡也是美的。如在体育用品商店就可以通过色调制造不平衡，使其符合这种特定空间的特点和内在规律，在人们的心目中引起情感的张力。反之，如果一切既在或潜在对立因素都消融在和谐平静的状态之中，就会减弱特有的空间氛围。

②强调：人们在一定的色彩平衡的空间，注意力是来回摆动的，最终会停在其中的一点上。如果将其利用某种强烈的色彩加以标定，使人们的目光在此停驻下来，就会让人们在心中感受到一种强烈的刺激。在店堂布局空间中，这种色彩的强调效果，常常出现在可以对消费者进行视觉导向作用的各类招牌、指示标志、展台、模特等上面。

③韵律：人类生活中渗透着韵律现象。心跳呼吸以及许多其他生理上的有规律的起伏流转都是一种自然生理韵律。在视觉和听觉上的感觉知觉，是建立在有韵律的波的基础上的，当感官感触审美对象时，对象所表现的节奏符合生理的自然韵律，人就会感到和谐。空间色调便是利用这种规律，使空间色彩达到多样统一的美感。营销空间中，要调整色彩排列以产生变化，如果按强、中、弱三色顺序排列，就是一种渐近的移动，会产生渐变的效果。如按强、弱、中或中、强、弱的顺序排列，便会产生韵律感。

④统调：商店空间的色彩构成，不光指天坪、地面、墙面，还应包括柜台、展台、商品等。这就需要一个基本的色调使多色配合的整体统一起来，这个基本的色调叫“统调色”。空间色彩无论多么丰富，都可以从黑、白、金、银等色中择取一两种来统一调整，以呈现统一感。色彩的美不是孤立的，它是在与环境相互作用下产生的，所以，有时一些色彩的出现会破坏这种统一感。如我们常见的一些商场内悬挂的彩旗和大红横幅标语，它们总以夺目的色彩跳入人们的眼帘，迫使人们去关注它。我们说，无论什么审美对象，都需要向审美主体传递着丰富的信息流。这些信息大致有三个不同的层次：感觉的刺激、情感的愉悦、理性的思考。而这种出于某种宣传需要的色彩块面，从审美的角度看，只能刺激人们的感官，污染视觉环境，是不能引起人们的愉悦感的，因而也就失去了对理性思考的推动作用。

13.3.5 光影

“一盏放在地板上的灯可以使建筑产生一种幽灵般的气氛，一束照在石头的纹理、天花板和墙壁质地的顶光，把屋舍渲染得富于神奇和肃穆。”苏珊·朗格的观察表明，空间不但要通过光来表现，而且，空间氛围、空间个性也要靠光来渲染和控制。物体的质地和造型也会由于光影的强弱和角度不同而有所变化，并影响着空间体型的构成。如明亮的光可以使空间尺度感大于原有尺寸；反之，则使空间感小于实际尺寸。所以，光影与色彩一样是创造空间氛围的重要环节，是影响人们的最直接因素。零售店内空间布局的光源有自然采光和人工采光两种。阳光通过窗、门等进入室内，直射式扩散到需要的空间，称为自然采光。自然采光是由于自然现象和气候关系形成的一种光照，所以它能给空间创造出富于情感氛围的自然的光影。

自然光虽然光色丰富，但光量不足且不易控制，所以在空间起决定作用的是人工采光，即利用人造光源按功能及审美的要求，布置在一定的空间部位，使空间达到一定的照明要求及美感。

人工照明的主要方式有：

①直接式：利用灯罩或反光镜将光线全部投射到工作面或照明区内。

②间接式：将灯光投射到天坪、墙面或其他的物体上，取得柔和、均匀的光照效果。

③半直接式：让部分光线向上投影，削弱受光面与天坪的亮度差别。做法是使灯罩上部透光，又能向工作面投射大量光线。这样既减少了受光面与环境光的差别，又能满足从事一

定活动的光照需求。

④扩散式：常见的乳白色玻璃或是其他扩散透光材料制成的均匀发光灯具，能有效地避免眩光，形成柔和的光照气氛。一般而言，布局空间以扩散照明为主。

⑤半间接式：采用上部透明、下部扩散透光的灯具，使空间的光线更为均匀、柔和。

现代零售店的布局空间照明的发展趋势是变单光源为多光源，变平面照明为立体照明。所以，以上若干照明方式可以在同一空间里合理组织，综合运用。但有两点应注意：

第一是在处理光照环境时，不仅考虑要有足够丰富的照明，使其光线柔和、均匀，富于变化，还要考虑光的投射方向和角度，设计重点照明，形成视觉中心。

第二是不同的光照区域之间，不宜有亮度的突变，而要创造光照柔和的渐变的过渡。

不同的布光方式有不同的空间布局效果，其主要有以下五个方面：

①不同的布光方式可以发挥光影对可视空间的创造性，即对空间的切割与重组功能，以形成丰富多彩的不同个性的光影环境，或获得局部空间效果，增加空间与商品的吸引力。

如在珠宝销售区使用红、黄等富丽的光色来界定特定的空间范围，既可满足消费者的神秘感，又可以起到强调视点的作用，还可以为珠宝平添几分魅力。这种布光方式可以使空间层次发生变化，将宽敞的整个布局空间隔成若干特定的空间。其特殊效果是用物质材料构筑第二空间所达不到的。

②不同的布光方式也可以弥补空间环境的不足，使空间通过光得到丰富、有韵律的变化。如空间过高时，可采用大吊灯、组合吊灯等降低空间，控制空间；而天坪较矮时，则可采用满天星、发光顶棚等方式以弥补不足。在这里，灯具不仅仅作为一种照明工具而存在，同时，它使得空间在高度上有了一定的界限，加强了空间的界定，增加了空间层次感。

③不同的布光方式还可以制造、强化不同要求的环境氛围，以符合不同的心理需要和行为特征。如人际间往往存在着一定的心理距离，因而要求占有一个特定的空间范围。这种称之为“领域感”的心理现象，会在处于特殊空间的消费者中表露出来。

如大型豪华商场，为追求一种热烈的气氛，则可用华丽的吊灯来装点，而在追求新潮的服装专卖店中，则可采用彩色（如亮紫色）灯，以烘托出一种浪漫前卫的气氛。

④不同的布光方式还可以有更多的空间效果。但是，无论采取哪种方式都要合理恰当，以免弄巧成拙。拿音响销售区来说，如果在轻歌曼舞中辅以彩灯烘托气氛，则会使音乐臻于美妙，从而满足人们的美感，刺激其购买欲望。反过来，如果在服装销售区配以彩灯，那可真是画蛇添足了，因为它干扰了消费者对服装色彩的正确判断。当然，在陈列服装模特的服装区内，使用灯光渲染效果是另外一回事，因为这种区域的功能与时装表演相似，是供人们欣赏，感受氛围，而非直接选购。

⑤光影还可以对空间各色彩的明度起到平衡作用。明度高的色彩反射率强，如黄色。因此，布光时要考虑其反射性，不使它有过分的刺激感，注意与明度低的色彩取得平衡。对直接式、间接式、半直接式、半间接式等照明方式的运用，也要注意色彩的不同变化，以避免造成强烈、突变、动扰、刺激等使人不安的心理效果。在光与色调上处理也要恰如其分，特别突出局部照射或投射光，使一些鲜丽的商品能尽可能快地刺激人的感官，形成高速信息反馈。

13.3.6 音响

感觉、想象、思维等一连串的心理反应过程，除了通过视觉引起外，还通过音响刺激听觉引起。

现代商业尤其是零售业特别重视音响的作用。音响的处理是否得当，直接影响着消费者的购物情绪。

在零售店的空间中由于对噪音源不具有约束力，所以，对其控制的方法一般着重在对商业建筑的内部设计中，即注意防止回声、颤动回声、声聚焦等现象的发生。同时，对一些需要调试音响的商品，如收音机、电视机、乐器等，应尽量分离隔音，移至僻静处或其他的楼层。

我们就此可以采用一些控制噪音的基本方法，如在天坪、地面、墙壁采用吸声表面材料，提高建筑物护墙及门窗的隔音能力等。

另外，我们在零售店的空间中，可采用“背景音乐”，用舒适的音乐和频率冲淡噪音。同时，根据音乐的音响、和声、旋律作为一种信号，能刺激大脑的神经细胞，使人随之或兴奋，或抑制，或激昂，或忧伤，在购买高峰时，播放一些奔放的音乐，以加速消费者流动；在购买低峰时，播放一些舒缓的轻音乐，以留住消费者的脚步。

音乐与人的情感对应关系比较明显，所以对不同的零售空间，应该选播不同情绪色彩的音乐，以助表现其特性。如书店宜高雅，服装店宜轻松，儿童用品店宜活泼，家具店宜温馨，工艺商品店宜典雅等。而那种与人悲哀心境相对应的曲子，如二胡曲《江河水》、《二泉映月》等，除音乐制品专业店外，不宜在一般商店播放，因为它会使人感到哀婉和悲伤。

音乐的确可以起到促销、减轻销售人员的疲劳、调节工作节奏以及缓解噪声的作用，但是，如果使用不恰当，它也可能成为一种噪声源。这时，音乐不但不能使人得到美的感受，反而会使处在这种空间的人感到烦躁。试想，如果在相邻的柜台、商店间，你播放《圆舞曲》，他播放《黄土高坡》，我播放《My Heart Will Go On》，那么人们怎么能耐着性子在此逗留呢？尤其是个别商店，无论在店内店外，都挂着音响，开足音量，播放一些音调高亢、节奏疯狂、极易刺激神经的音乐，这些都属于在经营活动中缺乏文化素养的表现。因此，在选播音乐时，一定要注意遵守社会公德，注意通过审美情趣的诱导，形成对高尚情操和审美理想的追求。

另外，音响的世界是无限多样的，并不是非音乐不能构成美的意境。如在零售店内运用水来产生声音，不仅可以唤起人们对大自然的回忆，产生美的背景，而且，它的流动产生的音响，同样可以做环境“背景”。如在我国的一些大型百货商场，人们可以听到人造瀑布的“叮咚”水声。

13.4 案例分析

广州南方大厦商场的分割

广州南方大厦商场在20世纪90年代初对卖场布局进行了大胆的分割。在顾及传统心理因素的前提下，以悦目的造型，赋予空间以美的特征。

他们把和日常生活密切相关的商品汇集一起，建起“家居之友”；

他们将儿童用品汇在一起，建起“儿童天地”；

他们把花鸟鱼虫引进大厦，建起“趣苑”；

他们把钟表专柜布置成现代化的展览厅，名曰“钟表廊”；

他们以玻璃为主体，在大厅内组合成一个个小“玻璃屋”，如“玻璃时装屋”等。

所有这些，都是立足于使用功能的基础上，对卖场布局进行合理组织和美化。

应该说，满足人们多元化的需求，是现代零售卖场空间布局的共同追求。美的购物环境是物质功能与精神功能的和谐统一，两者都应该得到足够的重视。店铺空间环境构成如果仅仅单纯地讲究它的物质功能，就可能导致消费者平衡的心理状态倾斜。而如果采用小空间划分，使其尺度接近人们日常生活中的住宅，就可能产生亲切感。

拿大型零售百货商场的家具部的空间处理为例，就可以在整个店铺空间中将其家具部分商品布置成一个小家庭，并加上床罩、吊灯、台灯、工艺品等商品，虚拟这种空间是为了迎合人们普遍具有的心理——家居应该处在一个较为封闭的空间内。这样使空间较为收缩，造成领域感，并使气氛恬静、幽雅和保证私密性，以此来诱发消费者进入直接的体验。

而如果直接在第一空间陈列家具，就不能给消费者提供直接体验的机会，即使消费者自觉去想象、体验，也只能给他们以空旷、开放、嘈杂的不安全感觉，造成心理状态的失调。

按照传统的观念，只有墙、隔墙等封闭、半封闭的构件才有组织空间的功能，但在灵活空间、虚拟空间、动态空间日益丰富的卖场空间中，不但柜台的组合具有组织空间的功能，其他如设备、陈设、山石、绿化等都可以参与空间组织，构成虚与实、阻与透的对比，从而使人既感到小空间的亲切与安定，又能感到大空间的开阔。

资料来源：陈放，汪根发．零售策划学．，北京：时事出版社，2000. 100 ~ 101

【本章小结】

这一章考察了商店设计者面临的问题：一个良好的商店布局有助于顾客搜寻和购买商品。有三种类型的布局是经常使用的：方格布局设计对于顾客希望转遍整个商店的情形（如杂货店和药店）是最合适的；环形设计在大型商店（如百货商店）里更为普遍；自由格式的布局通常可以在小型专业店和大商店里的出售流行服饰的小店铺里找到。商店规划者还必须谨慎地布置商店的不同区域。特色区域、大宗商品销售处和墙壁都有其独特的目标主题，但必须相互协调创造一种统一的主题。设计用来摆放和展示商品的固定装置是任何商店布局整体都需要的要素。

为商品和部门分配空间比起仅仅确定它们适合哪里更为困难。部门的位置应由整体收益率和分类存货周转目标、商品类型、顾客购买行为、该商品与其他部门商品的关系和商品的物理特性来决定。零售商运用手工和计算机绘制的商品定位设计图来试验不同的空间分配结构，并且决定空间的最高效利用。

一些交易技巧可以帮助零售商展示商品以便于销售。零售商必须尝试重视购物经历并回答下列问题：顾客希望怎样找到商品？是将容易看到、了解和最终购买作为一个整体的观念介绍商品，还是根据生产厂家、款式、尺寸、颜色或价格展示商品？

零售商运用不同要素（图案、标志）构成的氛围——如剧院般的效果，以利于销售。其策略包括灯光、颜色、音乐等。

【关键术语和概念】

店面布局　布局分割　共享空间　商品展示技术　氛围

【练习题】

1. 60 岁以上的老年人是人口增长最快的部分之一。这些顾客可能只有有限的视力、听力和行动能力。零售商应怎样设计商店布局满足老年人心目中的需求?

2. 在选择商店的陈列架时，零售商应考虑哪些问题?

3. 请描述一下零售商在商店布局中应用的不同类型的设计。

4. 一般而言，靠近入口、位于主要通道和多重通道商店的主要楼层处的部门都拥有创造利润的最佳潜能。还有其他什么因素可以帮助决定部门的位置呢? 请举例说明每一种因素。

5. 一家百货商店正在修建附加建筑，家具部门的商品经理试图说服总裁把这块新地方分给家具部，男装部门的经理也希望得到这个位置。请问：在说明的理由时，各位经理应该运用什么样的观点?

6. 超市为什么把糖果、口香糖和杂志放在商店的最前面?

【补充阅读】

1. 商场装修知识点：

商场专卖店的装修要根据商场定位、消费群体阶层、商品摆放等吸引顾客，要装饰好一家商场，装修公司整体策划很重要。以下就从四个方面来突出商场装饰的特点。

镜子：侧镜，无限延长的视觉感受。顶镜，琳琅满目的视野展现。

货架、灯光：轻巧，多转角，刚性欧式货架与灯光有机融合，具备完美的展示效果。联柜尤其能够形成磅礴气势。

色彩、造型：优美典雅的造型及丰富的色彩与商场装饰浑然一体，使购物环境绚丽多彩。

曲线：曲面玻璃，流线型的完美结合，使商用陈列柜又添精品。

随着社会生活节奏的加快，商场开辟的超市布局应考虑充分利用商场空间，构成一个开放的购物区。多柜连接，不仅具有美化和装饰商场的作用，而且增强了食品展示效果，激发顾客的购买欲望。双岛柜和窄岛柜采用多排间隔排列方式，便于人流集中时顾客分散购物，使购物环境始终保持和谐有序。最后，岛柜及环岛柜的布局呈阶梯状，立式风幕柜均沿墙摆放，使该区域陈列柜布局层次感较强。区域内所有岛柜均采用玻璃窗宽岛柜，更增强了物品的展示效果。进出口两边采用大型环岛柜，货物摆放其上极具美感。整个区域柜体与货物相互呼应，互为衬托，营造出一种和谐、完美、统一的购物环境，给人以富丽堂皇之感。

2. 沙振权. 零售学. 广州：广东高等教育出版社，2006. 221 ~249

3. 荆林波等. 走出“人均商业面积”概念的误区. 商业时代，2006（34）

4. 张闯. 中外零售企业中国市场的跨区域扩张——基于 58 家连锁企业店铺布局的比较研究. 财贸经济，2006（8）

5. 张世君. 基于消费者心理和行为分析的百货商场大类商品布局模式研究. 商场现代化，2007（1）（上）

第14章 顾客服务

⊙本章学习要点

1. 顾客服务及顾客服务的性质。
2. 顾客期望的作用。
3. 顾客满意度测量的方法。
4. 改善顾客服务方法。

⊙本章学习内容

1. 顾客服务及质量评价。
2. 顾客满意度的测量。
3. 零售店改进顾客服务的措施。

⊙案例分析

⊙本章小结

⊙关键术语和概念

⊙练习题

⊙补充阅读

1992年，我国政府放开外商进入国内零售行业的禁令，沃尔玛、家乐福、麦德龙等世界零售巨头先后纷纷进入中国市场，大卖场、大型综合超市、仓储会员店、便利店等新型零售业态不断涌现，打破了我国单一的百货商店一统天下的零售市场格局。

这些大型超市、大卖场往往以巨大的规模优势和采购优势从供应商和厂家处赢取价格优惠，并通过商品组合、广告宣传、价格促销、卖场陈列和服务完善等措施形成强大的优势。中国本土零售企业不断提高认识、改进服务，在经济全球化的情况下，服务对于零售业来说显得异常重要。

零售业作为直接面对终端消费者的销售商，除了为顾客除提供适销对路的商品外，提供优质服务已成为赢得消费者的重要手段，因此，重视在零售业中的顾客服务已经成为中国零售界从业人员的关键问题。

14.1 顾客服务及质量评价

顾客服务（customer service）是零售商为了使顾客购物更加方便、更有价值而进行的一整套活动和计划，这些活动增加了顾客购物的价值。从广义的角度说，零售本身就是一种服务活动，零售活动组合中的所有要素都是增加商品价值的服务。店铺位置、店内的布置和商品的分类都为顾客购物增加了便利。

14.1.1 顾客服务的重要性

顾客对于高品质服务的需求正在迅速增长。现在的顾客想要的是简捷快速、自由自在地购物，他们几乎没有时间去寻找商品或等候购买。顾客将会去那些他们认为是最舒适的地方购物。只有当他们感到在那里受到照顾并且花费适当的时间就可以找到他们想要购买的商品时，才会实现最舒适的购物。麦当劳、Nordstrom、LLBean，Domino's Pizza、迪斯尼世界、Marriott 都提供了与其竞争者不同的零售方式，并且通过提供优质的顾客服务赢得了顾客忠诚。良好的服务能够使顾客再次光顾商店，同时产生良好的口碑，从而吸引新顾客。

从长远来看，良好的顾客服务实际上可以降低成本。根据顾客服务研究机构的推测，争取一名新客户要比促使现有顾客进行重复购买多花费五倍的费用。因此，实现让顾客满意并向他们销售更多的商品，比想吸引那些从来没到本商店买过东西的人的费用要低很多，所以，为登门的顾客提供良好的服务就是促使顾客重复购买的一种手段。因此，有调查显示，81%的零售商认为改进顾客服务是零售商最重要的问题，被列为零售业核心的第一要素。

14.1.2 顾客服务的性质

与提供商品实物相比，零售商为顾客提供的服务具有两个重要的特点，即无形性（intangibmty）和变动性（inconsistency）。

1. 服务的无形性

大多数服务是无形的，顾客既不能看见也不能触摸它们。顾客可以把衣服拿在手里并且检查它们，但是推销员提供的服务和帮助却是无形的。无形性使人难以明了顾客究竟需要什么样的服务以及他们怎样评价零售商的服务。在评价商品实物的价值时，消费者可以运用一些有形的要素，比如颜色、合适程度、款式、重量以及大小尺寸。但在评估服务时，消费者没有这些有形指示可资借鉴。无形性也使得提供和保持高水平服务变得更困难，零售商在顾客接受服务之前无法对其计算、衡量和检查。

2. 服务的变动性

自动化机械制造使得大多数商品之间存在一致性。例如，所有的 Bomae 电动螺丝刀看起来都很相似，并且工作的效果也近似。但是零售商服务的质量对于不同的商店甚至在同一家商店里的不同顾客却有着巨大的差别（从一家商店到另一家商店甚至在同一家商店里，从一名顾客到另一名顾客都有着巨大的变化），这是因为大多数服务是由人来进行的。对零售商而言，很难控制提供服务的员工的工作表现。因此，一名销售人员可能为一位顾客提供了良好的服务，而对下一名顾客却提供了低质量的服务。正是由于提供服务的不稳定性，为不同的零售店开展差异化竞争提供了条件，小型的零售商在资金、店面、装修等方面可能比大型的零售店差，但是却可以为顾客提供定制化的服务，弥补这方面的不足，吸引顾客。

14.1.3 服务的标准化和个性化

标准化（standardization）：零售店在提供服务时遵循一套既定的程序和规则，通过这些程序的严格执行，服务的变动性被减少了。在提供标准化服务的零售店，员工的培训是影响顾客服务质量的最关键因素。麦当劳通过标准化的食品服务流程开遍全世界，也正是由于标准化使得连锁加盟成为可能，而目前制约中国快餐发展的就是服务标准化。

个性化（individuation）：为不同的顾客提供不同的服务。服务因人而异，有很大的随意性。因为个性化服务的随意性使其衡量和操作起来的难度加大，要想为顾客提供满意的服务，服务人员的高素质成为关键因素。

14.1.4 服务质量的评价

顾客对零售商服务质量的评价，是以接受服务的感觉与自己的期望加以对比形成的。当他们得到的服务能够或者超出其期望时，他们就会感到满意。当他们觉得服务低于其期望标准时，就会产生不满。

14.1.5 期望的作用

顾客的期望是以自己的知识以及他们与零售商及其竞争对手打交道的经历为基础的。例如，顾客希望超市提供便利的停车场，能够从清晨营业至深夜，拥有种类繁多并且易于寻找的鲜活及打包食品，能够开架售货，并且提供快速结账柜台等。他们不希望超市里面有店员站在过道上提供杂货信息，但是，当这些顾客出现在百货商店时，他们希望商店里有一些有经验的售货员能够提供各种信息和帮助。

可见，对不同类型的零售商，顾客的期望也是不同的。同时，我们还注意到，同一名顾客可能对一家商店的低水平服务感到满意，而在另一家商店里，则不满于那里的高水平服务。例如，对于自我服务的折扣商店和超市，顾客存在较低的服务期望。沃尔玛（Wal - Mart）提供了一项对于折扣商店来说不同寻常的服务：一名雇员站在商店门口，问候顾客并回答问题。因为这项服务在折扣商店是没有的，所以，尽管其实际服务标准要远远低于一家典型的百货商店提供的服务，但顾客却认为沃尔玛的服务很完善。而百货商店要比沃尔折扣商店、大型综合超市拥有更多的售货员来回答问题和提供信息。但是，顾客对百货商店的服务期望也高得多。在百货商店中，如果当顾客有问题或者想购物时，没有售货员迅速到达他那里提供周到热情的服务，他就会感到不满。

还要提及一点，顾客的期望会伸延，零售商如果不能增加预期的服务，那么增长的服务期望将会降低顾客的满意度。因此，零售商必须小心谨慎地改进他们的服务质量。他们只能承诺他们可以提供给顾客的服务水平，切不可承诺不能兑现的服务。

顾客对于商店服务的预期是以其感觉为基础的。当实际提供的服务影响他们的感觉时，由于服务具有无形性，因此其价值很难被准确估计。

提高顾客服务质量，商店员工起着重要的作用。顾客对服务质量的评价通常是以商店工作人员提供服务时的态度为基准的，而不仅仅是服务的结果。例如，一位顾客走进一家商店去退换一只不能正常工作的电动牙刷。商店如何处理退货？一般有两种做法：第一，作全面的调查与核实，按公司制度规定，员工要向顾客索要收据或发票，检查这支牙刷是否是在这家商店购买的，再检查一下电动牙刷，看它是否真的不能正常运转，同时请示管理者是否可以退货，再填写一些单据，最后以现金方式退给顾客其支付的货款。第二，商店员工只是简单地询问顾客其支付的货款数额，并支付给其相应数额的现款。这两种做法产生了同样的结果——顾客获得了现金补偿。但是顾客会对第一个例子中零售商感到不满，因为商店工作人员似乎不相信顾客而且花费大量时间才获得了补偿。可见，在大多数情况下，商店员工在提供服务的过程中起着重要的作用，并且直接影响顾客对服务的最终满意程度。

14.2 顾客满意度的测量

14.2.1 顾客满意度测量的意义

顾客满意度：顾客接受产品和服务的实际感受与其期望值比较的程度。它既体现了顾客满意的程度，也反映出零售企业提供的产品或服务满足顾客需求的成效。

1. 顾客满意度的影响

进行顾客满意度衡量的目的是通过衡量满意度，并提升零售企业顾客满意度，从而使顾客成为忠实顾客。下面的调查报告说明了忠实顾客和抱怨顾客对零售企业的影响：

①顾客将他们不愉快的使用体验对外传播，是传播满意的使用体验的人群的两倍。

②一个典型的不满意顾客将对 8～10 人诉说他的遭遇。

③如果你当场解决了顾客的抱怨的话，95% 的有抱怨的顾客还会与你做生意。

④对你的产品或服务有抱怨的顾客，如果你圆满地解决了他们的问题的话，他们中 70% 的人还会继续购买你的产品或服务。

⑤说服你的现有顾客多购买 10% 的你的产品或服务要比你试图增加 10% 的新顾客容易得多。赢得一个新顾客的成本六倍于留住老顾客的成本。提供服务的公司的 85% ～95% 的收益来自他们的现有顾客。

⑥80% 的成功的新产品或服务的点子来自顾客的建议。

2. 测量顾客满意度的意义

①有利于测定零售企业过去与目前经营质量水平，并有利于分析竞争对手与本零售企业之间的差距。

②了解顾客的想法；发现顾客的潜在要求；明确顾客的需要、需求和期望。

③检查零售企业的期望，以达到顾客满意和提高顾客满意度，有利于制定新的质量标准，改进经营发展战略与目标。

④增强零售企业的赢利能力。

⑤明确为达到顾客满意，零售企业在今后应该做什么，是否应该转变经营战略或经营方向。

⑥通过顾客满意度衡量把握商业机会，未来的需求或期望是最大的商业机会。

14.2.2 如何搜集顾客满意度数据

1. 问卷调查法

大多数顾客满意度衡量工作都是通过调查进行的。调查可以是书面或口头的问卷、电话或面对面的访谈，以及专题小组和拦截衡量。

调查法是最普遍的数据搜集技巧。调查法中通常包含很多问题或陈述，需要被调查者根据预设的表格选择问题后面的相应答案。有些调查法允许被调查者以开放的方式回答，从而能够更详细地说明他们的想法。这两种方法都很管用，能够提供关于顾客满意水平的有价值的信息。调查法使顾客从自身利益出发来评估零售企业的服务质量、顾客服务工作和顾客满意水平。

如果你采用邮寄式调查，那么这将比你个人拦截更有机会使被调查者填完篇幅较长的问卷。人们在家或在办公室里更有时间，如果他们对你的零售企业感兴趣，就肯花时间协助你完成调查。

（1）问题设计

成功调查的关键之一是问题设计做到了问所必问。另外，问题应该只包含一个观点或属性。在设计问题时，你要考虑的最重要的因素是：保证问题简单，每个问题只限于一个主题。然后，问足够多的问题，以获得你希望从顾客那里得到的所有信息，以评估顾客对你的服务满意的真实水平。

（2）调查问题回答

对于问题的回答可以是开放式的，也可以是封闭式的。后者往往是某种量化表。当你看到一张调查问卷时，你能从问题或陈述的开头就说出答案的类型。对封闭式问题的每一个答案都要规定一个刻度或权重，并且无论何时何地在同一个调查中使用同样的等级刻度或权重。

2. 电话调查

成功地进行电话调查，需要遵循以下五点基本原则：

（1）问题简洁明了

在电话调查中，被调查者主要是在听你的问题或陈述，因此一定要保证问题和答案通俗易懂。

（2）准备一个范本

向所有电话调查员提供同一个范本。这个范本包括的内容有：调查员在顾客拿起电话后应该如何自我介绍，如何提出问题，如何响应顾客的回答，当顾客跑题时应该如何将顾客引回正题，如何使顾客不挂断电话以完成调查以及如何感谢顾客提供的帮助。你必须确保该范本为所有调查员所遵循，它不是电话营销范本，而是顾客调查范本。唯有如此，才能确保数据的客观性。

（3）易操作性

调查员必须能够迅速记下顾客对问题的回答，并紧接着进入下一个问题。答案的形式必须有利于回答，这样调查员就不会张冠李戴，不致于把答案放错位置，或者当作另一个问题的答案。

（4）培训调查员

绝不要让调查员一开始就接触顾客——让他们首先采访你，直到让你感到满意为止！

（5）感谢顾客

调查员应做到：调查之初，当顾客同意接受调查时，应该表示感谢；调查进行之中，当询问了几个问题之后，也应该表示感谢；调查结束之时，更应该表示感谢。

3. 其他方法

包括座谈会、探访、顾客投诉文件分析等定性分析法。

14.2.3 衡量顾客满意度的工具

数据搜集后要进行整理分析，常用的衡量顾客满意度的工具有：

1. 检查表

检查表是一种简单易用的方法，用来调查和了解特定劣质事件出现的频率或顾客不满和顾客满意的情况发生的次数。表中第一栏列出调查对象，其他栏列出调查所需时间，然后搜集每一调查区域的数据资料，并在时间阶段栏中做记号。整栏表格表示完整的衡量过程。

2. 帕累托图

帕累托图通过若干直方形表示问题发生的频率，帮助你找到质量和顾客满意方面的问题。这些直方形也帮助你确定要解决哪些问题以及解决的先后顺序。通过帕累托图，你很容易发现，那些表面上的小问题往往造成了事实上的大问题，它们尤其要引起你的高度重视。帕累托图建立在数据搜集方法的基础上，比如检查图、频率分析和现场观察。

3. 直方图

与帕累托图相似，直方图也是一种垂直的直方形图。但是有一个基本的区别是，直方图列举出连续数据的分布状态，而帕累托图描述的是一个产品、程序或服务的特征。

4. 流程运行图

流程运行图是一种线形图。它将搜集到的数据（衡量单位）按照特定的流程顺序标记在图上。你也可以在运行图上加一条直线，表示所有衡量数据的平均水平。

5. 标杆差异图

标杆零售企业可以是该零售企业最主要的竞争者、该零售企业所处产业的平均水准、在该零售企业所处产业的世界级的优秀零售企业。将标杆零售企业的数据和零售企业的数据在同一张图上进行对比分析，可以很好地得出零售企业目前的顾客满意度水平。

6. 四维矩阵法

将顾客满意度调查数据和影响零售企业的满意度重要性分设在四维矩阵中。

竞争关键区（优势）：这些因素决定整体顾客满意度非常重要，但零售企业在这些方面的表现比较有优势，有一定的竞争力。

竞争关键区（劣势）：这些因素决定整体顾客满意度非常重要，但零售企业在这些方面的表现比较差，需要重点修补、改进。

竞争非关键区（机会）：这些因素决定整体顾客满意度重要程度低，零售企业在这些方面的表现比较差，消费者和零售企业都忽略，可以挖掘出提升满意度的机会点。

竞争非关键区（维持）：这些因素决定整体顾客满意度重要程度低，零售企业在这些方面的表现比较好，对零售企业的实际意义不大，不需要花太大的工夫。

14.2.4 顾客满意度的报告

要处理搜集到的所有有关顾客服务、质量和满意度的数据，并形成一份顾客满意度报告是一项比较难的工作。美国在用户满意度的研究方面具有一定的权威性，美国用户满意度指数（ACSI）模型也为较多的学者所引用，并为其他国家所借鉴。美国对用户满意理论的研究也较为深入和持久。满意理论的目的是发现和确定对用户满意度指数的影响因素，以及用户满意度指数和这些因素之间的作用机制。满意理论既是构建用户满意度指数模型的基础，同时又是对用户满意度指数测定结果进行分析评价的基础。用户满意理论认为，用户满意度与有关产品或服务的售前预期及售后表现有关。并且，用户的满意程度将会导致两个基本结果：用户抱怨和用户忠诚。用函数关系式表示即为：

用户满意度=f（售前预期，售后表现）

目前，国内最常用的方法是形成顾客满意度指数（CSI），在设计了一个顾客满意度指数后，这项工作就会容易些。这个指数通常是把所有的得分汇编成一个数字或百分比。例如，可以让顾客对有关满意方面的50个条目或因素打分，然后把所有这些积分加总平均，把这个平均数作为指数。或者，也可以对这些答案按照重要性分配权数，然后将加权平均数作为指数。

14.3 零售店改进顾客服务的措施

当顾客的期望超过他们对所接受服务的感觉时，顾客就会不满并认为零售商的服务低劣。零售商需要减少服务差距，缩短顾客期望与对服务感受之间的差距，进而达到改善顾客对他们服务的满意程度。

影响顾客服务的四个因素：

①认识差距（knowledge gap）：顾客期望与零售商对顾客期望的认识之间的差别。

②标准差距（standard gap）：零售商对顾客期望的认识与他制定的顾客服务标准之间的差别。

③传递差距（delivery gap）：零售商的服务标准与实际提供给顾客的服务之间的差别。

④沟通差距（communication gap）：提供给顾客的实际服务与零售商促销计划中承诺的服务之间的差别。

这四个差距汇总起来就构成了服务差距。零售商需要通过减少这四个差距中的每一方面来减少服务差距，因此零售商就需要：①了解顾客希望的服务水平；②制定提供顾客服务的标准；③执行符合标准的传递服务的程序；④采取沟通行动，告知顾客由零售商提供的服务内容。

14.3.1 认识差距：了解顾客需要

提供良好服务的第一步就是要知道顾客需要什么服务。零售商要缩小与顾客的知识差距，并且通过客户调查，增加顾客和商店管理者的交流，改善管理者与提供服务的员工之间的沟通，从而更好地了解顾客的期望。市场调查可以用来更好地理解顾客的期望和零售商提供服务的质量。获得这些信息的方法既可以是综合调查，也可以是简单地询问顾客一些有关商店服务的问题。一般来说，零售商采用以下方法来了解顾客的需求：

1. 综合研究

一些零售商已经建立了一些程序来测定顾客的期望和接受服务的感觉。例如，J. C. Penney公司每年都要在所有连锁店和售货大厅里发放问卷，询问购物者对J. C. Penney和商业街里其他与之竞争的百货商店提供的服务和商品的意见。超过50 000份的有效问卷被搜集和分析。由于同样的问卷每年都被使用，使得 J. C. Penney 可以跟踪服务业绩，分析它是改进了还是下降了，并从中找到改善服务质量的机会。顾客服务质量的重要性对于 J. C. Penney 表现在：他们运用每年的顾客服务概况来评估商店管理者的工作业绩。

2. 测定个人交易的满意度

进行顾客调查的另一种方法就是在零售交易发生后立刻调查顾客。我国一些家电专卖店一般都设有交易调查。例如，将家具送货上门并安装、调试后，疲惫的员工还需要顾客完成一份简短的调查来判断这些员工是不是很卖力、很友好和专业。关于个人交易的顾客调查提供了当前有关顾客期望和感受的信息，同时也展示了零售商提供良好服务的态度。因为反馈信息可以与某一特定的经历联系起来。调查提供了一种方式来奖励那些提供良好服务的员工，同时纠正那些表现较差的员工的行为。

3. 商店与顾客的相互影响

小型零售店有许多机会与他们的顾客进行日常接触，从而可以拥有关于这些顾客的准确的第一手资料。但在大型零售店里，管理者通常都是通过报告来了解顾客的，这样他们就会丧失与顾客直接接触带来的丰富信息。

以背带为例，说明采购员是怎样因为只看数字而作出低效决策的。最初，背带有两种尺寸规格：长的和短的。通过分析数字，采购员认为他们可以通过只进一种规格的背带来加快存货周转。从数字看，这样做是很好的，但商店可能招致许多顾客的不满。如果只有一种规格，要么是矮个子的裤子掉下来，要么是高个子的人穿着不舒服。经理说："最终我们仍然必须承认。现实的一天依然是 24 小时，那么，如果你是零售商，你仍然需要把这 24 小时中的一些时间花在你的顾客和你的产品上。你不能让计算机把它们挤出去而让数字成为最主要的信息来源。"这说明采购人员与顾客接触，了解他们的实际需求是多么重要。

4. 顾客抱怨

顾客抱怨能够促使零售商加强与顾客的相互联系，从而获得关于他们提供的服务和商品的详细信息。处理抱怨是一种简单并且低成本的寻求解决服务问题的方式。一些零售商对所有的抱怨进行了跟踪并且推测研究退货的原因。这些抱怨和退货被摘录下来，并且传送给顾客服务部门以便于他们改善服务。例如，一位顾客退回了一件毛线衫，这可能表明毛线衫的尺码或者其色调有问题，采购员可以利用这一信息来改善销售厂商的货物。

14.3.2 标准差距：制定服务标准

在零售商搜集了关于顾客服务的期望和感受的信息之后，下一步就是利用这些信息来制定标准和建立传递优质服务的系统。为弥补标准差距，零售商需要：①确保其公司提供优质服务；②提出解决服务问题的创新决策；③制定服务目标。

1. 服务质量的承诺

只有当商店高层管理者对服务质量显示执行的决心时，才会产生优质服务。同时，这一承诺还需要通过提供优质服务获得报酬的员工。一些零售商很有创意地研究了改善服务的新方法。例如，当顾客抱怨结账等候的时间太长时，一些旅馆想出了一个创新方式来解决这一服务问题。他们发明了快速结账系统。在这种系统中，在结账前的上午，账单被放在顾客门下，如果账单准确无误，顾客只要在前台留下钥匙，并且通过他或她的信用卡自动付费就可以结账了。零售商也可以运用技术手段来简化和改进服务，这样日常重复性工作可以被同一系统处理，从而让员工来处理更多顾客的要求和问题。例如，必胜客比萨饼店（Pizzahut）运用计算机系统来集中处理家庭递送业务。中央位置的操作员接听所有订餐家庭的电话。通过培训专业的订单接收员，必胜客可以将接受订单并且确定订购者方位的时间缩短到17秒。电话完成后，订单通过计算机传送到离订购者最近的连锁餐馆的打印机。这一系统缩短了传递时间并且消除了顾客打错电话到餐馆的情况，明显地提高了服务的质量。

2. 服务目标

为了保证提供优质服务的连续性，零售商通过订立目标或标准来指导员工。这些目标应是具体的、可度量的、由大家共享的，并且由员工参与制定工作，这样目标才会具有特别的激励作用。避免制定模糊的目标，比如“在顾客走进销售区域时接近他们”，这并不能完全界定员工应该做什么。较好的目标是“所有的顾客在进入售货区30秒之内，应由销售人员去接近他们”。这一目标既可以明确界定，也可以进行测度。

员工参与目标的制定可以使其更好地理解和接受这些目标，同时在制定目标时零售店要考虑到其后果，经过努力达不到的目标不应设立。

3. 保证

零售商提供两种类型的保证：隐含的和明确的保证。

隐含保证（implied warranty）是指那些不能书面或口头表达的，却伴随所有零售商销售货物的保证。它向顾客保证这些商品适用于所有这类商品通用的用途标准。例如，根据隐含保证，Sears公司保证在Sears出售的所有睡衣都可以执行顾客期望衣服发挥的功能。隐含保证同时确保商品有合适的包装和标签。这样，顾客在超市购买鸡蛋时就可以确定鸡蛋被适当地标识为A级、AA级等。零售商还可以声明，只有当产品被标明所有缺陷时才存在隐含保证。例如，家具商就可以销售那些被如此标识的带有划痕的商品。

明确保证（expressed warranty），由零售商或由制造商来提供。一个明确保证必须用简明的和易于理解的语言来标明保证的条件，这样可以使顾客了解什么是和什么不是保证所包含的内容。例如，某出版社声明“凡购买本书，如有缺页、倒页、脱页，由本社发行部负责调换”。

保证不仅可以保护消费者，而且可以带来良好的商誉和销售额。它们有助于降低购买商品的风险。一个良好的保证需要包含五个要素：保证应是无条件的，意味着没有例外；保证应容易理解和沟通；保证含义明确，界定清楚；保证应容易执行，可操作性强，否则保证只能加剧顾客的不满；保证应易于快速更正。

14.3.3 传递差距：适应或超越服务标准

零售商对员工加强培训，给予员工一些必要的知识和技能，是减少传递差距和提供超越服务标准的有效方法，不仅可以减少与顾客的冲突，也可以使员工按照顾客和公司的期望提供服务。

1. 培训

对商店员工进行培训，使员工掌握关于所提供商品的知识与顾客的需要，不仅可以使员工能够回答顾客的问题并给出有关商品建议，还可以增加员工解决服务问题的信心和竞争的感觉；培训对人际交往能力也是很有价值的，应付顾客是一件很困难的事情——特别是当他们感到难过或愤怒时。通过培训，零售商教给员工怎样提供更好的服务和应付由不满的客户引起的压力。

零售商雇员中的特别一族——销售人员是影响并提供顾客服务的员工。但是，这并不是说商店其他员工就可以不向顾客提供服务，其实，商店里所有的员工都应该准备接待顾客。因此，对全体员工进行培训是必不可少的。

顾客关心购物所需时间，尤其对排队付款感到不快，为此商店开发了一个特别的程序来减少顾客排队等候付款的时间。根据这一研究，他们开发了一套培训计划，指导收银员怎样用右手在电子收款机系统的销售终端上记录商品的同时用左手沿柜台推动商品。柜台被重新设计，设置了一个凹槽，购物袋位于柜台中央。当收银员沿柜台推动商品时，商品就会进入袋内。顾客为这些商品付款之后，收银员简单地从槽中提起袋子并把它递给顾客，接着一个新袋子就会弹出到原来的地方。

2. 授权给员工

授权（empowerment）就是将权力下放给下属以完成特定的任务，即允许下属作出决策。这就意味着允许公司的基层员工作出怎样为顾客提供服务的重要决策。当负责提供服务的员工被批准作出重要决策时，服务质量得到了改善。例如，授权给销售人员，允许他们作出更多关于退货的决策。又如，一零售商提供了一个总体目标——满足顾客需求，然后鼓励员工去做一切有助于实现这一目标的事情。这一零售商的员工可在它的库存告罄、新货延期之时，从商业街的竞争者那里买回 12 打长袜。尽管在长袜生意中，这位零售商赔了本，但管理当局仍为其行为鼓掌，因为这样做确保了顾客来店中购物时能找到长袜。但授权给服务提供者时，要通过指导和培训销售人员防止授权被滥用。

14.3.4 沟通差距：真实承诺

缩小顾客服务差距的第四种途径是减少零售商许诺和实际提供的服务之间的差异。在实践中，零售商提供过度渲染的服务将会提升顾客的期望。如果零售商不能实践承诺，期望超过了实际感觉的服务，顾客就会感到不满。例如，一家商店的广告中称顾客总会得到友好、微笑的问候，如果这家商店做不到，顾客将会很失望。过高地提高期望可能在初期带来更多的顾客，但它也会造成不满而减少重复购买。沟通差距可以通过改善与零售公司的沟通和控制顾客期望得到减少。

提供高质量的服务要求在一家零售店的不同功能区之间进行良好的沟通，并达成共识，这样才能做到服务到位。例如，广告计划主要由市场部负责，而服务却是由公司运营部门提供的。这些部门间的不良沟通会导致广告行为与商店实际提供的服务不相匹配。

零售商怎样才能正确地引导消费者的期望，并真实地宣传企业的服务，避免把顾客的期望提得过高?

真实的宣传：企业的宣传在一定意义上是对消费者的承诺，顾客就会信以为真，并期望得到宣传所说的服务，中国的零售业为了吸引顾客的注意往往喜欢用夸张宣传，却不知期望越高，失望越大，失望的顾客很难再会第二次来买东西。夸张宣传是一种只顾眼前不及长远的错误做法。

严格执行服务标准：企业制定了服务的标准，一定要自上到下严格执行，只有这样才能使企业的服务具有一致性，才能够减少顾客的不满意度。

有时，服务问题是由顾客引起的。顾客可能会使用无效的信用卡为商品付款，有时也可能不想花费时间试穿衣服，或者由于没有仔细看使用说明书而使用不当。在这种情况下，零售人员与顾客相互的沟通，可以让顾客了解他们自己在接受服务方面的作用和义务，也可以向顾客提供一些建议，以使他们能够获得更好的服务。总之，零售店员工不能得理不饶人，耐心、友好才是重要的。

14.4 案例分析

零售王国沃尔玛的顾客服务

1996年8月，全球头号零售品牌沃尔玛（Wal－Mart）进入中国市场，在深圳掀起购物旋风，使传统百货零售业目瞪口呆。沃尔玛的营销秘密是什么？沃尔玛凭什么建立起称雄世界的零售王国？

1. 价格最便宜的承诺

所有的大型连锁超市都采取低价经营策略，沃尔玛与众不同之处在于，它想尽一切办法从进货渠道、分销方式以及营销费用、行政开支等各方面节省资金，提出了“天天平价，始终如一”的口号，并努力实现价格比其他商场更便宜的承诺。

严谨的采购态度、完善的发货系统和先进的存货管理是促成沃尔玛做到成本最低、价格最便宜的关键因素。

沃尔玛为了减少经营开支，选择了压缩广告费用的策略。

2. 超一流服务新享受

零售企业要在顾客心目中树立品牌形象，仅靠质优价廉的商品是不够的，顾客还希望在购物的同时享受细致盛情的服务。沃尔玛正是考虑到这一点，从顾客的角度出发，以其超一流的服务吸引着大批顾客。走进任何一间沃尔玛店，店员立刻就会出现在你面前，笑脸相迎。店内贴有这样的标语：“我们争取做到，每件商品都保证让您满意！”顾客在这里购买的任何商品如果觉得不满意，可以在一个月内退还商店，并获得全部货款。沃尔顿曾说：“我们都是为顾客工作，你也许会觉得是在为上司工作，但事实上他也和你一样。在我们的组织之外有一个大老板，那就是顾客。”沃尔玛把超一流的服务看成是自己至高无上的职责。在很多沃尔玛店内都悬挂着这样的标语：

- 顾客永远是对的；
- 顾客如有错误，请参看第一条。

这是沃尔玛顾客至上原则的一个生动写照。有一些员工感慨地说：“是沃尔玛第一次让我们认识到顾客永远是对的。”

沃尔玛经营秘诀在于不断地了解顾客的需要，设身处地为顾客着想，最大限度地为顾客提供方便。有一次，一位顾客到沃尔玛店寻找一种特殊的油漆，而店中正好缺货，于是油漆部门的经理便亲自带这位顾客到对面的油漆店购买。该顾客和油漆行的老板都感激不已。沃尔顿常对员工说：“让我们以友善、热情对待顾客，就像在家里招待客人一样，让他们感觉到我们无时无刻不在关心他们的需要。”

3. “一站式”购物新概念

顾客是否能在店中一次购齐所有需要货品，是否可以得到及时的新产品销售信息，是否可以享有送货上门、免费停车等附加服务，是否可以在任何有空闲的时间入店购物……这些问题也是评价一间商店好坏的重要标志。

在沃尔玛，消费者可以体验“一站式”购物（One－Stop Shopping）的新概念。在商品结构上，它力求富有变化和特色，以满足顾客的各种喜好。

沃尔玛为方便顾客还设置了多项特殊的服务类型：

免费停车。例如，深圳的山姆店营业面积12 000多平方米，有近400个免费停车位，而另一家营业面积达17 800多平方米的沃尔玛购物广场也设有约150个停车位。

沃尔玛将糕点房搬进了商场，更设有“山姆休闲廊”，所有的风味美食、新鲜糕点都给顾客在购物劳顿之余以休闲的享受。

店内聘有专业人士为顾客免费咨询电脑、照相机、录像机及其相关用品的有关情况，有助于减少盲目购买带来的风险。

店内设有阑克施乐文件处理商务中心，可为顾客提供包括彩色文件制作、复印，工程图纸放大、缩小，高速文印在内的多项服务。

一次购物满2 000元或以上，沃尔玛皆可提供送货服务，在指定范围内每次49元（因为商品价格中不含送货成本）。

另外，深圳山姆店办理一切移动电脑售机业务，包括移动局销售的所有机型，价格均比其他代办网点便宜100元；它还代理销售润讯的通讯产品，代收各类机型的台费，各种中文机、数字机均比市面其他润讯网点便宜50元。

在店址选择上，沃尔玛也以方便顾客购物为首要考虑因素。在美国，它的触角伸向西尔斯、凯马特所不屑一顾的偏远小乡镇。从明尼苏达到密西西比，从南加州到俄克拉何马，沃尔玛无处不在。只要哪座乡镇缺乏廉价商店，沃尔玛就在哪里开业。

4. 捐赠公益，树立形象

沃尔玛为了向顾客提供更多的实惠而尽量缩减广告费用，为此，它在促销创意上颇费心思，力争以最少的投入获取最佳的效果。凡是沃尔玛所促销的商品总是能被一抢而空。

尽管沃尔玛一再缩减其广告开支，但在对非营利组织和公益事业（如学校、图书馆、经济发展团体、医院、医学研究计划和环保方案等）进行捐赠时，却不吝金钱，十分慷慨。

1983年后，沃尔玛为美国各州“联合之路”慈善机构捐赠了5 200万美元。

乔治亚香山城的沃尔玛分店举办了亲猪大赛为慈善机构募捐。

1988年以来，为协助各儿童医院开设的《儿童的奇迹》电视栏目，沃尔玛筹集了5 700万美元，是其最大的赞助商。

沃尔顿还积极资助公、私立学校，成立特殊奖学金，协助拉丁美洲的学生到阿肯色州念大学。他还将自创品牌“山姆美国精选”商品营业额的一定比例捐作奖学金，提供给研究数学、科学与计算机的学生。

【本章小结】

随着生活水平的提高，人们对服务的需求呈上升趋势，加上零售业竞争的加剧，服务成为不同零售店实现差异化的途径。通过提供好的顾客服务，零售商可以提高顾客再次来购买的机会，建立起持续的竞争优势。但是，要做到持之以恒地提供良好的顾客服务并不是一件容易的事。

对于顾客来说，评价零售商的服务水平是正常的事情。但他们通常是将他们所获得的服务与其原来的期望进行比较来评价零售商的服务水平。因此，为了提高其服务水平，零售商需要了解顾客的期望是什么，制定提供服务的标准。同时，应提供相应的支持，以便使商店的员工按照既定的标准提供服务，并对他们所提供给顾客的服务及时地进行沟通。

【关键术语和概念】

顾客服务　标准化服务　个性化服务　期望　顾客满意度　认知差距　标准差距　传递差距　沟通差距

【练习题】

1. 提供顾客服务对于零售商来说，成本是很高的。一些购物中心和购物广场专门开辟出一块中心区域来提供顾客服务，然后在所有的零售商中间分配服务成本。请问有哪些类型的顾客服务可以采取这种方式来进行？

2. 在顾客对优质服务的感受方面，员工起着至关重要的作用。如果你准备雇用一些销售人员，你应该注意他们的哪些性格特征，以评价他们提供良好的顾客服务的能力？

3. 为什么说在直接接触顾客的售货员与管理人员之间的及时沟通对提供良好的顾客服务很重要？

4. 你对商店提高顾客服务有何建议？

【补充阅读】

1. 服务质量知识点

(1) 服务质量的概念

服务质量是产品生产的服务或服务业满足规定或潜在要求（或需要）的特征和特性的总和。特性是用以区分不同类别的产品或服务的概念。服务质量最表层的内涵应包括服务的安全性、适用性、有效性和经济性等一般要求。

鉴于服务交易过程的顾客参与性和生产与消费的不可分离性，服务质量必须经顾客认可，并被顾客所识别。服务质量的内涵应包括以下内容：

①服务质量是顾客感知的对象；

②服务质量既要有客观方法加以衡量，更多的要按顾客主观的认识加以衡量和检验；

③服务质量发生在服务生产和交易过程之中；

④服务质量是在服务企业与顾客交易的真实瞬间实现的；

⑤服务质量的提高需要内部形成有效管理和支持系统。

服务质量同有形产品的质量在内涵上有很大的不同，两者的区别在于：

①服务质量较有形产品的质量更难被消费者所评价；

②顾客对服务质量的认识取决于他们预期同实际所感受到的服务水平的对比；

③顾客对服务质量的评价不仅要考虑服务的结果，而且涉及服务的过程。

显然，服务质量有预期服务质量与感知服务质量之别。

预期服务质量即顾客对服务企业所提供服务预期的满意度。感知服务质量则是顾客对服务企业提供的服务实际感知的水平。如果顾客对服务的感知水平符合或高于其预期水平，则顾客获得较高的满意度，从而认为企业具有较高的服务质量；反之，则会认为企业的服务质量较低。从这个角度看，服务质量是顾客的预期服务质量同其感知服务质量的比较。

预期服务质量是影响顾客对整体服务质量的感知的重要前提。如果预期质量过高、不切实际，则即使从某种客观意义上说，他们所接受的服务水平是很高的，他们仍然会认为企业的服务质量较低。预期质量受四个因素的影响：市场沟通、企业形象、顾客口碑和顾客需求。

（2）服务质量的构成要素

服务质量既是服务本身的特性与特征的总和，也是消费者感知的反应，因而，服务质量即由服务的技术质量、职能质量、形象质量和真实瞬间构成。技术质量与职能质量构成了感知服务质量的基本内容。

①技术质量是指服务过程的产出，即顾客从服务过程中所得到的东西。例如，宾馆为旅客休息提供的房间和床位，饭店为顾客提供的菜肴和饮料，航空公司为旅客提供的飞机、舱位等。对于技术质量，顾客容易感知，也便于评价。

②职能质量是指服务推广的过程中，顾客所感受到的服务人员在履行职责时的行为、态度、穿着、仪表等给顾客带来的利益和享受。职能质量完全取决于顾客的主观感受，难以进行客观的评价。

③形象质量是指服务企业在社会公众心目中形成的总体印象。它包括企业的整体形象和企业所在地区的形象两个层次。企业形象通过视觉识别系统、理念识别系统和行为识别系统多层次地体现。顾客可从企业的资源、组织结构、市场运作、企业行为方式等多个侧面认识企业形象。企业形象质量是顾客感知服务质量的过滤器，如果企业拥有良好的形象质量，些许的失误会赢得顾客的谅解，而如果失误频繁发生，则必然会破坏企业形象；倘若企业形象不佳，则企业任何细微的失误都会给顾客造成很坏的印象。

④真实瞬间则是服务过程中顾客与企业进行服务接触的过程。这个过程是一个特定的时间和地点，这是企业向顾客展示自己服务质量的时机。真实瞬间是服务质量展示的有限时机，一旦时机过去，服务交易结束，企业也就无法改变顾客对服务质量的感知；在这一瞬间如果服务质量出了问题也无法补救。真实瞬间是服务质量构成的特殊因素，这是有形产品质量所不包含的因素。

服务生产和传送过程应计划周密、执行有序，防止棘手的“真实瞬间”出现。如果出现失控状况并任其发展，出现质量问题的危险性就会大大增加。一旦真实瞬间失控，服务质量就会退回到一种原始状态，服务过程的职能质量更是深受其害，进一步恶化。

2. 肖怡. 走出零售企业服务营销的误区. 商场现代化，2005（6）
3. 梁新弘等. 服务接触视角下的服务失败及其效应. 经济管理，2006（6）
4. 高强等. 服务创新的障碍与保护. 商业研究，2006（18）
5. 茹莉. 谈服务业顾客忠诚及其培养. 商业研究，2007（5）

第15章 销 售

⊙本章学习要点

1. 零售店销售人员的责任与义务是什么？在商品销售过程中起何作用？
2. 向顾客销售商品一般有哪些步骤？每一步骤应注意哪些技巧？
3. 销售人员如何与顾客建立良好的关系？

⊙本章学习内容

1. 销售人员及其考评。
2. 销售过程。
3. 与顾客建立良好关系。

⊙案例分析
⊙本章小结
⊙关键术语和概念
⊙练习题
⊙补充阅读

目前，国内外零售商品的销售一般是由店铺和无店铺这两种组织形式实现的。关于无店铺零（销）售形式的有关内容已在本书的第2章作了介绍。关于店铺销售，在中国萌芽于商品交换之初，到了春秋时期，商人阶层才较明显地分化为行商和坐商。坐商演进为现代的店铺，即零售企业。店铺销售是指在固定的场所，按照规范的服务和时间，向最终消费者提供商品包括服务的销售活动，其特点是在店内销售，在消费者中享有较高的信誉度。

本章内容主要讨论店铺销售和无店铺销售的一般理论与技能。

15.1 销售人员

在建设一支成功的销售队伍的过程中，人是最重要的因素，零售企业一切商品与服务的销售都必须通过销售人员来完成。在销售活动中，销售人员既代表公司，又联系顾客；既要取得销售利润，又要为顾客尽责。要完成如此艰巨的任务，就必须要有较高的素质。因此，如何选聘销售人员，并且加以训练以符合企业的要求，是一项重要的工作。本节从介绍销售人员应具备的素质入手，重点讨论销售人员的地位与作用，以及如何选择、培训和考核销售人员，还有如何确定销售人员的合适数量等问题。

15.1.1 销售人员的地位与作用

零售企业的销售人员处于商品流通领域与消费领域的衔接处，他们将商品转移到消费领域，在企业中扮演着重要的角色。

①销售人员是商店形象的表现者、改善者。销售人员是商店中第一个与顾客面对面接触的人。顾客通过销售人员了解商店，销售人员向顾客传递商店的形象，因此，销售人员对顾客接受本商店总体印象有较强的影响力。

②满足顾客的需要。消费者到商店来，不仅仅是对商品的简单需要，还要求得到商品信息和帮助选购。无人售货的商店只满足顾客需要的一半，而人员销售才能满足顾客的全部需要。

③实现零售业的使命。零售企业是生产与消费的信息传递者，履行着引导生产，指导消费的社会职责。这一使命只有在人员销售的情况下才得以彻底履行。因为只有销售人员在销售过程中，才能直接观察和了解到顾客对商品的态度、意见和要求，才能够消除顾客对某些商品的排斥心理，才能使零售业信息渠道通畅高效。

④促进销售。销售人员能清楚地确定每个顾客存在的购物问题，针对具体问题提供信息给予帮助，从而帮助顾客作出购买决定，减少顾客购买的可变性。

⑤与顾客建立长期关系。大部分的零售商需要经常性的顾客支持。销售人员通过为顾客提供的周到的服务和热情的帮助，使顾客乐于在商店购物，经常光顾，从而成为商店的经常性甚至是忠诚顾客。

15.1.2 合格销售人员的选择

1. 选择合格销售人员的重要性

如果把市场经济中经营的企业比作一列火车，那么这列火车行驶速度快慢取决于销售人员。因此，无论是对企业还是对社会，销售工作都居于非常重要的地位。从事这些销售工作的销售人员，尤其是合格的销售人员，在实现产品到货币的转化中，肩负着十分重要的任务，因此，其重要性表现为：

①合格销售人员可以促进企业商品销售，实现企业的效益；

②合格销售人员能够深入了解市场，为企业创造良好的外部环境；

③合格销售人员能及时搜集与分析市场信息，促进产品的研制与开发；

④合格销售人员能编织企业业务关系网；

⑤合格销售人员是企业战胜竞争对手的砝码。

2. **如何选择合格的销售人员**

零售实践表明，凡是能够出色地完成销售任务的销售人员，必须具备一定的条件或较高的素质。关于合格销售人员的任职条件，不同的人有不同的说法。

日本学者认为，销售人员是一切企业成本的回收人员。无论多么巨大的设备投资，无论多么有力的广告宣传，只有通过销售活动才能收到成果。因此，企业应当雇用有销售能力的销售人员，而具有销售能力的销售人员应有商品知识能力、对顾客的理解能力、搜集信息的能力和丰富话题的能力。

美国销售管理专家查尔斯·M. 富特雷尔认为，成功的销售人员应具备以下素质：精力充沛、高度自信、追求物质财富、工作勤奋、很少需要监督、坚持不懈、有竞争心、良好的外表、讨人喜欢、能够自律、聪明、以成就为导向、良好的沟通技巧。①

国外有学者将销售人员应具备的素质简化为“3H1F”模式：3H 是指 Head，Heart 和 Hand，1F 是指 Foot。Head 是指销售人员要有学者的头脑，要注重销售创新；Heart 是指销售人员要有艺术家的心，要会观察市场和客户；Hand 是指销售人员要有技术专家的能力，要了解产品及其使用的知识；Foot 是指销售人员首先要身体健康，要能主动寻找客户。可见，销售人员应当具备综合素质。结合我国的实际情况，作为一名合格的销售人员，应具备思想品德、心理素质、业务素质、能力素质等几个方面的基本素质。②

（1）合格销售人员的思想品德

在西方发达国家，为适应大工业生产和商品经济发展需要而产生的销售职业，在 20 世纪以来的实践中，逐步摸索出本行业必须遵循的一些基本职业准则。例如，美国销售协会于 1977 年通过的销售人员道德准则指出：“销售人员在为本企业或委托人的利益服务的同时，必须致力于一个更远大的目标，就是促进社会各种集团、机构和个人之间的交流与合作，以真实、准确、公正、负责的态度为顾客服务。”依据欧美国家惯例，销售人员在实际工作中应当遵守下列职业道德规范：对于自己所服务的企业及客户必须一视同仁、平等对待；坚持真实和准确的原则，遵守普遍认可的社会公德；不得从事腐蚀政府机构和客户代表的活动；不得有意破坏竞争对手和其他销售人员的声誉；不得有意传播虚假的或容易使人误解的信息，等等。这对于我国现阶段各项销售活动和广大销售人员不无参考借鉴价值。

（2）合格销售人员的心理素质

销售人员要能够出色地完成销售任务，必须具备良好的心理素质，这是销售人员取得销售业绩的重要保证。销售人员应具备的心理素质主要有豁达大度、自信、坚强。

（3）合格销售人员的业务素质

销售人员是否具备良好的业务素质，直接关系到他们的工作业绩。因此，优秀的销售人员就需要具备多方面的专业知识，并且要把多种专业知识内化为自己头脑中的知识体系或知识结构。这种知识体系或结构一般由以下三个方面构成：销售理论知识、销售环境知识、销售实务知识。

（4）合格销售人员的能力素质

能力是指一个人从事一定社会实践活动的本领，是销售人员十分重要的智能因素。一个人仅仅掌握知识是不够的，还必须学会运用知识，它是一个人取得成就的基础。因此，销售

---

① ［美］Charles M. Futrell. *Sale Management*. 6th ed. Harcourt College Publishers，2001

② ［美］拉尔夫·W. 杰克逊，罗伯特·D. 希里奇. 销售管理（英文版）. 北京：中国人民大学出版社，1999

人员要在工作中取得好的成绩，必须具有销售的基本能力。

(5) 合格销售人员必须注重仪表与礼节

销售人员的仪表和礼节，既是内在素质的外在表现，也是日常修养与训练的结果，是文明风范的体现。

俗话说："人要衣裳，马要鞍装。"因此，仪表是指销售人员在销售活动中表现出的仪容、服饰、举止、谈吐等。它如同一张介绍信，给顾客留下第一个印象。因此，优秀销售人员首先要成为一名社交家，用自己的仪表给顾客留下美好的印象。仪容指一个人的长相和修饰。一个人长的美与丑是无法选择的，顾客也不会责怪。但是，销售人员的仪容要大方、整洁，修饰得体，不能不修边幅、蓬头垢面和有严重缺陷。要避免怪异形态，女性销售人员切不可浓妆艳抹，香气袭人。服饰是服装与装饰的统称，它是销售人员的广告。

销售人员除应注意仪容和服饰外，还应养成良好的言谈举止习惯，注意礼节。

15.1.3 销售培训

1. 销售培训的作用

员工培训是20世纪90年代以来人力资源管理的新发展。调查表明，现代企业中，中上层管理人员都有程度不同的过剩和饱和问题，他们的晋升机会相对减少。增加员工的培训及发展机会可在一定程度上减轻内部员工升迁饱和造成的压力，提高员工的士气和归属感，减少员工流失。员工接受培训后还能为组织作出更大的贡献。现代人力资源理论认为，培训是为引发变化而进行的，培训是对人力资源增值的预期投资。销售人员的销售技能不是天生就有的，而是后天形成的，销售人员必须接受培训。销售培训的目的是要培养销售员的素质，传授销售技巧，提高其销售的自信心和能力。

2. 销售培训的原则

企业在培训销售人员时，应当注意务必使培训从形式到内容都与销售工作有关。因此，销售培训应当遵循一定的原则，如因材施教原则、分级培训原则等。

3. 销售培训的内容

销售培训是一个系统工程，销售培训的内容涉及面较广，一般包括知识、技能和态度三个方面。

在企业销售培训实际工作中，培训的内容是根据工作的需要和受训人员的素质而定的。但不管怎样培训，销售培训的具体内容一般涉及以下五个方面：①企业知识的培训；②产品知识的培训；③销售技巧的培训；④销售态度的培训；⑤销售行政工作的培训。

4. 销售培训的方法

销售培训的方法很多，企业在选择方法时，往往立足于培训目标和企业实际。美国学者 Robert · E. Hire 和 W. E. Sley · Johnston 将培训方法分为四类：第一类是向销售人员集体传授信息的方法，如讲授法、示范法等；第二类是销售人员集体参与的方法，如销售会议法、角色扮演法、案例研讨法等；第三类是向销售人员个人传授信息的方法，如销售手册、函授、销售简报等；第四类是销售人员个人参与的方法，如岗位培训法、计划指导法、岗位轮换法等。

15.1.4 销售人员绩效考评

1. 销售绩效考评的作用

销售经理对销售人员进行管理的基本内容之一就是对销售人员进行考评。考评是对管理计划的有效性及执行的质量进行评价，以便管理者能及时采取必要的行动，使管理更富有效率，保证企业销售目标的完成。考评在销售管理过程中的作用，具体来说表现在以下四个方面：

①考评是完成销售目标的有力保障；

②考评是给予公平报酬的依据；

③考评是发掘销售人才的有效手段；

④考评有利于加强对销售活动的管理。

2. 考评原则

有效的考评必须遵守的三大原则是：实事求是、重点突出和奖优罚劣。实事求是要求考评的标准、数据的记录等建立在客观实际的基础上；重点突出要求考评要根据80/20原则，以影响销售利润和效率的指标为主，其他指标为辅；奖优罚劣是指根据考评结果给予赏罚分明的奖惩，以激励销售队伍的士气。

3. 销售绩效考评的标准

销售人员个人业绩的正式考评包括主观考评和客观考评两个方面。销售人员的客观考评一般是定量考评，主观考评一般为定性考评。在这两类考评标准中，定量考评标准能够最有效地考评销售人员的业绩，定性考评标准则主要用于考核销售人员的主要工作活动。在评估定性考评标准时，应当注意把考核者的个人偏见和主观性减少到最低限度。定量和定性考核标准见表15－1：①

表15－1　销售人员绩效考核标准

定量标准	定性标准
1. 销售量 增长百分比 市场份额 所得定额 2. 平均每日接待顾客次数 3. 新顾客数 4. 毛利 产品 顾客 订单大小 5. 销售成本与销售额的比率 6. 销售订单数 日订单数 订单数与销售访问次数的比率 退货数 7. 接待费用 8. 销售目标达成率	1. 销售技巧 发现卖点 产品知识 倾听技巧 获得参与 克服异议 达成交易 2. 辖区管理 计划 利用 记录 顾客服务 信息搜集 售后跟踪 3. 个人特点 态度 沟通能力 人际关系 团队精神 外貌

① 熊银解．销售管理．北京：高等教育出版社，2001

（续上表）

定量标准	定性标准
	动机 自我管理 自我提高

因此，大多数零售企业必须每年或每半年考评员工一次，通过考评得到的反馈是提高员工工作技巧最有效的依据。因此，当管理者准备提高不熟练员工的技能时，考评需要更经常地进行。但是，经常性的正式考评会花费管理者过多的时间，而且不能给予员工足够的时间来消化得到的建议，并且也会使考评成本过高。所以，管理者一般采用经常进行非正式考评的方法来作为销售人员个人业绩正式考评的补充。

15.1.5 确定销售人员需求数量

销售人员的数目与销售量和成本具有密切的联系：人员愈多，则销售量和成本亦同时增加。但究竟配备多少销售人员才是最理想的？这是一个销售经理必须解决的问题。确定销售人员数量主要依据下述三种数量方法：

1. 统计分析法

统计分析法是企业首先确定预测的销售额，然后估计每位销售人员每年的销售额，再用预测的销售额除以销售人员的人均销售额即可得到所需销售人员的数目。用数学公式表达为：

$$n = s/p$$

式中：n 为下年度所需销售人员数目，s 为下年度计划销售额，p 为销售人员年人均销售额。

例如，某企业预计下年度可实现 1 000 万元销售额，销售人员人均年销售额为 100 万元，依公式可知，下年度大约需要 10 名销售人员。

这种方法比较简单，但有三个缺陷：

①不符合逻辑顺序。这种方法是在假定已知销售额的前提下倒求销售人员数目，实际上是颠倒了因果关系。销售额大小取决于企业营销努力的程度，销售人员的人数是影响营销努力的重要因素，甚至是最重要的因素。所以，销售人员的人数应先于销售额的水平来确定。

②没有考虑销售人员的能力差异和各销售区域市场潜力的差异，也没有考虑各销售区域竞争程度的差异。

③没有考虑利润目标，销售人员数是根据销售额而不是目标利润来计算的。

2. 工作量法

工作量法是根据销售人员承担的工作量来计算所需销售人员的方法，其前提是假设所有的销售人员能承担相同的工作量。工作量方法具体分为四步：

（1）计算出年工作量

假设某零售公司每月平均接待顾客 60 000 人次，平均每名顾客接待时间为 10 分钟，这样一来，可以很方便地计算出该公司每月销售活动总工作量。

总计工作时间 = 60 000 × 10 = 600 000（分钟）= 10 000（小时）

（2）确定销售人员工作时间

假定该公司销售人员每天工作 8 小时，每月平均工作 26 天（扣除休假、生病及临时缺勤)，这样每个销售人员月工作时间为：8 ×26 = 208（小时）。

(3) 确定不同工作占销售人员总工作时间的比例

该公司的安排：

销售活动　80% ×208 = 166.4（小时）

非销售活动　20% ×208 = 41.6（小时）

总计　100%　208 小时

(4) 计算出销售人员数目

根据已知数据，可知该公司所需销售人员总数为：10 000/166.4≈60（人）

即该公司约有 60 名销售人员就可以完成为现有每月客户服务的工作量。

工作量法有如下吸引人的特点：它简单易懂，并且考虑了对客户区别对待的问题，所需数据也比较容易获得。该方法虽没有照顾到所有细节，但仍不失为一种可行性好、比较精确的规划方法。

3. 边际利润法

边际利润法的基本观念来自经济学。当增加一名销售人员所增加的毛利大于增加一名销售人员所增加的成本时，企业的净利润便会增加。因此，应用此方法必须具有以下资料：

①增加一名销售员所增加的毛利，即边际毛利；

②增加一名销售员所增加的成本，即边际成本。

边际毛利可按以下步骤获得：

第一步，建立销售员数目与销售额之间的函数关系。它基本上是一条回归曲线，以每个销售区的销售额为因变量，而每个区域的销售员数目、价格和产品组合为自变量。一般而言，销售额与销售员数目有密切关系。

因增加一名销售员而增加的销售额部分受以往使用销售员数目的影响。换言之，若销售员由 50 名增至 51 名，其销售额增加的数目与销售员由 60 名增至 61 名时是不一样的，所以要进行第二步。

第二步，企业要确定在使用不同数目销售员时，增加一名销售员所增加的销售额。

最后，确定增加一名销售员所增加的毛利额，即边际销售额与产品成本的差额。边际毛利的计算示例见表 15 - 2：①

表 15 - 2　边际毛利的计算

销售员数目的改变	边际销售额（元）	销售产品的成本（元）	边际毛利（元）
50 ~ 51	500 000	300 000	200 000
60 ~ 61	350 000	210 000	140 000
70 ~ 71	275 000	165 000	110 000
71 ~ 72	260 000	156 000	104 000
72 ~ 73	247 000	148 000	99 000

增加 1 名销售员的成本是该销售员所占的固定成本及其边际销售额中的佣金之和。假设每个销售员的固定成本为 75 000 元，而佣金为销售额的 10%，则边际成本计算见表 15 - 3。

① 熊银解. 销售管理. 北京：高等教育出版社，2001

用边际毛利减去边际成本即可得边际净利润，见表 15－4。当边际净利润为零时，说明再增加销售人员已不能使企业的净利润增加，此时的销售人员数目即为最佳数目。

表 15－3　边际成本的计算

销售员数目的改变	边际销售额（元）	边际成本（元）
50～51	500 000	125 000
60～61	350 000	110 000
70～71	275 000	102 000
71～72	260 000	101 000
72～73	247 000	99 700

表 15－4　边际净利润的计算

销售员数目的改变	边际毛利（元）	边际成本（元）	边际净利润（元）
50～51	200 000	125 000	75 000
60～61	140 000	110 000	30 000
70～71	110 000	102 000	7 500
71～72	104 000	101 000	3 000
72～73	99 000	99 700	－700

根据上述三种方法，我们得出的是完成销售目标所需的人数，在真正招聘时，还要考虑需要调整的人数。需要调整的人员主要有：即将退休的人员、即将晋升的人员、可能解聘的人员、辞职的人员。将需要人数减去调整后的现有人数，即得需要招聘的人数。

15.2　销售过程

销售经理要管好销售人员，就必须对销售人员的整个销售活动过程有一个全面的认识，这样有利于对销售人员的销售活动过程进行有效的指导和调控，从而达到有效管理销售人员的目的。在销售活动中，销售人员必须掌握一定的策略与技巧，管理人员也需要经常给予辅导与监督，这样才能确保销售成功率的提高。本节主要讨论销售过程所应遵循的程序和模式。

零售企业人员的销售过程与消费者的购买过程有着密切的联系。如在百货商店，可以说，售货人员是按照顾客的购买过程进行销售过程的。参见表 15－5：

表 15－5

顾客购买过程	售货人员销售过程
1. 认识需要 2. 搜集信息 3. 选择评价 4. 决定购买 5. 买后感受	1. 接近、接待顾客 2. 了解、确认顾客需要 3. 介绍和演示商品 4. 解决疑问 5. 完成销售 6. 建立售后关系

因此，售货人员的销售过程就划分为五个阶段，成为售货人员完成销售过程的步骤。虽

然消费者的购买过程，对每一次的购买而言，并不是都要依次进行，这使售货人员的每一次销售也并非依次进行，但是作为售货人员需要掌握销售过程的全部步骤，在销售过程中应根据顾客的购买过程灵活应用。

15.2.1 接待顾客

接待顾客是零售企业销售的关键性阶段。零售企业的销售人员与其他企业的销售人员不同，其他企业（如生产企业）的人员推销，销售人员可以通过调查，事先了解潜在的顾客，开展有针对的推销，而零售企业的售货人员不必这样做，他们依靠企业的营销战略的各种要素吸引预期的顾客来到商店。如同“主人在家里接待客人”一般，售货人员有礼貌地接待顾客，使顾客感到受欢迎，销售过程就有了良好的开端；如果顾客感到被冷落，那么就会丢失销售机会。

接待顾客看起来是很简单的事情，但实际上很复杂，有许多因素影响售货人员接近顾客。

1. 顾客的心理因素

顾客来到商店，或是购买某种商品，或是参观获取商品信息，都伴随着一定的心理过程。

顾客的心理过程对售货员有效地接近提出了接近时机问题。在恰当的时机接近顾客会使销售过程进入良好的开始；相反，在不恰当的时机接近顾客，会令顾客厌烦，而使销售过程尚未开始就已经结束。

根据顾客的心理过程，恰当的接近时机存在于四个阶段上：

第一阶段，顾客喜欢某一商品，售货员应不失时机地表示对顾客的欢迎，及时地出示这一商品。

第二阶段和第三阶段是顾客独自了解商品的过程，售货人员不能打扰，而是应留意观察顾客的表情变化。对于实行开架售货的商店，顾客的购买过程先从这里开始，售货员的接近要从第三阶段结束开始，即顾客的目光从商品离开，似乎在寻找什么时切入接近。

第四阶段是售货人员与顾客充分沟通交流的时机，也是售货人员发挥影响作用的阶段。对有目的购买商品的顾客来说，这是售货人员接近开始的阶段。

2. 接待语言

近些年来，我国零售企业对售货人员的接待顾客用语进行了规范，要求售货人员以“您好”用语表示对顾客的欢迎。对顾客表示欢迎无疑是正确的，也是符合顾客的心理的。据某服装店的调查，59%的顾客希望得到售货人员的接待和表示欢迎，但用什么语言对顾客表示欢迎，是一个实际问题。

接待语言实际上受到当时的境况影响。以“您好”语言迎合各种境况的要求，未免在有些情况下显得不那么适应，给顾客造成不自然的感觉，同时也不利于售货人员与顾客沟通的启动。

作为与顾客沟通的首句语应该能使沟通继续下去，起到启下的作用。显然“您好”作为首句语对启下是困难的，往往会打断顾客想要说的语言，售货人员必须用其他语言进行启动。一些售货员习惯用“您想买什么”与顾客开始沟通，这句话的弊病也颇多。如果顾客是来店参观商品的，顾客会回答道：“不买什么，只想看看，不可以吗?”有的顾客可能不予回答便停止观看商品而离去。这些都是对销售不利的。

因此，灵活地运用接待语言，既表示对顾客的欢迎，又启动沟通的继续是必要的。

根据顾客所在营业现场的环境以及顾客的特点，恰当地使用接待语言则会显得随意而亲切。

接待语言不强行一致，售货员可以根据具体情况使用，只要达到能建立起沟通，顾客感觉好就可以。

3. 营业因素

由于顾客来店的数量不统一，形成了营业过程有忙有闲。营业闲时，售货员主动接近顾客的机会就多，能够注意到顾客行为举止的变化，适时地接近顾客，而营业忙时售货人员接待顾客就受到其他顾客的限制，不能同时接近较多的顾客。在营业忙的情况下，售货人员应尽最大能力去接近顾客，即在接待第一名顾客的同时，询问第二名顾客的要求，乘隙招呼第三名顾客，或第四名顾客，请顾客稍等，降低后到顾客的受冷落感。

15.2.2 确认顾客的需要

售货员在第一阶段与顾客建立了最初的联系后，接下来要了解和确认顾客需要什么商品。顾客走进商店，有的有着明确的购买目的，不仅知道要买什么商品，也知道买什么品牌的商品等；而有的顾客可能只知道买什么商品，却不知道买什么牌子的商品；还有的顾客可能只知道买一样商品，但不知道买什么商品。这对售货员来说，就要了解顾客的需要，帮助他们确定需要的商品。

售货人员应通过向顾客询问和倾听顾客对商品的描述确认顾客的需要，这就要求售货人员具有询问以及倾听的技术和技巧，并且鼓励顾客咨询问题，由此发现适合顾客需要的商品。

15.2.3 介绍商品

售货人员向顾客介绍商品，以影响顾客作出购买决定。向顾客介绍商品要从以下两方面入手：

①介绍商品提供的利益。顾客购买商品是购买商品的利益，而非商品的外在特征。利益是顾客购买某项商品要满足的需要。售货员向顾客展示、介绍商品，要说明这一商品如何适合顾客的需要，同时比较不同商品的相关优势和商品提供的不同利益。

②演示商品。对商品有介绍而无演示，对顾客认识并决定购买商品是不够的。只有向顾客演示商品，使顾客看到商品的使用过程及效果，才能对顾客购买产生较大的影响力。尤其是让顾客自己操作试用更能使顾客兴奋，增强感性的体验，较快地进入购买决定过程。售货员演示商品，实际上是向顾客提供试用的过程。许多事实证明，提供演示试用会创造更多的销售。

15.2.4 解答顾客疑问

售货员介绍、演示商品之后，顾客不一定能马上购买，可能还会提出一些问题。这些问题不解决可能会中止购买。

售货员要解决这些问题，就要使顾客暴露不购买的真正原因，以便能有针对性地进行说服。

让顾客把真正原因说出来不那么容易，售货员应察言观色进行揣测，可以通过提一些问题观察顾客反应。售货员要创造轻松的谈话气氛并认真地听取，及时地给予顾客反应，但不能与顾客争论。听取过程中要总结提炼，弄清楚原因所在。

了解原因，可采取下列方法：

①正面解决。对顾客由于不正确的信息形成的问题，售货员直接礼貌地否定这个信息，

提供新的正确的信息，接近与购买决定的距离。

②间接否定。售货人员为了和顾客保持和气，不直接否定他的错误，而是设法纠正顾客的错误印象。

③迂回说服。售货人员开始同意顾客的看法，但是后来离开开始的话题，从另一方面说服顾客，使顾客感到有道理。

④利用说服。当顾客的疑问带有双面性特点时，售货员可以利用顾客的理由，把它转变为购买的理由。

⑤清晰地介绍。售货员通过简明、清晰地介绍商品和回答顾客问题，有利于防止顾客产生疑问。

15.2.5 完成销售

完成销售是指商品销售过程进入成交阶段。完成销售最关键的因素就是时机问题，即什么时候结束销售。售货员太早或太迟结束销售都会错失成交。售货员过早地结束销售，打断顾客的思维，顾客感到受催促，因而决定不购买，成交不能进行；太迟结束销售，顾客感到不被理睬，因而也会决定不购买，成交不能进行。

1. 结束销售的时机

对一些顾客来说，顾客决定购买的时机是售货人员结束销售的时机。顾客以他们的言行举止向售货员表示他们已决定购买，如表15－6所示：

表15－6

行为表示	语言表示
1. 顾客结束对商品的再考虑 2. 顾客打开钱包 3. 顾客点头同意售货员对商品销售的介绍 4. 顾客出现对商品喜欢的兴奋表情 5. 顾客一次又一次地看商品的样品 6. 顾客认真研究有关服务条款	1. 当顾客问“能免费送货吗?”时 2. 当顾客问“这种商品有红颜色的吗?”时 3. 当顾客说道“我一直都想有这个商品”时 4. 当顾客说道“这个商品真便宜”时 5. 当顾客问“这个商品能当日送到吗?”时

2. 促进成交的方法

有些顾客需要在售货人员的帮助下进入购买决定阶段。在这种情况下，售货员的影响起着主导作用。

有经验的售货人员经常采取以下方法促进成交：

(1) 直接促进

售货员直接地问顾客是否可以开票。这种方法通常很有效，但是做得过头会显得具有侵犯性，反而使成交告吹。这种方法最好是在顾客进入决定购买时使用，这样效果最好。

(2) 假定成交促进

这种方法是顾客还处在比较选择中，售货员以成交的口气提醒顾客进入购买决定阶段。如售货人员问顾客：“可以把商品包装吗?”假定成交允许顾客反驳，因而使用时要更小心，因为顾客可能会感到售货员太急于求成，自己被催促。

这种方法也给顾客提供购买选择的机会。需要注意的是，这种选择是在几项商品之间进行选择，而并非提供买与不买的选择。如售货员说："您是要10片装的还是20片装的?"

(3) 总结—同意促进

售货员总结商品的特征、利益和优点，得到顾客对每一点肯定的同意，使顾客难以拒绝购买，交易成功。

(4) 强调利益促进

售货员强调顾客即时购买会得到某种利益，否则会丢失，使顾客迅速作出购买决定。如售货员告诉顾客，今天是最后一天的优惠销售，明天这种商品会涨价。售货员也可以强调商品的新款特征，激起顾客喜欢的情绪以促进购买。如售货员告诉顾客，这个玩具火车不但声音像真火车发出的声音，而且还会冒烟，孩子一定很喜欢。

15.2.6 建立售后关系

售货员与顾客的关系并不是随一次销售或购买结束而结束的。顾客在某次购买后感到非常满意，会再次回到这个商店，甚至到接待过他的那个售货员处购买商品。售货员便与顾客建立了长期的销售—购买关系。这种关系日益显示出它的重要性：这给商店创造了经常性的顾客，提高了商店形象和知名度，吸引了更多的顾客，扩大了商店的销售额。

售货员与顾客保持长期的销售—购买关系，售货员需要做出坚持不懈的努力。

(这方面的内容将在下节展开详细讨论)

15.3 与顾客建立良好关系

企业要想在激烈的竞争中生存与发展，获得稳定的销售增长和销售利润，就必须与顾客建立长期的良好关系。因此，本节主要讨论如何加强与顾客沟通、如何真诚地关心和处理顾客的抱怨，并介绍如何建立以顾客为中心的销售模式。

15.3.1 加强与顾客沟通

零售商为了创立竞争优势，需要不断地与顾客沟通，向顾客提供商店地点、商品、服务和价格方面的信息；通过影响顾客的态度与偏好说服顾客光顾商店，购买商品；使顾客对商店形成好的印象。通过沟通，零售商吸引顾客进入商店，完成企业的目标。

1. 与顾客沟通的意义

所谓与顾客沟通是指零售商向顾客提供关于商店和所提供的商品及服务的信息，影响顾客对商店的态度和购买行为。

由于零售市场竞争日益激烈，零售商进入市场或退出市场日渐频繁，经营状况不断变化，而消费者需要知道零售商的变化情况，并依赖于这些信息决定购买行为。因此，零售商需要利用各种方法向顾客传播和沟通信息。

2. 与顾客沟通过程

零售商与顾客沟通的过程，通常由下列步骤构成（见图15-1）：

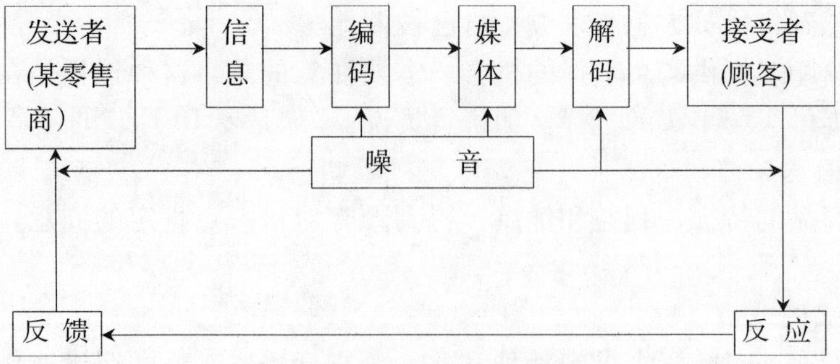

图 15－1　零售商与顾客沟通过程

3. 沟通决策

零售商与顾客沟通涉及经营支出，因此，零售商需要精心计划，全面考虑再作出决策。

零售商对顾客沟通的决策包括下列内容：

（1）建立沟通目标

零售商建立沟通目标涉及定位目标、销售目标以及整个零售战略。一些沟通目标和零售商长期的市场定位（如建立或选择商店的形象）相联系；另外一些目标和零售商改进短期的销售（如增加顾客流量、扩大销售额）相联系。

零售商建立与顾客沟通目标和顾客光顾商店的决策过程直接相关。顾客光顾商店的决策过程按其顺序要经历六个阶段。即：

知晓→认知→喜爱→准备光顾→实际光顾→经常光顾

第一，顾客要知道商店的存在以及所在地点；第二，要对商店提供的商品和服务的情况有一定的认识；第三，经过对商店情况的了解，对商店产生好感；第四，在对商店有好感的基础上准备光顾商店；第五，采取实际的行动，光顾商店；第六，在亲身经历与体验的基础上成为商店经常性的顾客，经常光顾。

顾客光顾商店过程的每个阶段都可以是零售商沟通的目标。但零售商要弄清顾客的状态，根据顾客所处的状态决定沟通目标。

（2）沟通方式的选择

沟通方式按照人员性和付费性划分有四种方式（参见第 11 章）。这四种沟通方式对顾客光顾商店决定过程阶段的影响是不同的，如图 15－2 所示：

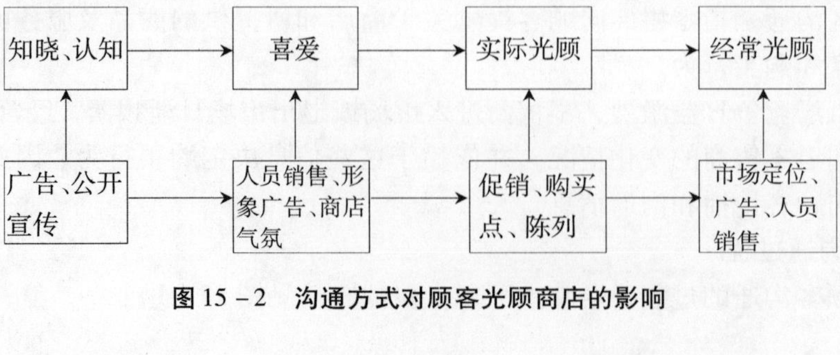

图 15－2　沟通方式对顾客光顾商店的影响

各种沟通方式协同配合使用，零售商要注意目标一致。如果零售商是对高收入顾客销售高质量的商品，那么所运用的广告、人员销售、公开宣传、商店气氛以及促销等，必须全部要针对质量和地位进行信息传播。

15.3.2 真诚关心和处理顾客抱怨

对所有的商店来说，顾客有怨言是不可避免的，但是作为商店应尽可能地将顾客怨言控制在最小范围，使有怨言的顾客感到满意。

零售商怎样处理和控制顾客的抱怨呢?

1. 弄清抱怨产生的原因

从大多数顾客抱怨的情况看，抱怨产生的原因主要是来自商品方面、服务方面以及顾客自身方面。

关于商品方面的原因，主要有：①商品质量低劣；②商品有破损；③错拿商品；④不能充分选择。这些原因导致顾客产生对商品不满意的怨言。

关于服务方面的原因，顾客抱怨经常发生在与售货人员之间以及售后服务等方面，主要有：①态度不好；②业务不熟练；③职业道德差；④销售方法不当；⑤送货不按时，丢失、错送商品，商品不整洁，送货人态度不好等；⑥不适当的交易程序；⑦不适当的结算。

关于顾客方面的原因：顾客购买有时候是有目的性的，有时候却是无目的的。顾客可能在购买某种商品的时候考虑到能和家里的某种商品配套使用，但是购买后发现不能配套使用，结果想退掉商品，然而商店却不同意退货，于是顾客就产生抱怨。顾客的抱怨还会来自“主意的改变”，即买了商品之后又觉得商品的式样、质量、价格或颜色并不是自己真正需要的，产生调换或退货的要求，如果商店不予以退换货，他们就会抱怨商店。

2. 选择处理顾客抱怨的方式

零售商处理顾客抱怨有多种方式，如退还现金、商品调换、价格调节、服务调节等方式，同时与顾客建立良好的关系。

（1）退还现金

零售商提供的商品退换服务，从“商品出门，概不退换”到“保证满意或不满意可退换”的范围在不断扩大。零售商可以决定“商品出门，概不退换”，但要向顾客说明；也可以选择“保证满意或不满意可退换”，但要决定是退还现金还是提供信用凭证。信用凭证是一张等同于退货金额的购物凭证。一些零售商在“保证顾客满意或不满意可退换”方面更喜欢使用信用凭证代替现金退还。

（2）商品调换

顾客的抱怨如果是因为商品不适当，那么零售商处理顾客抱怨就是允许顾客调换商品。零售商通过对顾客的商品给予清洁、修理、改制和退换，大部分顾客都会感到满意。如果顾客因为产品质量低劣而产生抱怨，零售商给予及时调换是最适当的。因为顾客对买到的商品感到价高质低，心理会不平衡，以致对这种商品和商店产生坏的印象。如果顾客的抱怨涉及不能充分选择商品，零售商可以提高存货量和增加替代性商品满足顾客的要求。

（3）价格调节

零售商通过价格调节来解决顾客的报怨，如提供免费赠品，或是对顾客所购买的商品给予打折。因为调换商品并不是总能解决顾客的抱怨，如顾客抱怨的商品，商店已无存货，调换就不可能。类似这种情况，价格调节会使顾客满意，它向顾客表明商店是尽最大努力解决问题的。

(4) 服务调节

零售商通过继续为顾客提供服务来解决顾客的抱怨。服务调节有时候比价格调节更能使顾客满意。如顾客买了一套服装，结果发现个别处不合适，来到商店，这时候商店对顾客的服装给予免费修改，顾客会感到满意。因为价格补偿依旧会使服装穿着不合体，而服务调节满足了顾客的真正期望。

(5) 建立与顾客的良好关系

前面谈到的几种调节顾客抱怨的方式在有些情况下是适当的，但在有的情况下，却不能解决问题。如售货人员的不礼貌而使顾客感到受了伤害，这种情况下的顾客抱怨不论是否合乎情理，顾客要找有关人员诉说，有关人员要从建立与顾客的良好关系出发，认真听取，而且有礼貌接待，向顾客作出保证，表示歉意，会使顾客心理平衡，感到满意。投诉的顾客可能是一位好顾客，因为他坦率地表示了自己的不愉快，为商店提供了通过一件小事安慰顾客的机会。商店有可能会使这个顾客成为本店的经常性的顾客，并且向他所认识的人说商店的好话。

3. 建立处理顾客抱怨的组织体系

处理顾客抱怨的组织体系有三种，分别为集中、分散和集中与分散相结合的解决顾客抱怨的组织形式。

①集中解决顾客抱怨的组织形式。商店成立顾客抱怨解决办公室，也叫做服务质量办公室。全部顾客的抱怨都由这个组织协调解决，有怨言的顾客可以到这个办公室去投诉和要求解决某些问题。

②分散解决顾客抱怨的组织形式。这种组织形式是由部门的管理人员和销售人员解决顾客的抱怨。售货人员通常解决不太重要的顾客抱怨，而部门的管理者解决主要的顾客抱怨。大部分中小型商店习惯采用这种组织形式，因为商店的规模小，顾客的抱怨不是很多，不足以建立一个专门的组织。

③集中与分散相结合的组织形式。零售商为获得集中与分散两种组织形式的优点，采取了把两种形式结合起来的组织形式。一般的顾客抱怨由部门或售货人员进行调节；主要问题的抱怨，以及谈谈对部门或售货人员的调节不满意，顾客可以直接到服务办公室投诉，由服务办公室协调解决。

最后，谈谈处理顾客抱怨的政策与权利。在我国《消费者权益保护法》为零售商如何处理顾客抱怨提出了基本准则。不同的零售商可以根据本店提供的商品与服务的特点制定不同的具体处理顾客抱怨的政策，但必须是《消费者权益保护法》规定的具体化和补充，而不能与《消费者权益保护法》对立。

商店在处理顾客的抱怨中也会遇到一些无理的顾客。但是这些顾客为数不多，通常只占商店总计顾客的极少部分。对待无理顾客与其他有抱怨的顾客没有任何不同，商店应该努力使顾客满意。不管怎样，即使商店做了大量的工作，还是会有一些不满意的顾客。这些人可能是长期的抱怨者，或是打算看商店容忍力程度。

15.3.3 建立以顾客为中心的营销模式

1. 注重和提高顾客的满意与忠诚度

顾客满意取决于消费者所理解的一件产品的性能与其期望值所进行的比较。如果产品的性能低于顾客的期望，购买者便不会感到满意；如果性能符合期望，购买者便会感到满意；

如果性能超过期望，购买者便会感到十分惊喜。聪明的企业为了取悦顾客，先对能提供的性能作出承诺，然后再提供多于其承诺的性能。美国学者 R. A. 斯普林格（R. A. Spreng）、S. B. 麦肯齐（S. B. Mackenzie）和 R. W. 奥尔沙夫斯基（R. W. Olshavsky）的最新研究成果表明，顾客的全面满意来源于属性与信息的结合。在此基础上三位学者提出了一个顾客满意的七因素模型（如图 15－3 所示）。①

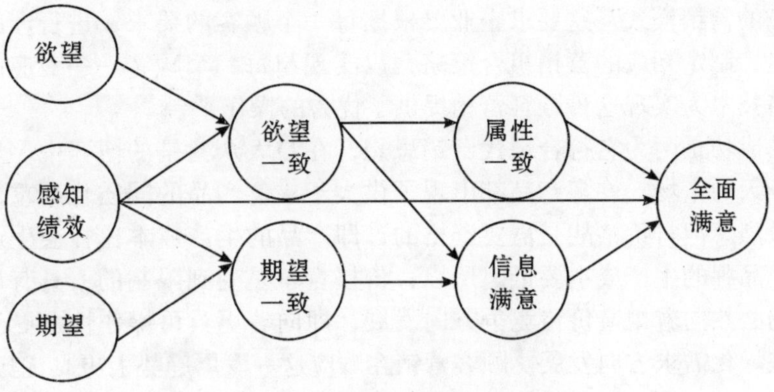

图 15－3　顾客满意七因素模型

由顾客满意进一步发展到顾客十分满意是企业营销的重点。有资料表明，仅仅是顾客满意还不够，当出现更好的产品零售商时，顾客就会更换零售商。如在一项消费品满意度的调查中，44% 宣称满意者经常变换品牌，而 75% 表示对丰田汽车十分满意的顾客调查中，这些人愿意再次购买丰田产品。这一事实表明，当高度的满意对品牌忠诚乃至对企业产生情感吸引，顾客满意便上升为顾客忠诚。忠诚的顾客能给企业带来诸多的利益，已有学者对这种利益进行了实证分析（如图 15－4 所示）。与此相反，不满意的顾客将带来相反的结果。据北京美兰德信公司的电话抽样调查显示：前段时间发生的日本三菱帕杰罗汽车、日航歧视性服务以及松下 GD92 手机事件后，有 76% 的人对日本公司事后的态度及采取的措施表示不满意和非常不满意，而有 60% 的居民认为这会影响到他们对日货的购买。可见，创造顾客满意是非常重要的。在这一过程中，顾客营销思想的重要性便凸显了顾客忠诚的价值②。

图 15－4　顾客忠诚的价值③

① ② ③ 杨涛. 顾客关系营销研究. 中国营销传播网，2002

由上图可以看出，从长远来看，维持顾客的忠诚度，能为企业节省巨大的销售成本和获取巨大而又稳健增长的收益与利润回报。

2. 顾客营销模式

顾客营销就是一切以顾客为中心，以全方位地满足顾客个性化的需求为内容的营销。顾客营销理念是以“顾客的需求都是不同的”，“产品或服务最终要满足顾客的需求”为理论基础；以顾客的消费心理、行为日益成熟，日益多元化、差异化、个性化为市场基础；以现代科学技术为保障的营销模式。这要求企业要根据每一个顾客的要求，进行产品或服务的不断开发设计、制造，制定相应的营销组合策略，以实现与每一个顾客一一对应的销售活动，而电子商务、网络技术为实现这种顾客营销提供了优秀的操作平台。

顾客营销的成功是因为它符合现代营销思想，在与大众营销的博弈中，显示了它更为强大的生命力。今天的市场，许多产品都出现了供大于求，产品的同质化严重，导致了产品的价格竞争非常激烈。但打价格战是需要资格的，即产品的生产成本比社会生产成本要低，比同类产品的其他品牌的生产成本要低。所以，价格竞争是受到限制的，具有局限性。随着社会的发展，市场必然向着规避价格竞争方向发展，即向着更具可操作性、更为广泛的满足消费的个性化、差异化需求方向发展。顾客营销在顺应这一发展趋势上更具优势。

顾客营销是以顾客为中心的顾客导向营销，与产品为中心的产品导向营销不同。顾客营销是一切从顾客开始，为顾客找产品，而不是为产品找顾客。这彻底地改变了大规模地生产产品，再通过分销、促销、广告等大规模的营销手段，销售给目标顾客的大众营销模式，而是以顾客为先导，建立与顾客的联系，运用不同的方式搜集、整理顾客的需求信息，然后再根据需求生产按照其想象融入其思想，最大限度地满足其渴望的产品。这个产品的价值中就含有了顾客特质的东西，当然也就注定了顾客营销模式具有无限的生命力，它将挑战大众营销中的产品占有率模式。

15.4 案例分析

麦当劳：用方便创造财富
——实现以顾客为中心的销售模式

最近，北京的麦当劳食品有限公司推出一项新举措，在所属57家麦当劳餐厅内代售公交月票。麦当劳在对北京发售月票网点的调查后知晓，北京有600多万人使用月票乘公交车，而发售月票的网点只有88处，乘客深感不便。于是他们便“拾遗补缺”干起了“代售月票”的营生，为广大乘客创造便利条件。此举一推出就吸引了大批食客络绎而来。

其实，这种“好人好事”麦当劳做了不少并且一直在做。早在去年高考前夕，在麦当劳宽敞明亮的餐厅里就坐着不少手拿书本只要一杯饮料就待上好几个小时的考生，面对此景，麦当劳不但未赶他们走，反而特意为这些学子延长了营业时间。

一提起麦当劳，人们就会想到汉堡包，想到炸薯条。熟悉它的人，还会联想到遍布全球115个国家的2.5万多家连锁店，联想到地球上每天都有1%的人正在品尝着一模一样的汉堡包、炸薯条和苹果派。然而，此时此刻，有谁会想到，拥有如此高知名度和雄厚“家底”的餐饮业“巨无霸”却要无偿地为学子学习延长营业时间，为普通公众代售公交月票，如此做法看似麦当劳自找麻烦，却不能不让人由衷地感叹赞赏，其实这正是麦当劳与众不同的高明之处。在别人看来拒之唯恐不及的做法，麦当劳却视为己任，这就是一个跨国企业在中国"讲述"的一系列平凡而可贵的经典商业故事。在这种独创思维支配下采取的营销举措，无疑给我们留下了极为深刻的现实启示。

1. 功夫在"诗"外

虽说仅仅就是代售公交月票，抑或只是为那些普通学子提供学习环境，微不足道，却无疑向我们演绎出一幕当今世界最具公关情怀的精彩话剧。麦当劳早已把公关最本质的理念发挥到了极致，而且是那么游刃有余，那就是：企业需要社会公众的理解和支持，而公关活动正是企业与社会联络感情、增进了解的有效手段。麦当劳明白这一点，我们的企业更应该有自知之明——比谁都清楚这一点，可叹的是麦当劳这么做了，而我们却留下了颇多的缺憾。

2. 行动胜过言辞

企业的每一举动，甚至一个微不足道的细节，都像一面镜子，反映出企业文化、人文精神、整体素质、意识水平。

该案例中，面对那些手拿书本只要一杯饮料就待上好几个小时的考生，麦当劳明知他们是为备考想找个清凉清净的学习环境而来，既没有赶他们走（因为这样做既短视又愚蠢），也没有表示"学子们，欢迎你们光临麦当劳，麦当劳会为你们提供一个良好的复习环境"（这样做不是不可以，可是一看就让人怀疑此举背后的真实目的），只不过为他们特意延长了一会儿营业时间，仅此而已，并未再多做什么，却令人心头豁然一亮。看来这就是国际化知名企业比一般企业高明之所在，没有简单直接地拒绝公众，更没有刻意准备的言辞献媚，只是做了自己应该做的，最终却让我们领略了麦当劳在处理与公众关系方面唯美、唯真的大家风范。

3. 创造方便就是创造财富

说句真心话，企业为公众服务实际上一个很重要的方面就是方便公众。而公众对于为他们便利着想的企业，不论大小都是照顾的。"处处留心皆生意"，说的就是这个道理。无论企业从事的是哪一个行业，只要让公众感到了方便，满足了他们的需要，成功也就不远了。

事实上，无论是麦当劳代售公交月票和为学子延长营业时间也好，还是达美乐比萨外送到家也罢，带给我们的一个最重要的启示就在于：任何一个行业都可以凭借方便公众而创造优势。这种方便，可以涉及从公众购买到使用，到售后服务的方方面面上。越是细小之处，越是容易凸显一个优秀企业的个性，也越是容易打动公众的心。

【本章小结】

本章主要介绍了有关销售人员、销售过程以及与顾客建立良好关系的知识。

首先，企业商家要获得销售的成功，核心问题是选择和建立一支高素质的销售队伍。企业销售人员应具备思想品德、心理素质、业务素质、能力素质等几个方面的基本要素。确定销售人员的数量可运用统计分析法、工作量法和边际利润法等。

其次，一个完整顺畅的销售过程是非常重要的，它关系到商家能否把商品销售出去。主要包括六个步骤：接近顾客，了解、确认顾客的需求，介绍商品及服务，解决顾客疑问，完成销售以及建立售后关系。

最后，与顾客建立良好及长久的关系也是非常重要的，它关系到商家能否在激烈的竞争环境中获得及保持长期和稳定的销售利润。因此，商家必须加强与顾客的沟通，真诚关心和处理顾客的抱怨，建立以顾客为中心的营销模式。

【关键术语和概念】

销售　销售培训　销售人员　绩效考评　销售过程　顾客关系　营销模式

【练习题】

1. 合格的销售人员应具备哪些条件与素质?
2. 如何考评销售人员?
3. 如何确定销售人员的合适数量?
4. 销售过程包括哪几个步骤?
5. 为什么要与顾客建立良好的关系?你认为应当如何与顾客建立良好关系?

【补充阅读】

1. 伍青山等. 营销新发展:精确营销. 经济管理,2006(21)
2. 邬金涛等. 获取新顾客的新思维——关系营销的视角. 经济管理,2006(3)
3. 何其幅等. 网上购物行为影响因素实证研究. 经济管理,2006(10)
4. 龙八. 传销伎俩大揭秘. 经贸世界,2006(10)
5. 张光进. 知识员工绩效考评的现状、问题及展望. 商业研究,2007(7)

参考文献

1. 黄桂芝. 零售营销. 北京：清华大学出版社，1998
2. 陈放，汪根发. 零售策划. 北京：时事出版社，2000
3. [美] 罗伯特·F. 卢斯. 零售商业企业经营管理. 梁一南译. 北京：中国商业出版社，1986
4. [美] 巴里·伯曼，乔尔·R. 伊文思. 零售企业经营管理. 杭州商学院《零售企业经营管理》翻译小组节译. 杭州：杭州商学院，1986
5. 王超. 零售学. 北京：中国对外经济贸易出版社，1999
6. [美] 迈克尔·利维，巴顿·A. 维茨. 零售学精要. 郭武文，王千红，刘瑞红等译. 北京：机械工业出版社，2000
7. 李飞. 零售业态问题研究. 中国商业理论前沿. 北京：社会科学文献出版社，2001
8. 姚钟华. 国际零售管理. 北京：中国时政经济出版社，1999
9. 李飞. 中国零售革命的特征. 财贸经济，2000（4）
10. 李骏阳. 论我国零售业发展模式. 财贸经济，1996（4）
11. [美] 巴里·伯曼，乔尔·R. 埃文斯. 零售管理（第7版）. 吕一林，熊鲜菊译. 北京：中国人民大学出版社，2002
12. Philip Kotler. *Marketing Management*：*Analysis*，*Planning*，*Implementation*，*and Control*（Ninth Edition）. Prentice－hall，Inc. 1997
13. 黄维礼. 零售管理. 北京：经济科学出版社，1997
14. 姚礼萍. 零售学. 大连：东北财经大学出版社，2002
15. [美] 迈克尔·R. 所罗门. 消费者行为. 张莹译. 北京：经济科学出版社，1999
16. [美] 亨利·阿塞尔. 消费者行为和营销策略. 韩德昌译. 北京：机械工业出版社，2000
17. [美] 德尔·I. 霍金斯等. 消费者行为学. 符国群译. 北京：机械工业出版社，2000
18. [美] J. 保罗·彼德等. 消费者行为与营销战略. 韩德昌译. 大连：东北财经大学出版社，2000
19. 美国零售总会，美国零售学会编写. 建立持久的关系. 吉林：科学技术出版社，2003
20. 美国零售总会，美国零售学会编写. 满足顾客的需要. 吉林：科学技术出版社，2003
21. 美国零售总会，美国零售学会编写. 提供更完善服务. 吉林：科学技术出版社，2003
22. [美] 大卫·E. 贝尔. 零售学——哈佛商学院案例教材. 迟诚，孙晓梅译. 大连：东北财经大学出版社，2001
23. [美] 大卫·E. 贝尔. 战略零售管理——教程与案例（哈佛商学院案例教材）. 张永强译. 大连：东北财经大学出版社，2000

24. 夏春玉. 论我国零售商业的信息化、连锁化与配送社会化. 河南商业高等专科学校学报，2000（4）
25. 徐杰，汝宜红，蒋岩松. 市场采购理论与实务. 北京：中国铁道出版社，2001
26. [美] 罗尼·米勒. 美国商业理论与实践. 兰莹译. 北京：中国人民大学出版社，2002
27. 沈辉. 零售商——供应商伙伴关系研究. 商业研究，2003（5）
28. 付铁山. 零售商如何走出供应商营销误区. 商业研究，2003（10）
29. [美] 詹姆斯·赫斯克特，厄尔·萨塞，伦纳德·施莱辛格. 服务利润链. 牛海鹏译. 北京：华夏出版社，2001
30. [日] 前田勇. 服务学. 杨守廉译. 北京：工人出版社，1986
31. [美] 克里斯托弗·H. 洛夫洛克. 服务营销. 陆雄文，庄莉译. 北京：中国人民大学出版社，2001
32. [美] Roger W. Schmenner. 服务运作管理. 刘丽文译. 北京：清华大学出版社，2001
33. [美] 拉尔夫·W. 杰克逊，罗伯特·D. 希里奇. 销售管理（英文版）. 北京：中国人民大学出版社，1999
34. [美] 菲利普·科特勒. 营销管理（第9版）. 梅汝和，梅清豪，张杉译. 上海：上海人民出版社，1999
35. [美] Charles M. Futrell. *Sale Management*. 6*th* ed. Harcourt College Publishers，Prentice-Hall，Inc，2001
36. 熊银解. 销售管理. 北京：高等教育出版社，2001
37. 李先国. 销售管理. 北京：企业管理出版社，1996
38. 果洪迟. 零售经营学. 北京：中国财经出版社，1988
39. 屈云波. 零售业营销. 北京：中国企业管理出版社，1995
40. 王孝通. 中国商业史. 北京：团结出版社，2007
41. 李飞，王高. 中国零售业发展历程. 北京：社会科学文献出版社，2006
42. [美] 巴里·伯曼，乔尔·R. 埃文斯. 零售管理. 吕一林，熊鲜菊等译. 北京：中国人民大学出版社，2007
43. 路人. 中国企业商鉴. 北京：中国纺织出版社，2007